#이렇게 #빨리 #웹 개발 #가능?

코딩만 따라 해도 웹페이지가 만들어지는

반병현 지음

HTML+CSS+자바스크립트

생능북스

코딩만 따라 해도 웹페이지가 만들어지는

HTML+CSS+ 자바스크립트

초판 1쇄 발행 2022년 2월 15일
초판 2쇄 발행 2023년 11월 15일

지은이 | 반병현
펴낸이 | 김승기
펴낸곳 | ㈜생능출판사 / **주소** 경기도 파주시 광인사길 143
브랜드 | 생능북스
출판사 등록일 | 2005년 1월 21일 / **신고번호** 제406-2005-000002호
대표전화 | (031) 955-0761 / **팩스** (031) 955-0768
홈페이지 | www.booksr.co.kr

책임편집 | 최동진 / **편집** 신성민, 이종무
영업 | 최복락, 김민수, 심수경, 차종필, 송성환, 최태웅, 김민정
마케팅 | 백수정, 명하나

ISBN 978-89-7050-536-7 93000
값 24,000원

- 생능북스는 (주)생능출판사의 단행본 브랜드입니다.

- 잘못된 책은 구입한 서점에서 교환해 드립니다.

머리말

이 책은 컴퓨터공학을 전공하지 않은 분들, 더 나아가 코딩을 한 번도 해본 적 없는 분들을 위해 정교하게 설계되었습니다.

웹 페이지를 제작하는 데에는 일반적으로 HTML, CSS, 자바스크립트라는 3가지 분야의 지식이 필요합니다. 그런데 혹시 서점에서 HTML이나 자바스크립트 책을 찾아보신 적이 있으신가요? 각각의 책 두께가 거의 벽돌에 가깝습니다. 그만큼 HTML, CSS, 자바스크립트는 각기 방대한 지식과 기술이 모여 제작된 거대한 분야입니다. 그런데 그걸 모두 공부할 필요가 있을까요?

여러분은 수학의 덧셈과 뺄셈, 곱셈과 나눗셈 중에서는 무엇이 더 중요한지 아시나요? 사실 답이 없는 질문입니다. 반면 코딩과 같이 실무 중심적이고, 무언가 결과물을 제작하기 위한 기술 분야에서는 각각의 지식이 서로 다른 중요도를 가지고, 그 지식 사이에 우열 관계가 성립합니다. HTML, CSS, 자바스크립트도 마찬가지입니다.

이 책을 설계하는 과정에서 작가는 실용성이라는 확고한 기준선 아래 HTML, CSS, 자바스크립트를 구성하는 세부 지식을 줄 세워 봤습니다. 그리고 우리가 웹 페이지를 개발하는 데 꼭 알아야 할 정보들만 남기고, 비교적 불필요한 정보들을 과감하게 배제하였습니다.

따라서 여러분들은 이 책 한 권만 공부하셔도 웹 페이지를 제작하는 방법을 습득하실 수 있으시며, 웹 개발 과정과 방법에 대한 거대한 파이프라인을 머릿속에 형성하실 수 있을 것입니다.

멋진 웹페이지와 조악한 웹페이지의 차이를 결정짓는 결정적인 요소 역시 섬세한 관찰과 성실한 묘사의 연장선에 있다고 생각합니다. 이 책을 통하여 작가가 가진, 초보 시절에 활용하기 좋은 모든 노하우를 전수해 드리겠습니다. 여러분께서는 그저 많이 따라해 보시고, 많이 만들어 보시며 성실한 묘사에 대한 경험을 쌓는 것만으로도 충분합니다.

이 책의 후반부에서는 웹 페이지를 붕어빵처럼 뚝딱 찍어낼 수 있는 지킬(Jekyll)이라는 도구를 함께 소개합니다. 조금만 노력하여 여러 기법에 익숙해지신다면, 비전공자도 이 책 한 권으로 다양한 웹 사이트를 개발할 수 있습니다. 부디 이 책이 여러분께 경험해 보지 못한 영역을 안내해드리는 친절한 길잡이가 되기를 바라며.

2022년 초 어느 오후에

반병현 드림

이 책을 추천하신 분들

추천자분들에 대해

이 책의 준비단계에서 원고를 읽은 베타리더들의 의견입니다. 보내주신 소중한 의견을 바탕으로 더 좋은 책을 만드는 데 많은 도움이 되었습니다. 이름을 노출하기를 원하시지 않는 분들은 익명으로 처리하였습니다.

추천의 말

웹 개발이 어렵고 망설여지는 분들께 강력하게 추천합니다. 문법 위주의 사전식 학습보다는 실습을 통해 궁금증을 자극하고 단계적으로 해결해 나아가는 구성의 도서입니다. 웹 프론트엔드 개발의 기초적인 부분부터, 깃허브 관리, 웹 호스팅 및 배포까지 광범위하게 다루게 됩니다. 이 책 한 권을 읽고 나면 여러분만의 포트폴리오가 남게 될 것입니다.

대학생 김서현 님

태그가 뭐고 언어는 또 뭐람? 코딩은 해야겠는데, 뭐가 뭔지 몰라 두려워하고 있는 분들께 이 책을 추천합니다. 기존의 문법 위주의 구성이 아닌, 친숙한 설명이 많아 초보자도 쉽게 공부할 수 있습니다. 그 외에도 깃과 깃허브 사용법, 코딩 상식, 이후의 공부 방향 등 각종 유용한 팁들이 가득! 입문자를 위한 보물창고 같은 책이에요.

대학생 엄송현 님

우리가 일상에서 접하는 웹페이지를 이렇게 만드는구나! 라고 알 수 있었습니다. 특히 문과생이기에 책을 봐도 잘 모를 거라고 생각했는데 지식이 전혀 없어도 충분히 이해할 수 있었습니다. 특히 주변에서 자주 보는 웹사이트를 함께 제작해보고 시행착오도 함께 해줘서 초보자 입문 책으로 완전 추천합니다. 어렵게만 보이던 프로그래밍 언어가 이제는 재밌어졌습니다.

대학생 최지원 님

코딩에 흥미는 있었지만, 관련 지식이 전혀 없어 포기하셨던 분들께 큰 도움이 되어 줄 것 같습니다. 이 책은 처음 코딩을 접할 독자들의 어려움에 공감하고 독자들이 직접 하나하나 시도할 수 있도록 격려해 줍니다. 책을 따라 한 단계씩 코드를 적다 보면 어느새 나만의 멋진 페이지가 완성되는 놀라운 경험을 하게 될 것입니다. HTML, CSS, 자바스크립트, 이제는 여러분의 영역입니다.

대학생 이민영 님

홈페이지가 어떻게 만들어지는지 궁금하다면 주저하지 말고 선택해 보세요. 저자의 수많은 고민과 노력으로 인해 새로운 지식을 안다는 것에 대하여 행복함을 충분히 느낄 수 있을 것입니다. 여러분들의 앞날을 이끌어 줄 Front 책이 될 것입니다.

최현준 님

_ □ ×

코딩에서 활용하지 못하는 지식은 의미가 없습니다. 이 책은 직접 SNS 홈페이지를 만들면서 HTML, CSS, JS를 활용할 수 있는 지식을 알 수 있게 도와줍니다. 프로그램 설치부터 홈페이지 상용화까지, 프론트엔드 개발자를 향한 첫걸음에 이 책이 함께할 것입니다.

대학생 A

어려운 개념들을 알기 쉬운 예시와 다양한 그림을 통해 설명해주어 웹 개발 공부는 처음임에도 매우 쉽게 이해하고 넘어갈 수 있었습니다. 웹 프론트엔드 개발자를 희망하는 저 같은 비전공자 대학생들에게 강력히 추천해 드립니다.

대학생 B

HTML, CSS, 자바스크립트 등을 이렇게 찐하게 접한 것이 처음입니다. 한 번쯤은 알고 싶었던 IT 프로그래밍이었는데 저자인 반병현 님의 책이 출간된다고 하여 용기를 내 읽었습니다. 하나하나 세심하고도 친절하게 작성된 글과 예시가 많은 도움이 되었습니다. 책을 읽으시며 한번 따라 해보시면 좋겠습니다. 생능출판사와 반병현 님은 도서 〈비전공자가 업무에서 자주 물어보는 101가지 컴퓨터 활용팁〉에서 알게 되었는데 이렇게 또 다른 책으로 만날 수 있는 기회가 되어 기쁘고, 감사합니다. 여러분도 책을 통해 많은 도움과 지식을 얻으시기를 바랍니다.

직장인 이문영 님

개발의 세계에 발을 들이려 할 때 쉽고 간결하게 들어올 수 있도록 도와주는 책입니다. 모두에게 친숙한 인스타그램 페이지를 예를 들어 설명해주셔서 이해하기가 쉬웠습니다. 처음 웹 개발을 시작하려는 분들을 친절하게 도와주는 책이 될 것입니다.

은퇴한 개발자 A

무엇부터 시작해야 할지 감이 잡히지 않을 때, 이 책을 추천합니다. 기획, 디자인, 퍼블리싱, 그리고 풀 스택 개발자까지 멀고도 험난한 길을 친절하게 알려줄 것입니다. 단순히 암기하는 것에 그치지 않고 그 유래와 배경, 원리에서부터 현재 실무에서 활용하는 방법까지 인내심을 가지고 차근차근 책장을 넘기다 보면 어느새 자연스럽게 자판을 두드리고 있는 자신을 발견할 수 있을 것입니다. 단편적인 기술 습득에만 머물러 더 나아가지 못하고 좌절하는 분들을 위한 다양한 예제도 마련되어 있습니다. 마지막 장에 다다르면 직접 페이지 하나하나 만들어가는 생생한 경험도 느끼실 수 있을 것입니다. 그때까지 버티실 수 있는지는 본인의 선택에 달려 있습니다. 그 인내와 고통의 시간을 감내할 용기가 충분하다면 이 책은 달콤한 결과를 충분히 선사해줄 것입니다.

웹디자이너 D

이 책이 만들어지기까지

김기연, 김두현, 김서현, 방정아, 엄송현, 이문영, 이민영, 최지원, 최현준 님 등 10명의 베타리더 분이 수고해주셨습니다.

공부하기 전에 목표 세우기

이 책은 다른 HTML 관련 도서에 비해 빠르게 훑어보면서 필수적인 내용을 학습할 수 있는 책입니다. 따라서 다른 책보다 진도를 매우 빠르게 진행할 수 있습니다.

이 책의 학습 로드맵

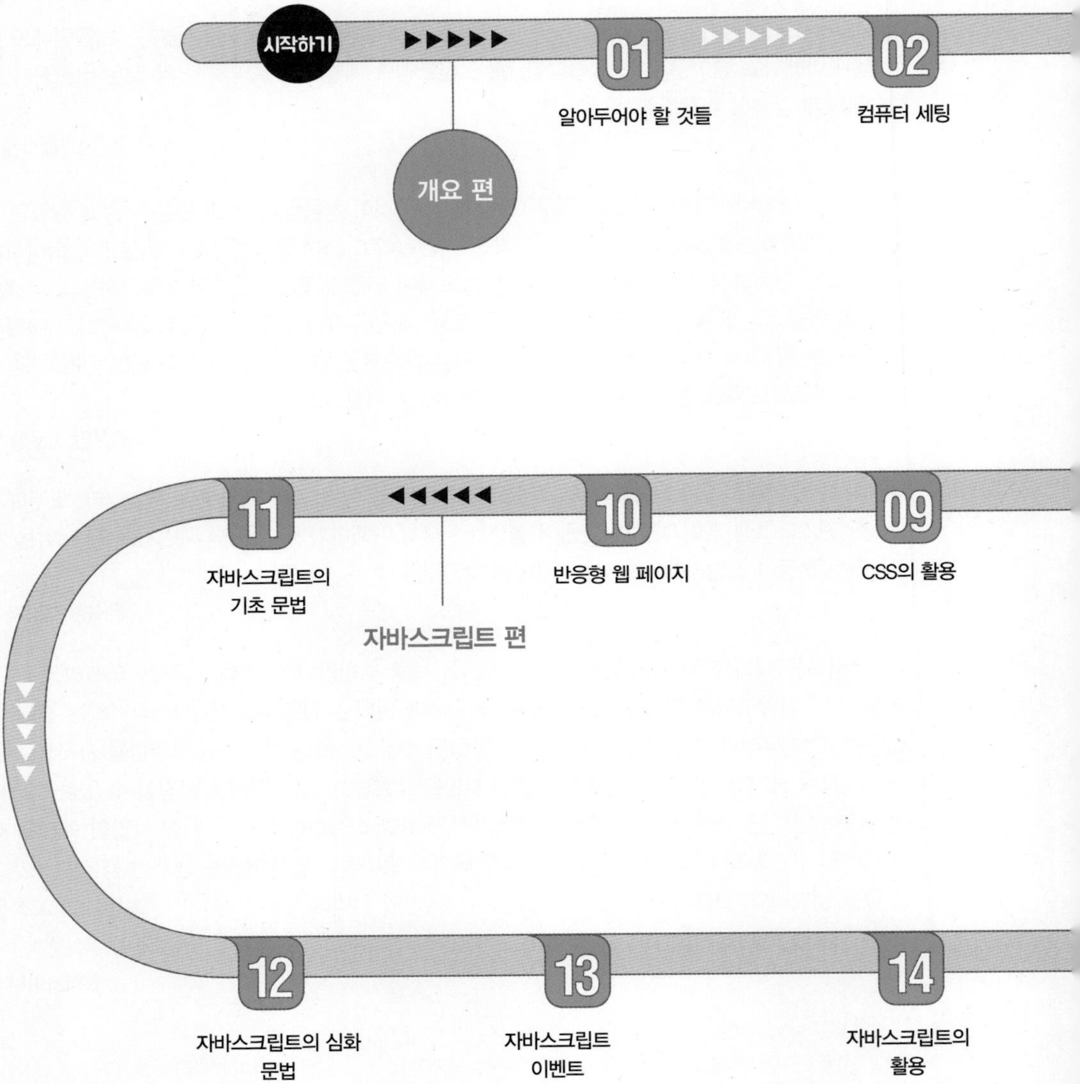

다음 페이지에 나오는 학습진도표는 독자의 수준에 따라 달라질 수 있습니다. 또한 자바스크립트 편은 앞의 내용에 비해 어려운 내용을 다루고 있으므로 시간을 더 투자해야 할 수도 있습니다.

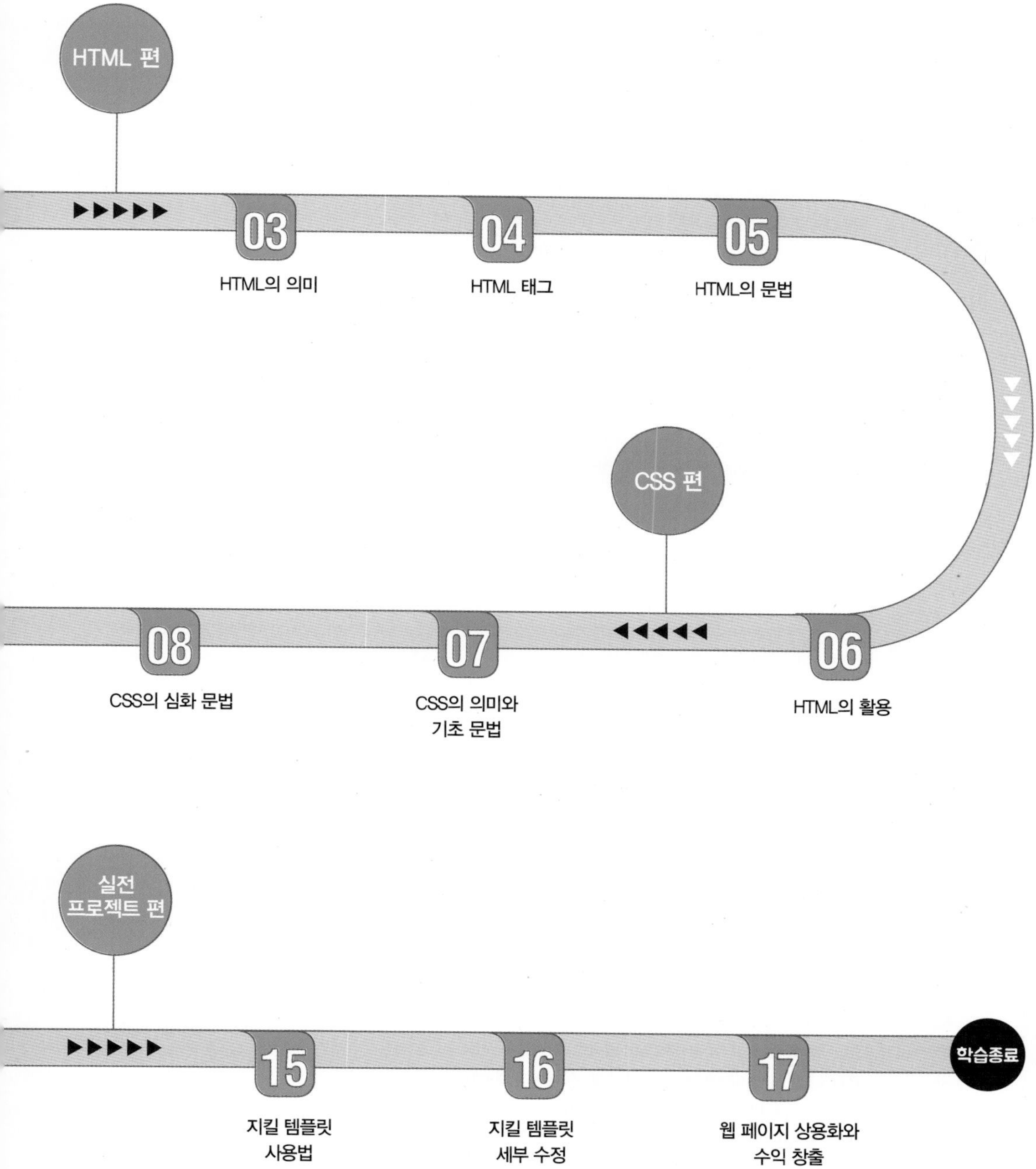

집중 학습

아래의 학습진도표는 하루 3~4시간, 8일 정도 학습한다고 가정한 일정입니다.

일정	학습내용	진행
1일 차	1장 웹 프론트엔드가 무엇인가요?	☐
	2장 웹 프론트엔드 개발을 위한 컴퓨터 세팅	
2일 차	3장 HTML만 배워도 할 수 있는 게 엄청 많다면서요?	☐
	4장 HTML 공부는 태그만 알면 끝난다면서요?	
3일 차	5장 HTML도 배웠으니 인스타그램을 만들어볼까요?	☐
	6장 [도전!] 웹 페이지를 더욱 풍성하게 만들고 싶다면	
4일 차	7장 CSS, 웹 페이지를 아름답게 만들어줘요	☐
	8장 CSS, 이 정도만 알면 전문가죠	
5일 차	9장 CSS를 더해 인스타그램 완성	☐
	10장 [도전!] 업계에서 가장 핫하죠, 반응형 웹 페이지	
6일 차	11장 자바스크립트 문법은 한 챕터면 충분하죠	☐
	12장 자바스크립트 이론 공부도 이 정도면 완벽하죠	
7일 차	13장 자바스크립트로 웹 페이지를 내 맘대로 조작할 수 있죠	☐
	14장 [도전!] 웹 페이지에 생명을 불어넣고, 전 세계에 배포하자	
8일 차	15장 지킬 템플릿을 활용해 웹 개발 날로 먹기	☐
	16장 지킬 템플릿 세부 수정과 이메일 발송	
	17장 [도전!] 웹 페이지 상용화와 수익 창출	

일반 학습

아래의 학습진도표는 하루 1~2시간, 16일 정도 학습한다고 가정한 일정입니다.

일정	학습내용	진행
1일 차	1장 웹 프론트엔드가 무엇인가요?	☐
	2장 웹 프론트엔드 개발을 위한 컴퓨터 세팅	☐
2일 차	3장 HTML만 배워도 할 수 있는 게 엄청 많다면서요?	☐
3일 차	4장 HTML 공부는 태그만 알면 끝난다면서요?	☐
4일 차	5장 HTML도 배웠으니 인스타그램을 만들어볼까요?	☐
5일 차	6장 [도전!] 웹 페이지를 더욱 풍성하게 만들고 싶다면	☐
6일 차	7장 CSS, 웹 페이지를 아름답게 만들어줘요	☐
7일 차	8장 CSS, 이 정도만 알면 전문가죠	☐
8일 차	9장 CSS를 더해 인스타그램 완성	☐
9일 차	10장 [도전!] 업계에서 가장 핫하죠, 반응형 웹 페이지	☐
10일 차	11장 자바스크립트 문법은 한 챕터면 충분하죠	☐
11일 차	12장 자바스크립트 이론 공부도 이 정도면 완벽하죠	☐
12일 차	13장 자바스크립트로 웹 페이지를 내 맘대로 조작할 수 있죠	☐
13일 차	14장 [도전!] 웹 페이지에 생명을 불어넣고, 전 세계에 배포하자	☐
14일 차	15장 지킬 템플릿을 활용해 웹 개발 날로 먹기	☐
15일 차	16장 지킬 템플릿 세부 수정과 이메일 발송	☐
16일 차	17장 [도전!] 웹 페이지 상용화와 수익 창출	☐

예제 다운로드 & 문의사항 안내

아래의 두 가지 방법 중 원하시는 방법을 사용하시면 됩니다.

❶ 저자의 해당 도서 홈페이지(https://needleworm.github.io/frontend/)

㉠ 예제 다운로드 : [전체 코드 다운로드] 버튼을 클릭하여 전체 코드를 한번에 다운로드하거나 각 챕터명 오른쪽에 있는 아이콘을 클릭하여 챕터별로 다운로드할 수 있습니다.

㉡ 문의사항 : 상단의 [문의] 메뉴를 클릭하여 저자에게 직접 문의 메일을 보낼 수 있습니다.

❷ 생능출판사 홈페이지(https://booksr.co.kr/)

㉠ 예제 다운로드 : 생능출판사 홈페이지에서 'HTML'로 검색 → 여러 도서 중 이 책의 도서명을 찾아 클릭 → [보조자료]에서 다운로드

㉡ 문의사항 : 편집자에게 edit7@booksr.co.kr로 문의 메일을 보낼 수 있습니다.

차 례

PART

1

웹 개발자 따라잡기

Chapter

01

웹 프론트엔드가 무엇인가요?

학습목표

개발자는 컴퓨터를 활용해 소프트웨어를 제작하는 사람을 의미합니다. HTML이라는 언어는 다양한 분야의 개발자 중 웹 프론트엔드라는 분야의 개발자를 위한 언어입니다. 우리는 앞으로 HTML 언어를 사용해서 웹 페이지를 개발할 것입니다. 첫 시작이니 어려운 내용을 배우기보다는 가볍게 읽어보면서 앞으로 어떤 내용을 학습할 것인지 알아보도록 하겠습니다.

SECTION

1-1 웹 개발자의 일에는 어떤 의미가 있나요?

아는 만큼 보인다는 격언이 있습니다. 이 책과 함께 웹 페이지를 공부하고 나면 다시는 예전으로 돌아갈 수 없습니다. 매일 습관처럼 들여다보던 인터넷 세상을 새로운 시야로 바라보게 될 것이니 말입니다.

아름다운 웹 페이지 디자인 너머에 숨어 있을 개발자의 노고를 헤아리게 되고, 클릭 한 번에 작동하는 다양한 기능들을 보면서 어떤 코드들을 활용했을지 짐작하게 될 것입니다. 보이지 않던 것이 보이기 시작하고, 관심이 없었던 곳에서 놀라움과 즐거움을 얻으시게 될 것입니다.

이제 우리는 웹 페이지 개발을 위한 원대한 여정을 떠나볼 것입니다. 충분한 마음의 준비가 됐나요?

웹 페이지란?

웹 페이지web page는 일종의 문서 파일입니다. 워드 문서나 엑셀 문서와 본질적으로 다르지 않습니다. 문서 파일에는 전달하고자 하는 정보가 수록되어 있으며, 내용물을 아름답게 배치하거나 이미지를 삽입하는 등 디자인적 요소를 가미할 수도 있습니다.

워드 문서를 작성하는 도구는 〈MS 오피스 워드〉이고, 한글 문서를 작성하는 도구는 〈한컴 오피스 한글〉입니다. 웹 페이지를 작성하는 도구의 이름은 HTML입니다. HTML이 무엇인지는 뒤에서 쉽고 자세하게 설명하겠습니다.

문서 파일은 주로 USB나 이메일을 통해 주고받지만 웹 페이지는 주로 원거리 통신을 통해 전달되는 경우가 많으며, 이때 사용하는 통신 방식을 HTTP라고 부릅니다. 여러분이 자주 들어가는 웹 사이트의 주소창 URL을 잘 들여다보면 "http://" 또는 "https://"[1] 라는 문구가

1 HTTPS는 HTTP Secure의 약자로, 보안이 더욱 강화된 HTTP 통신 방식의 일종입니다.

맨 앞에 와 있는 것을 확인할 수 있을 것입니다. 이는 어떤 통신 방식을 활용해 해당 사이트에 접속할 것인지 알려주는 행위입니다.

http

https

여러분이 인터넷으로 접속하는 무수한 홈페이지나 웹 사이트들은 사실 모두 웹 페이지의 일종입니다. 웹 페이지는 글자와 사진뿐 아니라 동영상, 음악 등 다양한 정보를 아름다운 형태로 제공할 수 있습니다.

여러 개의 웹 페이지들이 모여서 만들어진 덩어리를 웹 사이트라고 부릅니다. 최초의 웹 사이트는 유럽의 입자 물리학 연구소[CERN]에서 만든 info.cern.ch입니다.

개발자란?

개발자[developer]란 컴퓨터를 활용해 소프트웨어를 제작하는 사람을 의미합니다. 대부분 개발자는 코딩[coding]이라는 작업을 통해 소프트웨어나 프로그램을 제작하는 업무를 수행합니다. 개발자는 주로 개발하는 소프트웨어의 종류에 따라 수십 가지 직군으로 세분화됩니다.

웹 개발자의 업무

웹 개발자는 앞서 언급한 HTTP 통신 등을 활용하는 웹 사이트나 관련된 소프트웨어 또는 시스템을 구축하는 소프트웨어 엔지니어를 의미합니다. 웹 개발자는 업무에 따라 크게 〈프론트엔드 개발자〉와 〈백엔드 개발자〉로 구분할 수 있습니다.

프론트엔드 개발자는 사용자가 직접적으로 눈으로 보며 사용하는 웹 페이지를 개발하는 엔지니어를 의미합니다. 전면에 나와서 작동하는 소프트웨어인 〈프론트엔드〉를 개발하는 업무를 수행하기에 프론트엔드 개발자라는 이름이 붙었습니다. 프론트엔드 개발자는 주로 정보를 아름답게 배치하거나, 사용자가 조금 더 쾌적하게 사이트를 사용할 수 있도록 기능을 개선하는 등의 업무를 수행합니다. 규모가 큰 회사나 해외 기업들에서는 프론트엔드 개발자 중에서 사용자의 편의성과 디자인 영역에 집중하는 개발자를 〈UI 개발자〉라고 따로 구분하기도 합니다.

백엔드 개발자는 주로 데이터를 저장하거나, 프론트엔드의 원활한 작동을 도와주기 위한 서버를 개발하는 엔지니어를 의미합니다. 바깥에서는 잘 보이지 않는 뒷단에서 작동하는 소프트웨어인 〈백엔드〉를 개발하는 업무를 수행하기에 백엔드 개발자라는 이름이 붙었습니다.

이 책은 여러분이 프론트엔드 개발자로 성장하는 데 도움이 될 정보와 스킬들을 전달해 드리고자 기획되었습니다. 부디 여러분의 밝은 내일을 위한 여정에 도움이 되기를 간절히 바랍니다.

SECTION

1-2 마크업 언어가 무엇인가요?

마크업 언어란?

마크업 언어markup language는 문서에 마크업을 추가하기 위해 사용하는 도구입니다. '언어'라는 이름이 붙은 이유는 사람과 컴퓨터가 서로 대화하기 위해 사용하는 도구이기 때문이지요. 그렇다면 마크업markup은 무엇일까요?

학창 시절 교과서나 참고서의 중요 부분에 형광펜을 칠해 보신 적이 있을 것입니다. 혹은 포스트잇을 붙여 메모를 덧붙여 보신 적도 있을 것이고요. 이런 식으로 문서를 꾸미는 행위가 우리 주변에서 볼 수 있는 가장 대표적인 마크업입니다.

> "학생 여러분, 두 번째 줄에 밑줄 치세요. 옆에 별표도 치고요."
> "디자이너님, 표지의 글자를 조금 더 크게 키워 주실래요?"
> "팀장님, ppt에 있는 사진의 위치를 조금 더 오른쪽으로 옮길까요?"

위 예시들과 같이 문서에 마크업을 추가하거나 디자인을 변경하기 위한 요구사항을 전달하는 행위는 마크업 언어의 역할과 동일합니다.

요구사항을 세세하고 정확하게 전달할수록 여러분의 생각과 일치하는 결과물이 나오겠죠? 반면 요구사항을 불명확하거나 애매모호하게 전달한다면 처음 의도했던 것과는 매우 다른 결과물이 나올 수도 있을 것입니다. 웹 페이지 개발 과정도 마찬가지입니다.

마크업 언어는 우리 주변 곳곳에

마크업 언어는 우리 생각보다 훨씬 우리 삶 가까이 스며들어 있습니다. 예를 들어, 위키백과의 모든 게시물은 마크업 언어로 작성되어 있다는 사실을 혹시 알고 있나요? 위키백과의 문서에서 [편집] 버튼을 눌러 [[원본 보기]]를 클릭하면, 마크업 언어로 작성된 문서의 원본 데이터를 열람할 수 있습니다.

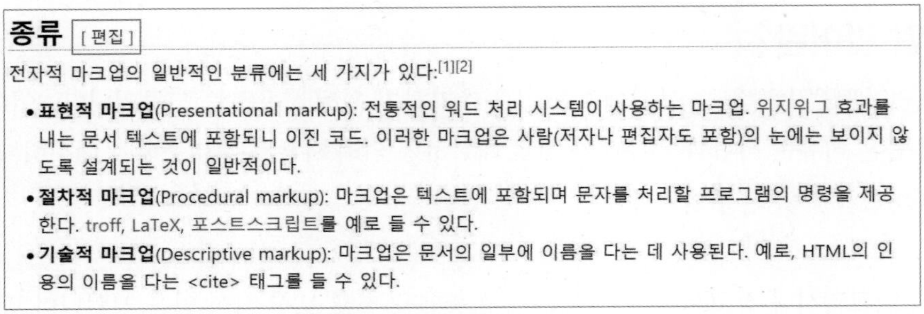

종류 [편집]

전자적 마크업의 일반적인 분류에는 세 가지가 있다:[1][2]

- **표현적 마크업**(Presentational markup): 전통적인 워드 처리 시스템이 사용하는 마크업. 위지위그 효과를 내는 문서 텍스트에 포함되니 이진 코드. 이러한 마크업은 사람(저자나 편집자도 포함)의 눈에는 보이지 않도록 설계되는 것이 일반적이다.
- **절차적 마크업**(Procedural markup): 마크업은 텍스트에 포함되며 문자를 처리할 프로그램의 명령을 제공한다. troff, LaTeX, 포스트스크립트를 예로 들 수 있다.
- **기술적 마크업**(Descriptive markup): 마크업은 문서의 일부에 이름을 다는 데 사용된다. 예로, HTML의 인용의 이름을 다는 <cite> 태그를 들 수 있다.

사용자의 눈에 보이는 문서

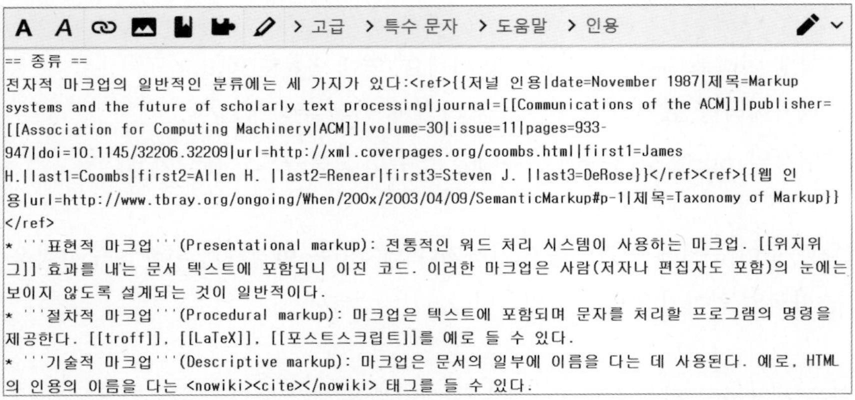


```
== 종류 ==
전자적 마크업의 일반적인 분류에는 세 가지가 있다:<ref>{{저널 인용|date=November 1987|제목=Markup
systems and the future of scholarly text processing|journal=[[Communications of the ACM]]|publisher=
[[Association for Computing Machinery|ACM]]|volume=30|issue=11|pages=933-
947|doi=10.1145/32206.32209|url=http://xml.coverpages.org/coombs.html|first1=James
H.|last1=Coombs|first2=Allen H. |last2=Renear|first3=Steven J. |last3=DeRose}}</ref><ref>{{웹 인
용|url=http://www.tbray.org/ongoing/When/200x/2003/04/09/SemanticMarkup#p-1|제목=Taxonomy of Markup}}
</ref>
* '''표현적 마크업'''(Presentational markup): 전통적인 워드 처리 시스템이 사용하는 마크업. [[위지위
그]] 효과를 내는 문서 텍스트에 포함되니 이진 코드. 이러한 마크업은 사람(저자나 편집자도 포함)의 눈에는
보이지 않도록 설계되는 것이 일반적이다.
* '''절차적 마크업'''(Procedural markup): 마크업은 텍스트에 포함되며 문자를 처리할 프로그램의 명령을
제공한다. [[troff]], [[LaTeX]], [[포스트스크립트]]를 예로 들 수 있다.
* '''기술적 마크업'''(Descriptive markup): 마크업은 문서의 일부에 이름을 다는 데 사용된다. 예로, HTML
의 인용의 이름을 다는 <nowiki><cite></nowiki> 태그를 들 수 있다.
```

마크업 언어로 작성된 원본 문서

마크업 언어로 작성된 문서를 살펴보면 다양한 종류의 괄호와 영문자들이 혼재된 복잡한 문서를 만나게 될 것입니다. 컴퓨터와 인간 사이 모종의 약속에 따라 이 복잡한 문서는 일정한 규칙과 패턴을 따라 재배열되고, 사용자의 컴퓨터에서는 아름다운 모습으로 표현되는 것입니다.

웹 페이지도 마크업 언어로 작성된 문서입니다. 한 번 여러분이 자주 사용하는 웹 페이지의 원본 형태를 들여다볼까요? 개발자 도구를 사용할 때가 왔습니다.

인터넷 익스플로러, 엣지, 크롬 등 여러분에게 익숙한 웹브라우저를 활용해 아무 사이트에 접속한 뒤, F12키를 눌러 보세요. 〈개발자 도구〉 창이 실행됩니다.

- 맥용 사파리를 사용하는 경우 조금 복잡한 절차를 거쳐야 합니다. 사파리에서 command + , 키를 눌러 환경설정을 실행합니다. 그리고 [고급] 탭 하단의 [메뉴 막대에서 개발자용 메뉴 보기] 메뉴를 체크하고 환경설정을 종료합니다.

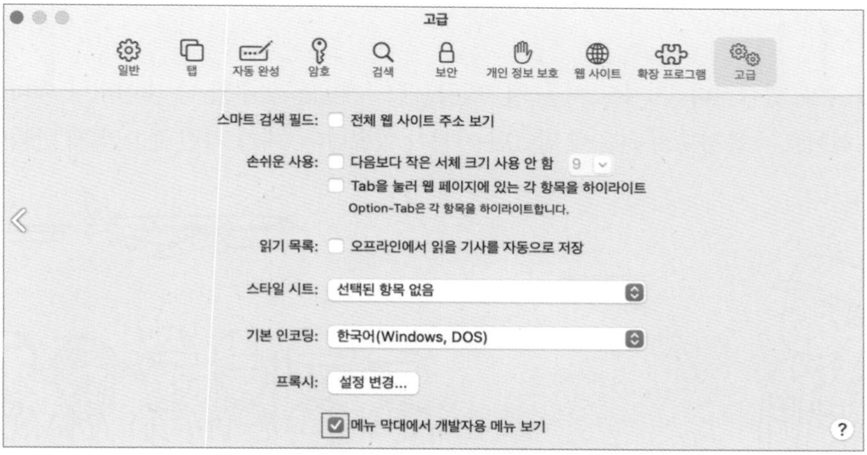

이후 option + command + I 키를 눌러 개발자 도구를 실행할 수 있습니다. 혹은 상단에 새로 생겨난 [개발자용] 메뉴를 클릭하고, [웹 속성 보기] 메뉴를 클릭하여 개발자 도구를 실행할 수 있습니다. 개발자 도구를 실행했다면 상단 메뉴의 [요소] 탭을 클릭하기 바랍니다.

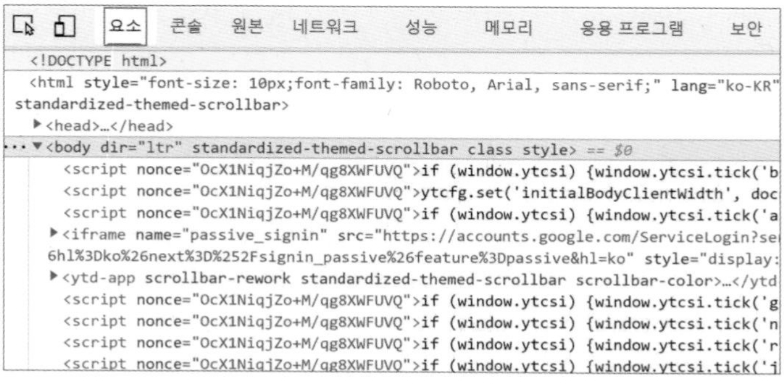

어떤가요? 의미를 알 수 없는 영어로 된 문자들이 화면 가득 펼쳐지지 않나요? 〈요소〉 창에서 보이는 글자들이 바로 웹 페이지의 원본 마크업 언어입니다. 프론트엔드 개발자는 우측 화면과 같은 마크업 문서를 작성하는 역할을 수행하는 사람입니다. 이렇게 작성된 마크업 문서를 컴퓨터가 일정한 규칙에 따라 해독하고, 왼쪽 화면과 같이 아름다운 그래픽을 컴퓨터 화면에 띄워 줍니다.

이제 〈개발자 도구〉 창을 종료해 주세요. 저렇게 어려운 것을 오래 바라보고 있으면 머리가 아파지기 마련입니다.

"제가 저렇게 복잡하고 어려워 보이는 작업을 할 수 있을까요?"

겁이 날 수도 있습니다. 저자도 처음 웹 프론트엔드 개발을 공부할 때 네이버나 페이스북의 코드를 열어보며 몹시도 두려움에 떨었던 기억이 있습니다. 내가 저런 걸 어떻게 만들어!

첨단 기술의 구현은 협업이 기본입니다

하지만 반드시 명심해야 할 것이 있습니다. 여러분이 일상에서 접하는 대부분 사이트는 한 명의 개발자가 제작한 것이 아니라, 수십 명의 개발자가 협업해 제작한 작품입니다. 혼자 힘으로 저렇게 어려운 작업을 수행할 필요가 전혀 없다는 사실을 기억하고 조금 긴장을 풀어 주세요.

이 책에서는 아주 기초적인 문서를 작성해 간단한 웹 페이지를 만드는 것부터 시작해, 남들이 만들어 둔 복잡하고 아름다운 문서를 가져와 내 입맛대로 튜닝해서 사용하는 방법을 알려드릴 것입니다. 최소한의 노력으로 최대한의 결과를 뽑아낼 수 있도록, 곁에서 최선을 다하겠습니다.

SECTION

1-3 프로그래밍 언어가 무엇인가요?

프로그래밍 언어

프로그래밍은 프로그램을 제작하는 행위를 의미합니다. 프로그래밍 언어는 프로그래밍과 관련이 있는 언어라는 뜻이겠지요. 그렇다면 도대체 프로그램은 무엇일까요?

우리에게 익숙한 프로그램은 게임 클라이언트나 문서 편집기, 포토샵, 인터넷 브라우저 등 마우스 더블 클릭을 통해 실행하는 대상들입니다. 컴퓨터공학에서는 '어떤 문제를 해결하기 위한 처리 방법과 순서를 모아서, 컴퓨터에 입력하기 위한 명령의 집합체'로 프로그램을 정의합니다.

어려운 이야기이지만 대충 와닿기는 합니다. 게임 클라이언트는 게임을 실행하기 위한 명령들이, 포토샵은 사진을 편집하기 위한 명령들이 모여 있는 집합체라는 뜻이겠지요. 여기서 말하는 명령이란, 컴퓨터에 내리는 명령을 의미할 것이고요. **프로그래밍은 명령을 설계하는 행위**라고 정의할 수 있겠습니다.

그렇다면 **프로그래밍 언어는 컴퓨터에 명령을 내리기 위해 사용하는 언어**라고 정의할 수 있지 않을까요? 단, 마크업 언어는 프로그래밍 언어와는 구분됩니다. 마크업 언어는 컴퓨터에 정보를 나열하는 방식에 대한 명령만 내릴 수 있고, 복잡한 문제를 해결하는 데에 필수적인 연산 등의 핵심 명령을 전달할 수 없기 때문입니다.

> **프로그래밍 → 명령을 설계하는 행위**
> **프로그래밍 언어 → 명령을 내리기 위해 사용하는 언어**
> **프로그래밍 언어 ≠ 마크업 언어**

프로그래밍을 하기 위한 도구에 '언어'라는 거창한 이름이 붙은 이유는 컴퓨터와 인간이 서로 소통하는 데에 사용하는 도구이기 때문입니다. 컴퓨터는 1과 0밖에 모르는 존재이지만, 프로그래밍 언어의 도움을 받아 우리는 컴퓨터에 명령을 내릴 수 있는 것입니다.

자바스크립트의 중요성

웹 프론트엔드 개발에서 가장 중요한 프로그래밍 언어는 자바스크립트JavaScript입니다. 자바스크립트는 1995년 브랜든 아이크Brandan Eich가 제작한 프로그래밍 언어입니다. 그는 단 10일 만에 자바스크립트를 설계했다고 알려져 있습니다. 당시 자바Java라는 프로그래밍 언어가 전 세계적으로 유명세를 타고 있었기에, 이에 편승하기 위하여 자바스크립트라는 이름을 붙였습니다. 하지만 자바와는 완전히 다른 언어입니다.

1995년 중반부터 마이크로소프트의 윈도우 95의 점유율이 확대되면서 인터넷 익스플로러Internet Explorer의 점유율 또한 거침없이 성장했습니다. 이 당시 마이크로소프트가 인터넷 익스플로러에 자바스크립트의 변종인 JScript를 채택했고, 시장 점유율 80%를 넘겨버립니다. 덩달아 자바스크립트도 업계 표준이 되어버렸죠.

위대한 프로그래밍 언어를 10일 만에 뚝딱 설계하고 마이크로소프트의 휘광까지 누렸으니, 브랜든 아이크는 정말이지 재능과 운을 동시에 타고난 사람이군요. 부럽습니다!

뒤에서 자바스크립트에 대해 보다 상세히 설명하겠습니다. 아~ 참, 앞으로는 자바스크립트를 줄여서 JS라고도 부르겠습니다.

SECTION

1-4 이 책에서 무엇을 배우게 되나요?

웹 프론트엔드 개발을 위한 기본기

이 책에서는 웹 프론트엔드 개발에 필요한 3가지 표준 기술인 HTML, CSS, JS에 대해 알려드립니다.

가장 먼저 HTML을 활용해 웹 페이지를 제작하는 방법을 알려드립니다. 그리고 HTML에서 사용할 수 있는 여러 가지 유용한 도구들을 알려드릴 것입니다. 이 도구들의 이름은 〈태그〉입니다. 몇 가지 태그들을 활용하여 여러분만의 웹 페이지에 사진도 게시하고, 유튜브 동영상도 삽입해 볼 것입니다.

이후 CSS라는 도구와 그 사용법에 대해 알려드릴 것입니다. CSS를 공부하면 HTML로 제작한 홈페이지에 디자인적 요소를 추가해 더욱 아름다운 웹 페이지를 제작할 수 있습니다. CSS를 능숙하게 사용하기 위한 몇 가지 기본적인 기법들을 뒤에서 소개하겠습니다.

마지막으로 JS의 기본 원리와 사용 방법에 대해서 알려드릴 것입니다. JS를 활용하면 웹 페이지에 각양각색의 기능들을 추가할 수 있습니다. 활자 위에 인쇄된 문서는 멈춰 있습니다. 웹 페이지도 사실 마찬가지인데요, 우리가 사용하는 웹 페이지가 역동적으로 움직이고 변화하며, 우리와 상호작용 할 수 있는 비밀이 바로 JS 덕분입니다. JS를 활용하는 몇 가지 기초적인 기법들을 알려드릴 것이며, 이 기법들만 조합해서 다양한 기능들을 구현하는 과정도 알려드리겠습니다.

HTML

JS

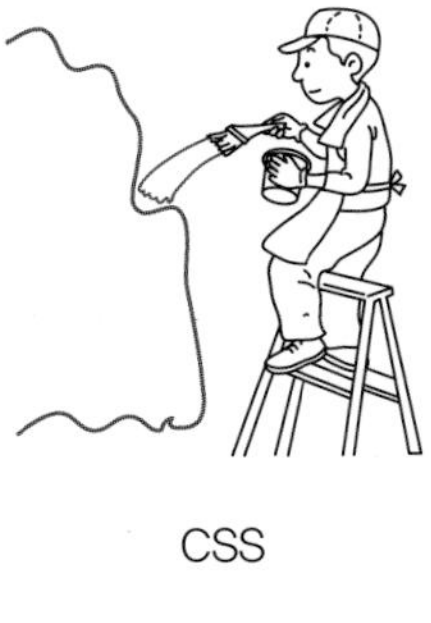
CSS

결과적으로 이 책을 통하여 여러분은 웹 프론트엔드를 개발하는 데 사용되는 표준 기술 3개를 얕고 넓게 배울 것입니다.

기본기의 응용, 응용, 그리고 또 응용

조금만 배우고 많은 것을 누리려면 응용이 필수입니다. 한 가지 기법을 여러 형태로 응용하여 새로운 기능을 달성하는 과정을 여러 차례 소개할 것입니다. 웹 페이지 개발에는 어느 정도 패턴이 존재합니다. 자주 쓰이는 핵심 기능만 이리저리 잘 조합해도 예쁘고 멋진 웹 페이지를 제작할 수 있습니다.

단, 이런 패턴을 처음부터 습득하려면 상당히 오랜 경험이 필요합니다. 괜히 업계에서 경력직 개발자를 높게 평가하는 것이 아닐테지요. 경험의 간극을 단기간에 극복하기 위한 비법 또한 준비해 두었습니다.

지킬 템플릿을 활용한 엄청나게 빠른 개발

밀키트를 구매해 본 적이 있나요? 처음부터 식재료를 손질하고 양념을 계량하여 요리를 완성하는 과정은 무척이나 힘든 일입니다. 하지만 밀키트를 활용하면 누구나 그럴싸해 보이는 요리를 제작할 수 있지요.

지킬[Jekyll] **템플릿**이 바로 웹 페이지 개발 업계의 밀키트 되겠습니다. 전 세계의 개발자들이 자신이 만든 템플릿을 반쯤 완성된 상태로 가공하여 활발하게 공유하고 있습니다. 무료로 말이지요. 우리가 직접 만들려면 굉장히 많은 노력이 필요한 특별한 기능들도 이미 탑재된 경우가 많습니다.

HTML, CSS, JS 3신기를 어느 정도 능숙하게 다룰 수 있게 된다면 다른 사람이 작성한 코드 일부를 수정하는 것 또한 가능합니다. 지킬 템플릿과 같이 애초에 타인이 수정하기 용이한 형태로 가공되어 배포되는 코드라면, 더더욱 쉽게 수정할 수 있겠지요.

이 책에서는 지킬 템플릿을 활용해 아름다운 웹 페이지들을 단기간에 제작하는 방법들 또한 소개합니다. 여기까지만 공부하면, 간단한 웹 개발 외주용역을 한나절만에 쳐낼 수 있는 실력을 갖추시게 됩니다. 뿐만 아니라 여러분이 만든 웹 페이지에 광고를 부착하여 조회수를 수익으로 환전하는 방법도 안내합니다. 책 한 권 봤을 뿐인데 새로운 부업이 하나 생긴다니, 너무 기대되지 않나요?

코딩만 따라 해도 웹페이지가 만들어지는

HTML+CSS+자바스크립트

Chapter

02

웹 프론트엔드 개발을 위한 컴퓨터 세팅

학습목표

HTML 코딩을 하기 전에 먼저 코딩을 할 수 있는 도구가 필요합니다. 앞으로 가장 많이 사용할 Visual Studio Code라는 프로그램을 설치할 것입니다. 그 외에도 지킬, 루비, 깃허브, 깃 등을 설치해보겠습니다.

SECTION

2-1 Visual Studio Code 설치

Visual Studio Code

영화나 드라마에서 활약하는 해커들은 까만 화면에 알록달록 수놓인 글자들을 보며 알 수 없는 영어들을 입력합니다. 이때 해커들이 사용하는 멋진 프로그램을 IDE(Integrated Development Environment, 통합 개발 환경)라고 합니다.

IDE는 단순히 아름다운 화면을 제공할 뿐 아니라, 우리의 코딩을 쾌적하고 편안하게 보조하기 위한 갖가지 기능들을 함께 제공합니다. 이 책에서 우리는 마이크로소프트(MS) 사에서 개발한 〈Visual Studio Code〉라는 IDE를 활용할 것입니다. 앞으로 Visual Studio Code를 줄여서 VSCode라고 부르겠습니다.

프로그램 설치

웹 브라우저에서 아래 URL을 입력하여 〈Visual Studio Code〉 다운로드 페이지로 이동합니다.

https://code.visualstudio.com

VSCode 다운로드 페이지에서 [Download for Windows] 버튼을 클릭해 설치 프로그램을 다운로드합니다. 맥이나 리눅스를 사용 중이라면 컴퓨터의 운영 체제에 맞는 버전을 다운로드합니다.

여기

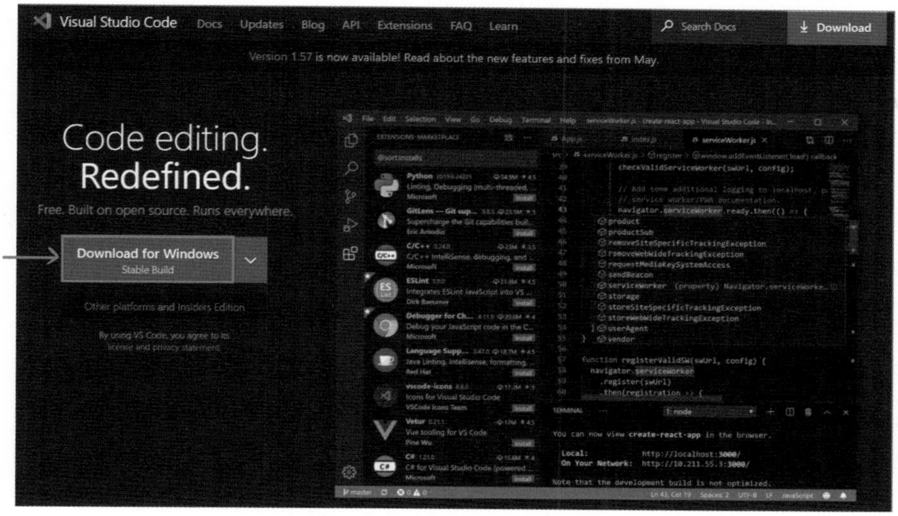

주의사항이 있습니다. 설치 중, [추가 작업 선택] 메뉴에서 〈기타〉 항목에 있는 네 가지 박스를 모두 체크하기 바랍니다. 운영 체제로 맥 또는 리눅스를 사용 중이라면 보이는 모든 체크박스에 전부 체크하고 설치를 마무리해도 됩니다.

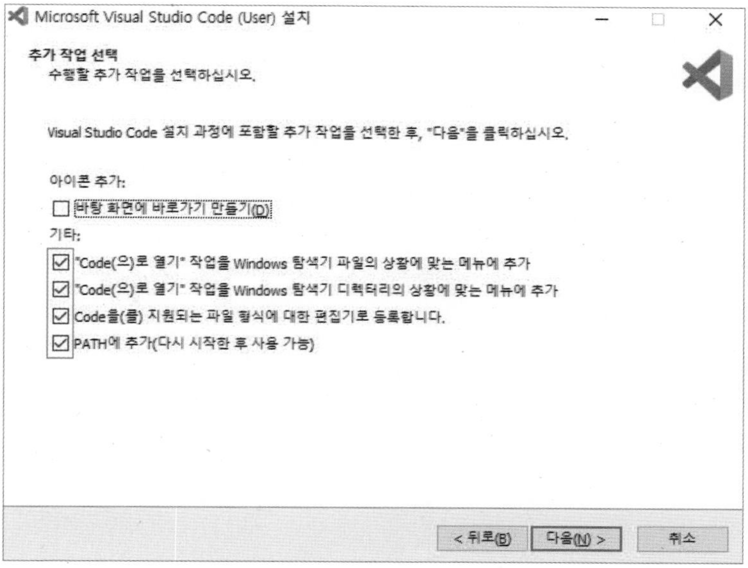

설치가 완료되었다면 [Visual Studio Code 실행] 항목을 체크한 뒤 [종료(F)] 버튼을 선택합니다. 잠시 뒤 VSCode가 실행됩니다.

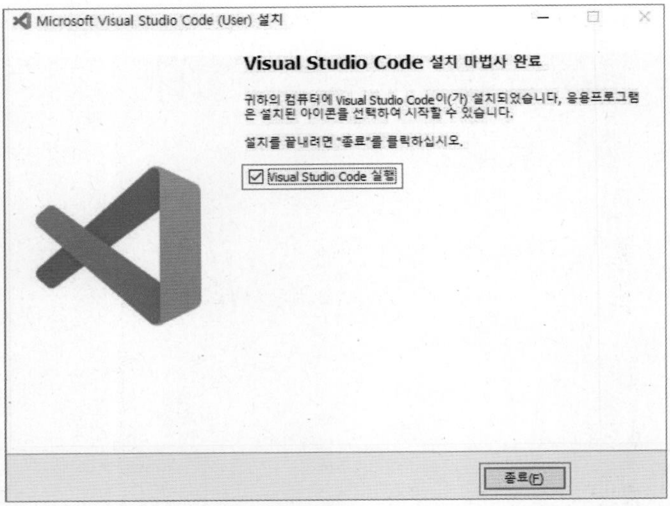

컬러 테마 설정

VSCode가 실행되면 까만 화면이 여러분을 반겨줄 것입니다. 개발자들은 업무 특성상 온종일 장시간 모니터를 바라보고 있으므로 화면을 어둡게 설정하여 눈의 피로를 줄이는 것을 선호하는 경향이 있습니다.

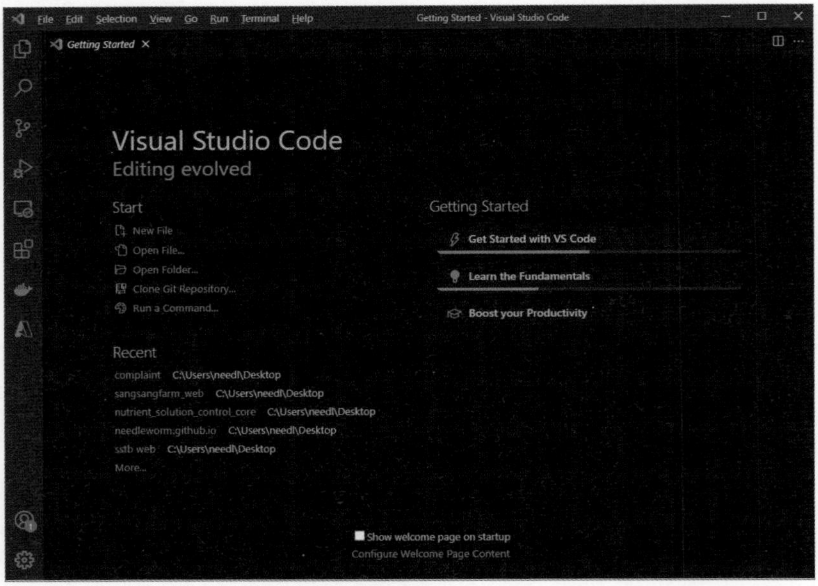

테마를 변경하고 싶다면 [File] → [Preferences] → [Color Theme] 순서로 메뉴를 클릭하여 컬러 테마 변경 메뉴에서 테마를 변경하기 바랍니다.

[Ctrl] + [K]와 [Ctrl] + [T] (맥을 사용한다면 [Ctrl] 대신 [command ⌘])를 순차적으로 눌러도 좋습니다.

이 책에서는 종이에 인쇄된 코드가 조금 더 선명하게 보일 수 있도록 밝은 분위기인 〈Light (Visual Studio)〉 테마를 사용하겠습니다.

한글 메뉴 설정 (선택사항)

VSCode의 기본 언어는 영어로 설정되어 있습니다. 이를 한국어로 변환하려면 다음 안내를 따라 언어 설정 작업을 수행하기 바랍니다.

VSCode 좌측의 메뉴 바에서 사각형 4개로 구성된 아이콘을 클릭하여 [Extensions] 메뉴를 활성화합니다. 여기서 VSCode에서 사용 가능한 외부 확장 프로그램을 설치할 수 있습니다. 이어 검색창에 "korean"을 입력하고, 〈Korean Language Pack for Visual Studio Code〉 항목에서 [install] 버튼을 클릭하여 설치하면 됩니다.

설치가 완료되면 VSCode 창 우측 하단에 팝업창이 발생합니다. [Restart] 버튼을 눌러 VSCode를 재시작합니다.

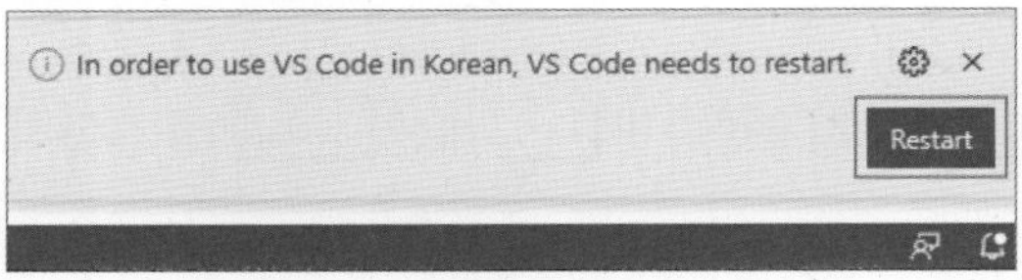

그러면 아래 그림과 같이 VSCode가 한국어 모드로 실행됩니다.

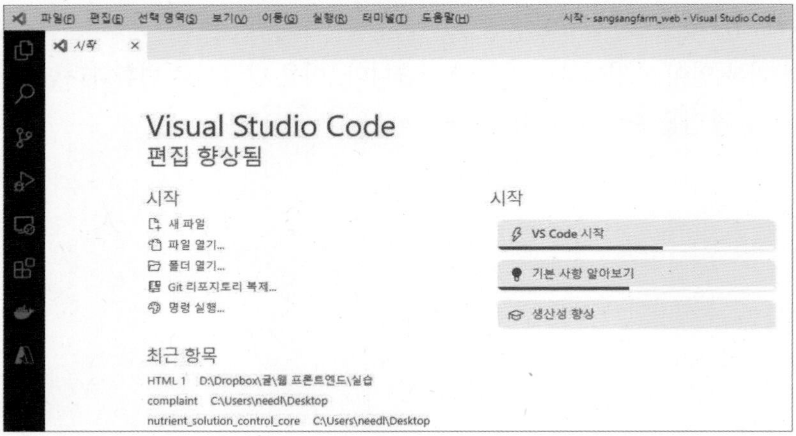

SECTION

2-2 개발을 도와주는 유용한 프로그램 설치하기

프레임워크란?

아름다운 건축물을 짓는 과정을 상상해 봅시다. 아무것도 준비되지 않는 허허벌판에서부터 설계도를 작성하고 골조를 하나씩 직접 쌓아 올려야 한다고 생각해 봅시다. 건축에 대한 경험이 부족한 사람은 작업을 진행조차 못 할 것입니다. 매우 막막하겠죠. 가장 처음 무엇을 해야 할지조차 모를 수밖에요.

코딩도 마찬가지입니다. 여러분이 갑작스레 회사 홈페이지를 제작해야 하는 상황이라면 어떤 느낌일까요? '맨땅에 집 짓기'만큼이나 난처한 상황이 아닐 수 없습니다. 이런 상황에 빠진 초보 개발자가 가장 먼저 해야 할 일은 적당한 프레임워크를 수소문하는 것입니다.

프레임워크framework란 복잡한 문제를 해결하는 데 사용할 수 있도록 누군가가 만들어 둔 소프트웨어입니다. 영단어 framework를 그대로 번역하면 뼈대 또는 골조라는 단어로 해석할 수 있습니다. 우리가 컴퓨터공학에 대해 배워본 적은 없지만, 프레임워크가 일종의 뼈대 역할을 해 주는 도구라는 사실을 이름으로부터 유추해 볼 수 있습니다.

프레임워크를 사용하여 문제를 해결하는 방법

구글 검색을 통해 원하는 프레임워크를 찾아냈다면, 프레임워크의 사용설명서를 읽어 보기 바랍니다. 이 책에서 사용할 프레임워크인 지킬을 예시로 들어 보겠습니다. 아래 url을 통해 지킬 홈페이지에 접속하기 바랍니다.

https://jekyllrb-ko.github.io/

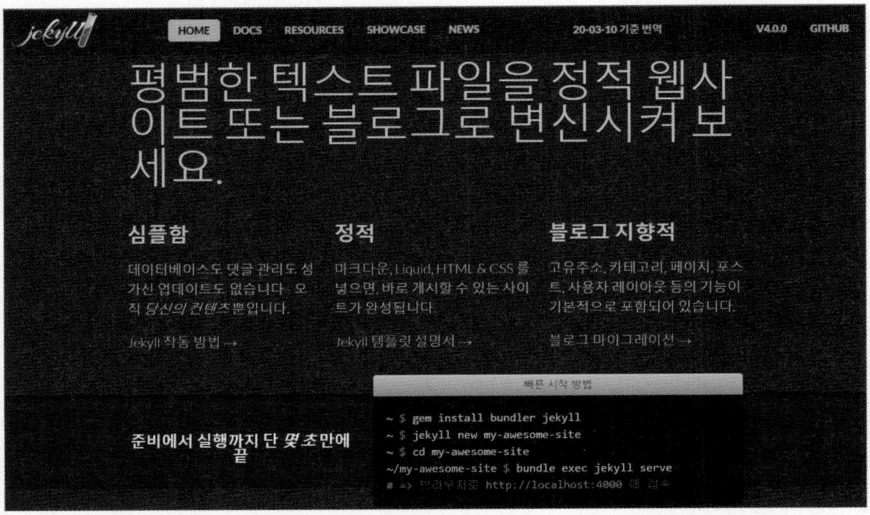

지킬이 무슨 용도로 사용되는지 전혀 몰라도 좋습니다. 홈페이지에서 [Document] 혹은 비슷한 메뉴를 찾아봅시다. 지킬은 상단에 [DOCS]라는 메뉴가 존재합니다. 이 메뉴를 클릭해 봅시다.

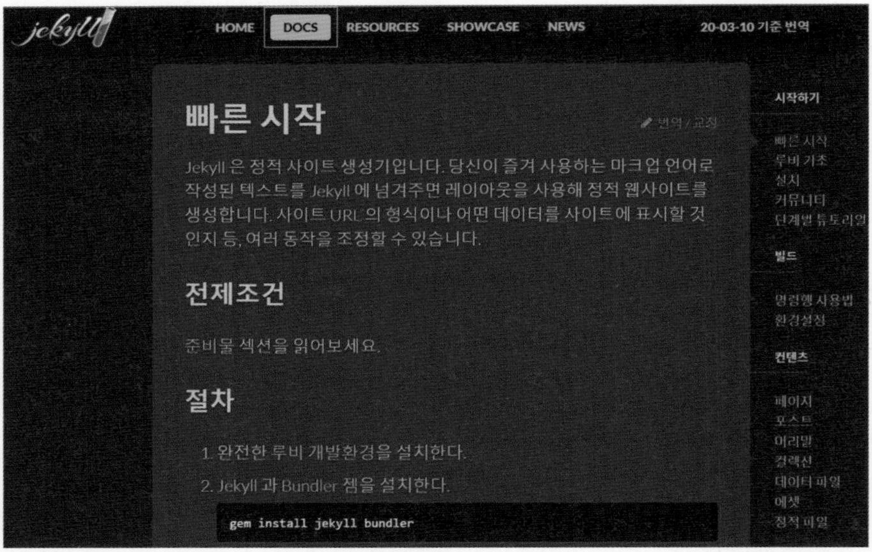

위 그림과 같이 이 프레임워크의 사용설명서를 열람할 수 있습니다. 유용한 프로그램을 만들어 굳이 남들이 볼 수 있는 곳에 무료로 배포하는 개발자들은 자신의 작품이 조금이라도 더

많은 사람에게 사랑받기를 원합니다. 그렇기에 유명한 프레임워크일수록 설명서가 친절하게 작성된 경우가 많습니다.

좋은 프레임워크를 골랐다면 설명서만 따라해도 결과물이 뚝딱하고 쏟아집니다. 이제 막 걸음마를 뗀 초보 개발자들이 연습해야 할 가장 중요한 스킬이 바로 새로운 프레임워크를 찾아내고, 설명서를 보며 따라해 보는 것입니다.

지킬은 웹 페이지 개발 과정을 단축시켜주는 도구입니다. 지킬을 뼈대 삼아 약간의 노력만 더하면 아름다운 웹 페이지를 순식간에 만들어 낼 수 있습니다. 노하우가 생긴다면 하루에도 열 개 이상의 웹 페이지를 양산할 수 있으며, 이는 곧 프리랜서 외주용역과 포트폴리오 구축으로 이어집니다.

뒤에서 소개할 HTML, CSS, JS의 기초를 습득하면 지킬을 활용해 많은 것을 할 수 있습니다. 지금 단계에서는 도무지 상상조차 할 수 없을 정도로 많은 것들을요. 자, 이제 지킬을 설치하겠습니다.

루비와 지킬 설치하기

윈도우 사용 시

키보드의 [⊞](윈도우 키)를 누르고 키보드에서 "시스템 정보"라고 입력합니다. 아래 그림과 같이 시스템 정보 앱이 로딩되었다면 [Enter ↵] 를 누릅니다.

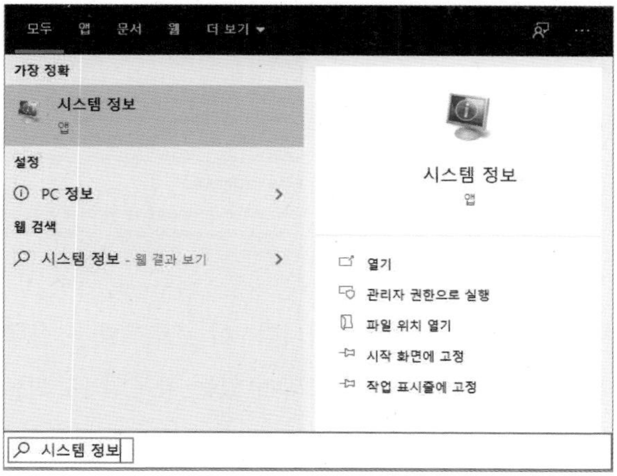

〈시스템 종류〉 항목에 "x64"라고 기재되어 있는지, 혹은 "x86"이라 기재되어 있는지 확인합니다. 저자의 PC는 아래 그림처럼 "x64" 윈도우를 사용합니다.

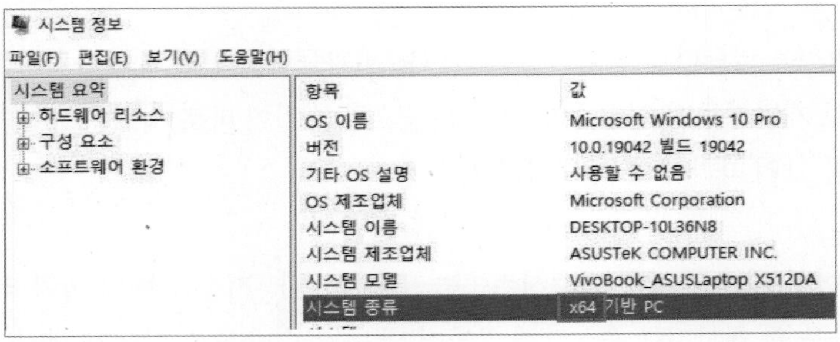

지킬을 사용하려면 루비Ruby라는 도구가 필요합니다. 아래 url로 접속하여 Ruby Installer for Windows 홈페이지로 접속합니다.

https://rubyinstaller.org/downloads/

웹 페이지 좌측의 〈WITH DEVKIT〉 메뉴를 확인하면 1개의 버전만 =〉 표기와 함께 강조되어 있습니다. 그 강조된 버전을 선택합니다. 이때 앞서 확인한 "x64"와 "x86" 시스템 종류에 일치하는 항목을 선택해야 합니다.

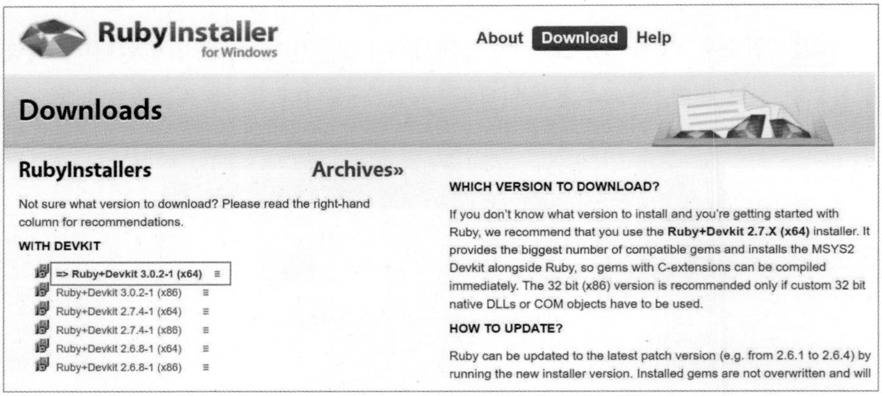

항목을 클릭하면 설치 프로그램이 다운로드됩니다. 이 프로그램을 실행하여 컴퓨터에 루비를 설치합니다. 별다른 주의사항은 없고, 체크되어 있는 항목의 체크를 해제하지 말기 바랍니다.

설치가 완료되었다면 [⊞]+[R] 를 눌러 〈실행〉 창을 실행합니다. 여기에 "cmd"를 입력하고 [Enter ↵]를 누릅니다.

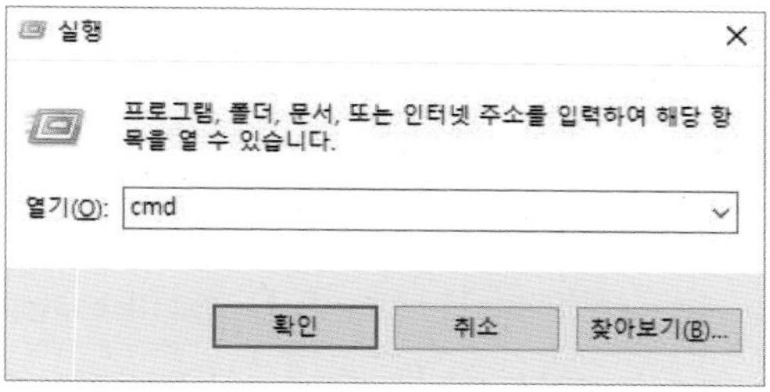

까만색 창과 함께 명령 프롬프트가 실행됩니다. 까만 창에 아래 명령어를 입력하고 [Enter ↵]를 누릅니다. 절대로 오타를 내지 말아야 합니다.

```
gem install jekyll bundler
```

정상적으로 명령이 전달되었다면 지킬 설치가 자동으로 진행됩니다. 설치가 정상적으로 마무리되었는지 확인하기 위하여 아래 명령어를 실행해 봅니다.

```
jekyll -v
```

아래 문구와 같이 설치된 지킬의 버전이 화면에 출력된다면 정상적으로 지킬이 설치된 것입니다. 이때 설치된 버전에 따라 숫자가 다르게 출력될 수 있습니다.

```
jekyll 4.2.0
```

리눅스 사용 시

리눅스를 활용하고 있다면 가장 쉽게 환경을 구축할 수 있습니다. 터미널을 실행한 후 운영체제에 맞게 아래 명령어를 실행합니다.

리눅스의 종류	명령어
우분투	sudo apt-get install ruby-full build-essential zlib1g-dev
데비안	sudo apt-get install ruby-full build-essential
페도라	sudo dnf install ruby ruby-devel @development-tools
ArchLinux	sudo pacman -S ruby base-devel
openSUSE	sudo zypper install -t pattern devel_ruby devel_C_C++

이후 절차는 모두 같습니다. 아래 명령어 4줄을 실행하여 환경 변수를 추가합니다.

```
echo '# Install Ruby Gems to ~/gems' >> ~/.bashrc
echo 'export GEM_HOME="$HOME/gems"' >> ~/.bashrc
echo 'export PATH="$HOME/gems/bin:$PATH"' >> ~/.bashrc
source ~/.bashrc
```

마지막으로 아래 명령어 한 줄을 실행하면 지킬이 설치됩니다.

```
gem install jekyll bundler
```

맥 사용 시

먼저 〈터미널〉을 실행해야 합니다. Dock에서 Launchpad 아이콘을 클릭하고 〈기타(Other)〉 폴더를 확인합니다. 터미널 실행 후 아래 명령어 세 줄을 입력하고, 각각 Enter↵ 를 눌러 실행합니다. 절대로 오타가 나서는 안 됩니다.

```
xcode-select --install
export SDKROOT=$(xcrun --show-sdk-path)
chsh -s /bin/zsh
```

그리고 아래 세 줄의 명령어를 한 번에 하나씩, 순서대로 입력하고 각각 Enter↵ 를 누릅니다.

```
/bin/bash -c "$(curl -fsSL https://raw.githubusercontent.com/Homebrew/install/HEAD/install.sh)"
brew install ruby
echo 'export PATH="/usr/local/opt/ruby/bin:/usr/local/lib/ruby/gems/3.0.0/bin:$PATH"' >> ~/.zshrc
```

설치가 정상적으로 완료되었는지 확인하기 위하여 터미널을 종료하고 다시 실행하여 아래 명령어를 실행합니다.

```
ruby -v
```

아래와 같이 현재 설치된 루비의 버전이 화면에 출력된다면 정상적으로 설치가 완료되었습니다. 숫자나 일부 단어는 설치한 루비 버전에 따라 달라질 수 있습니다.

```
ruby 3.0.0p0 (2021-12-25 revision 95aff21468)
```

이제 아래 명령어를 실행하면 지킬이 설치됩니다.

```
gem install --user-install bundler jekyll
```

길고도 먼 길이었습니다. 지킬 설치가 마무리되었습니다.

SECTION

2-3 깃허브 활용하기

깃허브

깃허브GitHub는 작업 중인 코드를 업로드하거나, 다른 컴퓨터에서 다운받는 등의 작업을 도와주는 일종의 온라인 사무실과도 같은 서비스입니다. 이 책에서는 코드의 백업과 무료 웹 호스팅 이용을 위해 깃허브를 사용합니다.

깃허브를 활용하기 위하여 계정을 만들어야 합니다. 아래 url로 접속하여 깃허브 사이트에 접속하기 바랍니다.

https://github.com

깃허브 메인 화면 디자인은 수시로 바뀝니다. 여러분을 반겨주는 페이지가 책에 인쇄된 사진과 다른 모습이더라도 당황하지 말고, 〈Sign Up〉이라는 문구가 기재된 버튼을 찾아 클릭하기 바랍니다.

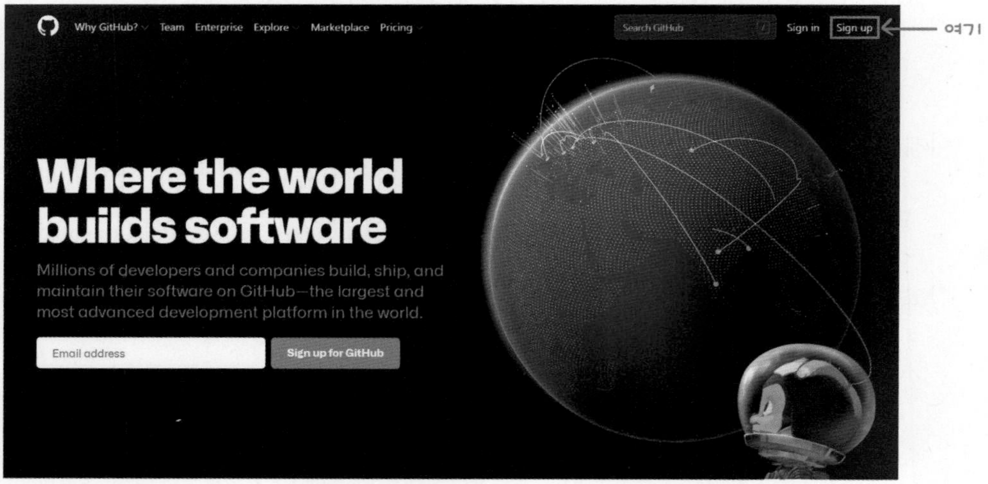

이어서 회원 가입을 마무리하고, 이메일 인증까지 마친다면 여러분만의 온라인 작업실이 마련됩니다. 가입할 때 닉네임을 신중하게 짓기 바랍니다. 전 세계 사람들에게 노출될 뿐만 아니라, 앞으로 여러분이 만들 홈페이지 주소에도 모두 여러분의 닉네임이 기재될 것입니다.

여러분의 온라인 작업실 주소는 아래와 같습니다.

https://github.com/〈닉네임〉

저자의 깃허브 닉네임은 needleworm입니다. 저자의 온라인 작업실 주소는 아래와 같은 모습입니다.

https://github.com/needleworm

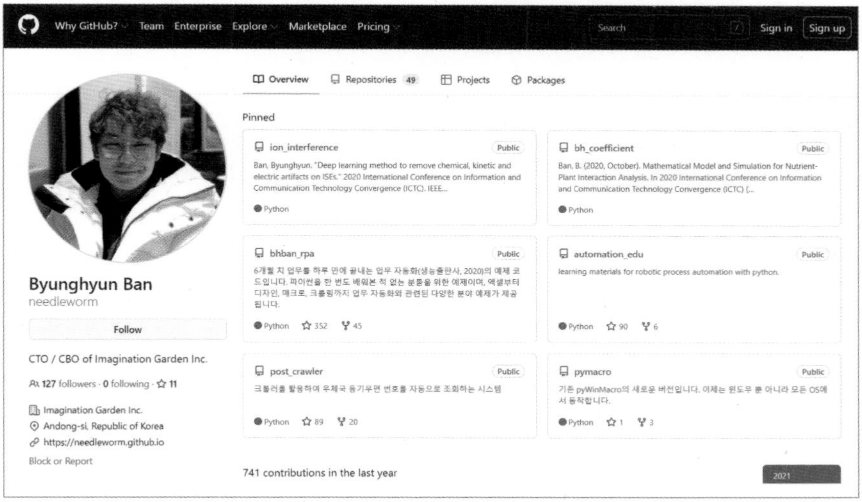

저자의 깃허브 페이지

깃 설치하기

깃[Git]은 컴퓨터 파일의 변경사항을 추적하고 여러 사용자 간에 파일을 다루는 공동 작업을 위한 분산 버전 관리 시스템입니다.

윈도우 사용 시

아래 url을 통하여 Git for Windows 홈페이지로 이동합니다.

https://gitforwindows.org

메인화면에서 [Download] 버튼을 클릭하여 설치를 진행합니다.

설치 과정에서 〈Windows Explorer integration〉 항목 아래에 있는 〈Git Bash Here〉 항목에는 반드시 체크하기 바랍니다. [Next] 버튼을 몇 번 눌러 설치를 마무리하면 준비가 모두 끝납니다.

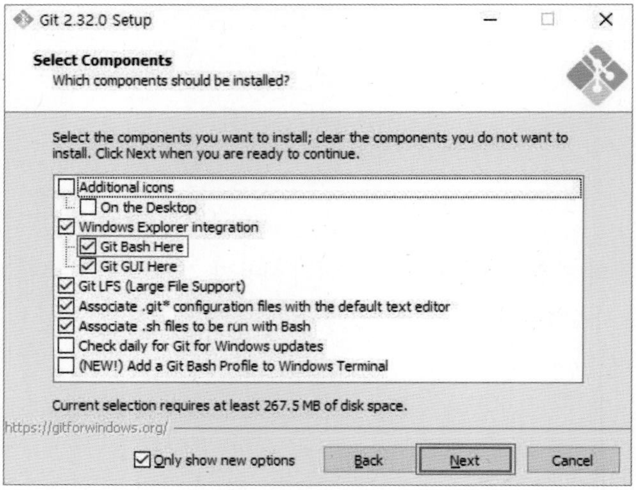

리눅스 사용 시

터미널을 실행하고, 사용 중인 운영 체제의 종류에 맞추어 아래 명령어를 실행하는 것으로 작업이 끝납니다.

리눅스의 종류	명령어
우분투 / 데비안	sudo apt-get install git
페도라	sudo dnf install git
ArchLinux	sudo pacman -S git
openSUSE	sudo zypper install git

맥 사용 시

터미널을 실행하여 아래 명령어를 입력합니다. 단, 앞서 루비 설치과정을 먼저 따라 하지 않는다면 오류가 발생할 수 있습니다.

```
brew install git
```

코딩만 따라 해도 웹페이지가 만들어지는

HTML+CSS+ 자바스크립트

PART

2

웹 페이지의 뼈대를 만드는 HTML

Chapter

03

HTML만 배워도 할 수 있는 게 엄청 많다면서요?

학습목표

그동안은 학습을 위한 오리엔테이션이었다면 이제 본격적으로 HTML 문법에 대해 알아보겠습니다. HTML의 어떤 구조로 되어 있는지 알아본 후 단순한 HTML 문서를 작성해 보겠습니다. 또한 작성한 HTML 문서가 웹 브라우저에서 어떻게 보여지는지도 확인해 보겠습니다.

SECTION

3-1 HTML이란?

앞서 몇 차례 언급되었던 HTML에 대하여 조금 더 자세히 들여다보겠습니다. HTML은 HyperText Mark-up Language하이퍼텍스트 마크업 언어의 줄임말입니다. 마크업 언어가 무엇인지는 이미 배웠습니다. 이름에서 유추해 보건대 HTML은 하이퍼텍스트와 관련된 마크업 언어일 것입니다. 그렇다면 하이퍼텍스트는 뭘까요?

옛날에는 인류가 정보를 습득하려면 돌돌 말려있는 두루마리나 목간, 파피루스를 펼쳐야 했습니다. 원하는 정보가 어디에 있을지 찾아내기가 몹시 힘들었죠. 정보를 페이지 단위로 열람할 수 있는 책의 등장은 그야말로 정보 혁신이었습니다.

하지만 그런데도 책 페이지를 한 장씩 넘기는 등, 순서가 고정된 종이를 이리저리 넘기는 과정이 필수적이었습니다. 정보를 열람하는 사람은 본인의 의사와는 전혀 상관없이 정보를 기록한 사람이 의도한 순서에 따라 탐색을 수행할 수밖에 없었지요.

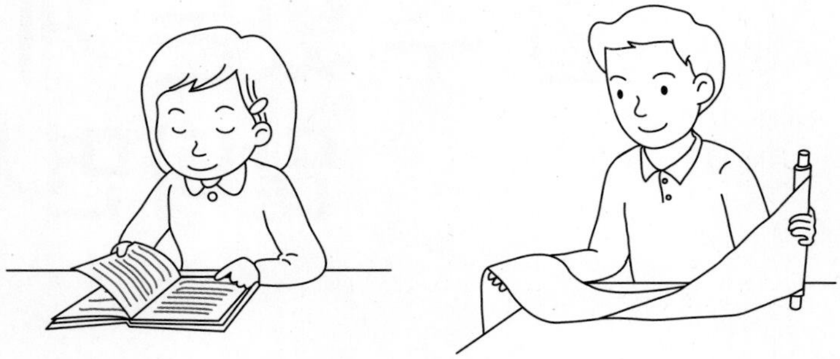

요즈음 우리에게는 웹 페이지에 있는 링크를 마우스로 클릭하여 새로운 페이지로 이동하는 것이 전혀 낯설지 않은 기능입니다만, 과거의 인류에게는 매우 충격적인 일이었습니다. 그들이 그토록 집착하던 '순서'라는 개념에 구애받지 않고 페이지와 페이지를 넘나들 수 있는 기술이니까요. 당시 사람들의 머릿속에 있던 '페이지'라는 개념은 순서대로 차곡차곡 정리되어 제본된 책의 일부였기 때문에 그 충격은 더욱 컸습니다.

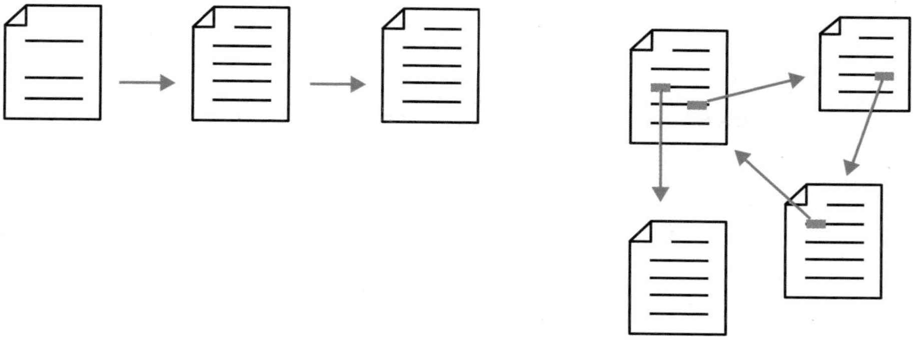

페이지 vs 하이퍼텍스트

이게 얼마나 큰 충격이었던지 사람들은 기존 텍스트의 한계를 벗어난 일종의 초월적인 텍스트 기술이라는 뜻에서 여기에 〈하이퍼텍스트〉라는 거창한 이름을 붙입니다. 하이퍼텍스트Hypertext는 말 그대로 종이에 인쇄된 텍스트 기술의 한계를 초월한 고차원적인 기술을 의미한다고 생각하면 되겠습니다.

페이지 탐색뿐 아니라 종이책에는 다른 많은 한계가 있습니다. 종이책에는 동영상을 삽입할 수 없고, 음악을 탑재할 수도 없으며, 한 번 인쇄된 사진의 위치를 변경할 수도 없습니다. 하지만 HTML을 사용한 현대의 웹 페이지들은 이 모든 일을 매우 손쉽게 처리할 수 있습니다.

결론적으로 HTML의 의미를 종이책의 한계를 초월한 다양한 기능을 선보이기 위해 사용하는 마크업 언어 정도로 받아들이면 될 것 같습니다. 여러분이 HTML을 공부한다는 것은 인류의 전통적인 기록유산을 초월한 새로운 문서를 작성하는 기술을 배우는 것과도 같습니다. 저자는 이 사실을 처음 깨달았을 때 몹시도 가슴이 뛰었습니다. 여러분은 어떤가요?

SECTION

3-2 HTML 가지고 놀기

웹 사이트의 HTML 소스 살펴보기

HTML을 공부하기 위한 위대한 첫 발자국을 떼 보겠습니다. 먼저 구글https://google.com에 접속하기 바랍니다. 웹 페이지가 로딩되었다면 〈개발자 도구〉를 실행합니다. 개발자 도구의 우측 상단 메뉴에서 [요소(Elements)] 탭을 클릭하면 아래 그림과 같이 복잡한 코드가 출력됩니다.

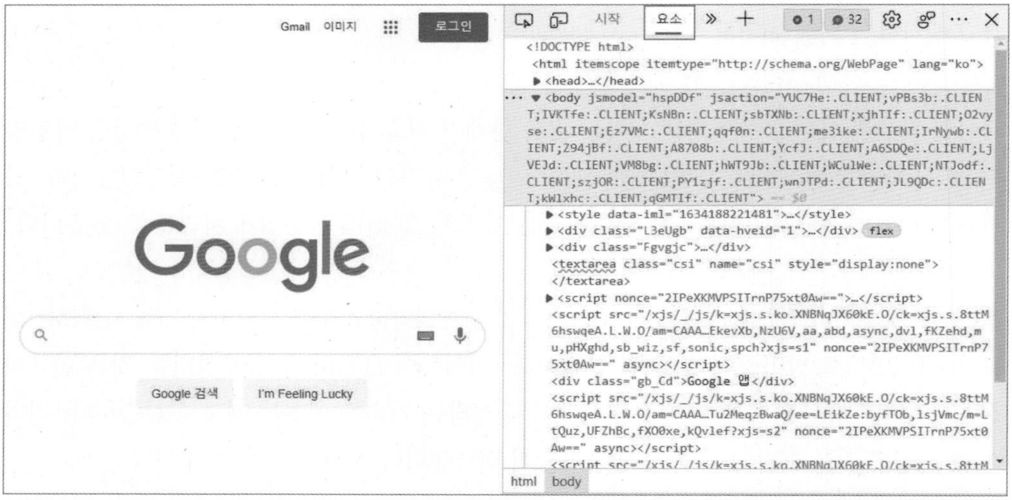

이 코드의 가장 첫 번째 줄을 살펴보면 〈!DOCTYPE html〉이라는 같은 문구가 기재되어 있을 것입니다.

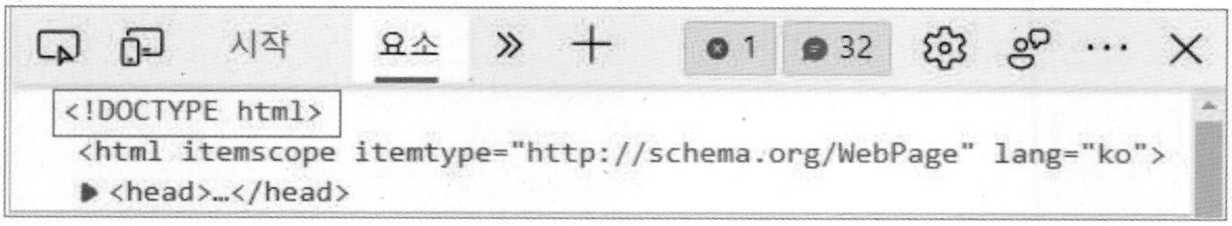

시범 삼아 네이버나 유튜브 등 다른 사이트에도 접속하여 코드를 살펴보기 바랍니다. 아마 여러분이 방문한 모든 사이트에 동일한 문구가 기재되어 있을 것입니다.

"DOCTYPE"은 'Document Type'의 줄임말로, 직역하자면 문서의 종류라는 뜻입니다. "DOCTYPE html"은 '이 문서의 종류는 html입니다.'라는 정보를 컴퓨터에 안내하는 코드입니다. 이처럼 우리가 매일 방문하는 대부분 웹 사이트들이 알고 보면 HTML이라는 공통된 도구를 사용하고 있었던 것입니다.

웹 페이지 내용을 내 맘대로 바꿔 보기

유튜브에서 아무 동영상을 클릭하고 개발자 도구를 실행해 보기 바랍니다. 아래 그림에 있는 영상은 현재 조회수가 212회입니다. HTML은 마크업 언어고, 마크업 언어는 문서의 콘텐츠와 배열을 지정하는 도구이므로, 좌측 화면에 표시되는 콘텐츠에 해당하는 정보가 우측 HTML 문서 어딘가에 숨어 있습니다. 지금부터 숨어 있는 조회수 데이터에 접근해 보겠습니다. 개발자 도구의 좌측 상단을 살펴보면 마우스 포인터와 사각형 아이콘이 있습니다. 이 아이콘을 클릭하면 〈검사〉 모드가 실행됩니다.

〈검사〉 모드를 활성화한 채로 마우스를 조회수 영역에 가져가 봅시다. 별도의 말풍선이 표시되면서 영어로 된 정보들이 표시됩니다. 이 말풍선은 HTML 코드에 기록되어 있던 마크업 정보를 한눈에 요약해 보여주는 도구입니다. 지금은 읽어도 도움이 되지 않는 정보들이지만 나중에는 굉장히 유용하게 사용하게 될 기능입니다. 조회수를 클릭합니다.

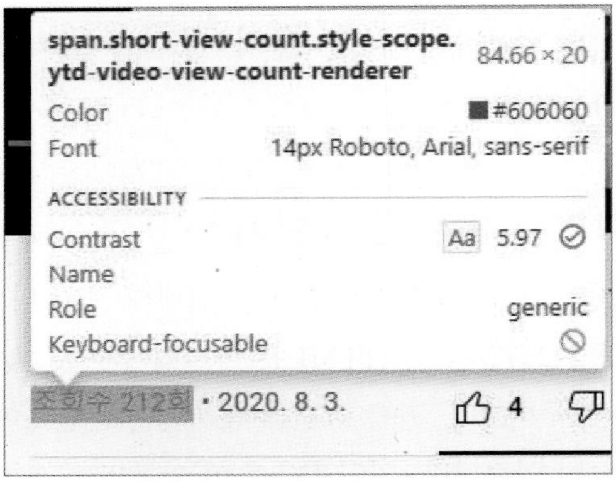

그러면 우측 개발자 도구 창에 숨어 있던 데이터가 노출됩니다. 복잡한 코드들 사이에 숨어 있던 "조회수 212회"라는 문구가, 좌측 화면의 조회수 영역에서 노출되고 있었던 것입니다.

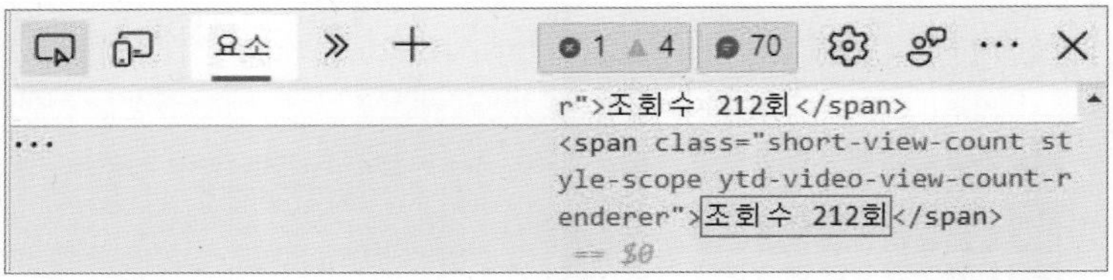

"조회수 212회"라는 문구를 더블 클릭하면 아래 그림과 같이 문구를 수정할 수도 있습니다. 즉, 조회수 212회를 212만 회로 변경했습니다.

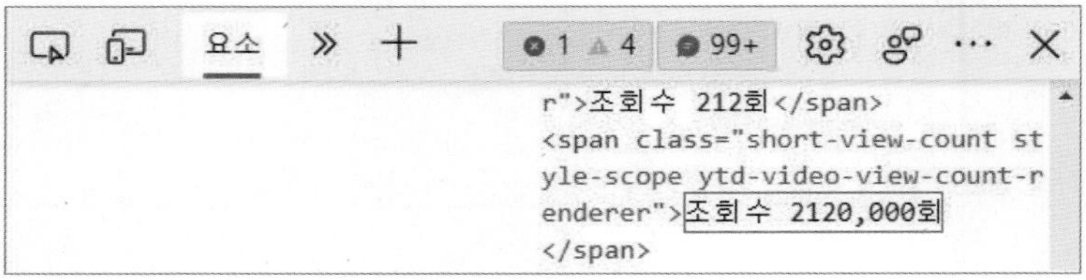

수정이 끝난 뒤 Enter↵를 누르면 아래 그림과 같이 화면에 표시되는 조회수가 변경된 것을 확인할 수 있습니다! 어떤가요? 웹 페이지가 작성된 도구인 HTML이 무엇인지 이해하고 나니 웹 페이지를 마음껏 수정할 수 있게 되었습니다.

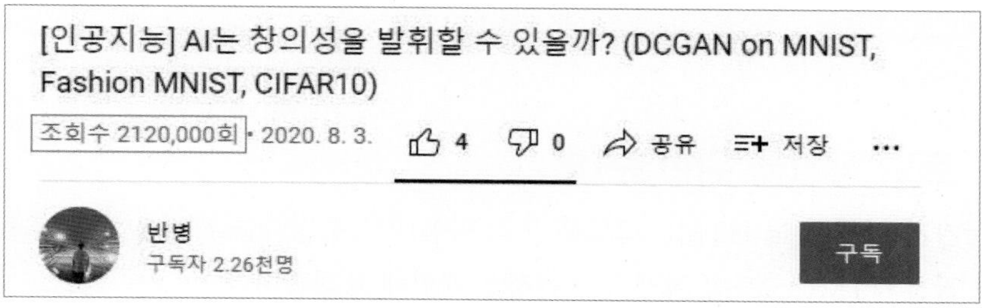

조회수뿐만 아니라 영상의 제목이나 구독자 수도 마음대로 바꿔버릴 수 있습니다. 여러분들도 따라해 보면서, HTML 문서에 대해 조금이나마 친숙함을 느껴 보기 바랍니다.

SECTION

3-3 HTML 문서 작성하기

HTML 코드 작성을 위한 준비

앞서 누군가가 만들어 둔 HTML 코드를 우리 마음대로 수정하는 과정을 체험해 봤습니다. 이번에는 직접 HTML 코드를 작성하는 과정을 체험해 보겠습니다.

〈바탕 화면〉이나 〈내 문서〉 등, 여러분이 쉽게 접근할 수 있는 위치에 폴더를 새로 하나 만들기 바랍니다. 폴더의 이름도 적당히 수정하고요. 저자는 폴더의 이름을 〈HTML1〉이라고 지어 보겠습니다.

폴더로 들어가, 탐색기 화면에서 마우스 오른쪽 버튼으로 빈 공간을 클릭합니다. 그리고 메뉴 창에서 [Code(으)로 열기] 항목을 클릭합니다. 혹시 이 메뉴가 보이지 않는다면 이전 챕터의 안내를 숙지하고 VSCode를 재설치하기 바랍니다.

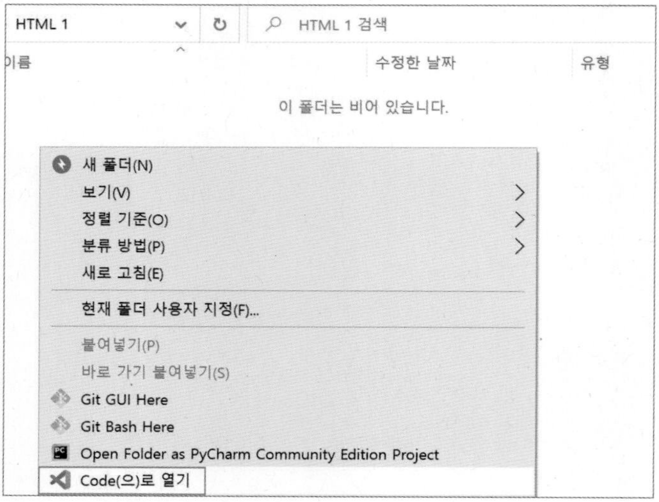

윈도우 11을 사용한다면 아래 그림처럼 가장 하단의 [더 많은 옵션 표시] 버튼을 클릭하면 앞의 그림과 같은 메뉴가 표시됩니다. 여기에서 [Code(으)로 열기] 메뉴를 선택하여 VSCode를 실행할 수 있습니다.

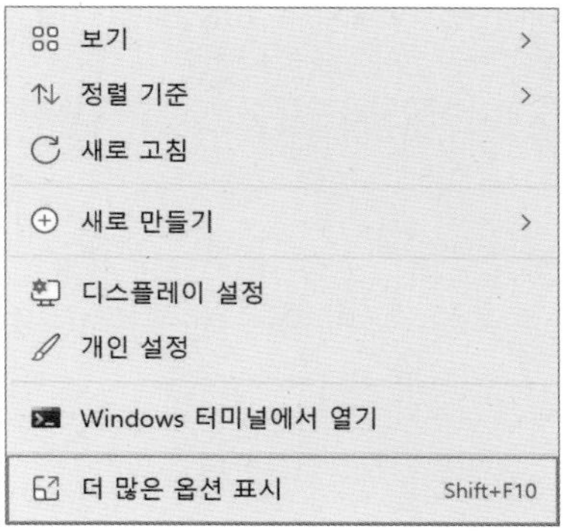

리눅스 또는 맥을 사용한다면 본 기능을 사용할 수 없으므로, VSCode를 실행한 뒤 좌측 상단의 [파일] → [폴더 열기] 메뉴를 실행하여, 방금 만든 폴더를 지정합니다.

VSCode 시작 시 아래 그림과 같이 신뢰 확인 팝업창이 발생할 수도 있습니다. [예, 작성자를 신뢰합니다.] 버튼을 클릭하기 바랍니다.

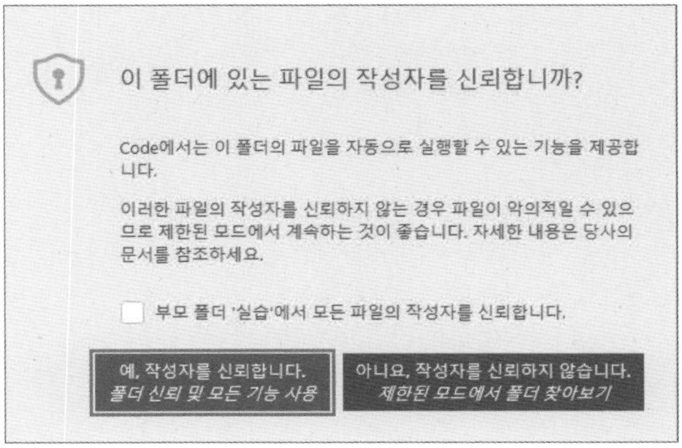

좌측 메뉴 바 최상단의 아이콘을 클릭하여 〈탐색기〉를 실행합니다. 그리고 폴더명 우측의 메뉴 아이콘 중 가장 왼쪽에 있는 [새 파일]을 클릭합니다. 저자는 폴더명을 〈HTML 1〉이라 지었기에 메뉴에 〈HTML 1〉이라고 기재되어 있습니다. 여러분이 다른 이름으로 폴더를 만들었다면, 해당하는 폴더명이 메뉴에 기재되어 있을 것입니다.

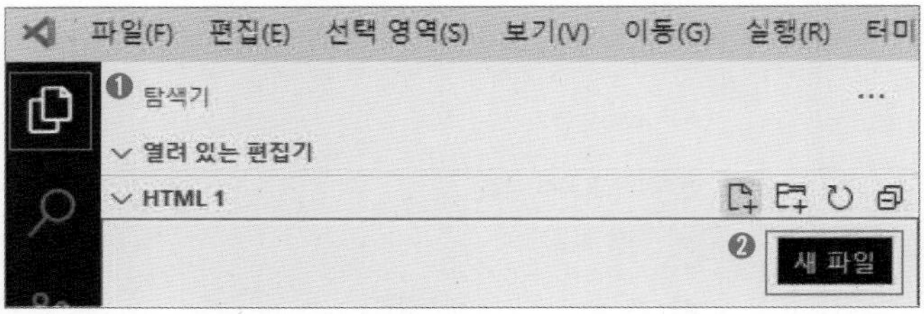

새로 생성하려는 파일의 이름을 입력할 수 있는 창이 활성화됩니다. 여기에 'index.html'이라는 이름을 기재합니다. 확장자를 입력하고 나면 좌측의 파일 아이콘이 〈〉로 바뀌어 있을 것입니다. Enter↵를 누릅니다.

우측의 텅 빈 화면에 'index.html' 파일을 편집할 수 있는 코드 편집기 화면이 표시되면서, 문자를 입력할 수 있도록 커서가 깜빡일 것입니다. VSCode 화면의 왼쪽에 있는 〈탐색기〉 창에서는 폴더 안에 있는 여러 가지 파일들을 관리하고 탐색할 수 있습니다. 그리고 화면 우측 영역에서는 코드를 수정할 수 있습니다.

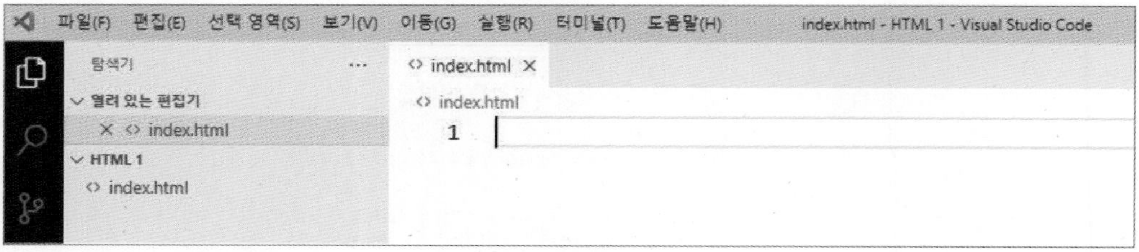

HTML 코드 작성하기

자, 이제 본격적으로 HTML 코드를 작성해 보겠습니다. HTML은 문서를 아름답게 표현하기 위한 마크업 언어라고 설명했었습니다. 우선 우리에게 친숙한 문서를 하나 작성하고, 마크업을 더해 가면서 그럴싸한 형태로 다듬어나가는 과정을 보여 드릴 것입니다.

아래 그림과 같이 코드 편집기 창에서 문서를 작성합니다. 편하게 한글로 작성해도 좋습니다.

파일명 : 3_3_1.html	
01	웹 프론트엔드 개발을 시작합니다.

적당한 문구를 입력했다면 Ctrl + S (맥을 사용한다면 ⌘ command + S)를 눌러 저장합니다. 이름은 '3-3-1.html'로 저장해보겠습니다. 이로써 여러분의 첫 HTML 문서 작성이 성공적으로 마무리되었습니다.

HTML 코드 실행하기

탐색기에서 예제 폴더로 이동하여 '3-3-1.html' 파일을 더블 클릭하여 실행합니다. 만약 연결 프로그램을 설정하라는 메뉴창이 뜬다면 여러분이 자주 사용하는 브라우저를 연결 프로그램으로 지정하기 바랍니다. 크롬으로 한 번 선택해 보겠습니다. 윈도우를 사용하지 않는다면 사파리나 파이어폭스 등 기본 내장 브라우저로 실행하기 바랍니다.

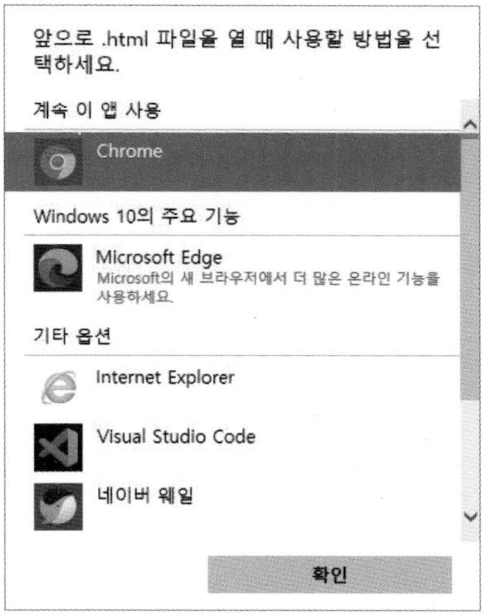

코드를 실행하면 위 사진과 같이, 여러분이 작성한 문구가 웹브라우저 화면에 표시됩니다. 축하합니다! 여러분이 만든 첫 번째 웹 페이지입니다!

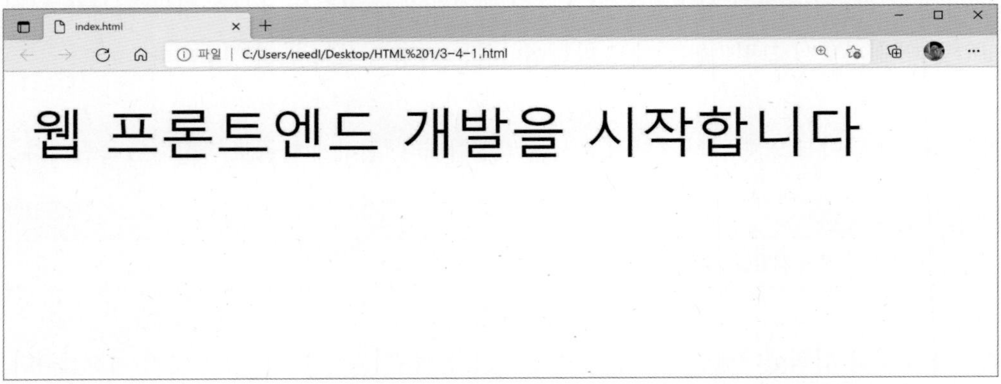

HTML 코드를 작성하고, 저장하고, 실행하는 과정까지를 체험해 봤습니다. 앞으로도 우리는 VSCode를 활용하여 코드를 작성하거나 수정할 것이며, Ctrl + S를 눌러 코드를 저장하고, 저장된 파일을 더블 클릭하는 것으로 코드를 실행할 것입니다.

우리는 HTML 코드를 실행하는 방법을 배웠지만, 이것만 배운 것이 아닙니다. 브라우저를 활용하여 코드를 실행하니 코드가 아닌 웹 페이지가 실행되었다는 사실에 주목하기 바랍니다. 여기서 우리는 브라우저는 코드를 웹 페이지로 변환해 주는 도구라는 사실까지 배웠습니다.

한 번의 짧은 동작으로도 여러 가지를 깨우칠 수 있습니다. 이게 바로 웹 프론트엔드를 공부하는 것의 큰 장점입니다. 적게 배워 많이 써먹을 수 있으니 말입니다.

자, 이제 본격적으로 HTML을 공부할 준비가 모두 끝났습니다. 조금 더 깊은 곳까지 들어가 보겠습니다.

SECTION

3-4 웹 페이지 작성의 규칙을 따르자

웹 페이지 작성의 규칙

웹 페이지 작성에도 일정한 규칙이 있습니다. 혹시 기억이 나나요? 앞서 살펴본 웹 페이지들은 첫 번째 줄에 〈!DOCTYPE html〉이라는 문구가 삽입되어 있었습니다.

그렇지만 우리가 처음 작성해본 웹 페이지 코드에는 저런 문구가 없습니다.

파일명 : 3_3_1.html

```
웹 프론트엔드 개발을 시작합니다.
```

엄밀하게 따져 보자면 잘못된 코드라고 할 수 있습니다만, 대부분 웹 브라우저가 친절하게 "아, HTML로 작성하신 문서로군요!"라며 알아서 코드를 처리해 준 것입니다. 이제 웹 페이지 작성의 일반적인 규칙을 따라 우리의 코드를 다듬어 보겠습니다.

HTML 코드의 기본적인 구조 적용

문서 형태(document type) 명시

새로운 도구의 사용법을 배울 때는 무작정 남들의 사용법을 따라 하는 것이 가장 효과적입니다. 남들처럼 코드의 맨 윗줄에 〈!DOCTYPE html〉을 입력해 봅시다.

파일명 : 3_4_1.html

```
<!DOCTYPE html>
웹 프론트엔드 개발을 시작합니다.
```

코드 수정이 완료되었다면 Ctrl + S (맥을 사용한다면 command + S)를 눌러 저장합니다. 이름은 '3_4_1.html'로 저장해보겠습니다.

우리가 만든 웹 페이지의 구조 분석

저장이 완료된 '3_4_1.html' 파일을 더블 클릭해 실행합니다.

웹 페이지의 생김새는 예전과 별다른 차이가 없습니다. 그렇다면 F12를 눌러 개발자 도구를 실행해 볼까요?

[요소(Elements)] 탭에서 이 웹 페이지의 코드를 확인할 수 있습니다. 코드의 맨 윗 줄에 "DOCTYPE html"이 삽입된 것에 주목하기 바랍니다. 그런데 우리가 입력하지 않은 파란색 문구들도 함께 입력되어 있습니다. 도대체 무슨 일일까요?

우리가 제작한 웹 페이지 소스 코드 분석하기

우리가 입력하지 않은 문구들이 화면에 표시되는 이유가 무엇일까요? 아마 웹 페이지의 작동에 있어서 매우 중요한 사항이기 때문일 것입니다. 브라우저가 판단하기에 저 파란 글자들은 반드시 필요한 부분임에도 불구하고 원본 코드에서 누락되어 있었기에, 컴퓨터가 자동으로 코드에 삽입한 내용들입니다.

```
<!DOCTYPE html>
<html>
    <head></head>
    <body>웹 프론트엔드 개발을 시작합니다</body>
</html>
```

다른 책에는 <head>와 <body> 태그 앞에 띄어쓰기를 안 하는 경우도 있으나 최신 트렌드에 맞게 가독성을 위해 스페이스 4칸 또는 Tab을 입력하여 띄어쓰기를 하였습니다.

브라우저를 종료하지 않은 채로 다시 VSCode로 돌아와 이번에는 〈!DOCTYPE html〉을 삭제하고 저장해 봅시다.

파일명 : 3_4_2.html

```
<html>
    <head></head>
    <body>웹 프론트엔드 개발을 시작합니다</body>
</html>
```

저장이 완료되었다면 웹브라우저로 돌아와 새로고침(F5)을 눌러 개발자 도구에 기재된 코드가 어떻게 바뀌었는지 다시 살펴봅시다.

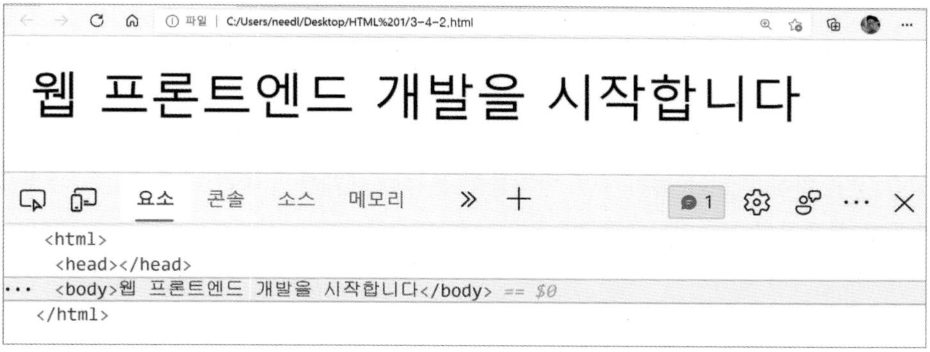

[요소(Elements)] 탭에서 〈!DOCTYPE html〉이라는 문구가 사라졌습니다. 하지만 파란색 글자들은 그대로 남아 있습니다. 우리는 여기서 몇 가지 사실을 유추해 낼 수 있습니다.

브라우저의 입장에서는 "이 문서의 종류는 HTML입니다."라고 알려주는 〈!DOCTYPE html〉보다도 오히려 저 파란색 글자들이 훨씬 중요도가 높다는 뜻이겠지요. 만약 그렇지 않았다면 〈!DOCTYPE html〉이라는 문구 또한 자동으로 삽입해 줬을 테니 말입니다.

거꾸로 학습

자, 여기까지 우리는 실습을 통해 HTML 코드에서 무엇이 중요한 부분인지를 대략 배워봤습니다. 어떠한 이론적 배경이나 코딩 지식에 대한 학습 없이, 단순히 우리가 제작한 코드를 브라우저에서 개발자 도구로 열어 보는 것만으로 말이지요. 컴퓨터와 관련된 기술을 배울 때는 이렇게 결과물을 먼저 열어 보면서 거꾸로 학습하는 과정이 무척이나 도움이 됩니다.

일반적인 학습 순서 vs 거꾸로 학습

수학이나 물리학과 달리 컴퓨터공학은 역사가 짧고, 단기간에 무척이나 빠른 속도로 발전하고 있습니다. 다른 말로 표현하자면, 학자들이 튼튼한 체계를 구축하고 분류하는 과정을 거치지 못한 실용적인 기술입니다.

웹 개발 관련 정보들 필요한 만큼 지식 습득

그러다 보니 어떤 원칙이나 이론을 먼저 공부하고 그 정보를 토대로 새로운 것을 습득하는 능력보다는, 빠르게 전체적인 윤곽을 먼저 파악하고 비어있는 곳 중 필요한 부분만 얕게 공부해서 바로 활용하는 능력이 더욱 빛을 발하는 분야입니다.

이런 능력을 기르는 데 있어서 가장 효율적인 공부 방법이 바로 결과물을 먼저 확인하고, 거꾸로 구조와 원리를 나중에 파악하는 방법입니다.

HTML 문서 작성의 규칙 추론하기

〈!DOCTYPE html〉이 누락되어도 됐던 이유

자, 다시 우리가 작성한 웹 페이지에 대하여 잠시 고민해 봅시다. 우리가 자주 접속하는 대부분의 웹 페이지들은 〈!DOCTYPE html〉이라는 문장을 맨 위에 작성하여 '이 문서의 종류는 HTML입니다.'라는 정보를 브라우저에 제공한다고 했습니다.

그런데도 이 문구를 생략했을 때도 웹 페이지가 정상적으로 작동했고, 브라우저가 별도로 이 문구를 보충해 주지도 않았습니다. 그 이유는 간단합니다. 어차피 대부분의 웹 페이지들은 HTML로 작동되기 때문에, 브라우저가 '이 웹 페이지도 HTML 문서겠거니.'라고 생각하고 넘어간 것입니다. 따라서 관련 문구가 누락되었지만 우리 눈에는 정상적으로 작동하는 것처럼 보인 것이지요.

파란색 글자들이 추가로 삽입된 이유

아래 코드를 보면서 파란색 문자들의 정체를 간접적으로 추론해 보며, 일종의 기능적인 역할만 공부해보겠습니다.

```
01  <html>
02      <head></head>
03      <body>웹 프론트엔드 개발을 시작합니다</body>
04  </html>
```

1번째 줄과 4번째 줄에는 html이라는 문구가 입력되어 있습니다. 이는 '그 사이에 있는 2번째 줄부터 3번째 줄까지의 내용이 HTML로 작성된 코드입니다.'라는 의미입니다.

3번째 줄의 코드에는 body라는 문구가 입력되어 있습니다. '웹 프론트엔드 개발을 시작합니다.'라는 문장 앞 뒤로 문구가 감싸고 있는 구조입니다. 이는 그 사이에 끼여 있는 문장이 body, 그러니까 웹 페이지의 몸통에 해당한다는 의미입니다.

〈〉꺽쇠괄호 또는 홑화살괄호로 감싸진 동일한 단어 두 개가 앞과 뒤에 등장하며, 그 사이에 들어간 내용물의 특징에 대해 설명하는 구조입니다. 여기에서 2번째 줄에 있는 head의 역할 또한 간접적으로 추론할 수 있습니다. head와 head 사이에 들어갈 내용이 머리에 해당한다는 뜻이겠지요.

따라서 앞에 있는 4줄의 코드는 대략 아래와 같은 의미가 있다고 생각할 수 있습니다.

> 2번째 줄부터 3번째 줄까지의 내용은 html로 작성된 코드이며, 머리와 몸통이 있습니다.
> 몸통에는 '웹 프론트엔드 개발을 시작합니다'라는 내용이 기재되어 있습니다.
> 머리에는 아무런 내용도 기재되어 있지 않습니다.

이해가 되는 설명인가요?

코드에 삽입된 〈〉로 감싸진 단어들을 전문 용어로 **태그**라고 부릅니다. 다음 챕터에서 태그에 대하여 조금 더 상세히 공부해보겠습니다.

Chapter

04

HTML 공부는 태그만 알면 끝난다면서요?

학습목표

태그는 HTML 문서에서 가장 자주 등장하고, 가장 중요한 구성 요소입니다. 태그는 일상에서도 많이 사용되는 단어로, 어떤 표시를 하기 위한 꼬리표라고 할 수 있습니다. 이 책에서 말하는 태그도 그와 비슷한 의미로, HTML 문서에 어떤 표시를 하기 위한 문법 요소라고 할 수 있습니다. 태그의 의미, 역할, 사용법 등을 알아보겠습니다. 수많은 종류의 태그가 있는데 어떤 태그가 자주 사용되고, 어떤 역할을 하는지도 알아보겠습니다.

SECTION 4-1 태그란 무엇인가요?

HTML 코딩은 블록 놀이

잠시 어린 시절로 돌아가 볼까요? 우리는 어린 시절 블록을 이리저리 쌓으며 재미있는 시간을 보냈습니다. 블록 장난감 한 세트만 있으면 멋진 집도 지을 수 있고, 자동차도 만들 수 있습니다.

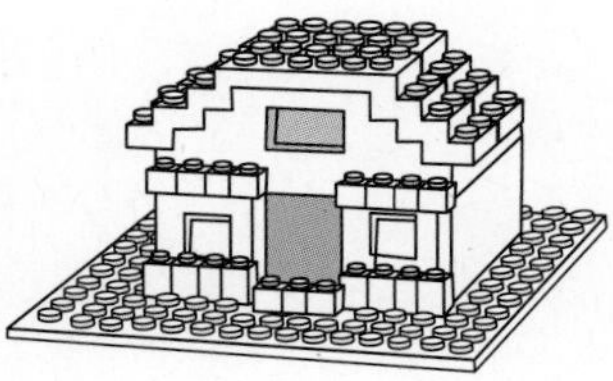

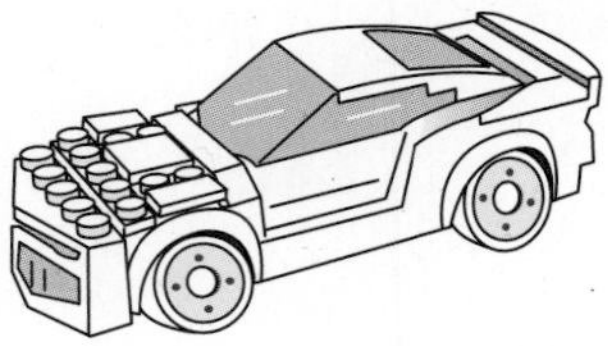

우리는 블록을 사용하는 동안 블록을 어디에 배치할지, 어떤 다른 블록과 조합할지에 관심을 가집니다. 개개의 블록을 제작하는 데 들어간 플라스틱 수지의 분자량이나 가소제의 종류, 사출 온도나 연마 방식에 관심을 가지는 사용자는 많지 않습니다.

HTML 코딩 역시 블록 놀이와 닮은 점이 많습니다. 여러 종류의 블록을 적재적소에 가져다 놓고, 서로 잘 조화되도록 배치를 조절하는 것이 HTML 코딩의 본질이라 생각해도 무방합니다. HTML 코딩에서 사용하는 블록을 태그라고 부릅니다.

앞으로 여러분은 태그에 대해 공부할 것입니다. 이때 태그라는 IT 용어에 너무 매몰되지 않으면 좋겠습니다. 각각의 태그가 어떤 원리로 작동하고, 어떤 기술로 만들어진 것인지를 깊게 파고들기보다는 그 태그를 어디에, 어떻게 배치하면 좋을지 고민하는 데 더욱 많은 시간을 투자하기 바랍니다.

우리의 할 일은 태그를 제작하는 것이 아니라 태그를 잘 가져다 활용하는 것입니다.

HTML 태그

태그란 무엇인가요?

일상에서 〈태그〉라는 단어를 어디서 살펴볼 수 있나요? 영단어 tag를 직역하면 '꼬리표'라는 뜻입니다. 옷에 부착된 태그는 가격과 사이즈 등 옷의 정보를 알려줍니다. 소귀에 부착된 태그는 품종과 나이 등 소와 관련된 정보를 알려주는 도구고요. 태그는 '다른 물체에 부착되어 정보를 알려주는 도구' 정도로 정의할 수 있겠습니다.

HTML에서의 〈태그〉 또한 비슷한 도구입니다. 태그는 문서의 내용물 일부에 부착되어 사용되며, 다른 대상의 정보를 알려주는 역할을 합니다. 이런 설명으로는 잘 와닿지 않을 것입니다. 한번 태그를 직접 사용해보겠습니다.

일단 태그를 사용해 봅시다

실습을 따라해 보실 폴더에서 VSCode를 실행합니다. 좌측 탐색기 패널에서 [새 파일] 메뉴를 선택하여, 실습에 활용할 새 HTML 문서를 작성합니다. 확장자에 유의해 주세요.

파일 생성이 완료되었다면 더블 클릭해 코드 편집 화면을 실행하고, 아래와 같이 적당한 문구를 입력하기 바랍니다.

파일명 : 4_1_1.html

```
태그의 기초를 배워 보겠습니다.
```

이제 Ctrl + S를 눌러 파일을 저장하고, 탐색기에서 더블 클릭하여 파일을 실행하면 코드의 실행 화면을 살펴볼 수 있습니다.

이번에는 태그를 사용해서 문서의 구성 요소 일부에 정보를 제공해 보겠습니다. 아래와 같이 코드를 수정하기 바랍니다.

파일명 : 4_1_2.html

```
태그의 <strong>기초를</strong> 배워 보겠습니다.
```

문장 안에서 적당한 단어를 골라 〈strong〉과 〈/strong〉으로 감싸 주면 되겠습니다. 이때 오타가 발생하지 않도록 주의하기 바랍니다. 〈strong〉과 〈/strong〉이 무엇인지는 조금 뒤에 배우도록 하고, 우선 결과를 먼저 살펴보겠습니다. 파일을 저장하고 탐색기에서 더블 클릭하여 실행하기 바랍니다.

어떤가요? 〈strong〉과 〈/strong〉으로 둘러싸인 내부 영역의 글자가 굵은 글자로 바뀌었습니다. 여기서 사용된 〈strong〉과 〈/strong〉이 바로 태그입니다.

축하합니다. 여러분의 첫 HTML 태그 활용입니다! 〈strong〉과 〈/strong〉의 위치를 다른 곳으로 옮겨 보면서 실행 결과를 다시 확인해 보기 바랍니다.

태그에 대한 본격적인 설명

이제 여러분은 웹 페이지에 보이는 글자를 굵은 글자로 바꾸는 방법을 배웠습니다. 하지만 이것만 배운 것이 아닙니다. 여러분은 HTML 태그를 활용하여 문서를 꾸미는 방법을 배운 것이고, 이를 조금만 응용하면 글자의 색을 바꾸거나 유튜브 동영상을 웹 페이지에 삽입하는 등 온갖 놀라운 일들을 할 수 있습니다. 여러분이 달성한 위대한 성취에 대한 아낌없는 찬사를 보내고 싶은 마음으로 가득합니다.

자, 이론 설명은 제쳐두고 순수하게 실습의 내용만으로 설명을 이어가 보겠습니다. 앞서 〈strong〉과 〈/strong〉이 태그라고 설명했었습니다. strong을 한국어로 번역하면 '강력한' 또는 '튼튼한'이라는 뜻이 됩니다. 글자를 강력하고 튼튼하게 만들어 준다고 해서 〈strong〉이라는 이름이 붙은 것이 아닐까요? 코드 실행 결과 얇았던 글자가 굵게 변했으니 어찌 보면 아주 허황된 이야기는 아닐 것 같습니다.

아래 두 그림은 완전히 같은 것을 표현하고 있습니다. 왼쪽 그림을 살펴봅시다. 단어 위에 'strong'이라는 태그가 붙었습니다. 오른쪽 그림은 코드 상에서 태그를 붙이는 방법을 보여주고 있습니다. 〈〉를 활용해 태그를 입력합니다.

옷이나 음식 같은 현실의 물건은 그 크기와 경계가 유한합니다. 따라서 물건에 부착된 태그는 그 물건 한 개의 정보만을 표현합니다. 옷에 부착된 태그가 그 옷 한 벌의 정보만을 표현하듯이 말입니다.

반면 문서 파일을 구성하는 글자나 단어, 문장 등의 요소는 물리적으로 똑 떼어 내기가 어렵습니다. 따라서 HTML의 태그를 현실의 물건에 부착된 태그처럼 부착했다간 '어디서부터 어디까지의 정보'를 표현하려는 것인지 몹시도 헷갈릴 것입니다.

이에 HTML에서는 〈〉로 감싸진 태그를 코드에 두 번 삽입합니다. '여기서부터' '저기까지'라는 범위를 표현하기 위해서입니다. 이때 정보 표현의 시작점에 오는 태그를 **여는 태그**라고 부르며, 정보 표현의 종료 지점에 오는 태그를 **닫는 태그**라고 부릅니다. 여는 태그와 닫는 태그를 손쉽게 구분하기 위하여 닫는 태그에는 슬래시 기호(/)를 삽입합니다.

〈〉 내부에는 태그의 종류를 영어로 기재합니다. 현실의 태그에도 가격표나 규격표 등 다양한 종류가 존재하듯이, HTML에도 다양한 종류의 태그들이 존재합니다. 예를 들면, 우리가 사용해 본 〈strong〉이라는 태그는 굵은 글자를 표현하고 싶을 때 사용합니다. 태그의 종류와 다양한 기능들에 대해서는 나중에 조금 더 상세히 다루도록 하겠습니다.

이제 우리는 실습에 활용한 코드를 해석할 수 있습니다.

파일명 : 4_1_2.html

```
태그의 <strong>기초를</strong> 배워 보겠습니다.
```

〈〉이라 표시된 부분부터 〈/〉이라 표시된 부분의 사이에 있는 글자에 태그를 부착할게! 그 태그의 이름은 strong이야!

여기까지가 태그에 대해서 반드시 알아야 할 내용이었습니다. 다시 한번 정리해 보겠습니다.

1. 현실 세계의 태그처럼 HTML에서는 태그를 활용해 문서 일부에 정보를 부여합니다.
2. 여는 태그〈〉와 닫는 태그〈/〉를 활용하여 정보를 표현할 범위를 한정합니다.

스스로 닫는 태그

태그가 수식하는 정보의 범위를 제한하기 위하여 여는 태그와 닫는 태그를 구분하여 사용합니다. 그런데 만약 정보의 범위 제한이 필요 없는 태그는 어떻게 사용해야 할까요? 줄 바꿈 태그가 대표적인 예시입니다. 문서에서 줄 바꿈은 한 번 지정하면 그만입니다. 애초에 '줄 바꿈의 범위를 여기서부터 여기까지로 지정하겠습니다.'라는 말 자체가 이상합니다.

이렇게 범위를 지정할 필요가 없는 태그들도 있습니다. 이런 태그를 활용할 때는 아래와 같이 슬래시(/)를 태그의 뒤에 적어줍니다. 추후 실습과 함께 조금 더 상세히 다뤄보겠습니다.

```
<태그이름/>
```

태그, 브라우저를 위한 정보

그런데 말이죠. 옷에 부착된 태그는 소비자에게 정보를 전달하고, 소의 귀에 부착된 태그는 축산경매장에 정보를 전달합니다. 그렇다면 HTML 태그는 누구에게 정보를 전달하는 것일까요?

태그가 제공한 정보를 받아와 해독하는 존재는 바로 브라우저입니다. 예를 들어 '사과'라는 단어에 〈strong〉 태그가 붙어있다면 브라우저는 아래와 같은 판단을 내립니다.

1. 사과라는 단어에 태그가 붙어있다.
2. 태그의 정보는 strong이다
3. 사과라는 단어를 굵은 글자로 표현하자!

여기서 한 가지 짚고 넘어가야 할 부분이 있습니다. 바로 브라우저는 사용자가 가진 기기에 설치되어 동작하는 프로그램이라는 것입니다.

우리가 열심히 코딩하며 예쁜 웹 페이지를 제작하는 데에 성공하더라도, 이를 사용자의 브라우저가 적절하게 해독해 내는 데에 실패한다면 우리의 노력이 수포로 돌아갈 수 있습니다. 분명 내 컴퓨터에서는 멀쩡하게 작동하는 예쁜 웹 페이지가, 다른 사람의 컴퓨터에서는 엉망진창으로 표시될 수 있다는 이야기입니다.

태그를 해독하여 화면에 표시되는 내용을 조작하는 데에 사용하는 기술이 브라우저마다 달라 우리의 의도와 다른 작동 형태를 보이기도 합니다. 혹은 브라우저 제작사의 기술적 역량의 부족으로 인하여 일부 태그가 구동되지 않기도 합니다.

따라서 극소수의 사람들만 사용하고 있거나 기술적으로 낙후된 브라우저를 사용하지 말아야 합니다. 전 세계 사람들이 널리 활용하고, 최신 기술을 탑재한 크롬(Chrome)이나 엣지(Edge), 웨일(Whale) 등의 브라우저를 활용하는 것이 좋습니다. 그래야 개발 과정에서 예기치 못한 문제를 겪지 않을 수 있습니다. 인터넷 익스플로러와 같이 공식적으로 서비스가 종료된 브라우저는 HTML 코딩을 할 때 사용하지 않는 것이 좋습니다.

SECTION

4-2 자주 쓰는 태그의 종류

태그를 공부하는 방법

HTML 코딩의 본질은 블록 놀이와 같다고 설명했었습니다. 태그를 공부하는 행위는 블록의 종류와 활용처를 공부하는 행위와 마찬가지입니다. 많은 태그를 알고 있다면 더욱 다채로운 기능들을 활용할 수 있겠지요.

하지만 모든 태그를 외우고 다닐 필요는 없습니다. 태그를 외우기보다는 필요한 태그를 검색하는 방법을 공부하는 편이 훨씬 더 효율적입니다. 예를 들어 웹 페이지에 동영상을 삽입하고 싶다면, 구글에서 'html 동영상 삽입 태그' 따위의 키워드로 검색을 수행하면 10초 만에 원하는 정보를 얻을 수 있습니다.

이 책에서도 많은 태그를 설명하겠지만, 절대로 이를 암기하려고 시도하지 않았으면 좋겠습니다. 정말 중요한 태그들은 실습을 함께 하시다 보면 저절로 외워질 것입니다. 그 외의 태그는 '이런 기능도 있구나.' 정도로만 이해하고 넘어갔다가, 훗날 필요할 때마다 책을 펼쳐서 확인하면 충분합니다.

자주 사용되는 태그들

이 세상에는 셀 수도 없이 많은 태그가 있습니다만, 이들 중 사용 빈도가 높은 태그들만 따로 모아서 소개하도록 하겠습니다. 그리고 사용 빈도에 따라서 태그를 총 3개의 분류로 나누었습니다. 같은 그룹 안에서도 사용 빈도가 더 높은 태그일수록 먼저 소개합니다.

다만 아래 표의 내용을 암기하기보다는 본문의 코딩을 따라 하다 보면 중요도가 높은 태그는 저절로 습득될 것이니 참고만 해주세요.

90%~100% 사이트들이 포함하는 태그들

태그 이름	기능	활용 예시
<html>	html 코드임을 표현	<html> … (html 코드를 이 사이에 삽입) </html>
<head>	웹 페이지 헤드 부분임을 표현	<head> … (헤드 / 웹 페이지 정보 등) </head>
<body>	문서의 본문임을 표현	<body> … (HTML 문서 본문) </body>
<title>	사이트 제목을 표현	<title>웹 사이트 제목 입력</title>
<meta>	메타데이터 표현[2]	<head> <meta name="description" conetn="sample"/> </head>
<div>	콘텐츠를 담는 그릇 (줄 바꿈 ○)	<div> … </div>
<a>	하이퍼링크	<a href="url">콘텐츠</a>
<script>	자바스크립트 삽입	<script> … (자바스크립트 코드 삽입) </script>
<link>	외부 파일을 HTML 문서와 연결	<link rel="style.css" type="text/css"/>
<img>	문서에 이미지 삽입	<img src="이미지 경로"/>

70%~85% 사이트들이 포함하는 태그들

태그 이름	기능	활용 예시
<span>	콘텐츠를 담는 그릇 (줄 바꿈 ×)	<span style="color:red">빨간색</span> <span style="color:blue">파란색</span>
<p>	문단(단락) 표현 (줄 바꿈 ○)	<p> 그런데 말입니다. </p>
<li>와 <ul>	목록(리스트) 표현을 위해 사용	<ul> <li>항목 1</li> <li>항목 2</li> </ul>

2 웹 사이트에 대한 정보를 알려주지만 브라우저 화면에 표시되지는 않음

태그 이름	기능	활용 예시
<style>	CSS 코드 삽입	<style> … (CSS 코드 삽입) </style>
 	줄 바꿈	줄 바꿈 예시

35%~60% 사이트들이 포함하는 태그들

태그 이름	기능	활용 예시
<h1>	가장 큰 제목	<h1>대제목을 입력하는 용도로 쓰면 좋습니다</h1>
<h2>	두 번째로 큰 제목	<h2>h1이 부담스럽거나 소제목 입력할 때 좋죠</h2>
<input>	화면에 입력창 삽입	<input type="text" name="name"/>
<form>	정보를 모아 한번에 전송	<form action="서버주소" method="POST"> … (폼 작성을 위한 코드) </form>
<h3>	세 번째로 큰 제목	<h3>섹션 제목으로 사용하면 적당합니다</h3>
<iframe>	다른 콘텐츠를 현재 문서에 삽입	<iframe src="https://www.youtube.com/embed/r-3keAXBOTM"/>
<nav>	하이퍼링크를 모아 두는 영역 표시	<nav> <a href="#">메인</a> <a href="#contact">문의</a> </nav>
<strong>	글자 굵게	굵게 만들 글자는 <strong>이것</strong>입니다.
<footer>	웹 사이트 푸터[3] 작성	<footer> … (푸터 코드 작성) </footer>
<header>	웹 사이트 헤더[4] 작성	<header> … (헤더 코드 작성) </header>
<button>	화면에 버튼 삽입	<button type="submit">전송하기</button>

3 웹 사이트 하단의 정보 기재란

4 웹 사이트 도입부에 해당하는 영역

SECTION

4-3 태그를 더욱 쉽게 공부하는 방법

블록 놀이에서 배우는 공부법

블록 놀이를 하다 보면 어떤 블록은 매번 사용하게 되지만, 어떤 블록은 좀처럼 사용하지 않게 됩니다. 어린이들이 갖고 노는 블록 장난감 세트 안에서도 활용도에 따라 각 블록의 가치에 명백한 괴리가 생기는 것입니다.

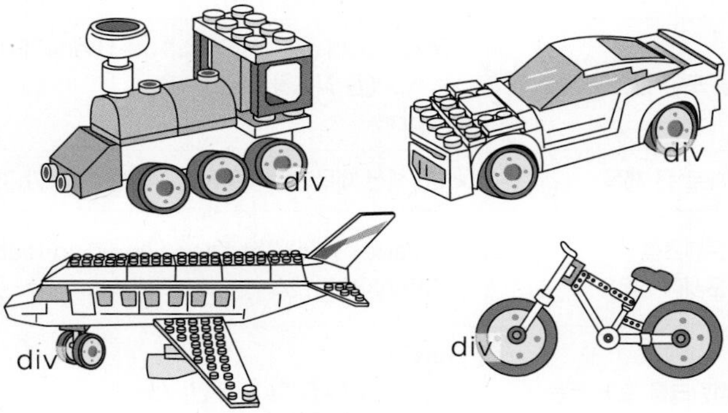

바퀴 부품은 활용도가 높아 많은 곳에서 사용됩니다.

HTML은 이 점에서도 블록 놀이와 다를 바 없습니다. 어떤 태그들은 자주, 아니 거의 매번 무조건 사용하게 되지만 어떤 태그들은 가끔 사용하거나 아예 사용하지 않게 됩니다. 사용 빈도가 높은 태그일수록 유용하거나, 활용도가 높거나, 웹 페이지의 본질적인 기능을 담당한다고 생각해도 무방할 것입니다. 따라서 학습에 있어서 중요도는 활용 빈도와 비례한다고 볼 수 있겠습니다.

활용 빈도가 가장 높은 태그들을 우선하여 공부하시고, 활용 빈도가 낮은 태그들은 그때그때 검색하며 사용하면 충분합니다.

VSCode 확장 프로그램 설치

- 코드를 수정한다
- Ctrl + S를 눌러 저장한다
- 탐색기를 실행한다
- 코드 파일을 더블 클릭해 실행한다

우리는 지금까지 위 프로세스를 따라 HTML 코드를 실행했습니다. 그런데 코드를 수정할 때마다 이런 번거로운 과정을 매번 견뎌내야만 하는 것일까요? VSCode의 확장 프로그램 설치를 통해 조금 더 편리한 작업환경을 달성해 보겠습니다.

VSCode 좌측 화면의 [확장] 메뉴를 클릭해 확장 프로그램 마켓플레이스 창을 실행합니다. 그리고 검색창에 "html preview"라고 입력해 보겠습니다. 수많은 검색 결과들이 등장합니다. 누군가가 조금 더 쾌적한 코딩 환경을 보급하고자 밤을 새우면서 만든 프로그램들입니다. 참으로 감사한 세상입니다. 가장 다운로드 수가 많은 〈HTML Preview by Thomas Haakon Townsend〉를 선택해 보겠습니다. [설치] 버튼을 누르면 설치가 진행됩니다.

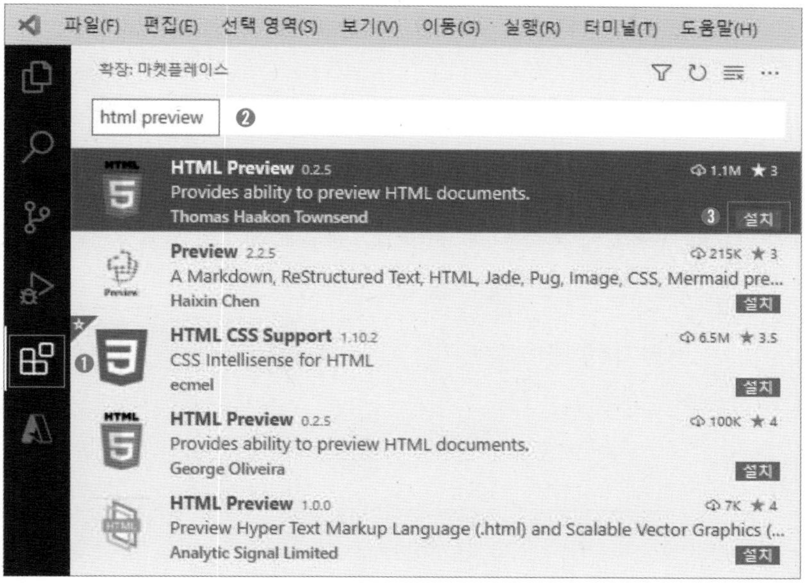

〈README〉를 읽어보니 사용법이 기재되어 있네요. 〈Open Preview to the side〉라고 기재된 기능이 우리에게 유용해 보입니다. 단축키는 Ctrl + K, V (맥을 사용한다면 command + K, V)입니다.

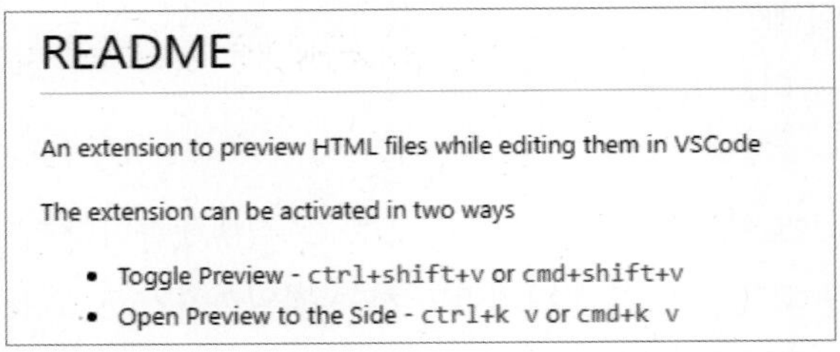

설치가 완료되었다면 코드 편집기 창으로 돌아와 단축키를 입력해 봅시다. Ctrl + K를 먼저 입력하고, 손을 떼자 마자 V를 누르면 됩니다. VSCode 편집기 창 우측에 새로운 창이 표시되며, 여기에 HTML 코드 실행 결과가 표시되고 있습니다. 대부분 PC에서는 이렇게 정상적으로 표시되지만 만약 HTML Preview에서 정상적으로 콘텐츠가 실행되지 않는다면 어쩔 수 없이 웹브라우저를 사용해서 결과를 확인해야 합니다.

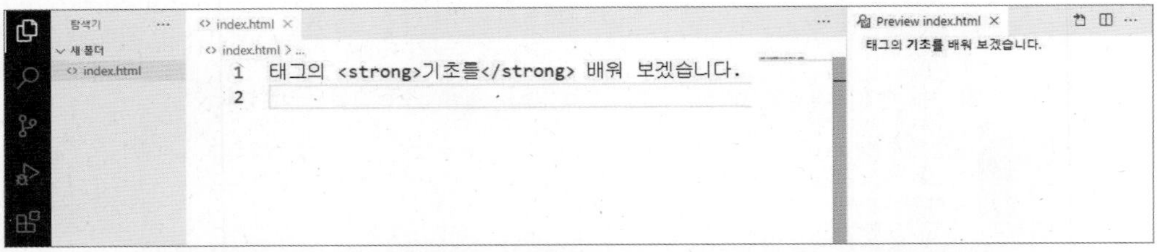

실시간 편집이 가능한지 확인해 보기 위해 〈strong〉 태그를 제거해 보겠습니다.

좌측 편집기에서 〈strong〉 태그를 제거했더니 우측 화면에서도 강조 표시가 사라졌습니다. 이로써 HTML 코드 편집 결과를 실시간으로 확인할 수 있게 되었습니다! 앞으로 조금 더 쾌적하게 여러 태그를 빠르게 공부할 수 있겠네요!

SECTION

4-4 새 프로젝트 시작하기

인스타그램 웹 페이지 살펴보기

인스타그램은 전 세계에서 가장 널리 사랑받는 SNS입니다. 인스타그램 웹 페이지는 아래와 같은 구조입니다.

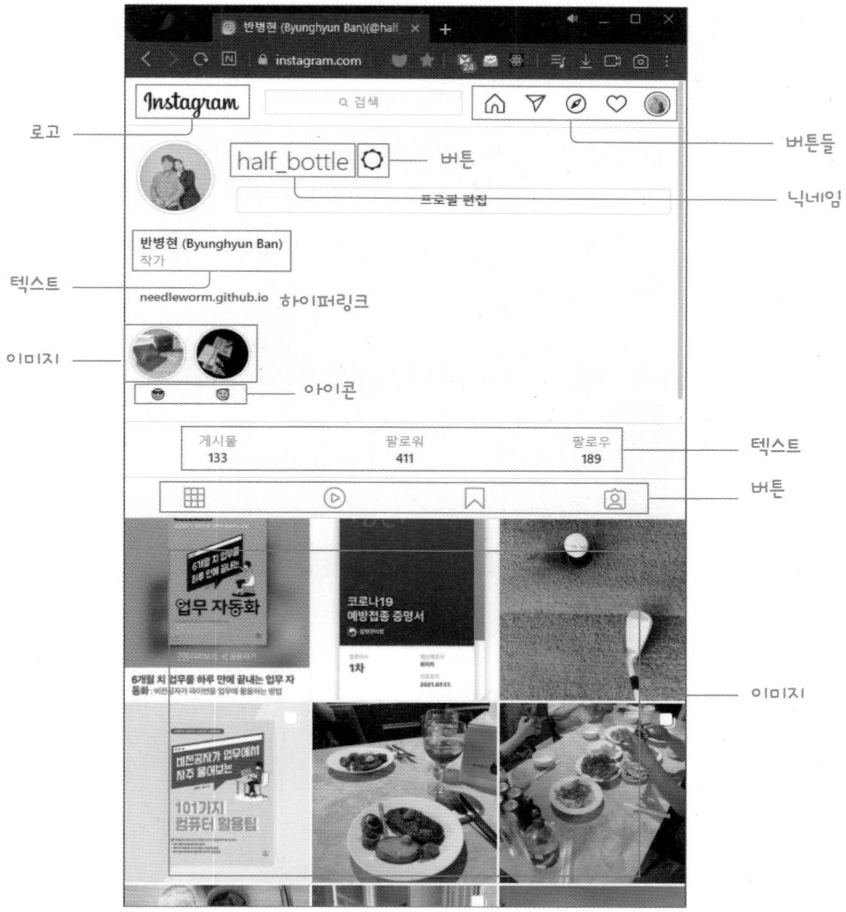

우리는 앞서 태그를 배웠으므로, HTML과 함께 모든 것을 해낼 수 있게 되었습니다. 지금부터 인스타그램 웹 페이지를 그대로 따라 만드는 과정을 체험해 보며, 본격적으로 HTML의 사용 방법을 익혀 보겠습니다.

프로젝트 준비

프로젝트 만들기

코드를 활용해 무엇인가를 만드는 행위를 '프로젝트'라고 부릅니다. 지금부터 우리는 인스타그램 코딩이라는 프로젝트를 시작할 것입니다.

새로운 프로젝트를 시작하기 위해 VSCode와 깃허브를 세팅하는 방법을 안내하겠습니다. 잘 숙지해 두었다가, 다음 프로젝트를 시작할 때 활용하기 바랍니다.

VSCode를 실행한 후 [파일(F)] → [폴더 열기...]를 클릭하여 새로운 폴더를 만들고, 이름을 여러분의 취향에 맞게 수정합니다. 때에 따라 폴더명을 한글로 하면 에러가 발생할 수도 있으므로 가능하면 영어로 된 명칭을 사용하기 바랍니다. 폴더명을 변경했다면 〈폴더 선택〉을 눌러줍니다.

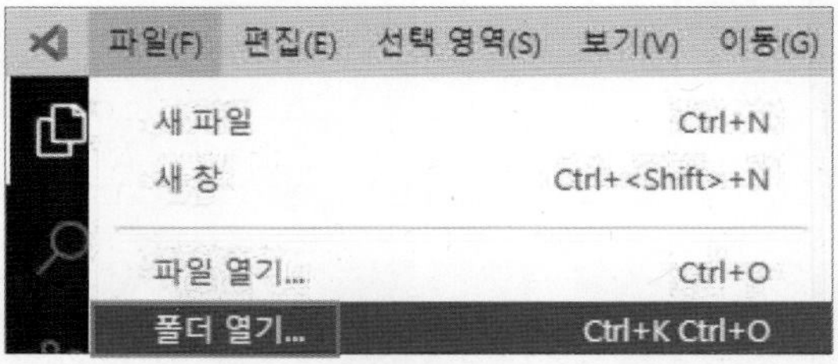

아래처럼 VSCode 화면이 초기화됩니다.

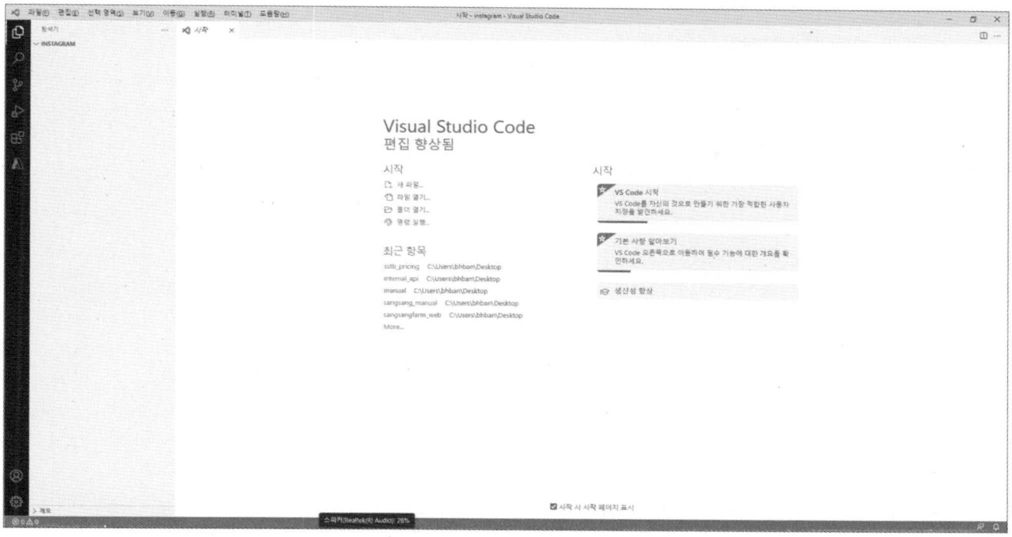

좌측 〈탐색기〉 탭에서 폴더명 우측에 마우스 커서를 올리고, [새 파일] 버튼을 클릭합니다. 이후 새 파일 이름을 입력하는 필드에 "index.html"을 입력하고 Enter↵를 누릅니다.

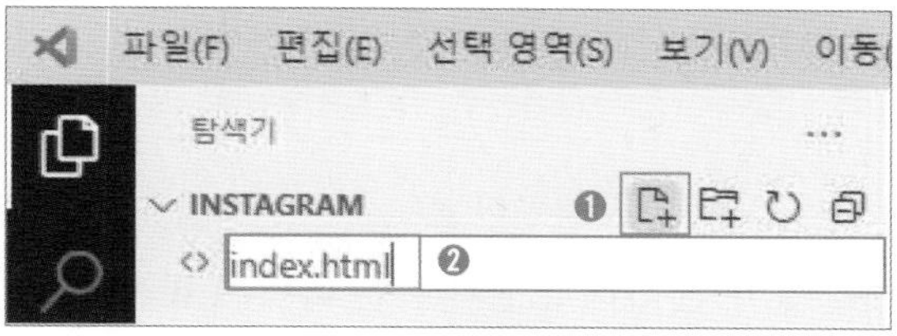

깃허브 리포지토리 생성

깃허브 사이트(https://github.com)에 접속하여 로그인한 후 메뉴에서 [Repositories] → [New]를 차례로 누릅니다.

〈Create a new repository〉 페이지로 이동했다면 〈Repository Name〉 필드에 새 리포지토리 이름을 입력합니다. 저자는 "instagram"이라고 입력하겠습니다. 이어서 하단의 [Create repository] 버튼을 클릭하기 바랍니다.

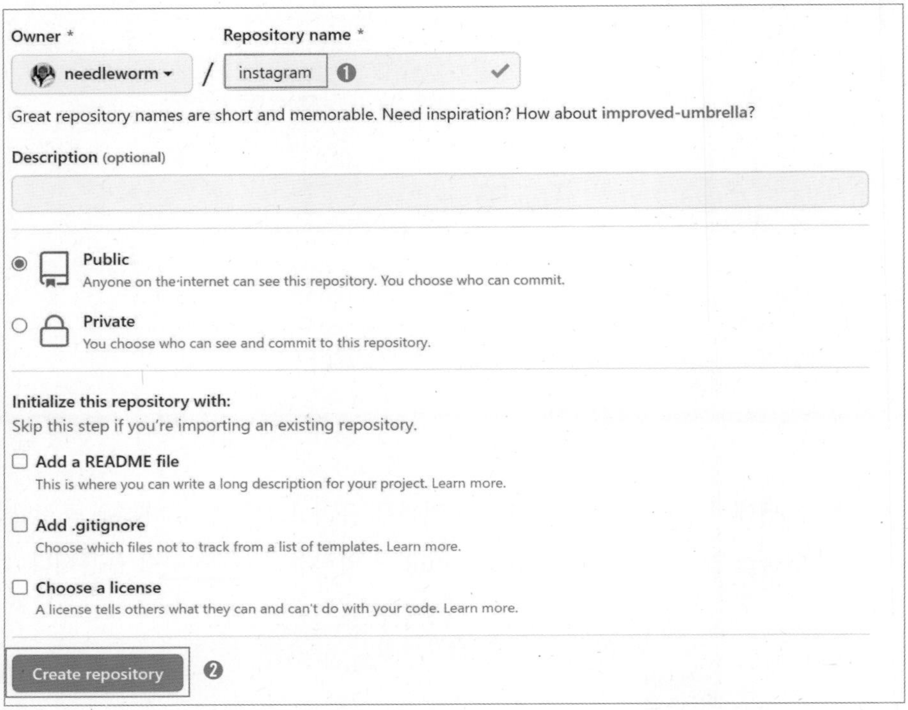

리포지토리 생성이 완료되었다면 아래 그림과 같은 화면이 표시될 것입니다. 주소창의 주소를 복사해 둡시다.

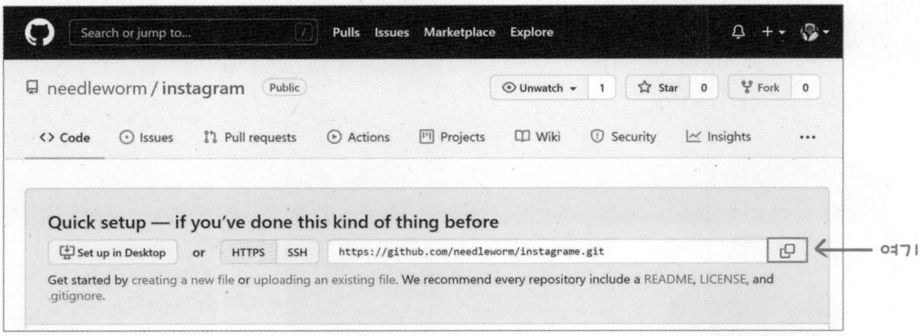

프로젝트와 깃허브 리포지토리 연동

다시 VSCode로 돌아와 [터미널(T)] → [새 터미널] 메뉴를 차례대로 클릭합니다.

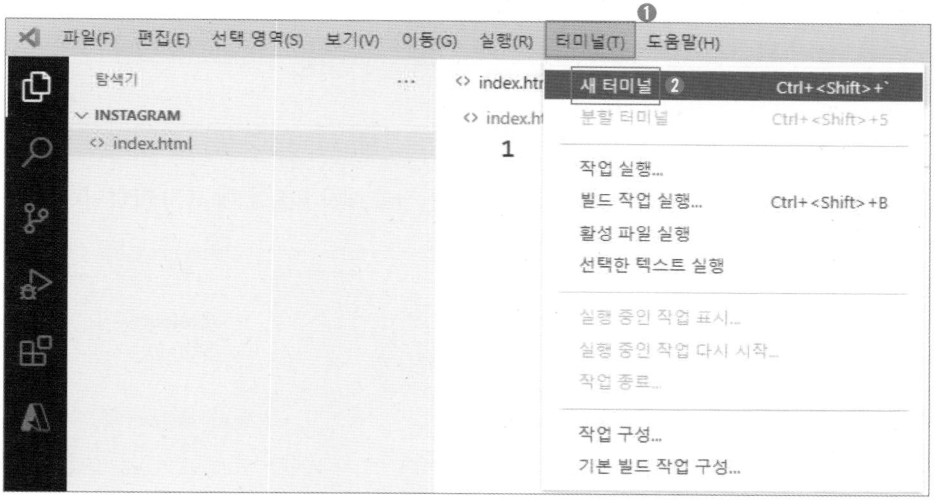

VSCode 화면 하단에 새로운 창이 생기며, 아래 그림과 같은 문구가 표시될 것입니다.

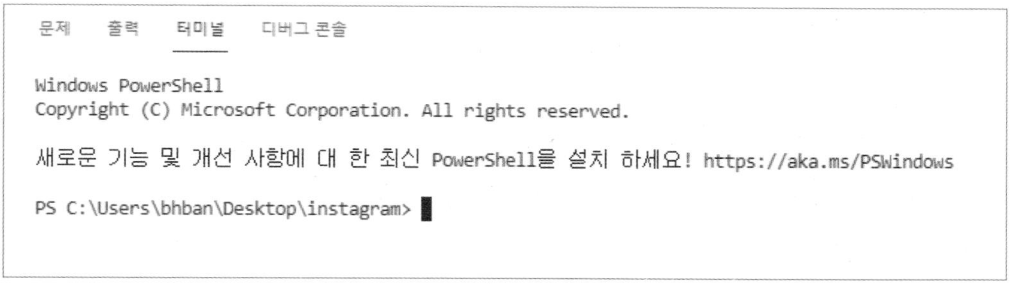

여기에 아래 명령어들을 입력합니다.

```
git config --global user.name 깃허브닉네임
git config --global user.email 깃허브아이디(이메일)

git init
git add .
git commit -m "first commit"
git remote add origin 복사한URL
git push origin master
```

아래 그림과 같은 문구가 화면에 출력된다면, 깃허브 연동에 성공한 것입니다.

```
Counting objects: 100% (3/3), done.
Writing objects: 100% (3/3), 208 bytes | 20.00 KiB/s, done.
Total 3 (delta 0), reused 0 (delta 0), pack-reused 0
To https://github.com/needleworm/instagram.git
```

만약 아래 그림과 같이 깃허브가 도중에 로그인을 요구한다면 아이디와 비밀번호를 입력하여 로그인합니다. 이후 다시 깃허브 창으로 돌아가 페이지를 새로고침을 해 보기 바랍니다.

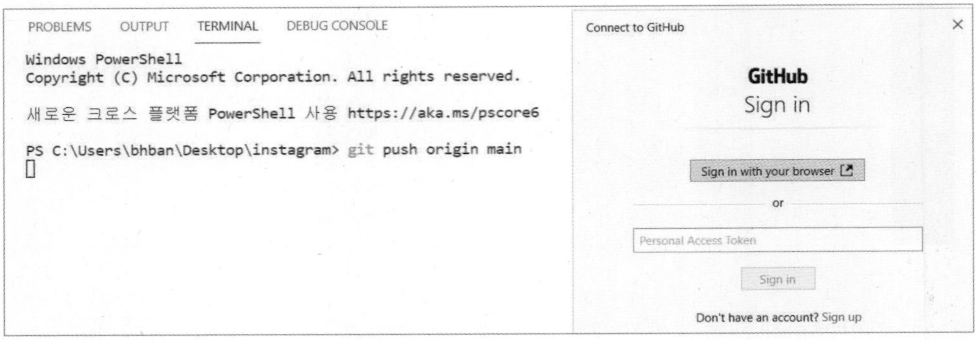

정상적으로 작업이 수행되었다면 화면에 〈index.html〉이라는 코드 파일이 표시됩니다. 여기까지 왔다면 본격적으로 코딩을 시작할 준비가 되었습니다.

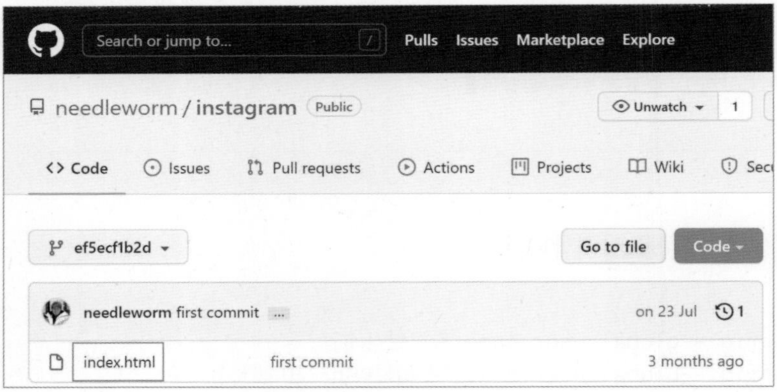

앞으로 조금씩 코드를 개선하면서, 업데이트된 버전의 코드를 꾸준히 깃허브에 업로드할 것입니다. 이 책을 따라 진도를 나갈수록 여러분의 리포지토리에는 소중한 기록이 차곡차곡 쌓일 것입니다. 이 기록은 여러분의 노고를 객관적으로 증명해 줄 소중한 기록 수단이며, 누군가에게 자랑할 수 있는 포트폴리오이기도 합니다.

Chapter

05

HTML도 배웠으니 인스타그램을 만들어볼까요?

학습목표

클론코딩은 웹 개발에서 자주 쓰이는 용어로, 인스타그램, 유튜브 등의 실제 웹 페이지를 따라 만들면서 배우는 공부 방식입니다. 잘 만들어진 웹 페이지를 직접 따라 만들면서 배우는 것만큼 빠르고 효과적인 공부 방법은 없습니다. 앞에서는 단순한 코딩만 해보았다면 본격적으로 코딩하는 방법을 배우게 됩니다.

SECTION

5-1 정보의 기초적인 표현

글자의 입력

아래 그림처럼 인스타그램 페이지의 핵심 구성요소는 사진과 글자입니다. 그리고 몇 가지 아름다운 아이콘들이 포함되어 있지요. 사진과 아이콘을 화면에 표현하는 방법은 천천히 배워 보도록 하고, 우선 화면에 글자를 먼저 표현해 보겠습니다.

VSCode에서 '5_1_1.html' 파일을 불러오고, Ctrl + K + V를 눌러 〈HTML Preview〉도 실행하기 바랍니다.

파일명 : 5_1_1.html

```
<html>
    <head></head>
    <body></body>
</html>
```

자, 본격적인 코드 작성에 앞서 위와 같이 HTML의 기본 뼈대 역할을 해 주는 코드를 입력하겠습니다. 웹 페이지 화면에 표시될 자료들을 〈body〉 태그의 내부에 삽입해 주면 되는데요. 앞의 코드와 같이 〈body〉와 〈/body〉가 한 줄에 있으니 왠지 모르게 답답하고 공간이 좁아 보입니다.

파일명 : 5_1_2.html

```
<html>
    <head></head>
    <body>

    </body>
</html>
```

이럴 때는 위 코드와 같이 여는 태그와 닫는 태그 사이에서 Enter↵를 눌러, 빈 공간을 만들면 되겠습니다.

HTML의 여는 태그와 닫는 태그가 반드시 인접해 있을 필요는 없습니다.

웹 페이지 화면에 표시된 글자들을 정리해 보면 아래와 같습니다. 이 글자들을 그대로 〈body〉 태그 내부에 입력하겠습니다.

half_bottle
프로필 편집
반병현 (Byunghyun Ban)
저자
needleworm.github.io
게시물
팔로워
팔로우
133
408
189

아래처럼 코드 입력이 완료되었습니다만, 〈HTML Preview〉에서 보이는 모습이 우리의 예상과는 약간 다릅니다. 분명히 코드 작성 시 Enter ↵를 눌러 줄 바꿈을 시도했음에도 불구하고 우측 화면에서는 문구들이 한 줄로 연결된 채입니다! 즉, 우리에게 익숙한 〈줄 바꿈〉 약속은 Enter ↵지만, HTML에서 사용하는 줄 바꿈 약속 방법은 조금 다르기 때문입니다.

파일명 : 5_1_3.html

```
<html>
    <head></head>
    <body>
        half_bottle
        프로필 편집
        반병현 (Byunghyun Ban)
        작가
        needleworm.github.io
        게시물
        팔로워
        팔로우
        133
        408
        189
    </body>
</html>
```

미리보기

half_bottle 프로필 편집 반병현 (Byunghyun Ban) 작가 needleworm.github.io 게시물 팔로워 팔로우 133 408 189

줄 바꿈 – 〈br〉

HTML에서 줄 바꿈을 담당하는 태그는 〈br〉입니다. 줄 바꿈이 필요한 구역마다 〈br〉 태그를 입력하도록 하겠습니다. 이때, 여는 태그와 닫는 태그를 각각 기재해주지 않고 〈br/〉이라는 표현 하나로만 태그 입력을 처리하겠습니다.

파일명 : 5_1_4.html

```
<html>
    <head></head>
    <body>
        half_bottle<br/>
        프로필 편집<br/>
        반병현 (Byunghyun Ban)<br/>
        작가<br/>
        needleworm.github.io<br/>
        게시물<br/>
        팔로워<br/>
        팔로우<br/>
        133<br/>
        408<br/>
        189<br/>
    </body>
</html>
```

미리보기

```
half_bottle
프로필 편집
반병현 (Byunghyun Ban)
작가
needleworm.github.io
게시물
팔로워
팔로우
133
408
189
```

화면에 정상적으로 줄 바꿈이 표현되었습니다. 축하합니다! 처음으로 태그다운 태그를 사용하여 문서를 꾸며 보는 데 성공했습니다.

단락 구분 – 〈p〉

인스타그램 페이지의 스크린샷을 자세히 살펴보면 글자가 여러 개의 영역에 나뉘어 표시되고 있는 것을 확인할 수 있습니다. 영역별로 글자의 크기나 굵기, 표현하려는 정보의 종류가 조금씩 다릅니다.

정보를 여러 조각으로 구분 짓는 방식은 다양하지만, 그중에서 가장 쉬운 방법인 〈p〉 태그의 사용 방법을 연습해 보겠습니다. 〈p〉 태그의 이름은 단락을 의미하는 단어인 'paragraph'에서 유래했습니다. 한 덩어리로 묶고 싶은 내용물들을 〈p〉〈/p〉 태그 내부에 삽입하면 됩니다. 코드의 실행 결과를 먼저 살펴보겠습니다. 〈p〉 태그를 활용하여 단락을 구분하자, 단락과 단락 사이에 줄 바꿈이 추가되었습니다.

파일명 : 5_1_5.html

```
<html>
    <head></head>
    <body>
        <p>half_bottle<br/></p>
        <p>프로필 편집<br/></p>
        <p>
            반병현 (Byunghyun Ban)<br/>
            작가<br/>
        </p>
        <p>needleworm.github.io<br/></p>
        <p>
            게시물<br/>
            팔로워<br/>
            팔로우<br/>
            133<br/>
            408<br/>
            189<br/>
        </p>
    </body>
</html>
```

미리보기

half_bottle

프로필 편집

반병현 (Byunghyun Ban)
작가

needleworm.github.io

게시물
팔로워
팔로우
133
408
189

〈p〉 태그에는 줄 바꿈을 표현하는 'block'이라는 속성이 있기 때문입니다.

이에 대해서는 뒤에서 CSS를 배우면서 조금 더 상세히 알려드리겠습니다. 단지 지금은 'block이라는 속성을 갖고 있는 태그는 줄 바꿈을 표현한다' 정도로만 이해하고 넘어가 기 바랍니다.

코드를 약간 수정해 봤습니다. 차이점을 발견할 수 있나요? 이미 입력된 〈br/〉 태그 중 일부를 삭제했습니다. 어차피 〈p〉 태그가 자동으로 줄 바꿈을 해 주기 때문입니다.

파일명 : 5_1_5.html

```
<html>
    <head></head>
    <body>
        <p>half_bottle</p>
        <p>프로필 편집</p>
        <p>
            반병현 (Byunghyun Ban)<br/>
            작가
        </p>
        <p>needleworm.github.io</p>
        <p>
            게시물<br/>
            팔로워<br/>
            팔로우<br/>
            133<br/>
            408<br/>
            189
        </p>
    </body>
</html>
```

미리보기

half_bottle

프로필 편집

반병현 (Byunghyun Ban)
작가

needleworm.github.io

게시물
팔로워
팔로우
133
408
189

완성된 코드를 다듬어 개선하는 행위를 리팩터링[refactoring]이라고 합니다.

불필요한 〈br/〉 태그들이 제거되었으므로 코드가 간소화되어 브라우저의 연산 부담이 줄어들었으며, 코드의 가독성이 향상되었습니다.

제목 표현 – 〈h〉

아래 그림에서는 아이디에 해당하는 글자가 유독 크게 표현되어 있습니다. 이처럼 본문의 내용 중 제목이나 부제목, 소제목 등에 해당하는 영역을 강조할 때 사용할 수 있는 〈h〉 태그를 살펴보겠습니다. 이 태그의 이름은 제목을 의미하는 'heading'이라는 단어에서 유래했습니다.

〈h〉 태그는 이대로 사용하지 않고, 뒤에 숫자를 붙여서 사용합니다. 예시를 들어 보겠습니다.

파일명 : 5_1_7.html

```
<h1>heading 1</h1>
<h2>heading 2</h2>
<h3>heading 3</h3>
<h4>heading 4</h4>
<h5>heading 5</h5>
<h6>heading 6</h6>
<h7>heading 7</h7>
```

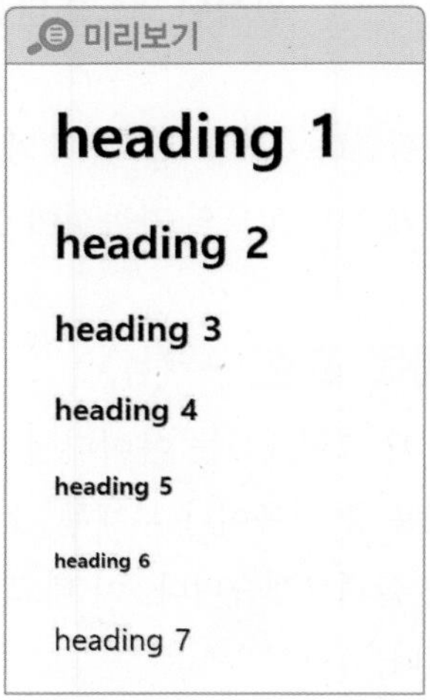

〈h〉 태그 내부에 적힌 숫자가 커지면 커질수록 화면에서 작은 글자로 표현됩니다. 이 숫자는 일종의 중요도 또는 순위라고 생각하면 되겠습니다. 중요도가 1순위에 가까울수록 크고 굵은 글자로 표현되는 것입니다. 또한 〈h〉 태그로 꾸며진 문구에는 자동으로 줄 바꿈이 표현됩니다.

그러다가 〈h7〉에서는 다시 글자가 커지는 점에 주목하기 바랍니다. 사실 〈h7〉이라는 태그는 존재하지 않습니다. 브라우저가 〈h7〉이라는 태그를 처리할 방법을 찾지 못해, 마크업 없는 평문을 화면에 출력한 것입니다.

여기서 우리는 태그를 효과적으로 공부하는 꿀팁을 하나 배웠습니다.

없는 태그를 입력하면 화면에 평문이 출력된다.

제대로 작동하지 않는 태그는 '없는 태그거나 오타가 있겠구나.'라고 생각하면 되는 것입니다.

이제 〈h〉 태그를 활용하여 인스타그램 아이디가 입력된 공간을 꾸며 보겠습니다. 다만 〈h〉 태그는 자동 줄 바꿈 기능이 있으므로 〈p〉 태그는 삭제했습니다.

파일명 : 5_1_8.html

```
<html>
    <head></head>
    <body>
        <h2>half_bottle</h2>
        <p>프로필 편집</p>
        <p>
            반병현 (Byunghyun Ban)<br/>
            작가
        </p>
        <p>needleworm.github.io</p>
        <p>
            게시물<br/>
            팔로워<br/>
            팔로우<br/>
            133<br/>
            408<br/>
            189
        </p>
    </body>
</html>
```

미리보기

half_bottle

프로필 편집

반병현 (Byunghyun Ban)
작가

needleworm.github.io

게시물
팔로워
팔로우
133
408
189

볼드체 표현 – 〈strong〉

아래 그림을 살펴보면 이름이 굵은 글자로 표현되어 있습니다. 굵은 글자를 표현할 때는 〈strong〉 태그가 제격이라는 사실, 기억나나요?

아래는 <strong> 태그를 적용하여 이름을 굵은 글자로 표현한 것입니다. 코드를 한 줄로 표현하면 좌우로 너무 길어지는 것 같아, 7번째 줄부터 9번째 줄에 걸쳐 총 3줄로 코드를 분할하였습니다.

파일명 : 5_1_9.html

```
01 <html>
02     <head></head>
03     <body>
04         <h2>half_bottle</h2>
05         <p>프로필 편집</p>
06         <p>
07             <strong>
08                 반병현 (Byunghyun Ban)<br/>
09             </strong>
10             작가
11         </p>
12         <p>needleworm.github.io</p>
13         <p>
14             게시물<br/>
15             팔로워<br/>
16             팔로우<br/>
17             133<br/>
18             408<br/>
19             189
20         </p>
21     </body>
22 </html>
```

미리보기

half_bottle

프로필 편집

반병현 (Byunghyun Ban)
작가

needleworm.github.io

게시물
팔로워
팔로우
133
408
189

이때 〈strong〉 태그와 〈br〉 태그 사이의 위치 관계에 주목하기 바랍니다.

```
<strong>
    본문<br/>
</strong>
```

```
<strong>
    본문
</strong><br/>
```

첫 번째 방식은 코드의 생김새가 깔끔하고, 가독성이 좋다는 장점이 있습니다. 하지만 〈strong〉 태그 내부에 〈br/〉 태그의 정보까지 입력되어 있으므로, 컴퓨터 입장에서는 불필요한 연산이 수행되어야 할 수도 있습니다.

초보자 단계에서는 어느 방식을 사용하건 상관없지만, 가능하면 두 번째 방법과 같이 〈strong〉이 적용될 필요가 없는 정보는 〈strong〉 태그의 외부에 기재하는 것을 권장합니다.

HTML의 꽃, 하이퍼링크 – 〈a〉

하이퍼텍스트를 구현하려면 하이퍼링크 기술이 필요합니다. 하이퍼링크를 클릭하면 순식간에 전혀 다른 페이지로 여행을 떠날 수 있지요. 하이퍼링크를 구현하는 태그는 〈a〉입니다. 위대한 〈a〉 태그의 사용방법을 배워보겠습니다. 아래 그림에 표시된 파란색 글자를 클릭하면, 저자의 홈페이지로 이동합니다. 이 기능을 동일하게 구현해 보겠습니다.

〈a〉 태그의 여는 태그 안에 href="https://booksr.co.kr"이라는 문구가 기재되어 있습니다. href는 hypertext reference의 줄임말로, 직역하자면 '하이퍼텍스트 참조' 정도가 되겠습니다. 조금 더 쉬운 말로 풀이하자면, "어느 사이트로 이동할래요?"라는 뜻이 되겠습니다.

파일명 : 5_1_10.html

```
<a href="https://booksr.co.kr">생능출판사</a>
```

미리보기

생능출판사

〈a href="https://booksr.co.kr"〉 이라는 태그의 의미를 해석해 보자면 아래와 같습니다.

<a> 하이퍼링크를 동작시키겠습니다.
href 어디로 이동할 거냐면요.
"https://booksr.co.kr"로 이동할 것입니다.

그리고 우측 화면에는 〈a〉 태그의 여는 태그와 닫는 태그 사이에 기재된 문자가 출력되고 있습니다. 태그의 본질은 다른 정보를 꾸미기 위한 것입니다. 이번 경우는 '생능출판사'라는 문구를 〈a〉 태그로 꾸며주고 있을 뿐, 문서의 본질적인 정보는 '생능출판사'라는 문구입니다.

우측 화면에서 '생능출판사' 문구를 클릭하면 생능출판사의 홈페이지로 이동합니다. href 뒤에 기재된 url을 변경하면 다른 사이트로 이동할 수 있으며, 〈a〉 태그의 여는 태그와 닫는 태그 사이에 기재된 문구를 변경하면 우측 화면에 표시되는 글자를 변경할 수 있습니다.

인스타그램 페이지에서 보이는 것과 같이 저자의 홈페이지 주소에 대한 하이퍼링크를 화면에 입력하려면 태그를 아래와 같이 구성하면 됩니다.

파일명 : 5_1_11.html

```
01 <html>
02     <head></head>
03     <body>
04         <h2>half_bottle</h2>
05         <p>프로필 편집</p>
06         <p>
07             <strong>
08                 반병현 (Byunghyun Ban)
09             </strong><br/>
10             작가
11         </p>
12         <p>
13             <a href="https://needleworm.
   github.io">
14                 needleworm.github.io
15             </a>
16         </p>
17         <p>
18             게시물<br/>
19             팔로워<br/>
20             팔로우<br/>
21             133<br/>
22             408<br/>
23             189
24         </p>
25     </body>
26 </html>
```

길어진 코드 접어두기

<p> 태그와 <a> 태그 모두 줄 바꿈을 하며 표현했더니 코드가 벌써 위아래로 많이 길어졌습니다. 이럴 때 활용할 수 있는 VSCode만의 유용한 기능이 있습니다. 마우스 커서를 좌측의 줄 번호 근처에 가까이 가져가면 [∨] 표시가 활성화됩니다. 6번째 줄의 <p> 태그 좌측의 [∨] 표시를 클릭해보겠습니다.

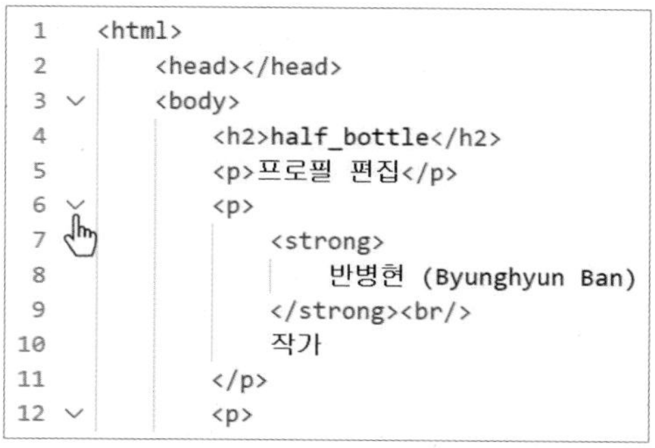

〈p〉 태그의 내용물이 화면에서 사라지면서 [〉] 표시가 활성화되었습니다. 이 기능은 코드를 접어 두는 기능입니다. [〉]를 클릭하여 코드를 다시 펼쳐둘 수도 있습니다. 현재 편집 중이 아닌 부분들을 접어버리면 편집 중인 영역의 코드에만 집중하여 작업을 수행할 수 있습니다.

```
<html>
    <head></head>
    <body>
        <h2>half_bottle</h2>
        <p>프로필 편집</p>
>       <p> ···
        </p>
        <p>
```

버튼의 표현 – 〈button〉

아래 왼쪽 그림과 같은 버튼을 표현할 때는 〈button〉 태그를 활용합니다. 여는 태그와 닫는 태그 사이에 입력한 문자가 버튼에 기재됩니다. '프로필 편집'이라는 문구가 기재된 버튼을 만드는 코드는 아래 오른쪽과 같습니다.

```
<button>프로필 편집</button>
```

또한 〈button〉 태그에도 block 속성이 있으므로 자동으로 줄 바꿈이 표현됩니다. 이를 고려하여 코드를 수정해 보겠습니다.

파일명 : 5_1_12.html

```
<html>
    <head></head>
    <body>
        <h2>half_bottle</h2>
        <button>프로필 편집</button>
        <p>
            <strong>
                반병현 (Byunghyun Ban)
            </strong><br/>
            작가
        </p>
        <p>
            <a href="https://needleworm.github
.io">
                needleworm.github.io
            </a>
        </p>
        <p>
            게시물<br/>
            팔로워<br/>
            팔로우<br/>
            133<br/>
            408<br/>
            189
        </p>
    </body>
</html>
```

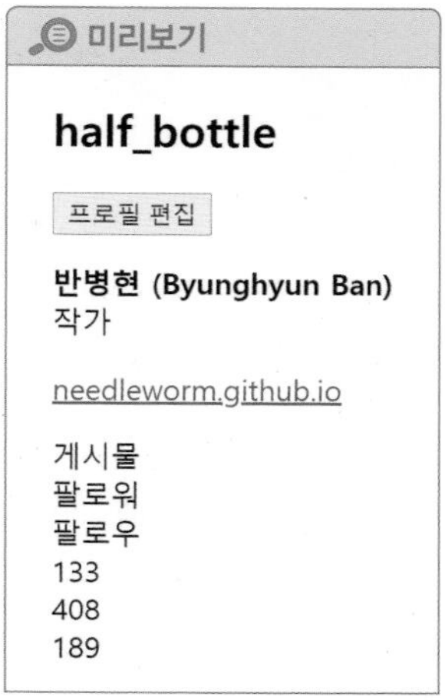

화면에 회색 버튼이 생겨났습니다. 뒤에서 CSS에 대해 공부하면, 버튼의 크기와 색상, 모양을 여러분의 취향대로 수정할 수 있습니다. 이로써 인스타그램 화면에 표시되는 문자는 모두 표현한 것 같습니다.

이번 단원에서 다룬 태그들은 매우 기초적이고 쉬운 도구들이었습니다. 그리고 대부분 분야에서는 기본과 본질에 맞닿은 도구들이 가장 중요한 역할을 수행합니다. 마치 5성급 호텔 레스토랑 주방에도 기본 도구인 식칼과 국자가 빠질 수 없는 것과 마찬가지이지요. 평생 사용할 수 있는 귀중한 자산을 갖게 되셨네요. 축하드립니다. 자, 이제 이미지를 비롯해 더욱 다채로운 표현을 구현하는 방법을 공부해 보겠습니다.

SECTION

5-2 조금 더 다채로운 정보를 표현하는 방법

문서에 이미지를 삽입하는 방법 – 〈img〉

이미지는 웹 페이지의 필수 구성요소 중 하나라고 할 수 있겠습니다. 웹 페이지에 이미지를 삽입할 때는 〈img〉 태그를 사용합니다. 'image'의 줄임말입니다. 〈img〉 태그의 사용 방법은 아래와 같습니다.

```
<img src="이미지 경로"/>
```

이미지 경로에는 컴퓨터의 저장 장치 내의 파일 경로를 입력해도 좋고, 외부 이미지의 url을 입력해도 좋습니다. 파일 경로를 직접 입력하는 코딩 기법은 뒤에서 다뤄 보겠습니다. 우선 url을 통한 이미지 삽입을 배워 보겠습니다. 적당한 url을 삽입하여 〈img〉 태그로 표현한 예시는 아래와 같습니다.

```
<img src="https://bit.ly/2WzPqqy"/>
```

VSCode 창에서 코드를 테스트해보겠습니다.

파일명 : 5_2_1.html

```
<img src="https://bit.ly/2WzPqqy"/>
```

미리보기

어떤가요? 화면에 이미지가 삽입되었습니다. 하지만 이미지가 너무 크죠? 이미지의 크기를 변경하는 방법은 크게 두 가지가 있습니다. 첫 번째 방법은 이미지의 너비를 우리가 원하는 수치로 변경하는 것이고, 다른 방법은 이미지의 높이를 우리가 원하는 수치로 변경하는 것입니다. HTML에서는 이미지의 너비나 높이를 수정하라는 명령을 입력받았을 때 원본 이미지의 비율을 최대한 유지하려 하므로, 둘 중 하나만 수정해도 이미지의 전체적인 크기가 수정됩니다.

px(pixel, 픽셀, 화소)는 사각형의 점으로, 비트맵(bitmap) 방식의 디지털 이미지를 구성하는 가장 작은 단위입니다. 앞으로 이미지를 다룰 때 이 단위가 자주 등장할 예정입니다. 시험 삼아 이미지의 너비를 200px로 수정해 보겠습니다. 아래와 같이 width 속성을 추가하고 이 안에 원하는 너비를 입력하면 됩니다. 너비 대신 높이를 제어하고 싶을 때는 height 속성을 활용합니다.

파일명 : 5_2_2.html

```html
<img src="https://bit.ly/2WzPqqy"
    width="200px"/>
```

미리보기

이미지 리소스 가져오기

인스타그램 페이지의 상단 바를 살펴봅시다. 좌측에는 인스타그램 로고가 있고, 우측에는 4개의 아이콘과 프로필 사진이 입력되어 있습니다. 아이콘이 이미지 파일이라 생각한다면, 총 6개의 이미지를 삽입해야 하는 상황이네요. 먼저 인스타그램 홈페이지(https://intsagram.com)에 접속하기 바랍니다.

로그인까지 마쳤다면 화면 상단 바에 주목하기 바랍니다.

우리는 이제부터 상단 바의 로고 이미지와 아이콘들을 추출할 것입니다. 인스타그램 로고를 마우스 오른쪽 버튼으로 클릭하고, [이미지 주소 복사] 버튼을 클릭합니다. 인스타그램 로고의 url이 추출되었습니다. 집필 시기 기준으로 로고의 url은 아래와 같습니다. 즉, 변경될 수도 있습니다.

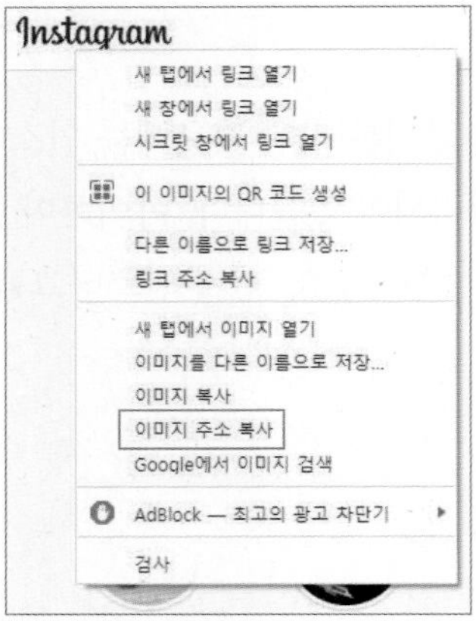


```
https://www.instagram.com/static/images/web/mobile_nav_type_logo.
png/735145cfe0a4.png
```

다시 VSCode 창으로 돌아가, 〈img〉 태그의 src 속성에 위 주소를 붙여넣습니다. 짜잔, 우측 창에 인스타그램 로고가 삽입되었습니다!

파일명 : 5_2_3.html

```
<img src="https://www.instagram.com/static
/images/web/mobile_nav_type_logo.png
/735145cfe0a4.png"/>
```

우리는 다른 사이트의 이미지 리소스를 가져오는 방법을 배웠습니다. 여기서 소개한 url은 시간이 지나 인스타그램 서버가 패치되면 변경될 수 있으니, 가능하다면 위에서 소개한 방법으로 직접 url을 추출하여 사용하기 바랍니다.

인스타그램 로고가 삽입된 〈img〉 태그를 이전에 작성한 5_1_12.html에 추가하겠습니다.

파일명 : 5_2_4.html

```
<html>
    <head></head>
    <body>
        <img src="https://www.instagram.com
/static/images/web/mobile_nav_type_logo.png
/735145cfe0a4.png"/>
        <h2>half_bottle</h2>
        <button>프로필 편집</button>
⋮
    </body>
</html>
```

프로필 사진 삽입하기

프로젝트 폴더 내에 'image'라는 이름의 폴더를 새로 만들겠습니다.

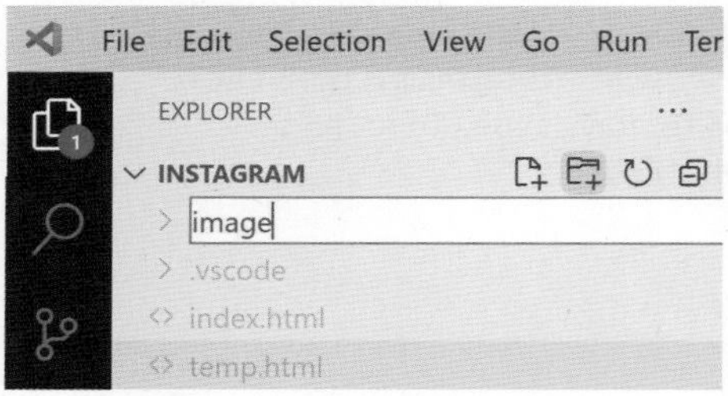

여러분이 실습을 하며 사용할 프로필 사진을 하나 구해서 폴더 안에 넣기 바랍니다. 혹시 이미지 파일을 구해 오기가 번거로운 분들은 아래 링크를 참조하여 저자의 깃허브 리포지토리에서 image 폴더로 들어오면 이미지를 다운로드할 수 있습니다. 생능출판사 홈페이지(https://booksr.co.kr/)에서 제공하는 예제 파일에 있는 이미지를 사용해도 됩니다.

https://github.com/needleworm/instagram

프로필 사진으로 사용할 이미지를 하나 구해와 파일의 이름을 'profile'로 변경하겠습니다. 확장자는 그대로 유지하기 바랍니다.

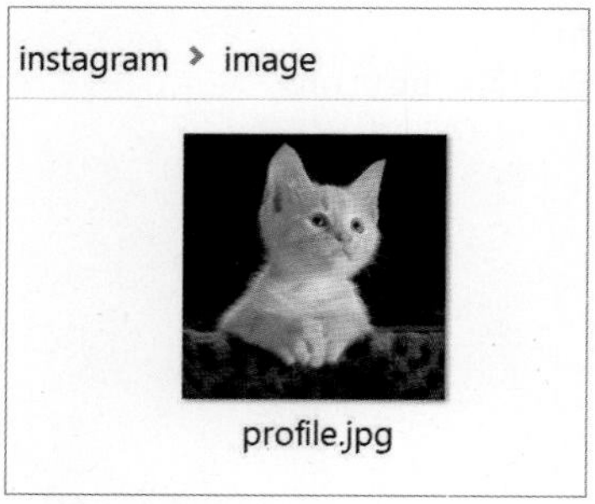

인스타그램의 프로필 사진은 계정 이름보다 앞에 위치합니다. 이를 고려하여, 코드상에서 계정명 앞에 〈img〉 태그를 활용하여 이미지를 삽입하겠습니다. 이때 src 속성에는 파일의 경로를 입력해야 합니다. 이 파일은 "image" 폴더에 들어 있으므로 경로명은 "image/profile.jpg"로 기재하면 됩니다. 원본 이미지가 그대로 삽입되면 너무 클 수도 있으므로 width 속성을 활용하여 이미지의 너비를 50px로 제한하겠습니다.

파일명 : 5_2_5.html

```
<html>
    <head></head>
    <body>
        <img src="https://www.instagram.com
/static/images/web/mobile_nav_type_logo.png
/735145cfe0a4.png"/>
        <img src="image/profile.jpg"
width="50px"/>
        <h2>half_bottle</h2>
        <button>프로필 편집</button>
        ⋮
    </body>
</html>
```

이미지의 크기는 적당해진 것 같습니다. 그렇지만 위치가 영 탐탁지 않습니다. 저 고양이는 왜 저 위에 올라가서 내려올 생각을 않는 걸까요? 역시 고양이는 높은 곳을 올라가는 것을 좋아하나 봅니다. 고양이의 위치를 조절하는 방법은 다음 챕터에서 알아보겠습니다.

SECTION

5-3 추상적 정보의 컨테이너, <div>

정보를 담을 공간을 상상해 봅시다

우리가 원하는 모습은 아래 그림과 같이 좌측에는 사진이 들어가고, 우측에는 아이디와 버튼이 들어가는 모습인데 뜻대로 되지 않네요.

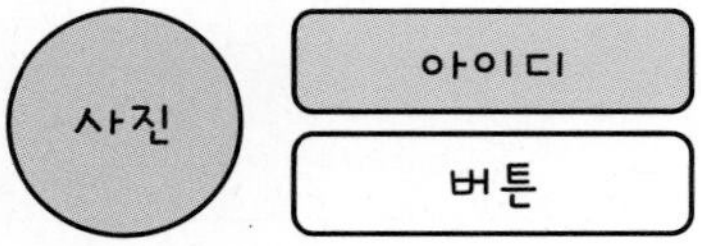

사진의 위치가 이렇게 제멋대로인 이유는 현재 우리가 브라우저에게 전달해 준 정보가 부족하기 때문입니다. '어디서부터 어디까지가 한 덩어리야!'라는 정보를 제공해 줄 수 있다면 좋겠는데요. '그 덩어리 안에 나열된 정보들은 화면에서도 함께 붙여둘래!' 따위의 요청을 할 수도 있으니 말입니다.

프로필 사진과 아이디, 버튼 사이의 관계를 조금 더 상세하게 쪼개 봤습니다. 아이디와 버튼이 하나의 덩어리를 이루고 있으며, 이 덩어리는 사진과 하나의 덩어리를 이루고 있습니다. 머릿속에서 정보를 쪼개고, 뭉치며 어떤 정보끼리 그룹을 지을지 고민하는 습관을 들여야 합니다.

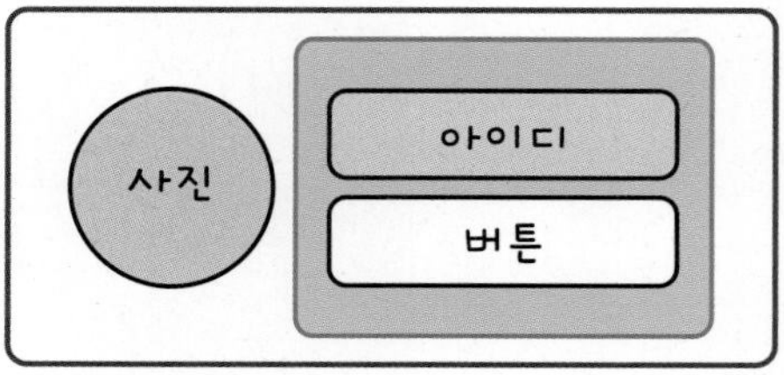

그리고 이렇게 머릿속에서 쪼개 놓은 정보를 브라우저에 전달할 때 사용하는 코드가 바로 <div> 입니다.

정보의 단위, 〈div〉 태그

〈div〉 태그는 그 자체로는 별다른 기능이 없습니다. 굳이 손에 뽑아 보자면 block 속성이 있어 줄 바꿈이 된다는 정도가 있겠네요. 〈div〉는 다른 정보를 담는 그릇으로 활용될 때 빛을 발하는 도구입니다. 아래와 같이 〈div〉의 여는 태그와 닫는 태그 사이에 정보를 입력하면 됩니다.

```
<div>
    정보 1
    정보 2
</div>
```

여기에서 정보는 텍스트나 〈img〉 태그일 수도 있으며, 심지어 〈div〉 태그가 와도 됩니다. 정보를 뭉쳐둔 덩어리를, 더 큰 덩어리의 일부로 사용하는 것이지요.

```
<div>
    <div>
        정보 1
    </div>
    <div>
        정보 2
    </div>
</div>
```

추상적인 수준에서 정보를 분할한다는 사실은 그 자체로도 굉장히 매력적인 행위입니다만, 〈div〉 태그를 CSS와 함께 활용할 때 비로소 정보를 정돈하여 전달하는 능력이 극대화됩니다. 덕분에 〈div〉는 사실상 전 세계의 모든 웹 페이지에서 가장 자주, 많이 등장하는 태그입니다.

더 상세한 〈div〉의 활용법은 추후 CSS에서 배우기로 하고, 프로필 사진과 이름, 버튼 영역의 정보를 아래와 같은 구조로 미리 쪼개 두도록 하겠습니다.

```
<div>
    사진
    <div>
        아이디
        버튼
    </div>
</div>
```

고양이가 얌전하게 밑으로 내려온 모습입니다.

파일명 : 5_3_1.html

```
<html>
    <head></head>
    <body>
        <img src="https://www.instagram.com
/static/images/web/mobile_nav_type_logo.png
/735145cfe0a4.png"/>
        <div>
            <img src="image/profile.jpg"
width="50px"/>
            <div>
                <h2>half_bottle</h2>
                <button>프로필 편집</button>
            </div>
        </div>
        <p>
        ⋮
        </p>
        <p>
        ⋮
        </p>
        <p>
        ⋮
        </p>
    </body>
</html>
```

미리보기

인스타그램 웹 페이지의 구조 분할

'정보의 구분'이라는 측면에서 인스타그램 웹 페이지를 다시 한번 분석해 봤습니다. 위에서부터 차례대로 [상단 바], [프로필 영역], [소개글], [하이라이트], [상태표시줄], [아이콘], [게시물 썸네일] 총 8개의 영역으로 구분되어 있습니다. 이를 감안하여 본문 코드에 〈div〉 태그를 삽입하여 코드를 분할해 보겠습니다.

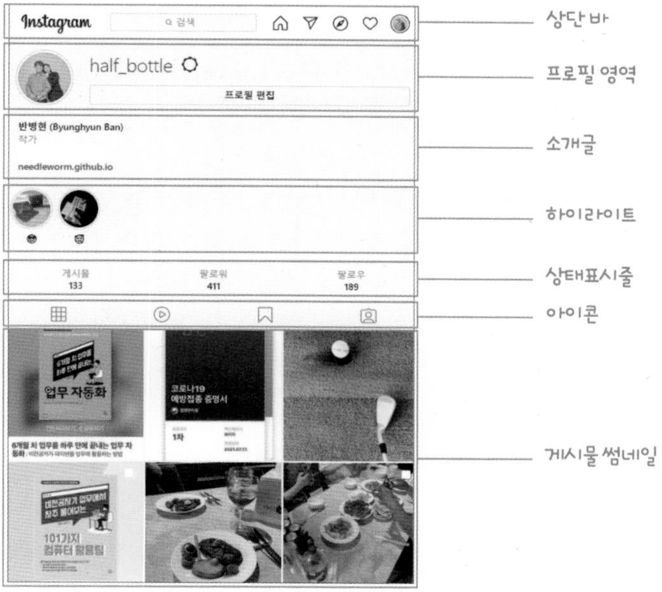

코드가 많이 길어졌지만, 탐색하기는 쉬워졌습니다. 〈div〉 태그만 찾아다니면 영역별 코드를 확인할 수 있으니까요. 〈div〉 태그를 더욱 화려하게 활용하는 방법은 나중에 CSS를 공부하면서 보도록 하겠습니다.

파일명 : 5_3_2.html

```
<html>
    <head></head>
    <body>
        <div>
            <img src="https://www.instagram.com/static/images/web/
mobile_nav_type_logo.png/735145cfe0a4.png"/>
        <div/>
        <div>
            <img src="image/profile.jpg" width="50px"/>
            <div>
            ⋮
            </div>
        </div>
        <div>
            <p>
            ⋮
            </p>
            <p>
            ⋮
            </p>
        </div>
        <div>하이라이트가 들어갈 자리</div>
        <div>
            <p>
            ⋮
            </p>
        </div>
        <div>아이콘이 들어갈 자리</div>
        <div>게시물 썸네일이 들어갈 자리</div>
    </body>
</html>
```

미리보기

이 부분도 조금 더 상세히 살펴보면 사실 세 개의 덩어리가 모여서 하나의 큰 덩어리를 이루고 있었음을 확인할 수 있습니다.

코드를 아래와 같이 수정하여 조금 더 명확한 방식으로 정보를 재분할하겠습니다.

파일명 : 5_3_3.html

```
        ⋮
        <div>하이라이트가 들어갈 자리</div>
        <div>
            <div>
                게시물<br/>
                133
            </div>
            <div>
                팔로워<br/>
                408
            </div>
            <div>
                팔로우<br/>
                189
            </div>
        </div>
        <div>아이콘이 들어갈 자리</div>
        <div>게시물 썸네일이 들어갈 자리</div>
    </body>
</html>
```

아직은 그다지 정돈되었다는 느낌이 들지 않을 것입니다. CSS란 녀석이 얼마나 강력한 도구이길래 이렇게도 난잡해 보이는 화면을 아름답고 깔끔하게 정돈해 주는지, 기대되지 않나요?

SECTION

5-4 하이라이트 이미지와 게시물 이미지 삽입

하이라이트 이미지 삽입

2개의 이미지를 활용해 하이라이트 이미지 영역을 꾸며 보겠습니다. 하이라이트의 개수는 사용자의 선택에 따라 늘어나므로, 3개나 4개의 사진을 준비해도 전혀 문제가 되지 않습니다.

두 장의 이미지를 준비하여 각각 "hl 1.jpg"와 "hl 2.jpg"라고 이름을 지어 줬습니다. 이름은 편의상 변경한 것이므로, 파일 이름을 변경하지 않아도 좋습니다. 단, 코드에 파일 이름을 기재할 때는 정확하게 입력해야 합니다.

이 두 장의 이미지를 삽입하려면 〈img〉 태그를 2번 활용하면 됩니다. 하이라이트 이미지는 썸네일보다도 약간 더 작으므로 height 속성을 35px로 주겠습니다.

파일명 : 5_4_1.html

```
<html>
    <head></head>
    <body>
        <div>
            ⋮
        </div>
        <div>
            ⋮
        </div>
        <div>
            ⋮
        </div>
        <div>
            <img src="image/hl 1.jpg" height="35px"/>
            <img src="image/hl 2.jpg" height="35px"/>
        </div>
        <div>
            ⋮
        </div>
        <div>아이콘이 들어갈 자리</div>
        <div>게시물 썸네일이 들어갈 자리</div>
    </body>
</html>
```

하이라이트 영역의 구성 요소를 분석해 보면 좌측 하단 그림과 같습니다. 각각의 하이라이트는 하나의 덩어리로 볼 수 있습니다. 그리고 그 안에는 사진 한 장과 이모티콘이 각각 들어가 있습니다. 하이라이트 하나의 구성은 우측 하단과 같이 표현할 수 있습니다.

```
<div>
    <div>
        사진
    </div>
    <div>
        이모티콘
    </div>
</div>
```

이를 반영하여 코드를 수정하겠습니다. 이모티콘 입력 방법을 모르는 독자를 위해 설명하겠습니다. [Windows] + [;] (맥을 사용한다면 [Ctrl] + [command] + [Space Bar])으로 이모지 입력창을 실행할 수 있습니다.

파일명 : 5_4_2.html

```
<html>
    <head></head>
    <body>
        <div>
        ⋮
        </div>
        <div>
        ⋮
        </div>
        <div>
        ⋮
        </div>
        <div>
            <div>
                <div>
                    <img src="image/hl 1.jpg" height="35px"/>
                </div>
                <div>
                    😎
                </div>
            </div>
            <div>
                <div>
                    <img src="image/hl 2.jpg" height="35px"/>
                </div>
                <div>
                    😊
                </div>
            </div>
        </div>
        <div>
        ⋮
        </div>
        <div>아이콘이 들어갈 자리</div>
        <div>게시물 썸네일이 들어갈 자리</div>
    </body>
</html>
```

사진을 동그랗게 가공하고, 하이라이트 영역 사이에 줄 바꿈이 없도록 다듬어야 진정한 완성이라 할 수 있겠지만 우선은 여기까지만 하겠습니다. CSS를 배우면 순식간에 끝낼 수 있는 일들이니까요.

본문 썸네일 삽입

image 폴더 내부에 "thumbnails"라는 이름의 폴더를 새로 만들고, 그 안에 썸네일 영역에 활용할 이미지 파일 9개를 저장하기 바랍니다. 예제에서 사용된 이미지를 그대로 활용하시고 싶으시다면, 본 예제의 리포지토리[5]로 접속해서 "image" 폴더를 확인하기 바랍니다(생능출판사 홈페이지의 예제 파일에도 포함되어 있음).

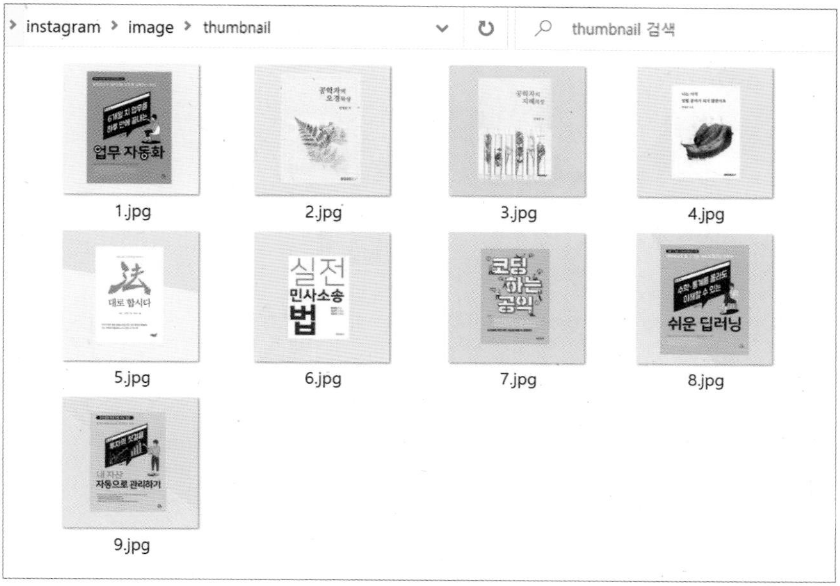

심플하게 〈img〉 태그를 활용하여 9장의 이미지를 본문에 삽입하겠습니다. 이때 한 화면에는 항상 가로로 3개의 이미지가 배치됩니다. 이미지의 너비가 항상 창 너비의 1/3에 해당한다는 이야기이지요. 이번 코드에서 width 속성을 설정하는 방법을 유심히 살펴보기 바랍니다.

5 https://github.com/needleworm/instagram

파일명 : 5_4_3.html

```
01  <html>
02      <head></head>
03      <body>
04          <div>
 ⋮            ⋮
06          </div>
07          <div>
 ⋮            ⋮
13          </div>
14          <div>
 ⋮            ⋮
24          </div>
25          <div>
 ⋮            ⋮
42          </div>
43          <div>
 ⋮            ⋮
56          </div>
57          <div>아이콘이 들어갈 자리</div>
58          <div>
59              <img src="image/thumbnails/1.jpg"
    width="32%"/>
60              <img src="image/thumbnails/2.jpg" width="32%"/>
61              <img src="image/thumbnails/3.jpg" width="32%"/>
62              <img src="image/thumbnails/4.jpg" width="32%"/>
63              <img src="image/thumbnails/5.jpg" width="32%"/>
64              <img src="image/thumbnails/6.jpg" width="32%"/>
65              <img src="image/thumbnails/7.jpg" width="32%"/>
66              <img src="image/thumbnails/8.jpg" width="32%"/>
67              <img src="image/thumbnails/9.jpg" width="32%"/>
68          </div>
69      </body>
70  </html>
```

너비 속성을 32%로 기재했습니다. 이렇게 퍼센트를 사용하여 너비나 높이를 지정하면, 부모의 너비의 32%값이 지정됩니다. 미리보기 이미지는 모두 58번째 줄의 <div> 태그의 하위에 있으므로, 58번째 줄 <div>의 너비의 32%가 각각의 사진의 너비로 지정되는 것입니다.

우리는 <div> 태그의 너비를 별도로 지정한 적이 없으며, 이 <div> 태그의 부모인 <body> 태그의 너비도 지정한 적이 없습니다. 자연스레 <div> 태그의 너비는 <HTML Preview> 창의 너비와 동일하게 지정되었을 것입니다.

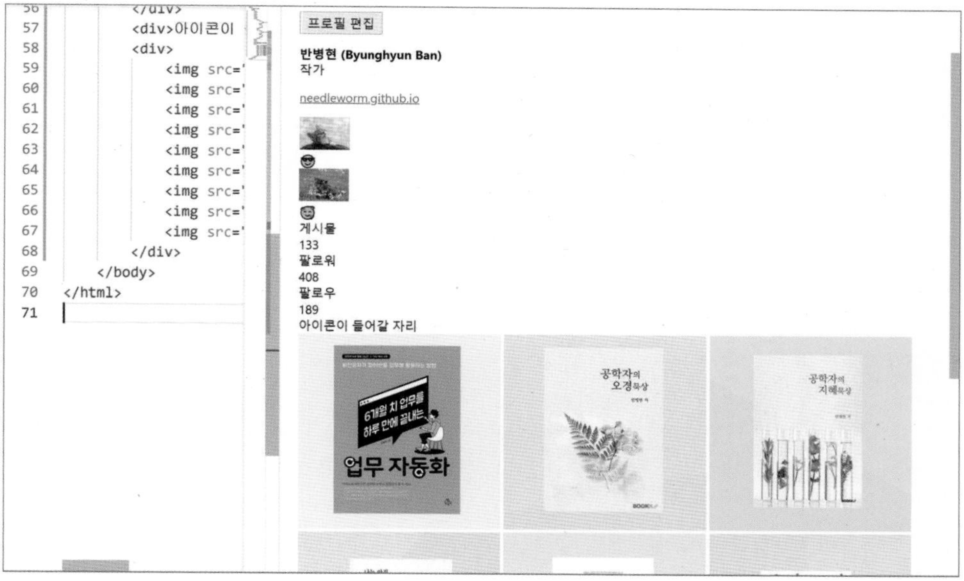

미리보기 창의 경계를 드래그하여 왼쪽으로 이동시키자, 썸네일 사진만 그 크기가 커졌습니다. 프로필 사진이나 하이라이트 사진의 크기는 그대로인데 말입니다. 퍼센트(%)로 지정된 값은 화면 크기에 따라 그 값이 유동적으로 바뀔 수도 있기 때문입니다.

이렇게 창 크기의 변화에 맞추어 그때그때 화면의 정보나 사진의 크기가 함께 바뀌는 웹 페이지를 반응형 웹이라고 부릅니다. 모든 웹 페이지 외주 제작에서 반응형 웹이 가장 비싼 가격으로 거래되고 있습니다. 왜냐하면 가장 수요가 높고, 가장 만들기 어렵기 때문입니다.

그리도 높은 위상을 가진 반응형 웹 페이지를 여러분이 제작한 것입니다. 자부심을 가져도 좋을 것 같습니다. 축하합니다!

코딩만 따라 해도 웹페이지가 만들어지는

HTML+CSS+ 자바스크립트

Chapter

06

[도전!] 웹 페이지를 더욱 풍성하게 만들고 싶다면

학습목표

앞에서는 인스타그램 웹 페이지와 똑같이 코딩해보았습니다. 여기서는 인스타그램 웹 페이지에는 없지만, 추가로 알아야 하는 다른 문법 요소를 학습합니다. 마지막으로는 작성한 HTML 문서들을 깃허브에 업로드하여 파일을 백업해 보겠습니다.

SECTION

6-1 검색창의 구현과 <input> 태그의 다양한 활용법

검색창 구현하기 – 〈input〉

상단 바의 중앙에는 검색창이 자리잡고 있습니다. 검색창을 클릭하면 글자를 입력할 수도 있습니다. 검색창의 핵심 기능은 사용자로부터 정보를 입력받는 것입니다. 이와 같은 기능을 수행하는 태그는 〈input〉 입니다.

텅 빈 코드 창에 〈input〉 태그 하나만 입력해 보겠습니다.

파일명 : 6_1_1.html

```
<input/>
```

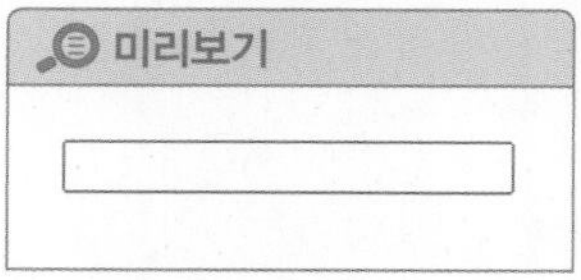

〈HTML Preview〉에 네모난 상자가 생겨납니다. 여기에는 글자도 입력할 수 있습니다. 한 번 테스트해보겠습니다.

글자가 입력됩니다. 신기합니다. 여기에 약간의 조작을 더 하면, 인스타그램 검색창과 같이 텅 빈 네모 박스가 아니라 "검색"이라는 글자가 기재된 상자를 표현할 수 있습니다.

파일명 : 6_1_2.html

```
<input value="검색"/>
```

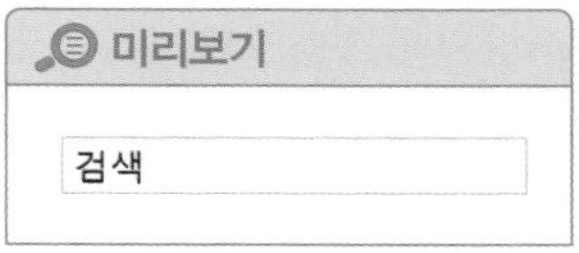

그러면 이제 〈input〉 태그를 HTML 문서에 삽입해 볼까요? 상단 바 영역의 〈div〉 태그 안에, 〈img〉 태그 아래에 입력하면 좋을 것 같습니다.

파일명 : 6_1_3.html

```
<html>
    <head></head>
    <body>
        <div>
            <img src="https://www.instagram.
com/static/images/web/mobile_nav_type_logo.
png/735145cfe0a4.png"/>
            <input value="검색"/>
        </div>
        <div>…
        ⋮
        </div>
        <div>
        ⋮
        </div>
        <div>
        ⋮
        </div>
        <div>
        ⋮
        </div>
        <div>아이콘이 들어갈 자리</div>
        <div>
        ⋮
        </div>
    </body>
</html>
```

짜잔. 검색창이 인스타그램 로고 우측에 삽입되었습니다.

여기서 우리는 또 다른 사실 하나를 유추할 수 있습니다. 바로 〈img〉 태그에는 block 속성이 없어, 줄 바꿈이 적용되지 않는다는 사실입니다. 그리고 이는 〈input〉 태그에서도 마찬가지입니다.

〈input〉 태그는 사실 팔방미인입니다

〈input〉 태그의 기능은 고작 이 정도에서 그치는 것이 아닙니다. 우리가 인터넷 서핑을 하다 보면 텍스트만 입력하는 것이 아니지요.

예를 들면, 웹 사이트에 로그인하는 과정을 생각해 보기 바랍니다. 비밀번호 입력창에 입력된 문자는 마스킹masking 처리되어 내용물이 보이지 않게 숨겨집니다.

설문조사 페이지와 같이 여러 선택지를 제시하며 사용자가 하나를 고르도록 유도하는 경우도 있지요. 우리는 평소에 인지하지 못 하고 있지만, 이 또한 사용자가 브라우저에 정보를 전달하는 행위입니다.

이토록 다양한 기능을 모두 〈input〉 태그 하나만으로 구현하는 것이 가능합니다. 지금부터 〈input〉 태그의 다양한 기능을 살펴보겠습니다.

〈input〉 태그의 기본형

아래 태그는 우리가 앞서 사용한 코드입니다. 사실 이는 바람직한 사용 방법이 아닙니다.

```
<input value="검색"/>
```

〈input〉 태그에는 워낙 다양한 기능이 있다 보니, 아래와 같이 어떤 종류의 데이터를 입력받기 위한 용도인지 명시해 줄 필요가 있습니다.

```
<input type="text" value="검색"/>
```

위와 같이 type이라는 속성을 추가하여 입력받을 데이터의 종류를 명시합니다. text 타입의 경우, 텍스트 형태의 데이터를 입력받겠다는 의미가 됩니다. 코드를 살펴보겠습니다.

파일명 : 6_1_4.html

```
<input type="text"/><br/>
<input type="text" value="텍스트"/>
```

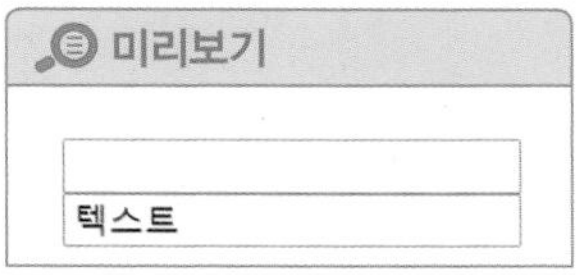

비교를 위해 value 속성을 명시한 것과 비워둔 경우를 모두 기재하였습니다. 또한 〈input〉 태그에는 block 속성이 없어 자동 줄 바꿈이 되지 않으므로, 보기 편하도록 〈br〉 태그를 삽입하였습니다.

위처럼 〈input〉 태그를 사용할 때는 반드시 type을 명시하기 바랍니다.

쉽게 읽히는 코드가 좋은 코드입니다. 쉽게 읽힌다는 표현에는 코드의 세부적인 구성요소 하나하나의 작동 원리까지 코드를 통해 전달할 수 있어야 한다는 점이 내포되어 있습니다. 따라서, 어떤 의도로 〈input〉 태그가 웹 페이지에 삽입되었는지를 손쉽게 전달하기 위해서라도 반드시 type이 명시되어야 할 필요가 있습니다. 특정 브라우저에서의 버그 발생 방지라는 부차적인 목표도 있지만요.

단, 입력받고자 하는 값이 text일 때는 굳이 명시해 주지 않으셔도 됩니다. 〈input〉 태그의 기본 입력값은 text로 약속되어 있기 때문입니다.

〈input〉 태그의 입력창 타입

type="text"와 같이 글자를 입력할 수 있는 네모 상자 형태의 입력창을 통한 데이터 입력 방법을 공부해보겠습니다.

숫자의 입력 - number

웹 페이지를 개발하다 보면 구매하려는 물품의 수량, 사람의 나이 등 숫자만 입력받아야 하는 경우가 종종 있습니다. 이럴 때 유용하게 사용할 수 있는 타입이 number 타입입니다. 사용 방법은 아래와 같습니다.

타입이 number로 지정되면 입력 창에는 오직 숫자만 입력할 수 있습니다. 아래 그림의 좌측 창은 타입이 text로 지정된 〈input〉 태그이며, 우측 창은 타입이 number로 지정된 〈input〉 태그입니다. 그리고 양쪽 모두에 "abcd12345"라는 문구를 입력한 상황입니다.

우측 창에는 알파벳은 입력되지 않고 숫자만 입력되었습니다. 또한 창 우측에 위아래 화살표가 생겨났습니다. 이 화살표를 클릭하여 숫자를 1씩 증가시키거나 감소시킬 수 있습니다. 일부 스마트폰용 웹브라우저에서는 타입이 number로 지정된 입력창을 터치하면 쿼티 키보드 자판 대신 숫자 다이얼 자판을 띄워 주기도 하므로, 사용자의 편의성 또한 향상된다는 장점이 있습니다.

비밀번호 입력 – password

type을 "password"로 지정하면 로그인 화면의 비밀번호 입력창과 같이 모든 문자가 자동으로 마스킹되는 〈input〉 창을 생성할 수 있습니다. password 타입으로 지정된 필드에 글자를 입력하면, 모든 글자가 마스킹되어 가려집니다.

전화번호 입력 – tel

전화번호 입력을 구현할 때는 tel 타입을 사용하면 좋습니다. 특별한 비밀 기능이 발동되기 때문에 tel 속성을 사용하는 것은 아닙니다. 단지 스마트폰 등, 일부 디바이스에서 tel 속성이 지정된 〈input〉 필드를 만나면 쿼티 자판 대신 전화번호를 입력할 수 있는 다이얼패드를 띄워 줍니다.

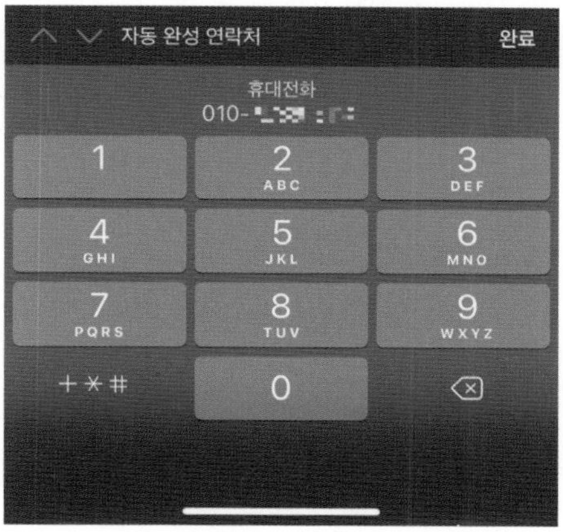

데스크톱 전용 사이트를 제작할 때는 별로 의미가 없는 속성입니다만, 요즈음 대부분의 사람들이 컴퓨터보다 스마트폰으로 인터넷 사이트에 접속하는 경우가 더 많다는 점을 고려할 때 굉장히 중요도가 높은 기능이라 할 수 있겠습니다.

특히 아이폰이 이런 경우 민감하게 반응하므로, 최대한 적극적으로 활용하기 바랍니다. tel 속성과 같이 모바일 디바이스에서 쾌적한 사용자 경험을 제공해주는 태그를 영리하게 사용할 수 있어야 합니다.

> **마치 웹 사이트가 아니라 전용 앱을 사용하는 것과 같은 느낌을 제공할 수 있기 때문입니다.**

검색창 구현 – search

검색창에 입력하기 부적절한 줄 바꿈 표시(엔터) 등의 특수문자가 제거됩니다. 그런데 사실 search 타입은 굉장히 유용한 태그입니다.

search 타입을 입력할 경우, 검색어를 입력하면 우측에 X 표시가 나타납니다. 이 표시를 클릭하면 검색창의 내용물이 삭제됩니다. 그뿐만 아니라, 스마트폰에서 search 타입을 클릭하면 키보드에 Enter↵ 대신 검색 버튼이 활성화됩니다.

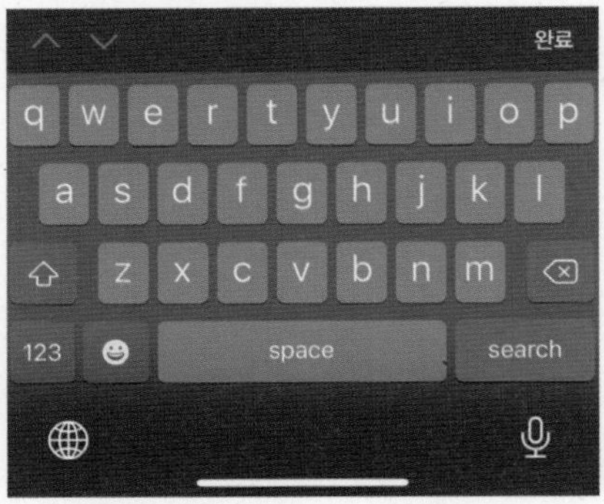

search 타입을 배웠으니, HTML 문서에 있는 검색창의 〈input〉 태그를 search 타입으로 수정하겠습니다.

파일명 : 6_1_5.html

```
<html>
    <head></head>
    <body>
        <div>
            <img src="https://www.instagram.
com/static/images/web/mobile_nav_type_logo.
png/735145cfe0a4.png"/>
            <input type="search" value="검색"/>
        </div>
        <div>
        ⋮
        </div>
        <div>
        ⋮
        </div>
        <div>
        ⋮
        </div>
        <div>
        ⋮
        </div>
```

```
            <div>아이콘이 들어갈 자리</div>
            <div>
            ⋮
            </div>
        </body>
</html>
```

기타

이 외에도 email, url 등의 type이 존재합니다. 각각 이메일, url 입력을 위한 태그들입니다. 중요도가 낮으므로 굳이 공부할 필요는 없습니다. 이런 속성들 대신 JS를 사용하여 입력받은 정보를 검사하거나 다듬어 사용하는 것이 최근의 추세입니다.

단, 혹시 직장에서 이와 같은 속성들을 적극적으로 활용하고 있는 등 불가피하게 사용해야 할 일이 생길 경우를 대비해 간략한 이론만 소개하도록 하겠습니다. 한 번만 읽고 참고하면 됩니다.

❶ email 속성

```
<input type="email"/>
```

이메일의 유효성을 검증하는 기능이 작동됩니다. 예를 들면 골뱅이(@)가 표시되어 있는지, 골뱅이 뒤의 url의 모양이 그럴싸한지 등을 검사합니다. 이 기능들은 입력받은 자료를 제출할 때만 의미가 있습니다. 그전에는 아직 이메일의 id 부분을 덜 입력한 것인지, 혹은 잘못된 자료가 입력된 것인지 검증할 방법이 없기 때문입니다.

❷ url

```
<input type="url"/>
```

입력받은 자료가 url 형태인지 검증하기 위한 기능이 제공됩니다. email 타입과 마찬가지로, 잘못된 정보가 입력된 것인지 혹은 아직 정보가 입력이 덜 된 것인지 검증할 방법이 없어 잘 사용되지 않습니다.

〈input〉 태그의 버튼 타입

버튼을 그리는 button

〈input〉 태그에 button 타입을 지정하면 마치 〈button〉 태그와 유사한 버튼을 화면에 표현할 수 있습니다.

📄 파일명 : 6_1_6.html

```
<input type="button"/><br/>
<input type="button" value="버튼"/>
```

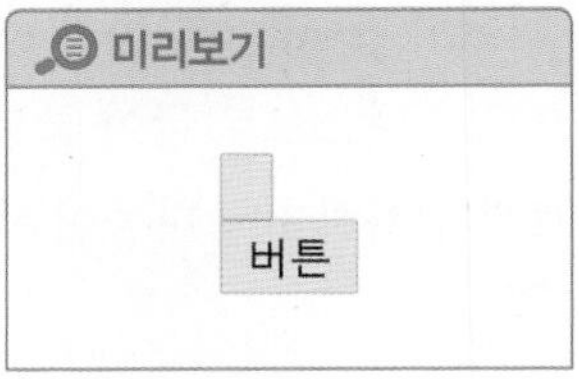

제출 버튼을 그리는 submit

〈input〉 태그에 submit 타입을 지정하면 양식을 제출할 때 사용할 수 있는 "제출" 버튼을 만들 수 있습니다.

📄 파일명 : 6_1_7.html

```
<input type="submit"/>
<input type="submit" value="버튼"/>
```

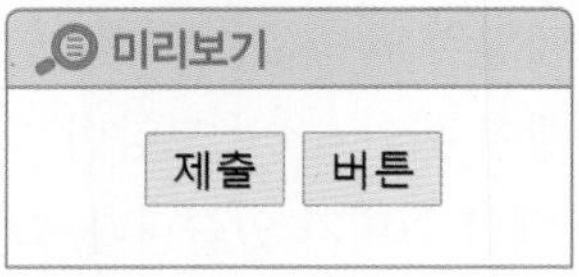

제출 버튼은 뒤에서 다룰 〈form〉 태그와 함께 사용됩니다. 제출 버튼을 누르는 순간 다른 컴퓨터로 데이터가 전송됩니다.

알아 둬야 합니다! 하지만 사용하지는 마세요!

📄 파일명 : 6_1_8.html

```
<input type="button" value="버튼"/>
<input type="submit" value="버튼"/>
<button>버튼</button>
```

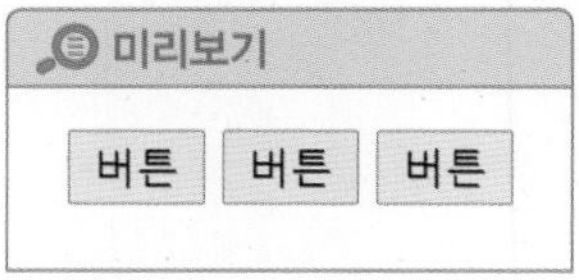

〈input〉 태그의 button 타입 속성으로 구현한 버튼과 submit 타입 속성으로 구현한 버튼, 〈button〉 태그로 구현한 버튼은 겉보기에는 차이가 없습니다. 하지만 거의 모든 경우에 〈button〉 태그가 상위호환 기능입니다.

〈button〉 태그는 CSS를 적용하여 아름답게 꾸미기가 쉽고, JS 코드를 연결하여 온갖 다채로운 기능을 부여하기에도 좋습니다. 우리는 어차피 CSS와 JS도 공부할 것이므로, input 태그의 button 타입이나 submit 타입을 활용하기 위해 머리를 싸매고 고민하기보다 〈button〉 태그를 활용하는 편이 훨씬 더 쉽고 간편하며 범용성까지 뛰어납니다.

그런데도 이 책에서 button 타입과 submit 타입을 소개하는 이유는 이들을 활용해 만든 웹 페이지들이 많기 때문입니다.

이 책의 최종 목표는 지킬 템플릿을 활용해 순식간에 멋진 홈페이지를 뚝딱뚝딱 찍어내는 것입니다.

그런데 성능이 뛰어나고 아름다운 유명한 템플릿들은 대부분 제작된 지 몇 년이 지난 경우가 대부분입니다. 우리 귀에 들어올 정도로 명성을 쌓았다는 이야기는, 그만큼 오랜 시간 많은 사람에게 사랑받아왔다는 뜻이니까요.

이런 템플릿 코드들을 열어보면 종종 〈input〉 태그를 활용하여 버튼을 구현하는 경우가 있습니다. 이런 코드를 이해하고, 우리 취향대로 수정해 사용하려면 button 속성과 submit 속성을 이해할 필요가 있습니다.

파일 업로드를 위한 file

file 타입을 활용하면 이메일이나 게시판의 첨부파일 등록 따위에 사용되는 파일 업로드 버튼을 표현할 수 있습니다. 우측 창에 [파일 선택] 버튼이 생겨났습니다. 버튼을 클릭하면 파일 업로드 창이 실행됩니다.

파일명 : 6_1_9.html

```html
<input type="file"/>
```

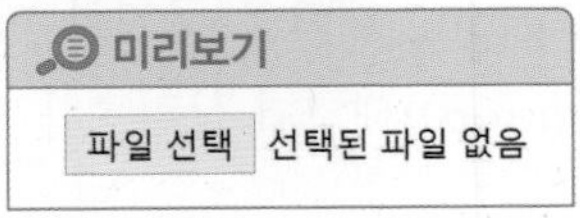

우리에게 익숙한 파일 탐색기 창이 실행됩니다. 모바일 환경에서도 적당한 파일 업로드 탐색기가 실행됩니다. 이때 파일의 확장자가 [All Files(*.*)]로 지정된 것에 주목하기 바랍니다.

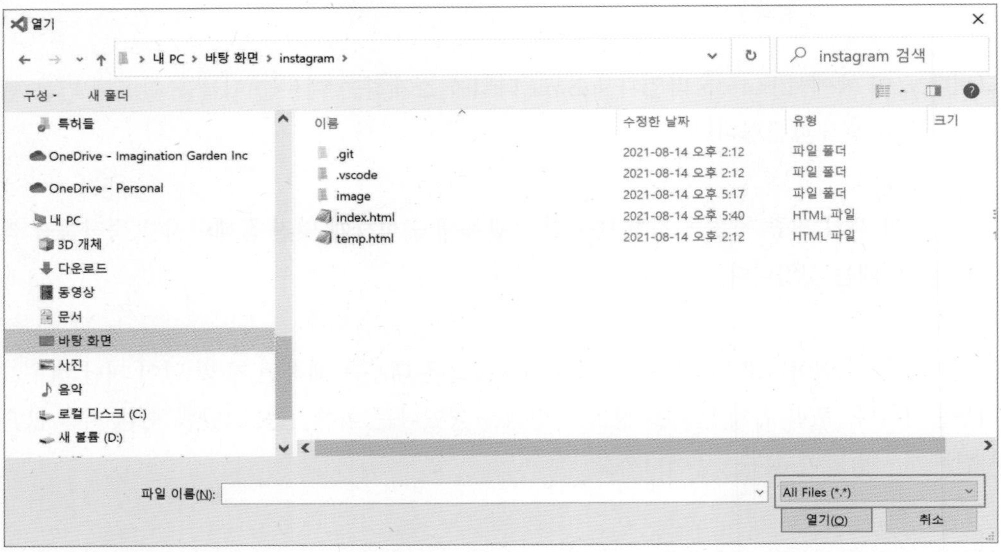

인스타그램에는 이미지와 영상만 업로드할 수 있습니다. 유튜브에는 영상만 업로드할 수 있고요. 파일 업로드 기능을 구현할 때 파일의 종류를 제한하는 기능은 반드시 필요합니다.

accept 속성을 추가하는 것으로 입력받을 파일의 종류를 제어할 수 있습니다.

파일명 : 6_1_10.html

```html
<input type="file" accept="image/*"/>
<input type="file" accept="audio/*"/>
<input type="file" accept="video/*"/>
<input type="file" accept=".jpg, .png, .pdf"/>
```

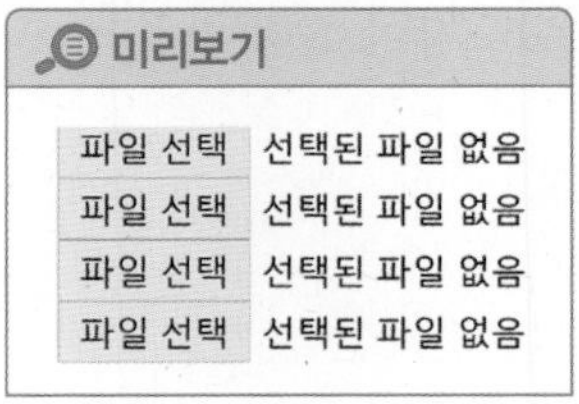

accept 속성을 활용하는 여러 가지 예시입니다. 각각의 버튼을 한 번씩 클릭해보면서 차이를 느껴 보기 바랍니다. 이론은 천천히 설명해 보겠습니다.

❶ "image/*"

```
<input type="file" accept="image/*"/>
```

파일 경로를 표시할 때에 별표(*)는 주로 '모든 대상'이라는 의미로 사용됩니다. "image/*"라는 문구는 '이미지 파일이라면 무엇이든지 좋다'라는 뜻 정도로 해석하면 될 것 같네요. accept 속성에 "image/*"라는 값을 입력한 경우 이미지 파일만 입력할 수 있습니다.

❷ "audio/*"

```
<input type="file" accept="audio/*"/>
```

accept 속성 값이 "audio/*"로 지정된 경우 오디오 파일만 입력받을 수 있도록 확장자가 고정됩니다.

❸ "video/*"

```
<input type="file" accept="video/*"/>
```

accept 속성 값이 "video/*"로 지정된 경우 비디오 파일만 입력받을 수 있도록 확장자가 고정됩니다.

❹ 확장자 직접 입력

```
<input type="file" accept=".jpg, .png, .pdf"/>
```

입력받을 파일의 확장자를 직접 입력하는 것도 가능합니다. 따옴표 안에 입력받을 확장자들을 콤마(,)로 구분해서 입력합니다.

색상을 입력받는 color

사용자로부터 색상을 입력받을 때는 color 타입을 활용하면 유용합니다. 버튼을 클릭하면 색상을 선택할 수 있도록 팔레트 창이 화면에 표시됩니다. 여기서 사용자가 선택한 색상이 브라우저에 전달되는 것이지요.

파일명 : 6_1_11.html

```
<input type="color"/>
<input type="color" value="#ff0000"/>
```

<input> 태그의 선택지 입력 타입

Yes or No, checkbox

세상에서 가장 단순한 선택지는 Yes/No로 구성된 2지 선다형입니다. 이를 코딩으로 구현하는 가장 쉬운 방법은 〈input〉 태그의 checkbox 타입을 활용하는 것입니다. 바로 예시를 보여드리겠습니다.

파일명 : 6_1_12.html

```
<input type="checkbox"/>
```

우측 화면에 자그마한 박스가 생겨났습니다. 이 박스를 클릭해 보겠습니다. 이 박스를 클릭하면 체크 표시가 나타나고, 다시 한번 더 클릭하면 체크 표시가 해제됩니다. 굉장히 직관적인 방식으로 Yes/No 입력을 사용자로부터 유도할 수 있는 도구입니다.

체크박스와 글자를 함께 처리하고 싶다면 아래 코드와 같이 〈input〉 태그 옆에 글자를 적어주면 됩니다. 다른 방식으로는 〈label〉이라는 태그를 사용해도 됩니다.

파일명 : 6_1_13.html

```
<input type="checkbox"/>아침을 드셨나요?<br>
<input type="checkbox"/>점심은 드셨나요?<br>
<input type="checkbox" checked/>저녁도 드셨나요?
```

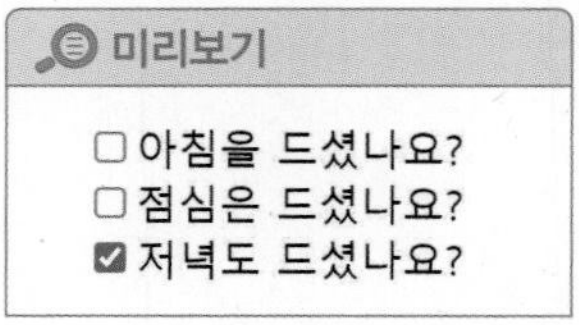

그뿐만 아니라, checked라는 속성을 태그 안에 기재하여 체크박스의 기본값을 '체크됨'으로 설정할 수도 있습니다.

여러 선택지 중 하나, radio

인생은 매 순간 선택의 연속입니다. 여러 선택지 중 하나를 선택할 때는 radio 타입을 활용하면 유용합니다. 예시 코드를 먼저 살펴보겠습니다. 코드를 실행하고 우측 화면에 있는 버튼들을 클릭하기 바랍니다.

파일명 : 6_1_14.html

```
<p>
  <input type="radio" name="radio1" checked/>한식
  <input type="radio" name="radio1"/>중식
  <input type="radio" name="radio1"/>양식
  <input type="radio" name="radio1"/>일식
</p>
<p>
  <input type="radio" name="radio2" checked/>뜨거운 것
  <input type="radio" name="radio2"/>차가운 것
</p>
<p>
  <input type="radio" name="radio3" checked/>매운 것
  <input type="radio" name="radio3"/>안 매운 것
</p>
```

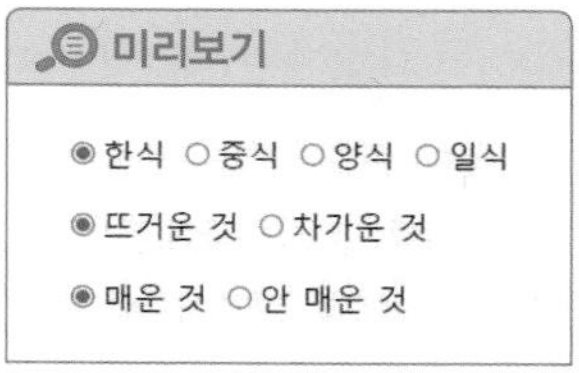

그리고 아래와 같이 코드를 살짝 수정하여 name 속성을 삭제한 다음 다시 한번 버튼을 눌러보기 바랍니다.

파일명 : 6_1_15.html

```
<p>
  <input type="radio" checked/>한식
  <input type="radio"/>중식
  <input type="radio"/>양식
  <input type="radio"/>일식
</p>
<p>
  <input type="radio" checked/>뜨거운 것
  <input type="radio"/>차가운 것
</p>
<p>
  <input type="radio" checked/>매운 것
  <input type="radio"/>안 매운 것
</p>
```

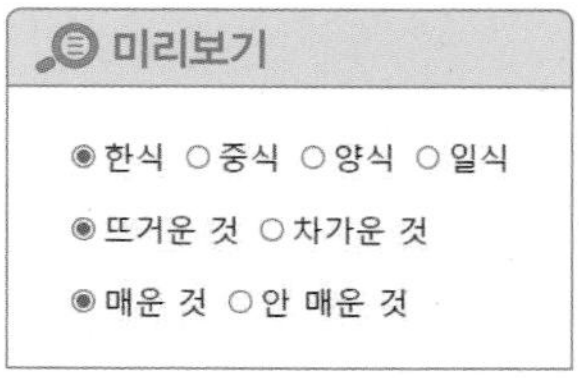

어떤가요? 한 번 눌린 선택지가 해제되지 않습니다. 여러 선택지 중 하나만 선택하고 싶은데, 여러 개의 선택지를 선택하게 됩니다. 코드가 정상적으로 작동하지 않는 이유는 name 속성이 제거되었기 때문입니다.

radio 타입을 사용할 때 name의 역할에 대해 조금만 더 고민해보겠습니다. 이번에는 아래와 같이 모든 태그의 name을 동일하게 만들어줍니다.

파일명 : 6_1_16.html

```
<p>
  <input type="radio" name="radio" checked
/>한식
  <input type="radio" name="radio"/>중식
  <input type="radio" name="radio"/>양식
  <input type="radio" name="radio"/>일식
</p>
<p>
  <input type="radio" name="radio" checked/>뜨거운 것
  <input type="radio" name="radio"/>차가운 것
</p>
<p>
  <input type="radio" name="radio" checked/>매운 것
  <input type="radio" name="radio"/>안 매운 것
</p>
```

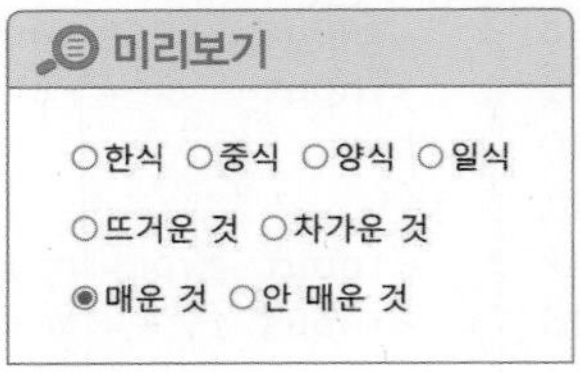

이번에는 선택지 중 하나를 클릭하면 나머지 모든 선택지가 해제됩니다. 이를테면 (한식) - (뜨거운 것) - (매운 것) 조합을 선택하고 싶어 순서대로 클릭하면, (매운 것) 선택지 한 개만 선택되는 것입니다. 이 또한 name 속성 때문에 발생하는 문제입니다.

radio 타입은 name이 동일한 대상들을 하나의 그룹으로 인식하고, 하나의 그룹 안에서 반드시 하나의 선택지만 선택되도록 세팅되어 있습니다.

name을 삭제하면 각 선택지가 모두 별개의 그룹으로 인식되어, 한 개의 선택지를 선택하더라도 다른 선택지가 영향을 받지 않았습니다. 반면 name을 모두 동일하게 설정한 경우, 모든 선택지가 하나의 그룹으로 인식되어 화면에 표시된 모든 선택지 중 한 개만 선택된 것이고요.

이처럼 radio 타입을 활용할 때는 name 속성을 잘 확인할 필요가 있습니다.

슬라이더로 값을 선택하는 range

아래 그림은 윈도우 11의 화면 밝기와 볼륨 조절 슬라이더입니다. 슬라이더 형태의 입력 도구는 이미 우리에게 익숙하고 친숙한 도구입니다.

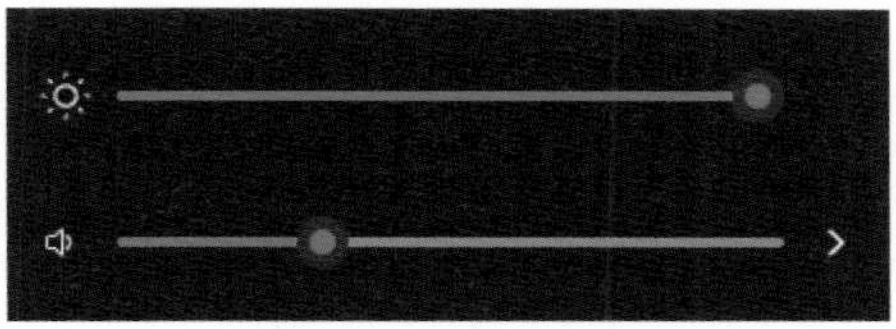

HTML에서는 〈input〉 태그의 range 타입을 활용해 슬라이더를 구현할 수 있습니다.

파일명 : 6_1_17.html

```
<input type="range"/>
```

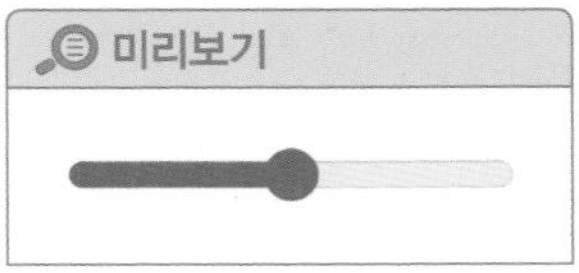

슬라이더의 최솟값과 최댓값은 min, max 속성을 활용해 지정할 수 있습니다. 또한, 슬라이더가 한 칸 움직일 때 실제로 값이 얼마나 바뀌는지 그 간격은 step 속성으로 지정 가능합니다. 마지막으로 value 속성을 지정하여 초깃값을 세팅할 수도 있지요. 코드를 통해 살펴보겠습니다.

파일명 : 6_1_18.html

```
<input type='range' min="0" max="1000"/><br/>
<input type='range' min="0" max="1000"
step="10"/><br/>
<input type='range' min="0" max="1000"
step="10" value="10"/>
```

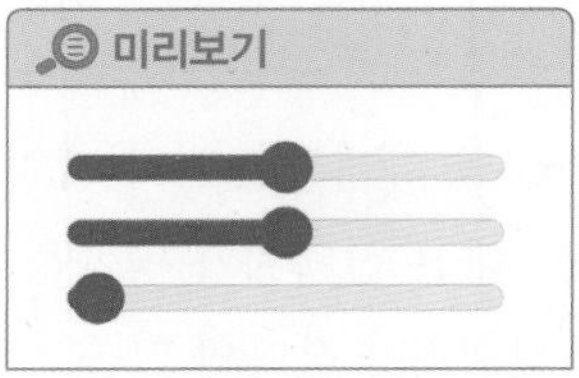

min, max, step, value를 차례로 지정한 예제입니다. 그런데 코드가 좌우로 너무 길어져 보기가 불편합니다. 개인적으로 저자는 코드가 좌우로 길어지는 것을 좋아하지 않습니다.

파일명 : 6_1_19.html

```
<input
  type="range" min="0" max="1000"
  />
<br/>
<input
  type="range" min="0" max="1000" step="10"
  />
<br/>
<input
  type="range" min="0" max="1000"
  step="10" value="10"
/>
```

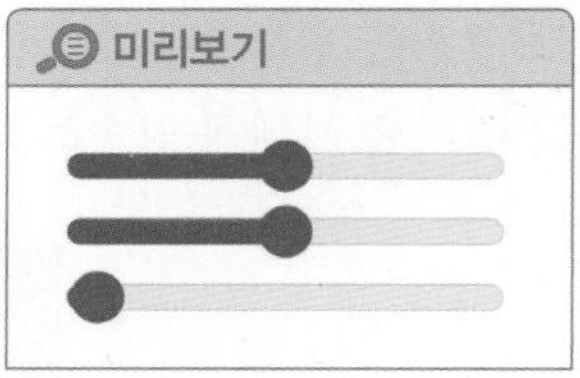

코드의 여러 곳에 줄 바꿈을 삽입하여 좌우로 길었던 코드를 위아래로 길게 늘렸습니다. 여기서 주목할 점은, 한 개의 태그 안에서 줄 바꿈을 해도 코드가 정상적으로 작동한다는 점입니다.

〈input〉 태그의 날짜와 시간 입력 타입

날짜와 시간을 입력하는 태그는 사실 자주 사용되지 않습니다. 왜냐하면 JS를 활용하면 현재 시각을 굳이 사용자에게 물어보지 않고서도 확인할 수 있기 때문입니다. 사용자로부터 입력이 필요하면 JS와 〈input〉 태그를 적절히 섞어서 구현하기도 합니다.

하지만 〈input〉 태그를 활용하면 시간을 많이 절약할 수 있고, 의외로 요즘 브라우저나 스마트폰에서 보여지는 날짜 선택 화면이 생각보다 예쁘기 때문에 알아만 두면 좋을 것 같습니다.

파일명 : 6_1_20.html

```
<p>
  <input type="date"/>
</p>
<p>
  <input type="month"/>
</p>
<p>
  <input type="week"/>
</p>
<p>
  <input type="time"/>
</p>
<p>
  <input type="datetime-local"/>
</p>
```

자, 코드를 모아 두고 한꺼번에 살펴봅시다.

❶ 날짜를 입력받는 type="date"

date 타입은 연도, 월, 일을 선택하기 위한 도구입니다. 우리에게 친숙한 달력 창이 떠오르고 여기에서 날짜를 하나 선택하는 것이지요. 〈input〉 태그가 화면에 표시될 때는 조금 투박하고 촌스럽지만, 날짜 선택 팝업은 디자인이 많이 개선되었습니다. 사용하는 브라우저나 컴퓨터에 따라 날짜 선택 팝업창의 모양이 조금씩 다를 수 있습니다.

❷ 월을 입력받는 type="month"

month 타입은 연도와 월까지만 선택하기 위한 도구입니다.

❸ 주를 입력받는 type="week"

week 타입은 연과 주를 선택하기 위해 사용합니다. 한국에서는 자주 사용되지 않습니다.

❹ 시간을 입력받는 type="time"

time 타입은 시간을 설정하기 위해 사용됩니다. 오전, 오후는 물론 상세한 시간과 분도 설정할 수 있습니다. 주로 사용자로부터 시간 예약을 받는 등의 기능을 수행할 때 사용하면 편리합니다.

⑤ 날짜와 시간을 동시에 입력받는 type="datetime-local"

병원이나 식당 예약 등과 같이 날짜와 시간을 동시에 입력할 때 활용하면 유용한 도구입니다.

〈input〉으로 입력받은 데이터는 어디로 가나요?

〈input〉 태그를 활용하여 사용자로부터 입력받은 데이터는 어디로 가는 걸까요?

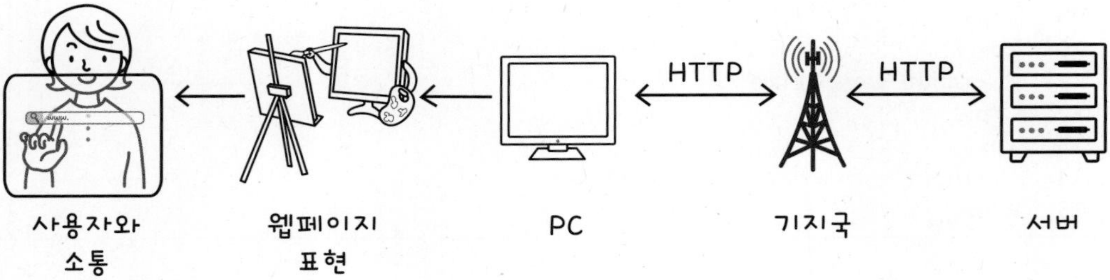

사용자의 PC는 HTTP라는 규격을 따라 서버와 대화를 나눕니다. 이때 PC와 서버가 주고받는 정보는 복잡하고 난해하므로, 그들 사이의 대화에 일반인이 끼어드는 것은 몹시 어려운 일입니다. 〈input〉 태그는 우리가 이 대화에 개입하는 것을 도와주는 도구입니다.

브라우저는 〈input〉 태그로 입력받은 정보를 정돈하고, PC에 명령을 내립니다.

"이 데이터를 서버에게 전달해 줘."

명령을 받은 PC가 인터넷 회선을 통해 데이터를 서버에게 전달하는 것으로 한 차례 입력 전달이 완료됩니다. 이때 PC에게 명령을 내리기 위한 도구로 〈form〉 태그가 주로 사용됩니다. 〈form〉 태그의 사용법은 뒤에서 알려드리겠습니다.

그 외에 〈input〉 태그로 받은 값을 자바스크립트에서 뽑아내 활용할 수도 있습니다. 이 방법은 JS를 배우면서 상세히 알아보겠습니다.

다시 우리가 제작하던 인스타그램 코드로 돌아오기 바랍니다.

SECTION

6-2 깃허브에 코드 푸시하기

깃허브에 코드를 업로드하는 방법

깃허브에 코드를 올리는 행위에는 여러 가지 장점이 있습니다만, 그 중 우리에게 가장 유용한 기능은 바로 코드 백업입니다. 작업 중이던 코드가 삭제되지 않도록 보존해 둘 수 있을 뿐 아니라, 작업 중이던 코드를 다른 컴퓨터나 태블릿 PC에서 불러와 즉석에서 수정할 수 있다는 부분입니다.

깃허브에 코드를 업로드할 때는 터미널에서 3단계의 과정을 거쳐야 합니다.

1단계 수정사항을 반영(업로드)할 파일 이름을 깃git에 알려준다.

```
(기본형) git add <파일 이름>
(예시)   git add index.html
```

아래와 같이 파일 이름이 들어갈 자리에 점(.)을 찍으면 폴더 안의 모든 파일이 업로드 대상이 됩니다.

```
git add .
```

2단계 메시지를 남기며 커밋commit을 요청한다.

영단어 commit에는 다양한 뜻이 있습니다만, 그중에는 '~을 기억하다' 또는 '~을 적어 두다'라는 의미도 있습니다. 깃에서 커밋은 현재 폴더 내부의 내용물을 기억해 두겠다는 의미로 사용되는 용어입니다. '현재 폴더의 내용물을 박제한다.'는 정도의 의미로 설명할 수 있겠습니다.

```
(기본형) git commit -m "커밋 메시지"
(예시) git commit -m "버튼 위치 수정"
```

깃 리포지토리 입장에서 커밋은 일종의 소프트웨어 업데이트에 해당하는 행위이므로, 이 업데이트가 어떤 의미를 가지는 것인지 간략한 설명을 기재해 줄 필요가 있습니다. 커밋 메시지는 업데이트의 내용을 요약하는 문장입니다.

```
(나쁜 예시) git commit -m "."
```

저자는 급할 경우에 커밋 메시지에 점 하나만 찍는 버릇이 있습니다. 이는 매우 나쁜 커밋의 활용 예시입니다만, 저자와 같이 귀찮음을 잘 견디지 못하는 독자분들은 도움이 될 것 같아 소개합니다.

3단계 커밋된 코드를 푸시[push] 한다.

영단어 push라는 표현이 굉장히 직관적입니다. 커밋을 통해 박제된 코드를 깃허브로 밀어내는 행위입니다.

```
(기본형) git push origin <브랜치 이름>
(예시)  git push origin master
```

영단어 branch에는 나뭇가지라는 의미가 있습니다. 한 개의 줄기에서 시작된 나무는 가지를 이리저리 뻗으며 온갖 방향을 향해 갈라져 나갑니다. 마찬가지로 하나의 소프트웨어 프로젝트 안에서도 소스코드, 테스트 버전, 정식 출시 버전, 업데이트 예정 버전 등 여러 종류의 빌드가 존재할 수 있습니다.

규모가 큰 프로젝트를 수행할 때는 브랜치를 여러 개 활용하는 것이 일반적이므로, 깃에서는 코드를 푸시할 때 브랜치의 이름을 요청합니다. 아직 우리에게는 필요하지 않은 기능이므로, 우리는 리포지토리 개설 시 초기 설정값으로 주어지는 master 브랜치만 기억해도 충분합니다.

깃허브에 업로드된 코드를 다운로드하는 방법

우리는 종전에 clone을 활용하여 리포지토리의 코드를 복사했습니다.

```
(기본형) git clone <리포지토리 주소>
(예시)  git clone https://github.com/needleworm/instargram
```

사실 깃에 대해 잘 모를 때는 매번 기존의 폴더를 삭제하고, 리포지토리를 다시 클론하는 것이 가장 안전한 방법입니다. 정석적인 방법은 아래와 같습니다.

```
(기본형) git pull origin <브랜치 이름>
(예시)  git pull origin master
```

여러 컴퓨터를 넘나들며 작업을 수행하다 보면 커밋을 깜빡하는 등의 실수를 하기 마련입니다. 이런 실수가 발생해 폴더 내의 코드 버전 정보가 꼬이게 된다면 pull은 정상적으로 작동하지 않습니다. 이런 경우 심플하게 폴더를 삭제하고 클론하는 것이 가장 편한 방법입니다.

작업 중이던 코드 푸시하기

VSCode에서 상단의 [터미널] 메뉴를 클릭하고 [New Terminal] 메뉴를 클릭하기 바랍니다.

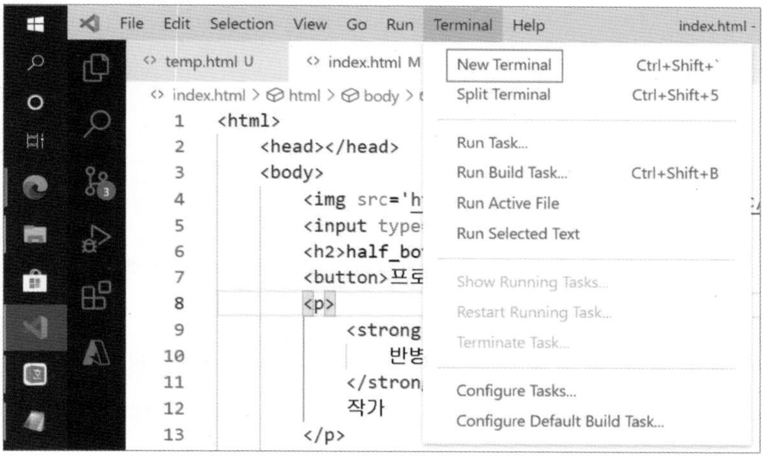

VSCode 윈도우 하단에 새로운 탭이 팝업되면서 터미널이 실행됩니다. 터미널에서 아래 코드를 실행해 코드를 추가하고, 커밋하고, 푸시합니다.

```
git add .
git commit -m "ver 1.0 html 뼈대"
git push origin master
```

깃허브 리포지토리에 접속하여 정상적으로 코드가 업로드되었나 확인하기 바랍니다.

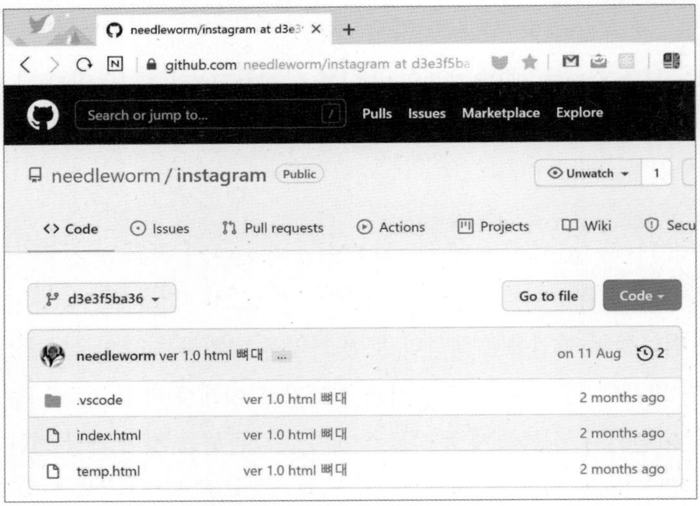

축하합니다! 이제 여러분들은 굉장히 많은 것을 할 수 있게 되었습니다. 지금까지 여러분들이 습득한 능력을 나열해보겠습니다.

① 웹 페이지의 HTML 코드를 볼 수 있음 ✓
② HTML을 활용해 웹 페이지를 제작할 수 있음 ✓
③ 여러 태그를 활용하여 웹 페이지의 정보를 풍성하게 만들 수 있음 ✓
④ 그렇게 제작된 웹 페이지를 커밋할 수 있음 ✓
⑤ 커밋을 통해 코드를 오픈 소스 소프트웨어로 전 세계에 배포할 수 있음 ✓

어떤가요? 여러분은 단순히 책에서 소개된 코드를 기계적으로 따라서 타이핑한 것이 아니라 전 세계에 자신의 작품을 선보이기까지 했습니다. 항상 큰 변화와 대단한 진보는 사소한 도전이 축적되어 생기는 것입니다.

여러분의 도전을 끝까지 응원하겠습니다!

PART

3

웹 페이지의 디자인을 결정하는 CSS

Chapter

07

CSS, 웹 페이지를 아름답게 만들어줘요

학습목표

HTML만 사용하면 단순한 디자인의 홈페이지만 만들 수 있습니다. CSS를 공부하면 HTML로 제작한 홈페이지에 디자인적 요소를 추가해 더욱 아름다운 웹 페이지를 제작할 수 있습니다. 여기서는 약간 어려울 수 있지만 CSS 문법을 살펴보겠습니다. 이번 챕터에서는 이미지나 글자를 예쁘게 꾸밀 때 알아야 할 필수 개념과 문법을 소개합니다.

SECTION

7-1 CSS 기초 사용법

선택자란 무엇인가요?

앞서 우리가 작성하던 인스타그램 예제를 살펴보겠습니다. 여기서 "half_bottle"이라고 적힌 계정명을 빨간색 글자로 바꾸려면 어떻게 해야 할까요? 웹 브라우저에 "글자를 빨간색으로 바꿔 줘!"라고 명령을 내리면 아마 아래와 같이 모든 글자가 빨갛게 변할 것입니다.

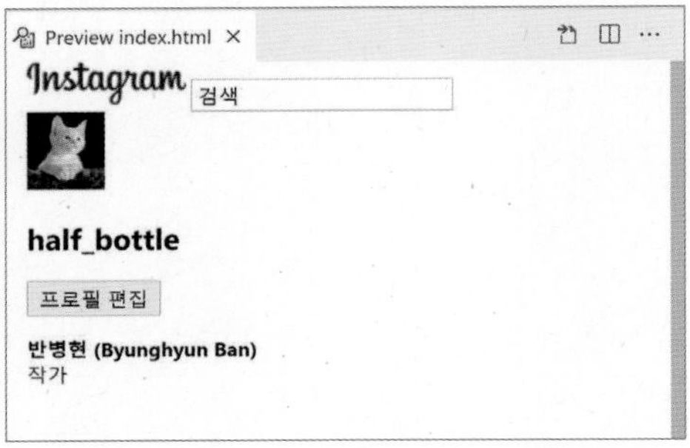

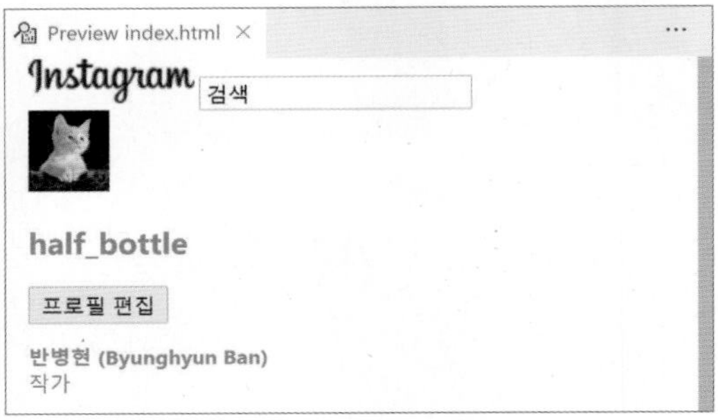

우리는 웹 브라우저에 "half_bottle"이라는 글자만 콕 집어서 빨간색으로 바꿔 달라고 요청할 필요가 있습니다. 이걸 어떻게 하면 좋을까요? 우리가 현실 세계에서 행인에게 길을 설명할 때 어떤 표현을 사용하는지 잠시 떠올려 보겠습니다.

> "아, 그 빵집이요? 쭉 가시다가 사거리에서 우회전하면 빨간 벽돌 건물이 있어요. 그 건물 1층이에요."

어떤가요? 위와 같이 설명하는 것이 일반적이지요? 아래와 같은 설명은 정확한 정보를 담고 있을지언정 행인에게 별 도움을 줄 수 없을 것입니다.

> "아, 거기요? 광인사길 143번지로 가시면 됩니다."
> "위도는 37.71404고요, 경도는 126.68657이네요. 거기로 찾아가시면 됩니다."

지나가던 사람에게 길을 물어봤는데 저런 답변을 듣게 된다면 몹시도 당황스러울 것입니다. 브라우저에 CSS를 적용할 대상을 알려주는 행위도 마찬가지입니다. CSS에서는 아래와 같은 방법으로, 최대한 브라우저가 이해하기 쉽게 정보를 전달해 줍니다.

"〈h2〉 태그로 작성된 문구는 빨간색으로 표현해 주세요."

웹 브라우저의 주된 역할은 HTML 문서를 읽어와 태그를 분석하고, 태그가 시키는 대로 정보를 화면에 표시하는 것입니다. 한 마디로, 위와 같이 특정 태그를 대상으로 한 명령은 그야말로 브라우저에 딱 맞는 안내라고 할 수 있습니다.

이때 브라우저에게 전달된 〈h2〉 태그라는 정보가 선택자에 해당합니다. CSS의 적용 방법은 아래와 같습니다.

① 선택자를 활용해 어디에 디자인을 입힐지 지정한다.
② 길이, 너비, 색상 등 스타일 속성을 입력한다.
③ 300px, 파란색 등 스타일 속성을 어떤 값으로 변경할 것인지 입력한다.

선택자의 종류

태그

가장 손쉽게 사용할 수 있는 선택자는 태그입니다. HTML 문서는 태그를 활용해 작성되기 때문입니다. HTML 코드를 작성할 때 사용한 태그를 그대로 선택자로 활용할 수 있으며, 실제로 CSS 코드를 사용할 때는 꺾쇠괄호 〈〉는 생략하고 그 내부에 기재된 태그 이름만을 사용합니다.

가장 넓은 범위에 동시다발적으로 디자인을 적용하는 방법입니다. 왜냐하면 코드에 삽입된 모든 태그를 대상으로 CSS가 작동하기 때문입니다. 예를 들어 〈div〉 태그를 선택자로 삼아 "글자색을 파란색으로 바꿔 줘!"라는 명령을 내리면, 페이지 내의 모든 〈div〉 태그의 글자들이 파랗게 변해버립니다.

따라서 태그를 선택자로 사용하는 행위는 신중하게 결정해야 합니다. 의도하지 않은 부분의 디자인까지도 한번에 바뀌어 버릴 수도 있기 때문입니다.

클래스 (class)

클래스는 하나의 그룹이라는 뜻입니다. 학교에서는 한 반을 클래스라고 부르지요. '클래스가 다르다.'라는 표현 역시 쉽게 접해볼 수 있습니다.

일반적으로 IT업계에서 사용하는 클래스라는 용어 또한 비슷한 의미로 사용됩니다. 비슷한 규격과 용도, 기능을 가진 코드 덩어리들을 클래스라는 단위로 묶어서 사용하면 몹시도 편리하거든요. 클래스는 복잡한 웹 페이지를 제작할 때 비로소 그 진가를 발휘합니다.

HTML에서 클래스를 활용하는 방법은 아래와 같습니다.

```
<태그 class="클래스 이름">
      내용
</태그>
```

그저 태그를 입력할 때 class라는 속성을 부여하고, 클래스 이름을 입력하면 됩니다. 한 번 예제 코드에서 클래스의 적용을 보여드리겠습니다.

파일명 : 7_1_1.html

```
 ⋮           ⋮
32          <div>
33              <div class="highlight">
34                  <div>
35                      <img src="image/hl 1.jpg"
    height="35px"/>
36                  </div>
37                  <div>
38                      😎
39                  </div>
40              </div>
41              <div class="highlight">
42                  <div>
43                      <img src="image/hl 2.jpg"
    height="35px"/>
44                  </div>
45                  <div>
46                      🐻
47                  </div>
48              </div>
49          </div>
50          <div>
 ⋮           ⋮
63          </div>
64          <div>아이콘이 들어갈 자리</div>
65          <div>
66              <img src="image/thumbnail/1.jpg" width="32%"/>
67              <img src="image/thumbnail/2.jpg" width="32%"/>
68              <img src="image/thumbnail/3.jpg" width="32%"/>
69              <img src="image/thumbnail/4.jpg" width="32%"/>
70              <img src="image/thumbnail/5.jpg" width="32%"/>
71              <img src="image/thumbnail/6.jpg" width="32%"/>
72              <img src="image/thumbnail/7.jpg" width="32%"/>
73              <img src="image/thumbnail/8.jpg" width="32%"/>
74              <img src="image/thumbnail/9.jpg" width="32%"/>
75          </div>
76      </body>
77  </html>
```

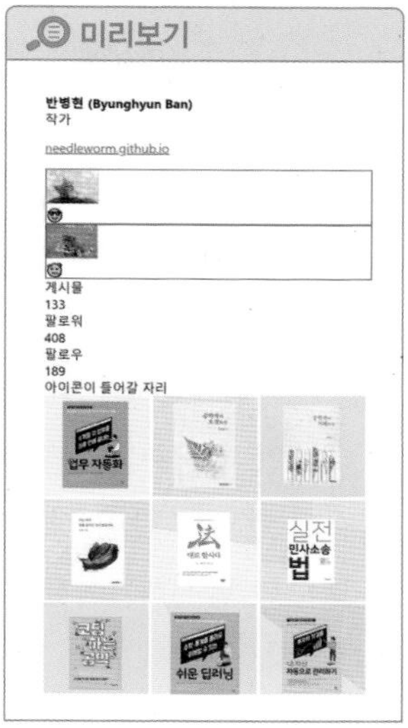

코드의 33번째 줄에 주목하기 바랍니다. 프로필 정보가 삽입되는 영역의 〈div〉 태그에 "highlight"이라는 이름의 클래스를 부여했습니다. 그리고 CSS를 적용하여 붉은색의 테두리를 쳐 봤습니다. 여기에 적용된 CSS 코드의 구조는 아래와 같으며, 단 4줄의 코드로 구현되었습니다.

① "highlight"라는 클래스에
② 테두리를 쳐 주세요
③ 테두리의 색은 빨간색으로 해 주세요.

"highlight" 클래스를 제외한 다른 영역에는 디자인이 적용되지 않았습니다. 이 점에서 우리가 원하는 대상에만 디자인을 적용한다는 [선택자]의 핵심 기능을 살펴볼 수 있습니다.

그뿐만 아니라, 코드를 한 번만 입력했음에도 화면에 등장하는 2개의 "highlight" 클래스 모두에 디자인이 적용되었습니다. 지금은 단 두 개의 클래스만 화면에 표현되었지만, 쇼핑몰의 제품 소개 카드와 같이 정보의 덩어리를 한 번에 50개나 100개씩 화면에 표현하는 경우를 상상해 보도록 합시다. 이를 일일이 지정하여 디자인을 입히는 작업은 몹시도 고되고 지루한 작업이겠지요?

① 남들과는 구분되지만
② 여러 번 등장할 수 있는 정보

위 같은 경우 클래스 선택자를 사용하면 매우 유용합니다.

아이디 (id)

아이디는 클래스와 달리 화면에 단 한 개만 존재하는, 유일한 대상을 지칭할 때 활용하는 도구입니다. 웹 사이트에 가입할 때 중복된 아이디를 만들 수 없잖아요? HTML에서의 아이디도 비슷한 개념이라고 생각하면 됩니다. 아이디를 사용하기 적합한 경우는 아래와 같습니다.

① 디자인을 적용하기는 해야 하는데
② 태그를 선택자로 사용하자니 너무 범위가 넓어 의도치 않은 곳에도 디자인이 적용될 것 같고
③ 문서를 통틀어 딱 한 번 등장하는 정보이므로 클래스와는 차별점을 두고 싶을 때

HTML에서 아이디를 활용하는 방법은 다음과 같습니다. 클래스의 적용 방법과 비슷합니다.

```
<태그 id="이름">
    내용
</태그>
```

프로필 정보 영역에 "profile"이라는 이름의 아이디를 부여하고 붉은 테두리를 쳐 봤습니다.

파일명 : 7_1_2.html

```
<body>
    <style>
    ⋮
    </style>
    <div>
    ⋮
    </div>
    <div id="profile">
        <img src="image/profile.jpg" width="50px"/>
        <div>
            <h2>half_bottle</h2>
            <button>프로필 편집</button>
        </div>
    </div>
    <div>
    ⋮
    </div>
    <div>
    ⋮
    </div>
    <div>
    ⋮
    </div>
    <div>아이콘이 들어갈 자리</div>
    <div>
    ⋮
    </div>
</body>
```

미리보기

클래스와 아이디를 구분하는 이유

클래스가 있음에도 굳이 아이디를 사용하는 이유야 다양하겠지만, 가장 중요한 이유는 HTML의 정보 전달력 향상에 있습니다. 다른 사람이 만든 HTML 코드를 처음 읽어야 하는 상황을 가정해 봅시다.

클래스는 문서 내에서 여러 번 등장할 수도 있으므로, 클래스로 정의된 정보는 디자인은 같지만 내용물은 다른 형태로 화면 내에 여러 번 등장할 수도 있습니다. 반면 아이디는 문서 내에서 단 한 번만 등장하지요.

따라서 HTML 코드를 읽기만 해도 어떤 정보가 반복되는 정보이며 어떤 정보가 단 한 번만 등장하는 유일한 정보인지를 구분지을 수 있다는 어마어마한 장점이 있습니다. 이것이 클래스라는 유용한 도구가 있음에도 불구하고, 우리가 아이디를 적극적으로 활용해야 하는 가장 중요한 이유입니다.

CSS 사용해 보기

style 속성을 활용한 CSS의 적용

태그에 style 속성을 부여하여 CSS를 적용할 수 있습니다. 사용 방법은 아래와 같습니다.

```
<태그명 style="(스타일 속성): (스타일 값)">
```

스타일 속성과 스타일 값에 대해서는 다음 페이지에서 설명하겠습니다.

이 방법은 가장 손쉽게 태그에 스타일을 적용하는 방법입니다. 하지만 사용을 자제하는 것이 좋습니다. 개발자와 디자이너의 협업을 방해하는 장벽이 될 수 있기 때문입니다. 보다 상세한 이유는 다음 챕터에서 설명하겠습니다.

〈Style〉 태그를 활용한 CSS의 적용

HTML의 〈style〉 태그를 활용하면 CSS를 적용할 수 있습니다. 사용 방법은 아래와 같습니다.

```
<style>
    CSS 문법 코드 작성
</style>
```

CSS 코드 작성해 보기

CSS 코드의 기본 규격은 아래와 같습니다.

```
(선택자) {
        (스타일 속성 1): (스타일 값);
        (스타일 속성 2): (스타일 값);
        ....
}
```

태그 이름을 선택자로 사용할 때는 태그 이름을 그대로 적어주면 됩니다. 클래스 이름을 선택자로 사용할 때는 이름 앞에 점(.)을 찍어 주면 되고, 아이디를 선택자로 활용할 때는 이름 앞에 #을 넣어 줍니다. 본문 코드를 수정해 한 번 차근차근 CSS 코드를 사용해보겠습니다.

❶ 태그 선택자 사용하기

인스타그램 계정명이 입력된 〈h2〉 태그를 선택자로 활용해보겠습니다. 〈style〉 태그와 CSS의 기본 문법을 함께 적용하면 아래와 같은 코드가 만들어집니다.

```
<style>
        h2 {
                color: red;
        }
</style>
```

스타일 속성 "color"는 글자의 색상을 의미합니다. 스타일 값 "red"는 빨간색을 의미하고요. 위 코드는 "〈h2〉라는 태그에 기재된 글자들을 빨간색으로 표현하라."라는 의미가 됩니다. 한 번 위 코드를 본문에 삽입해보겠습니다. 〈style〉 태그는 〈body〉 태그 내부의 최상단에 위치시켜 두도록 하겠습니다.

다음 코드를 봐주세요. 어떤가요? 〈h2〉 태그로 작성된 "half_bottle" 문구가 붉은색으로 변했습니다.

파일명 : 7_1_3.html

```
    <body>
        <style>
            h2{
                color:red;
            }
        </style>
        <div>
        ⋮
        </div>
        <div id="profile">
            <img src="image/profile.jpg" width="50px"/>
            <div>
                <h2>half_bottle</h2>
                <button>프로필 편집</button>
            </div>
        </div>
        <div>
        ⋮
        </div>
        <div>
        ⋮
        </div>
        <div>
        ⋮
        </div>
        <div>아이콘이 들어갈 자리</div>
        <div>
        ⋮
        </div>
    </body>
```

미리보기

❷ 클래스 선택자 사용하기

현재 하이라이트 영역은 "highlight"라는 이름의 클래스로 정의된 상태입니다.

```
<div class="highlight">
      ...
</div>
```

클래스 선택자를 활용하여 "highlight" 클래스를 지정하는 CSS 코드는 아래와 같습니다. 클래스 선택자의 앞에 점(.)을 찍은 것에 주목해 주세요.

```
.highlight {
        border:solid;
}
```

스타일 속성 border는 테두리를 의미하고, 스타일 값 solid는 실선을 의미합니다. 위 코드는 "highlight 클래스의 테두리 값을 실선으로 표현하라."라는 의미가 되지요. 이 코드를 앞서 작성한 〈style〉 태그에 추가해보겠습니다.

파일명 : 7_1_4.html

```
<body>
    <style>
        h2{
            color:red;
        }
        .highlight{
            border:solid;
        }
    </style>
    <div>
    ⋮
    </div>
    <div id="profile">
    ⋮
    </div>
    <div>
    ⋮
    </div>
    <div>
        <div class="highlight">
        ⋮
        </div>
        <div class="highlight">
        ⋮
        </div>
    </div>
    <div>
    ⋮
    </div>
```

미리보기

```
        <div>아이콘이 들어갈 자리</div>
        <div>
        ⋮
        </div>
    </body>
```

〈style〉 태그 내부를 주목하기 바랍니다. 〈h2〉 태그를 선택자로 하는 코드와 "highlight" 클래스를 선택자로 하는 코드를 함께 입력할 때, 그저 Enter ↵로 줄 바꿈만 해 줬음에도 정상적으로 작동하고 있습니다. HTML과 마찬가지로 CSS 코드는 아무렇게나 줄 바꿈을 해도 정상적으로 작동합니다. 극단적으로, 아래와 같이 모든 CSS 코드를 한 줄로 이어 붙여도 정상적으로 작동합니다.

```
h2 {color:red;} .highlight {border:solid;}
```

불필요한 줄 바꿈을 삭제하여 용량을 조금이라도 줄여 보기 위한 시도인데요, 실제로 많은 사이트에서 위와 같이 CSS 코드를 한 줄로 이어붙여서 사용하기도 합니다. 중괄호 {}를 잘 닫아주기만 하면 됩니다.

❸ 아이디 선택자 활용하기

프로필이 입력되는 영역의 〈div〉 태그에는 "profile"이라는 아이디가 부여되어 있습니다. 이 영역을 아이디 선택자로 선택하는 CSS 코드는 아래와 같습니다.

```
#profile {
    border: solid;
    border-color: blue;
}
```

스타일 속성 "border-color"는 테두리의 색상을 의미하고, 스타일 값 blue는 파란색을 의미합니다. CSS에서는 대부분 색상을 영단어로 입력해도 인식합니다. 위 코드를 〈style〉 태그 내부에 추가한 결과물은 아래와 같습니다.

파일명 : 7_1_5.html

```
    <body>
        <style>
            h2{
                color:red;
            }
            .highlight{
                border:solid;
            }
            #profile{
                border:solid;
                border-color:blue;
            }
        </style>
        <div>
        ⋮
        </div>
        <div id="profile">
        ⋮
        </div>
        <div>
        ⋮
        </div>
        <div>
        ⋮
        </div>
        <div>
        ⋮
        </div>
        <div>아이콘이 들어갈 자리</div>
        <div>
        ⋮
        </div>
    </body>
```

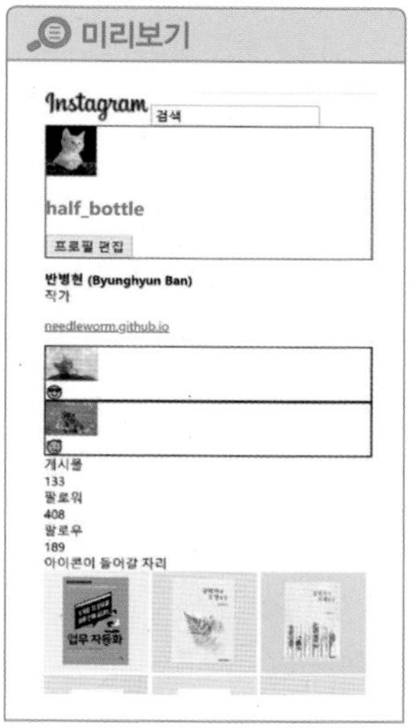

CSS 코드를 별도의 파일로 분리하여 관리하기

〈style〉 태그 안에 고작 3개의 디자인을 추가했을 뿐인데 벌써 코드의 길이가 10줄 이상 길어졌습니다. 화면에 보이는 모든 요소에 CSS를 적용한다면 아마 코드가 훨씬 길어지고 복잡해지겠지요. 그리고 이는 우리가 추구해야 할 '간결하고 읽기 좋은 코드'라는 철학과 위배됩니다. CSS 코드를 별도의 파일로 작성해서 이 문제를 해결해보겠습니다.

❶ 별도의 파일로 CSS 관리하기

VSCode 좌측 탐색기 패널에서 [새 파일] 버튼을 클릭하고, 파일 이름에는 "style.css"라고 기재하기 바랍니다. 그리고 "style.css" 파일 안에 〈style〉 태그 내부에 있던 내용물들을 옮겨 줍니다. "index.html"에서는 〈style〉 태그와 그 내용물을 모두 삭제합니다.

〈style〉 태그를 통해 적용되어 있던 CSS가 모두 삭제되어, 사각형의 박스들과 붉은색 글자가 모두 원래대로 돌아간 모습입니다.

파일명 : 7_1_6.html

```
    <body>
        <div>
        ⋮
        </div>
        <div id="profile">
        ⋮
        </div>
        <div>
        ⋮
        </div>
        <div>
        ⋮
        </div>
        <div>
        ⋮
        </div>
        <div>아이콘이 들어갈 자리</div>
        <div>
        ⋮
        </div>
    </body>
```

❷ 외부 CSS 파일을 HTML 문서와 연결하기

2번째 줄의 〈head〉 태그를 수정해 "style.css" 파일을 연동해 보겠습니다. 코드를 아래와 같이 수정해 주세요.

```
<head>
        <link href="style.css" rel="stylesheet">
</head>
```

〈link〉 태그는 외부 파일을 HTML 문서와 연결할 때 사용하는 태그입니다. href 속성은 연결하려는 파일의 주소나 이름을 의미합니다. 위 코드는 "style.css" 파일을 HTML 문서와 연결하겠다는 의미입니다. rel은 연결하려는 파일과의 관계[relationship]를 의미합니다. 위 예시는 불러오려는 파일이 "stylesheet", 즉 스타일[style]을 적어 둔 문서[종이, sheet]라는 의미가 되고요.

결과적으로 스타일과 관련된 외부 코드를 불러와 HTML 문서와 연동하겠다는 의미의 코드입니다. 〈head〉 태그를 수정하여 "style.css"를 연결하면 아래와 같이 사라졌던 디자인 요소들이 다시 화면에 표시됩니다. 만약 CSS 파일이 연동되지 않는다면 HTML 문서에 기록된 CSS 파일의 경로나 이름이 잘못되었기 때문입니다. 참고로 본문에서는 HTML 문서와 연관된 CSS 파일은 같은 디렉터리에 존재하는 것으로 코딩하였습니다.

파일명 : 7_1_7.html

```
<html>
    <head>
        <link href="style.css" rel="stylesheet">
    </head>
    <body>
        <div>
        ⋮
        </div>
        <div id="profile">
            <img src="image/profile.jpg" width="50px"/>
            <div>
                <h2>half_bottle</h2>
                <button>프로필 편집</button>
            </div>
        </div>
        <div>
        ⋮
        </div>
        <div>
        ⋮
        </div>
        <div>
        ⋮
        </div>
        <div>아이콘이 들어갈 자리</div>
        <div>
        ⋮
        </div>
    </body>
</html>
```

미리보기

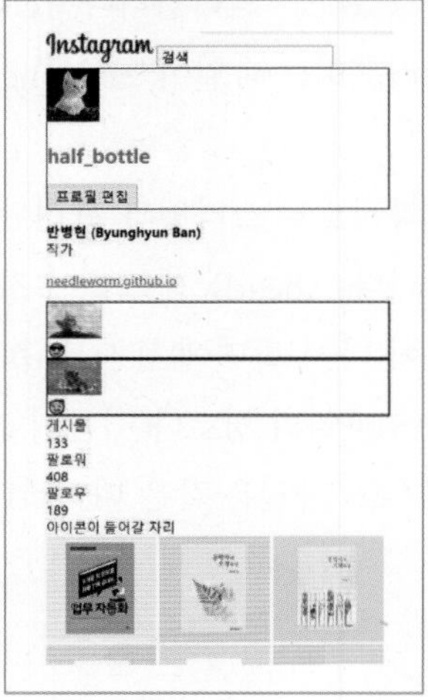

CSS 파일을 분리하는 이유

여러 개의 파일을 복잡하게 관리하는 것보다 <style> 태그를 이용해 하나의 통합된 HTML 문서로 제작하고 관리하는 것이 훨씬 더 편하게 느껴질 수도 있습니다. 그런데도 CSS 코드를 별도의 파일로 관리하는 이유는 무엇일까요?

가장 큰 이유는 HTML 코드 내부에서 디자인과 관련된 정보를 제거할 수 있다는 점입니다. HTML 코드가 정보의 전달과 웹 페이지의 구조 설계라는 본연의 기능에 집중할 수 있게 되었으므로, 훨씬 읽기 편안한 코드를 작성할 수 있게 되었습니다.

두 번째 이유는 협업의 편의성입니다. 최근 역량이 있다는 평가를 받는 웹 개발자들은 CSS를 직접 작성하여 본인의 생각을 있는 그대로 직접 코드로 표현하는 경우가 많습니다. 이 경우 의사소통을 한 단계 생략하여 완벽히 의도대로 디자인을 구현할 수 있다는 장점이 있으며, 웹 개발자는 웹 페이지의 기능적 측면에만 집중할 수 있다는 장점이 있습니다. 결과적으로 아주 성능이 뛰어난데, 매우 아름답기까지 한 최고의 웹 페이지를 제작할 수 있지요.

웹 개발자가 역량을 키워나가다 보면 반드시 협업을 통해 규모가 큰 프로젝트를 추진하게 되는 시점이 찾아옵니다. 이때를 대비하여 코드를 여러 파일로 분할하여 관리하는 연습을 미리 해 두는 것이 좋습니다.

프로젝트의 구조

현재 프로젝트의 코드 구조는 아래와 같습니다.

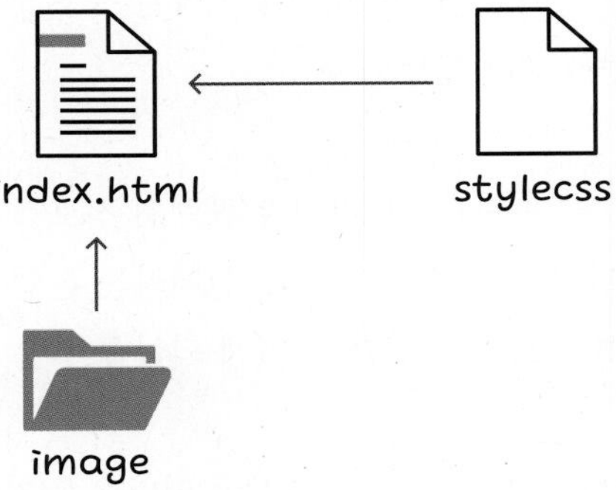

① HTML 문서는 자체적으로 정보를 포함하고 있습니다.

② image 폴더로부터 정보를 불러와 표현하기도 합니다.

③ 또한 정보를 어떤 구조로 표현할지도 HTML 문서가 정의하고 있습니다.

④ HTML 문서는 외부의 CSS 문서를 불러오고 있습니다.

⑤ CSS 문서에는 HTML 문서에 적용할 디자인(스타일) 정보가 수록되어 있습니다.

지금은 2개의 핵심 코드 파일과 1개의 외부 폴더로 프로젝트가 구성되어 있습니다. 웹 페이지가 표현하려는 정보가 많아질수록, 그리고 섬세한 디자인을 적용할수록 코드의 규모가 점점 커지기 마련입니다. JS를 공부하면서 코드 파일이 하나 더 추가될 예정이고, 나중에 지킬을 공부할 때가 되면 폴더 안에 훨씬 다양한 파일들이 추가될 것입니다.

자, 폴더의 구조가 더 복잡해지기 전에 깃허브에 코드를 백업하도록 합시다. 수고했습니다!

```
git add .
git commit -m "style.css 추가"
git push origin master
```

SECTION

7-2 복합 선택자

HTML 요소의 계층 구조

HTML 코드는 계층적 구조를 가집니다. 용어가 어렵지요? 멀리 갈 것 없이 우리가 바로 직전에 만든 "7_1_7.html" 파일을 살펴보겠습니다.

파일명 : 7_1_7.html

```
01 <html>
02     <head>
03         <link href="style.css" rel="stylesheet">
04     </head>
05     <body>
06         <div>
07             <img src="https://www.instagram.com/static/images/web/
   mobile_nav_type_logo.png/735145cfe0a4.png"/>
08             <input type="search" value="검색"/>
09         </div>
 ⋮     ⋮
72     </body>
73 </html>
```

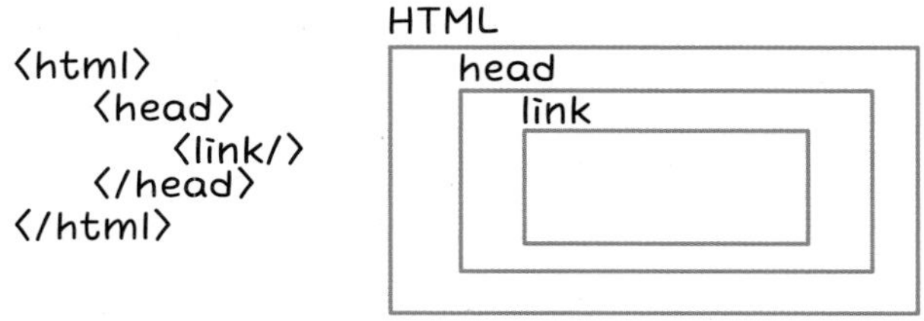

3번째 줄의 <link> 태그는 2번째 줄의 <head>의 하위에 있으며, <head>는 <html> 태그의 하위에 있습니다. 이들 사이의 계층 구조는 아래와 같습니다.

```
<html> - <head> - <link>
```

이때 <link> 태그보다 한 계층 위에 있는 <head> 태그를 **부모 태그**라고 부릅니다. 부모보다 상위 계층에 존재하는 태그들은 **조상 태그**라고 부르고요. 반대로 한 단계 하위에 존재하는 태그를 **자식 태그**, 여러 단계 하위에 있는 태그를 **후손 태그** 또는 **하위 태그**라고 부릅니다.
7번째 줄의 <img> 태그의 계층 구조도 한 번 살펴볼까요? <img> 태그의 부모 태그는 6번째 줄의 <div> 태그입니다.

```
<html> - <body> - <div> - <img>
```

계층 구조는 반드시 태그와 태그 사이에서만 성립하는 것은 아닙니다. 클래스와 아이디 역시 태그와 더불어 계층을 구성할 수 있습니다. 우리가 HTML 코드를 작성할 때 꼬박꼬박 들여쓰기를 해 준 이유가 바로 계층 구조를 쉽게 파악하기 위함입니다. 들여쓰기가 적절하게 삽입된 코드에서는 왼쪽에 있는 태그일수록 부모 또는 조상 계층에 해당하며, 오른쪽에 있는 태그일수록 자식 또는 후손 계층에 해당합니다.

복합 선택자를 사용하는 이유

코딩을 하다 보면 아래와 같은 상황이 발생할 수 있습니다.

```
<p>
    <img src="강아지.jpg"/>
</p>
<img src="고양이.jpg"/>
```

하나의 코드 안에서 <img> 태그가 두 번 등장했습니다. 위 상황에서 "강아지.jpg" 그림에 스타일을 적용하고 싶어 다음과 같은 CSS 코드를 작성했다고 칩시다.

```
img {
    ...
}
```

위 코드는 <img> 태그를 대상으로 스타일을 적용하기 때문에, "고양이.jpg"에도 스타일이 적용되어 버릴 것입니다. 이런 상황에서는 모든 <img> 태그가 아니라 <p> 태그의 후손에 해당하는 <img> 태그에만 스타일을 적용할 수 있다면 좋을 것 같습니다. 이때 복합 선택자의 사용을 고려해 볼 수 있습니다.

```
p img {
        ...
}
```

선택자 두 개를 연달아 기재했습니다. 사이에는 띄어쓰기가 들어갔고요. 이와 같이 여러 개의 선택자를 차례로 나열할 경우, CSS는 계층 구조에 따라 스타일을 적용할 대상을 파악합니다. 위의 경우에는 가장 먼저 〈p〉 태그들을 탐색하고, 그 하위에 있는 〈img〉 태그들을 탐색하여 스타일을 적용합니다.

이때 〈p〉의 자식뿐 아니라 더 먼 후손 계층의 〈img〉 태그에도 모두 스타일이 적용됩니다.

후손 태그들이 아니라 〈p〉의 바로 한 계층 아래에 위치한 자식 태그에만 스타일을 적용하려면 아래와 같이 "〉"를 활용합니다.

```
p>img {
        ...
}
```

위 경우에는 〈p〉 태그의 후손이 아니라 자식 태그인 〈img〉 태그에만 스타일이 적용됩니다. 복합 선택자 역시 태그 선택자뿐만 아니라, 클래스나 아이디 사이에서도 적용 가능합니다. 아래 예시처럼 말입니다.

```
div .highlight p #subtitle {
        ...
}
```

복합 선택자를 사용하지 않을 이유

복합 선택자는 유용하지만 문제점도 있습니다. 복합 선택자로 작성된 코드를 읽으면서 수정하려면 HTML 본문의 구조를 완전히 파악하고 있어야 한다는 점입니다. 혼자서 홈페이지를 만들 때는 별다른 문제가 되지 않을 수도 있겠습니다만, 회사에서 협업을 하는 등의 상황에서는 이것이 불편을 초래할 수도 있습니다.

여러분이 작성한 웹 페이지의 디자인을 수정하기 위해서, 디자이너가 HTML 코드를 읽고 이해하는 데 불필요한 시간을 소모해야 한다는 점입니다. 바빠 죽겠는데 남이 짜 둔 코드까지 공부해야 한다니, 몹시도 마음이 불편하지 않을까요?

따라서 여러분은 CSS 쪽에서 복합 선택자를 적극적으로 활용하기보다는 HTML 코드상에서 클래스를 적극적으로 활용하는 편이 좋습니다. 클래스 선택자를 활용할 때는 해당 클래스의 이름을 한눈에 파악할 수 있으며, 해당 클래스 태그의 후손 태그들만 공부하면 되기 때문에 디자이너의 작업 부담을 크게 덜어줄 수 있습니다.

SECTION

7-3 스타일의 중첩

스타일의 중첩은 언제 발생할까?

한 개의 선택자를 대상으로 하는 CSS의 지정이 여러 번 일어날 수 있을까요? 아래와 같이 말입니다.

```
p { border: solid; border-color: blue;}
p { color: red;}
```

하나의 웹 페이지를 여러 사람이 힘을 합쳐서 제작하는 경우, 또는 오래전에 만들어 둔 웹 페이지를 수정해야 하는 경우 의외로 이런 상황이 자주 발생합니다. 원본 HTML 코드를 일일이 읽으며 웹 페이지의 구조를 파악하고, 선택자를 골라낸 뒤, 기존의 스타일을 수정하는 것은 매우 고된 일이기 때문이지요. 시간에 쫓기며 디자인을 급히 수정해야 할 때는 기존에 입력된 CSS 스타일을 수정하기보다는, 위와 같이 코드를 한 번 더 적어 주면 몹시도 편리합니다.

따라서 협업 과정이나 유지보수를 위해 오래된 코드를 수정하는 경우 위와 같은 사례는 굉장히 흔하게 발생합니다.

동일한 요소를 대상으로 하는 CSS 코드가 여러 번 등장할 경우

백문이 불여일견이니 위 사례를 코드로 옮겨서 결과물을 확인해보겠습니다.

파일명 : 7_3_1.html

```
01 <style>
02     p{border:solid; border-color:blue;}
03     p{color:red;}
04 </style>
05 <p>
06     어떤 결과가 나올까요?
07 </p>
```

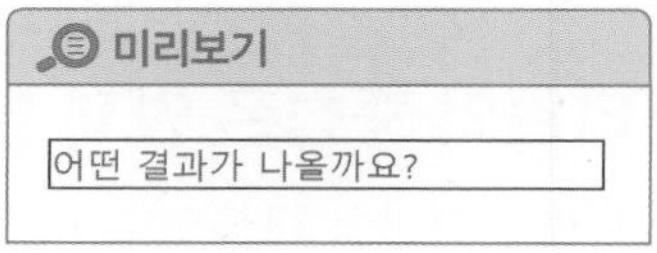

〈p〉 태그를 선택자로 하는 CSS 스타일이 2회 실행되었습니다. 2번째 줄에서 〈p〉 태그에 파란색 테두리를 치고 있고, 3번째 줄에서는 글자색을 붉게 칠하고 있습니다. 우측 화면을 보니 두 개의 코드가 모두 정상적으로 작동하고 있는 것을 확인할 수 있습니다.

일반적으로 동일한 선택자를 대상으로 여러 개의 CSS 명령어가 입력되면 모든 명령어가 적용됩니다. 단, 이는 스타일 속성이 서로 다를 때에만 성립하는 이야기입니다. 한 가지 예시를 더 살펴보겠습니다.

파일명 : 7_3_2.html

```
01 <style>
02     p{border:solid; border-color:blue;}
03     p{color:red;}
04     p{color: green; border-color:violet}
05 </style>
06 <p>
07 어떤 결과가 나올까요?
08 </p>
```

CSS 코드를 한 줄 더 삽입해 봤습니다. 4번째 줄에서 글자색을 녹색으로, 테두리를 자주색으로 칠하라 명령하고 있으며 우측 화면을 살펴보니 이 명령들이 모두 반영되었습니다.

2번째 줄에서는 테두리를 파란색으로 칠하라고 하였으나 4번째 줄에서 이와 어긋나는 자주색을 요청하였습니다. 3번째 줄에서 지정한 글자색과 4번째 줄에서 지정한 글자색이 다르고요. 동일한 스타일 속성을 대상으로 여러 개의 CSS 명령이 주어질 경우, 브라우저는 가장 마지막에 입력된 명령만을 수행합니다. 앞서 글자색과 테두리 색을 어떻게 지정했건 간에, 마지막에 등장한 4번째 줄의 스타일을 적용한 것이지요.

스타일이 중첩되어 생길 수 있는 문제와 해결 방법

개발자가 A라는 디자인을 적용했습니다. 추후에 디자이너가 CSS 파일을 수정하여 B라는 디자인으로 업데이트했습니다. 이후 홈페이지를 수정할 일이 생겨 개발자가 다시 코드를 열어봅니다.

'어라, 왜 내가 적어 둔 CSS 코드가 죽었지? 디자이너가 죽였나?'

의외로 실무에서 이런 상황은 굉장히 자주 발생합니다. 혹은 오래 전에 작성한 코드를 수정해야 하거나, 남이 짜 둔 코드를 수정해야 하는 상황에서도 흔하게 발생하지요.

CSS 코드가 중복될 경우 항상 마지막에 입력된 명령이 실행된다.

이때 당황하지 말고, CSS 파일을 실행하여 가장 아랫부분에 CSS 코드를 입력해 주면 손쉽게 문제를 해결할 수 있습니다. 과거에 누가 어떤 수정을 했건 간에 그 코드들은 무시되고, 마지막에 입력한 코드만 반영되니까요.

그리하여 문제가 해결되었고 또다시 시간이 흘러 B 디자인을 개발한 디자이너가 CSS 파일을 수정하기 위해 열어봅니다. 그리고 또 당황하겠죠.

'어라, 왜 내가 적어 둔 CSS 코드가 죽었지? 개발자가 죽였나?'

코드의 등장 순서를 이용하여 과거의 CSS 코드를 강제로 덮어씌우는 것 또한 미봉책에 지나지 않습니다. 보다 본질적으로 소통의 용이성을 추구하는 방법이 없을까요?

캐스케이딩 철학을 이해한다면 더 효율적으로 프로젝트의 스타일을 관리할 수 있습니다. 그러면 캐스케이딩이 무엇인지 배워 볼까요?

SECTION

7-4 캐스케이딩

캐스케이딩이란?

CSS라는 이름은 'Cascading Style Sheet'의 줄임말입니다. 영단어 cascade는 폭포라는 뜻입니다. 무언가가 위에서부터 아래로 콸콸 쏟아져 내리는 모습을 생각하면 되겠습니다. 캐스케이딩cascading이라는 이름에서부터 우리는 한 가지 정보를 유추할 수 있게 되었습니다.

'무언가가 위에서부터 아래로 쏟아져 내리는 것을 의미하는구나!'

CSS에서 말하는 캐스케이딩은 스타일이 쏟아져 내리는 것을 의미합니다. 이 설명만으로는 크게 와닿지 않을 것입니다. 캐스케이딩을 이해하기 위하여 우리는 먼저 CSS에서 중요한 우선순위 규칙을 몇 가지 공부해보겠습니다.

서로 다른 선택자가 섞인 경우

하나의 요소를 태그, 아이디, 클래스 등 여러 개의 선택자를 섞어 가며 여러 번 CSS를 적용하면 어떻게 될까요?

파일명 : 7_4_1.html

```
<style>
    p{border:solid; border-color:blue;}
    #myID{color:red;}
    .myClass{color: green; border-color:violet}
</style>
<p class="myClass" id="myID">
    어떤 결과가 나올까요?
</p>
```

미리보기

어떤 결과가 나올까요?

앞의 코드를 자세히 보면 가장 마지막에 지정된 글자색은 녹색이지만, 우측 화면에서는 붉은 글자가 표현되고 있습니다. 이는 선택자 사이에도 우선순위가 있기 때문입니다. 어떤 선택자를 활용하여 스타일을 적용했는지에 따라 우선순위가 달라집니다. 우선순위는 아래와 같습니다.

① 아이디(ID) 선택자 #
② 클래스(Class) 선택자 .
③ 태그 선택자

아이디 선택자와 함께 작성된 스타일이 있을 경우, 그 뒤에 클래스 선택자나 태그 선택자로 작성된 CSS 스타일을 삽입하더라도 아이디 스타일이 살아남습니다. 클래스와 태그 선택자가 경합할 때는 클래스 선택자만 살아남고요.

CSS 스타일링의 우선순위

우리는 CSS를 적용하는 방법을 세 가지나 배웠습니다.

① 태그의 style 속성 활용(7_4_2.html의 5번째 줄에 해당)
② 〈style〉 태그 활용(7_4_2.html의 2~4번째 줄에 해당)
③ 〈link〉 태그로 별도의 CSS 파일 연결(7_4_2.css)

한 번 이들끼리 상충되는 스타일을 지정해 볼까요?

파일명 : 7_4_2.html

```
01  <link href="7_4_2.css" rel="stylesheet">
02  <style>
03      p{color:blue;}
04  </style>
05  <p style="color:red;">
06  어떤 결과가 나올까요?
07  </p>
```

파일명 : 7_4_2.css

```
p{
    color:green;
}
```

① style 속성　　　　　　글자색: 빨강
② 〈style〉 태그　　　　　글자색: 파랑
③ CSS 파일　　　　　　 글자색: 녹색

이때 과연 〈p〉 태그의 내용물은 무슨 색으로 표현될까요? 결과는 다음과 같습니다.

미리보기

어떤 결과가 나올까요?

우측 [Preview] 패널에는 붉은 글자가 표현되었습니다. style 속성, 〈style〉 태그, CSS 파일이 동시에 중첩된 경우 style 속성이 이겼네요. 셋 중에서는 style 속성이 가장 우선순위가 높으므로 브라우저가 style 속성의 값만 반영하고 나머지 스타일을 무시한 것입니다.

이번에는 style 속성을 지우고 〈style〉 태그와 CSS 파일끼리 경합시켜 보겠습니다.

파일명 : 7_4_3.html

```
<link href="7_4_3.css" rel="stylesheet">
<style>
    p{color:blue;}
</style>
<p>
어떤 결과가 나올까요?
</p
```

미리보기

어떤 결과가 나올까요?

파일명 : 7_4_3.css

```
p{
    color:green;
}
```

자, 이번에는 파란색 글자가 표현되었습니다. 〈style〉 태그가 외부 CSS 파일보다 우선순위가 높기 때문입니다. 방금 살펴본 정보를 토대로 스타일 적용 기법 사이의 우선순위를 다음과 같이 정리할 수 있겠습니다.

① HTML 태그 내부의 style 속성
② HTML 코드 내부의 〈style〉 태그
③ 외부 CSS 파일

캐스케이딩

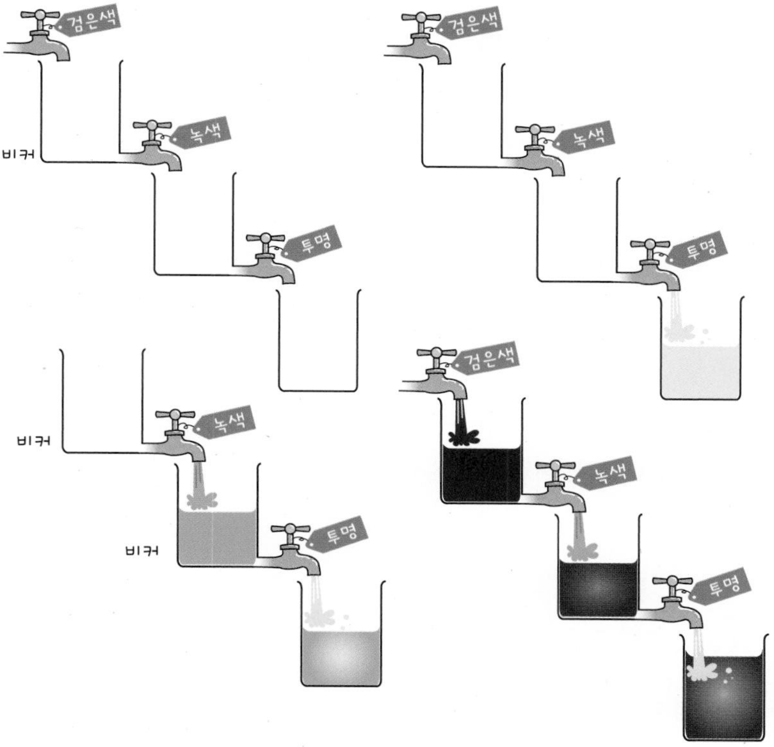

우선순위 높은 CSS 코드가 있으면 우선순위가 낮은 CSS 코드는 무시됩니다. 마치 위 그림과 같이요. 우선순위가 낮은 코드는 자신보다 우선순위가 높은 코드에 영향을 끼치지 못합니다. 항상 영향력이 위에서 아래로만 쏟아져 내립니다. 네, 마치 폭포수처럼요.

항상 위에서 아래로만 쏟아져 내리는 폭포와 같이 CSS 코드가 우선순위에 따라 적용되므로, 이를 캐스케이딩이라 부릅니다. 자, 여러분들은 캐스케이딩에 대해 모두 이해하게 되었습니다. 그렇게 중요한 개념이라고 여러 번 강조한 것에 비하면 조금 허무할 정도로 쉬운 개념이지요? 이제 캐스케이딩이 실제 코딩에서 왜 중요한지 배워보겠습니다.

SECTION

7-5 캐스케이딩의 실전 활용

희소한 정보를 더욱 특별하게

아이디, 클래스, 태그 선택자 사이에는 우선순위가 성립합니다. CSS 코드를 작성하는 방식이 아니라 굳이 선택자에도 우선순위를 부여한 이유가 무엇일까요?

잠시 생각해보면 이는 굉장히 합리적인 규칙입니다. 하나의 웹 페이지에서 동일한 태그는 엄청나게 자주 등장할 수 있습니다. 예를 들자면 최근 웹 페이지 개발 트렌드는 모든 요소에 〈div〉 태그를 사용하기도 하지요.

페이스북이 대표적인 예시입니다. 페이스북 웹 페이지에서 정보 전달력을 갖춘 모든 요소는 〈div〉 태그로 감싸져 있습니다. 이런 코드에서 〈div〉 태그 선택자를 활용해 CSS를 적용한다면 대참사가 벌어지겠지요?

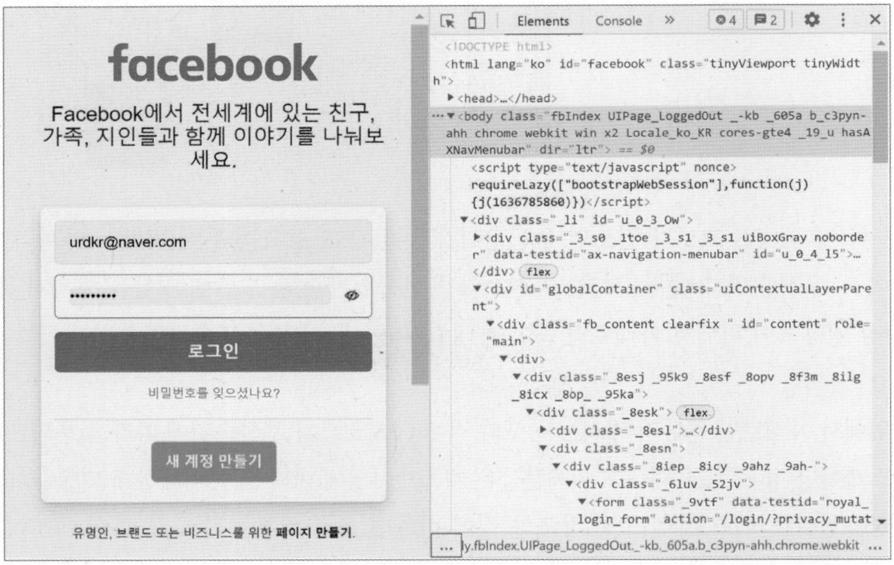

반면 클래스는 화면에 표현하려는 정보의 덩어리이므로 정보의 개수만큼만 등장합니다. 태그보다는 훨씬 낮은 빈도로 화면에 표시되고요. 페이스북의 코드에서 동일한 클래스가 몇 번 등장하지 않는 데에 주목해 주세요. 그리고 애초에 아이디는 하나의 웹 페이지에 단 하나씩만 존재합니다.

사용 빈도가 낮고 희귀한 존재에게 우선순위를 주는 것은 합리적입니다. 굳이 웹 페이지에 단 한 번 등장할 아이디 태그에 스타일을 별도로 지정하기 위해 CSS 파일의 구조를 분석하고 맨 뒷부분에 스타일을 옮겨 적는 등 중노동을 할 필요 없이, 아무 곳에나 아이디 선택자 #를 활용하면 높은 우선순위로 스타일이 적용되니까요.

코드의 우선순위는 작업의 우선순위

코드의 우선순위는 곧 작업의 우선순위로 직결됩니다. 직설적인 예시를 들어 보겠습니다.

> **개발자가 style 속성에서 스타일을 정의하고, 디자이너에게 CSS 파일만 건네준다면 디자이너는 개발자가 지정한 디자인을 수정할 수 없습니다.**

캐스케이딩 덕분에 개발자가 자신의 권한을 디자이너보다 더 높은 수준에서 가져갈 수 있게 되었습니다. 디자이너가 style 속성을 수정하려면 HTML 파일을 직접 수정해야 하므로, 개발자의 허락이 필요하게 됩니다. 코드의 우선순위가 협업에서의 작업의 우선순위로 연결된 것입니다.

이는 웹 페이지의 기능적 측면에서 필요한 제약입니다. CSS를 잘못 적용해서 멀쩡한 기능이 먹통이 되는 경우가 정말로 발생하기도 합니다. 따라서 웹 페이지의 정보 전달 구조를 설계한 개발자가 견고하고 강력한 뼈대를 만드는 용도로 style 속성을 사용하면, 여러 사람이 함께 작업하더라도 웹 페이지 본연의 기능이 유지될 가능성이 큽니다. 혹은 <style> 태그를 이런 용도로 사용할 수도 있겠습니다.

특별한 기능을 가진 CSS 코드를 격리

CSS는 단순히 모양과 형태를 지정하는 데에 그치는 도구가 아닙니다. 최근에는 JS로 구현할 만한 기능을 CSS로 해결해버리는 예도 있을 정도로 CSS는 빠르게 발전하는 도구입니다. 예를 들면 CSS를 잘 활용하면 JS의 도움 없이 웹 페이지에서 슬라이드쇼를 구현할 수도 있습니다.

이러한 경우에는 CSS 코드가 가진 디자인적 요소도 중요하지만 기능적 요소도 무시할 수 없겠지요. 기능적, 기술적 요소는 아무래도 코드와 기술에 해박한 개발자가 통제하는 것이 바람직하므로 디자이너가 수정 가능한 CSS 파일보다는 HTML 파일에서 관리하는 것이 바람직합니다.

기술자가 할 일과 디자이너가 할 일을 완전히 격리하는 것입니다.

이런 경우는 〈style〉 태그를 사용해 CSS 스타일을 관리하면 편리합니다. style 속성을 사용하면 길고 복잡한 CSS 코드를 적용하기가 불편하기 때문입니다.

CSS에서 사용되는 개념과 이론은 이 정도만 공부해도 충분할 것 같습니다. 이 정도만 알고 계셔도 실무를 수행하는 데 전혀 무리가 없습니다.

다만 책의 CSS 문법을 암기하고자 노력하지 않기를 바랍니다. 추후 CSS를 적용할 일이 생길 때마다 책을 펼쳐 보거나, 구글에서 간략하게 CSS 문법을 검색해 보면서 공부를 이어나가면 됩니다. 그러다 보면 자연스레 CSS 코드들이 나의 것으로 만들어질 것입니다.

Chapter

08

CSS, 이 정도만 알면 전문가죠

학습목표

앞에서 CSS의 개념과 문법을 알아보았습니다. 이제 CSS를 사용해 이미지나 글자를 꾸며보겠습니다. 특히 이미지 파일을 포토샵 같은 프로그램으로 수정하지 않고도 CSS만을 사용해 이미지에 다양한 효과를 줄 수 있습니다.

SECTION

8-1 CSS의 다양한 스타일 속성

색상을 표현하는 방법

CSS에서는 배경색, 글자색, 테두리의 색 등과 같이 색상을 다루는 경우가 자주 있습니다. CSS가 색상을 표현하는 방법을 배워봅시다.

inherit

영단어 inherit은 '상속받다, 물려받다'라는 의미입니다. 스타일 값으로 inherit을 지정하면 부모 태그의 색상을 그대로 물려받아 활용합니다. CSS의 기본값이며, 따로 color 스타일 속성을 지정하지 않는다면 자동으로 색상이 inherit으로 지정됩니다.

어차피 기본값이므로 inherit으로 색상을 지정하는 코드는 생략해도 됩니다만, 실무에서는 간혹 가독성을 위해 사용되곤 합니다. 아래와 같은 의미로 말이지요.

'굳이 이 태그의 CSS를 수정하지 말고, 부모 태그의 CSS를 수정하세요.'

컬러 네임 (color name)

우리가 지금까지 사용한 방식입니다. 스타일 값으로 red, blue, green 등 색상을 의미하는 영단어를 입력합니다. 여기에 입력 가능한 색상은 굉장히 다양합니다. W3C에서 공표한 W3C 위키에서 전체 리스트를 조회할 수 있습니다. 위키의 url은 아래와 같습니다.

https://www.w3.org/wiki/CSS/Properties/color/keywords

VSCode에서 색상 이름을 입력하면 자동으로 미리보기 색상이 표시되므로 이를 적극 활용하면서 색상을 지정하면 되겠습니다.

RGB 또는 RGBA 코드 (Decimal)

RGB 코드는 색상을 표현하는 가장 단순한 코드입니다. (255, 255, 255)와 같이 3개의 숫자가 묶여있는 순서쌍으로 정의됩니다. 이 숫자들은 각각 빛의 삼원색인 빨간색, 녹색, 파란색을 의미합니다. RGB 코드를 암기하고 다닐 필요는 전혀 없습니다. 디자이너가 보내준 색 샘플이나 인터넷에서 찾은 색상의 견본 코드를 복사하여 붙여넣을 줄만 알면 충분합니다.

```
선택자 {
        color: rgb(255, 255, 255);
}
```

투명도를 포괄할 수 있는 RGBA 코드도 사용 가능합니다. RGBA 코드는 색상을 의미하는 RGB 뒤에 투명도를 의미하는 알파[alpha]값이 추가된 형태입니다. CSS로 만든 디자인에 투명도를 적용하고 싶다면 아래와 같이 RGBA 코드를 사용하면 됩니다.

```
선택자 {
        color: rgba(255, 255, 255, 0.5);
}
```

16진수 컬러 코드 (Hex RGB)

```
선택자 {
        color: #FFFFFF;
}
```

16진수 컬러 코드는 색상을 16진수로 표현하는 방식으로, 컴퓨터와 디스플레이의 발달로 그 필요성이 커지는 색상 표현 방식입니다. 포토샵이나 일러스트레이터 등 디자인 프로그램에서도 이 컬러 코드를 적극적으로 활용하고 있으므로, 이에 대해 간략하게 이해하고 있으면 디자이너와의 협업이 수월해질 것입니다.

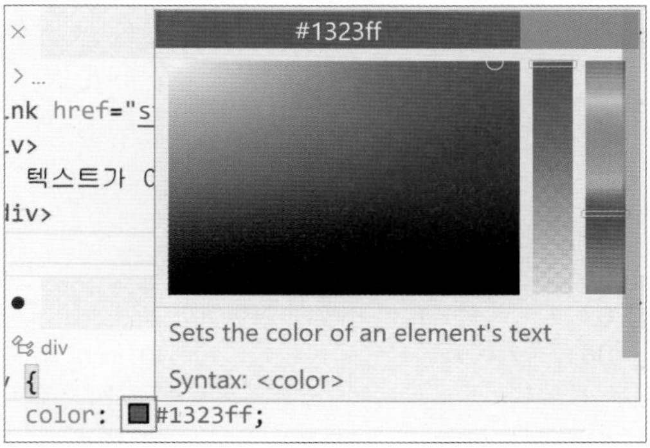

디자인 작업에 있어서 RGB 코드보다 훨씬 사용 빈도가 높으므로, CSS에서의 적용 방법을 간략히 숙지하기 바랍니다. VSCode에서 16진수 컬러 코드를 입력하다가, 코드

이름 좌측의 사각형 미리보기 메뉴를 클릭하면 색상 팔레트가 펼쳐집니다. 여기에서 원하는 색상을 세부적으로 선택해도 좋습니다.

글자를 표현하는 스타일

```
선택자 {
        color: #FFFFFF;
        font-style: italic;
        font-weight: 100;
        font-variant: small-caps;
        font-size: 15px;
        font-family: 폰트 이름;
        text-align: center;
        text-decoration: underline;
}
```

HTML의 본질은 정보 전달이며, 정보 전달의 핵심은 텍스트입니다. 따라서 CSS에는 텍스트를 아름답게 표현하기 위한 온갖 도구들이 준비되어 있습니다. 이를 하나하나 살펴보겠습니다. 단, 이 내용들을 암기하지 않기를 바랍니다. '이런 것도 되는구나.' 정도로만 받아들이고 넘어가면 충분합니다.

나중에 필요한 상황이 생기면 이 책을 다시 펼쳐 보시거나, 구글에서 'CSS 글자색 변경' 등 간단히 검색해서 필요한 코드를 찾아보기 바랍니다.

color

글자의 색상을 변경합니다. 앞서 살펴본 방법으로 스타일 값에 컬러 네임, RGB 컬러 코드, 16진수 컬러 코드 등을 입력하여 적용합니다.

파일명 : 8_1_1.html

```
<style>
    div{
        color: #1323ff;
    }
</style>
<div>
    텍스트가 어떻게 표현될까요?
</div>
```

미리보기

텍스트가 어떻게 표현될까요?

font-style

폰트의 스타일을 적용합니다. 주로 폰트를 기울임꼴로 표현하기 위하여 사용합니다. 주로 사용되는 스타일 값은 italic과 oblique입니다. italic을 지정하면 글자가 기울임꼴로 표현됩니다. oblique을 입력해도 글자가 기울임꼴로 표현됩니다.

파일명 : 8_1_2.html

```
<style>
    div{
        font-style:italic;
    }
</style>
<div>
    텍스트가 어떻게 표현될까요?
</div>
```

미리보기

텍스트가 어떻게 표현될까요?

italic은 기울여진 형태로 디자인된 폰트를 불러와 사용하고, oblique는 폰트를 브라우저에서 직접 기울입니다. 따라서 우선 italic을 적용하고 에러가 발생할 때 보조적인 수단으로 oblique를 사용하면 좋습니다.

font-weight

글자의 두께를 의미합니다. 100부터 900 사이의 숫자를 입력할 수 있으며, 숫자가 커질수록 글자가 두꺼워집니다. 〈strong〉 태그를 대체하는 용도로 사용하기 좋습니다.

파일명 : 8_1_3.html

```
<style>
    div{
        font-weight:900;
    }
</style>
<div>
    텍스트가 어떻게 표현될까요?
</div>
```

미리보기

텍스트가 어떻게 표현될까요?

font-variant

글꼴의 장평을 지정하는 등 여러 가지 기능이 있으나, 주로 대소문자를 강제로 변환하는 용도로 사용됩니다.

파일명 : 8_1_4.html

```
<style>
    div{
        font-variant:small-caps;
    }
</style>
<div>
    A Css Style Example
</div>
```

미리보기

A CSS STYLE EXAMPLE

대문자는 그대로 두고, 소문자는 크기가 작은 대문자 형태로 출력됩니다. 〈h〉 태그와 함께 사용하면 정말 멋진 제목 스타일을 연출할 수 있습니다.

font-size

폰트 크기를 지정하기 위한 용도로 사용됩니다. 스타일 속성값으로 픽셀px 단위로 사이즈를 입력하면 됩니다. 반응형 웹을 제작할 때는 em이라는 단위도 사용합니다.

파일명 : 8_1_5.html

```
<style>
    div{
        font-size:80px;
    }
</style>
<div>
    A Css Style Example
</div>
```

미리보기

A Css Style Example

font-family

글꼴을 변경하는 기능을 수행합니다. VSCode에서 font-family까지 입력하고 콜론(:)을 찍을 때, 팝업으로 적용 가능한 항목들의 목록이 표시됩니다.

파일명 : 8_1_6.html

```
<style>
    div{
        font-family:"Times New Roman", Times, serif;
    }
</style>
<div>
    A Css Style Example
</div>
```

미리보기

A Css Style Example

기본적으로 제공되는 폰트의 종류에는 한계가 있으므로, 〈link〉 태그를 활용해 외부 폰트를 가져와 HTML에 부착시키고 이를 다시 CSS에서 불러와 사용하는 경우가 많습니다. 예시를 하나 보여드리겠습니다. 다음 코드는 구글 서버에서 "lato"라는 이름의 폰트를 불러오는 코드입니다.

```
<link href="https://fonts.googleapis.com/css?family=Lato"
rel="stylesheet" type="text/css">
```

〈link〉 태그를 통해 폰트를 불러왔으므로 아래와 같이 CSS에서 폰트를 지정할 수 있게 되었습니다.

```
        font-family: "Lato"
```

text-align

글자의 정렬 방향을 지정하는 스타일입니다. 왼쪽 정렬[left], 오른쪽 정렬[right], 가운데 정렬[center]을 지정할 수 있습니다.

파일명 : 8_1_7.html

```
<style>
    div{
        text-align: center;
    }
</style>
<div>
    A Css Style Example
</div>
```

미리보기

A Css Style Example

그런데 사실 text-align 속성은 글자보다는 그림이나 동영상 등 다른 정보를 정렬할 때 더 많이 사용됩니다. 다음 페이지에서 고양이 사진이 정중앙으로 정렬된 것이 보이나요? text-align 속성은 텍스트뿐 아니라 다른 내용물들에도 영향을 끼칩니다. 앞으로 코딩을 하다 보면 텍스트와는 전혀 상관없는 엉뚱한 곳에 text-align 스타일 속성을 사용하시게 될 것입니다.

📄 파일명 : 8_1_8.html

```
<style>
    div{
        text-align: center;
    }
</style>
<div>
    <img src="image/profile.jpg"
height="200px">
</div>
```

미리보기

text-decoration

글자에 밑줄을 그을 때 사용합니다. 그런데, 줄을 문자의 아래에만 기재할 수 있는 것이 아닙니다. 밑줄을 삽입할 때는 underline, 윗줄을 삽입할 때는 overline, 그리고 취소선을 입력할 때는 line-through를 입력합니다.

📄 파일명 : 8_1_9.html

```
<p style="text-decoration:underline blue">
    밑줄을 그어보겠습니다.
</p>
<p style="text-decoration:overline green">
    윗줄을 그어보겠습니다.
</p>
<p style="text-decoration:line-through red">
    취소선을 그어보겠습니다.
</p>
```

미리보기

밑줄을 그어보겠습니다.

윗줄을 그어보겠습니다.

~~취소선을 그어보겠습니다.~~

이어 선의 색상을 지정할 수도 있습니다. 동시에 여러 종류의 선을 입력해도 작동합니다. 예시를 보여드리겠습니다.

📄 파일명 : 8_1_10.html

```
<p style="text-decoration:underline
                    overline
                    blue">
    밑줄과 윗줄을 그어보겠습니다.
</p>
```

미리보기

밑줄과 윗줄을 그어보겠습니다.

공간을 표현하는 스타일

공간의 단위

CSS에서 주로 사용되는 공간의 단위에 대해서 알아봅시다. 픽셀은 지금까지 여러 번 사용해 본 단위이니 넘어가도록 하겠습니다.

❶ %

부모 대비 비율입니다. 예를 들어 CSS에서 너비가 30%라는 이야기는, 부모 태그의 너비의 30%만큼의 공간을 의미합니다.

❷ auto

브라우저가 자동으로 계산하게 만드는 값입니다. 단독으로 사용되는 경우는 흔하지 않습니다. 주로 margin과 padding 설정 시에 사용되는데, 상세한 사용법은 뒤에서 알아보겠습니다.

❸ vw, vh

브라우저 창의 해상도를 기준으로 삼는 길이의 단위입니다. 예를 들어, 100vw는 브라우저 화면 너비의 100%를 의미하며 30vw는 화면 너비의 30%를 의미합니다. vh도 마찬가지로, 100vh는 화면 높이의 100%를 의미합니다. vw와 vh를 활용하면 화면의 크기에 상관없이 항상 일정한 비율로 화면에 콘텐츠를 표현할 수 있습니다. 특히 vh보다는 vw가 중요도가 높습니다.

스마트폰, 태블릿, 모니터 등 다양한 브라우저 환경에서 위아래 스크롤은 흔하지만, 좌우 스크롤은 불편하기 때문입니다. 마우스에도 상하 스크롤 버튼은 있지만, 좌우 스크롤 버튼은 없지요. 좌우로는 최대한 스크롤을 할 일이 없도록 정보를 배치하는 것이 좋은 웹 페이지 개발의 기본이다 보니 vw를 활용해 화면의 너비 정보를 뽑아오는 것이 중요한 스킬입니다.

크기 지정하기

일반적으로 크기를 지정할 때는 width 스타일 속성과 height 속성을 활용하면 충분합니다.

파일명 : 8_1_11.html

```
<style>
    img{
        width:300px;
        height:100px;
    }
</style>
<img src="image/profile.jpg"/>
```

둘 중의 하나의 값을 auto로 지정할 경우, 비율을 최대한 유지할 수 있도록 크기가 자동으로 계산되어 화면에 표시됩니다.

파일명 : 8_1_12.html

```
<style>
    img{
        width:300px;
        height:auto;
    }
</style>
<img src="image/profile.jpg"/>
```

사실 auto값은 생략해도 정상적으로 작동합니다.

파일명 : 8_1_13.html

```
<style>
    img{
        width:300px;
    }
</style>
<img src="image/profile.jpg"/>
```

여백 지정하기

CSS에서 여백은 외부 여백과 내부 여백 두 가지가 있습니다. 외부 여백부터 살펴보겠습니다.

❶ 외부 여백(margin)

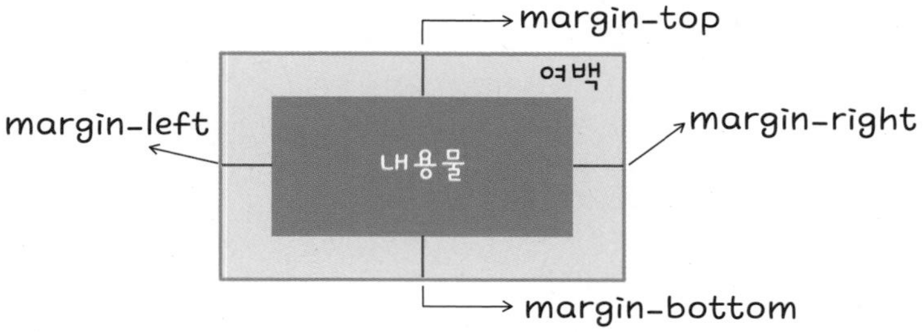

외부 여백은 요소 바깥쪽의 여백을 의미합니다. 여백에는 다른 요소가 침범할 수 없습니다. 자기 자신이 온전히 점유하는 고유의 영역이 생기는 것이지요. 외부 여백이 없을 때와 있을 때를 비교해 보겠습니다.

파일명 : 8_1_14.html

```
<img src="image/profile.jpg" width="60px;"/>
<img src="image/profile.jpg" width="60px;"/>
```

파일명 : 8_1_15.html

```
<style>
    img{
        margin-left:50px;
    }
</style>
<img src="image/profile.jpg" width="60px;"/>
<img src="image/profile.jpg" width="60px;"/>
```

외부 여백이 적용되지 않았을 때는 두 장의 사진이 서로 딱 달라붙어 있었습니다. 하지만 좌측 외부 여백으로 50px의 여백을 명령하자 사진 왼쪽에 50px 크기의 여백이 삽입되며 사진과 사진 사이에 공간이 생겨났습니다. 이것이 외부 여백을 사용하는 본질적인 이유입니다. 다른 요소들과 거리를 벌릴 수 있으니까요.

파일명 : 8_1_16.html

```
<style>
    img{
        margin-left:50px;
        margin-right:50px;
        margin-top:50px;
        margin-bottom:50px;
    }
</style>
<img src="image/profile.jpg" width="60px;"/>
```

미리보기

외부 여백은 좌, 우, 상, 하 모두 지정 가능합니다. 각각 margin-left, margin-right, margin-top, margin-bottom을 스타일 속성으로 사용합니다.

파일명 : 8_1_17.html

```
<style>
    img{
        margin-left:auto;
        margin-right:auto;
        display:block;
    }
</style>
<img src="image/profile.jpg" width="60px;"/>
```

미리보기

외부 여백 값으로 정해진 숫자를 입력해 주는 경우도 많겠지만, 가운데 정렬을 위한 도구로 사용하는 경우도 많습니다. display 속성이 block인 요소에 좌우 외부 여백을 모두 auto로 입력하면 브라우저가 여백을 자동으로 계산하여 좌우에 동일한 값을 지정합니다. display 속성에 대해서는 뒤에서 조금 더 상세하게 알려드리겠습니다.

❷ 내부 여백(padding)

내부 여백은 요소 안쪽의 여백을 의미합니다. 아래 코드에서 〈img〉 태그에 붉은 테두리를 지정하고 있습니다. 그러나 화면에 표시된 붉은 테두리는 고양이 사진보다 훨씬 큽니다. 이 테두리와 고양이 사이에 여백이 삽입되어 있기 때문입니다. 외부 여백과 마찬가지로 이 여백에는 다른 요소가 침범하지 못합니다.

파일명 : 8_1_18.html

```
<style>
    img{
        padding-left:50px;
        padding-right:50px;
        padding-top:50px;
        padding-bottom:50px;
    }
</style>
<img src="image/profile.jpg" width="60px;"
     style="border:solid; border-color:red;"
/>
```

패딩이 주로 화면에 표시될 정보의 위치를 큰 틀에서 구획을 짓는 데 사용된다면, 외부 여백은 세부 정보의 위치를 조절할 때 사용되는 경우가 많습니다. 패딩 역시 외부 여백과 동일한 방식으로 좌, 우, 상, 하 여백을 지정할 수 있으며, 각각 스타일 속성으로 padding-left, padding-right, padding-top, padding-bottom을 활용합니다.

영역을 표현하는 스타일

영역의 테두리를 표현하는 border

border 스타일 속성에 대해서는 이미 배운 적이 있습니다만, 조금 더 상세하게 알아보겠습니다. border는 개발 과정에서 각각의 요소들이 얼마나 넓은 공간을 차지하는지 확인하는 용도로도 정말 자주 사용됩니다. border를 활성화시킨 채로 화면에 보이는 요소들의 크기와 배치를 수정하고, 수정이 끝나면 border를 삭제하는 식으로 말입니다.

❶ 선의 종류 - border

border 스타일 속성에는 선의 종류를 입력합니다. 선을 없애고 싶다면 스타일 속성 자체를 삭제하거나, 스타일 값으로 none을 입력합니다. 점선, 대쉬, 겹선 등 다양한 종류의 선을 적용할 수 있으므로 여러분의 취향에 따라 스타일 값을 선택하면 되겠습니다.

파일명 : 8_1_19.html

```
<p style="border: dotted">dotted</p>
<p style="border: dashed">dashed</p>
<p style="border: solid">solid</p>
<p style="border: double">double</p>
<p style="border: inset">inset</p>
<p style="border: outset">outset</p>
```

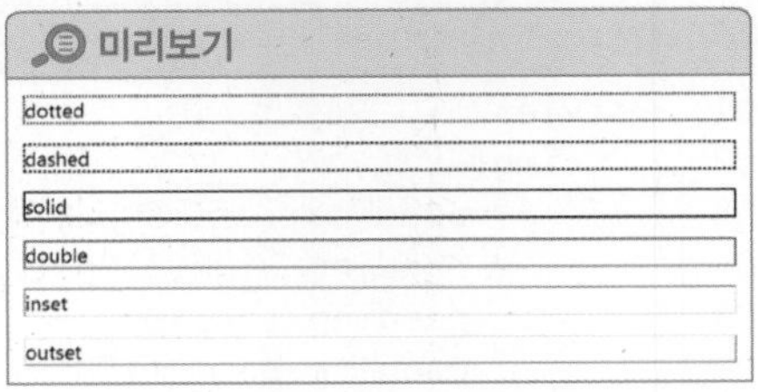

❷ 선의 두께 - border-width

border-width를 활용하여 선의 두께를 수정할 수 있습니다.

파일명 : 8_1_20.html

```
<style>
    #first{
        border:solid;
        border-width:1px;
    }
    #second{
        border:solid;
        border-width:3px;
    }
</style>
<p id="first">1px</p>
<p id="second">3px</p>
```

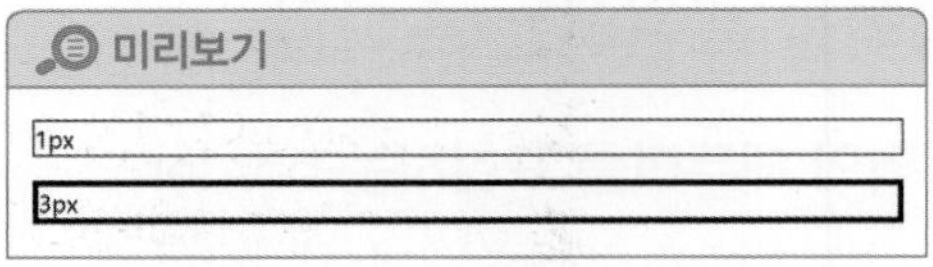

필요하다면 아래 코드와 같이 top, left, right, bottom을 지정하여 상하좌우의 선 두께를 지정할 수도 있습니다.

파일명 : 8_1_21.html

```
<style>
    #first{
        border:solid;
        border-top-width:1px;
        border-left-width:2px;
        border-right-width:10px;
        border-bottom-width:4px;
    }
</style>
<p id="first">1px</p>
```

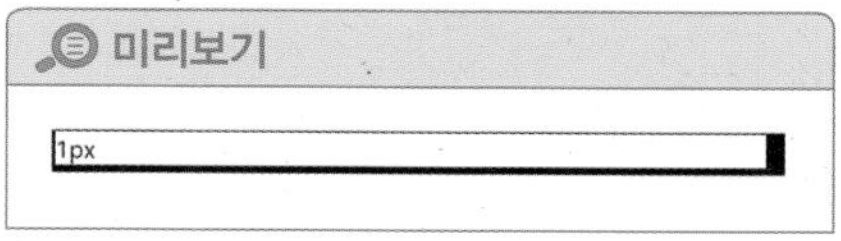

❸ 선의 색상 – border-color

border-color 스타일 속성을 활용하여 테두리의 색상을 지정할 수 있습니다. 코드의 10번째 줄부터 13번째 줄까지의 예시와 같이 top, bottom, left, right를 지정하여 상하좌우 테두리의 색상을 각각 지정할 수도 있습니다.

파일명 : 8_1_22.html

```
01 <style>
02     #first{
03         border:solid;
04         border-width:5px;
05         border-color:blue;
06     }
07     #second{
08         border:solid;
09         border-width:5px;
10         border-top-color:red;
11         border-bottom-color:green;
12         border-left-color:yellow;
13         border-right-color:purple
14     }
15 </style>
16 <p id="first">first</p>
17 <p id="second">second</p>
```

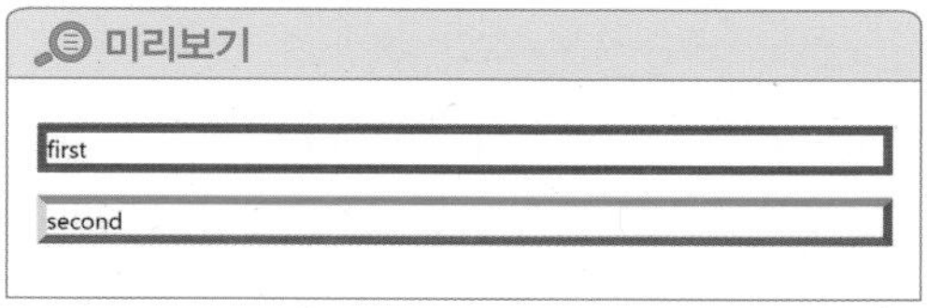

❹ 단축 표현

여러 종류의 색이나 선 종류를 섞어서 사용할 것이 아니라면 아래와 같이 한 줄에 여러 속성값을 입력하여 border를 설정할 수도 있습니다.

파일명 : 8_1_23.html

```
<style>
    #first{
        border: 5px red solid;
    }
    #second{
        border: solid blue 5px;
    }
    #third{
        border: purple solid 5px;
    }
</style>
<p id="first">first</p>
<p id="second">second</p>
<p id="third">third</p>
```

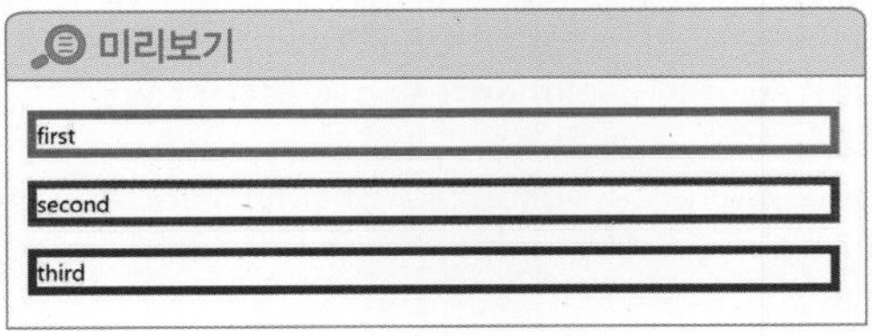

한 줄 안에서 border의 종류와 색상 두께를 입력할 수 있으며, 이때 입력될 정보의 순서는 섞여도 상관 없습니다.

❺ 둥근 모서리 – border–radius

border-radius 속성을 활용하여 border의 모서리를 둥글게 만들 수 있습니다. 속성값으로는 길이 단위를 입력할 수 있습니다. 픽셀도 가능하고, 퍼센트도 가능하지요.

파일명 : 8_1_24.html

```
<style>
    #first{
        border: 5px red solid;
        border-radius:5px;
    }
</style>
<p id="first">first</p>
```

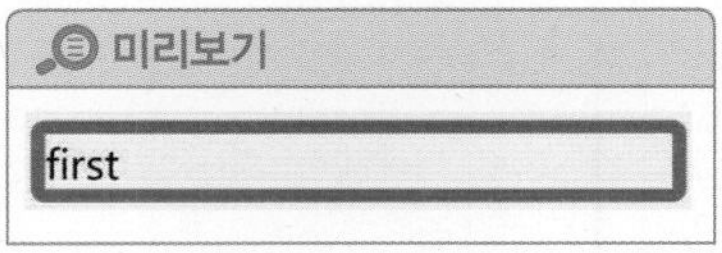

이를 활용해 사각형의 사진을 둥글게 커팅할 수도 있습니다.

파일명 : 8_1_25.html

```
<style>
    img{
        width:200px;
        height:200px;
        border: 5px red solid;
        border-radius:105px;
    }
</style>
<img src="image/profile.jpg">
```

미리보기

정사각형 이미지에 50%를 입력하면 사진이 원형으로 잘립니다. 이 상태에서 border의 color를 하얀색으로 수정하면 테두리 없이 감쪽같이 원형으로 이미지를 가공할 수 있습니다.

파일명 : 8_1_26.html

```
<style>
    img{
        width:200px;
        height:200px;
        border: 5px red solid;
        border-radius:40px 10px 80px 50%;
    }
</style>
<img src="image/profile.jpg">
```

미리보기

네 모서리의 곡률을 모두 다르게 주고 싶다면 위와 같이 각각의 모서리에 적용할 반지름을 하나씩 입력하면 됩니다. 좌측 상단 모서리부터 시계방향으로 곡률이 적용됩니다.

프로필 사진을 특별한 형태로 표현하고 싶을 때 사용을 고려해 볼 수 있겠지요?

영역의 배경을 표현하는 background

❶ 배경의 색상을 결정하는 background-color

background-color 스타일 속성을 활용하면 HTML 요소에 배경색을 입힐 수 있습니다. 스타일 속성값으로는 앞서 알려드린 방식으로 색상을 지정할 수 있습니다.

파일명 : 8_1_27.html

```
<style>
    p{
        background-color:yellow;
    }
</style>
<p>
    배경을 표시합니다
</p>
```

미리보기

배경을 표시합니다

❷ 배경에 이미지를 삽입하는 background-image

background-image 스타일 속성을 활용하면 요소의 배경에 이미지를 삽입할 수 있습니다. 스타일 값으로는 url()을 활용합니다. url()의 사용 방법은 아래와 같습니다.

```
url(이미지 주소)
```

이미지 주소는 파일이 저장되는 경로를 입력해도 좋으며, 온라인상의 이미지 url을 찾아서 입력해 줘도 됩니다. 〈img〉 태그의 src 속성을 지정하는 방법과 완전히 동일합니다.

파일명 : 8_1_28.html

```
<style>
    p{
        background-image: url("image/profile.jpg");
    }
</style>
<p style="color:white; height:30vh;">
    배경을 표시합니다
</p>
```

미리보기

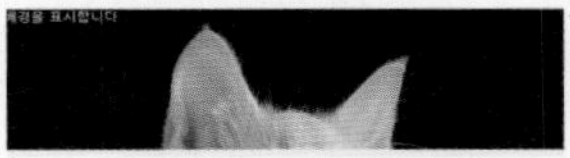

그런데 우측을 보면 고양이의 머리 아랫부분 영역이 잘려 나간 것을 보실 수 있습니다. <p> 태그의 높이가 낮아서 나머지 이미지를 표현할만한 여유 공간이 부족해서 생기는 현상입니다.

파일명 : 8_1_29.html

```
<style>
    p{
        background-image: url("image/profile.jpg");
        background-position-y: -200px;
        background-position-x: 200px;
    }
</style>
<p style="color:white; height:30vh;">
    배경을 표시합니다
</p>
```

미리보기

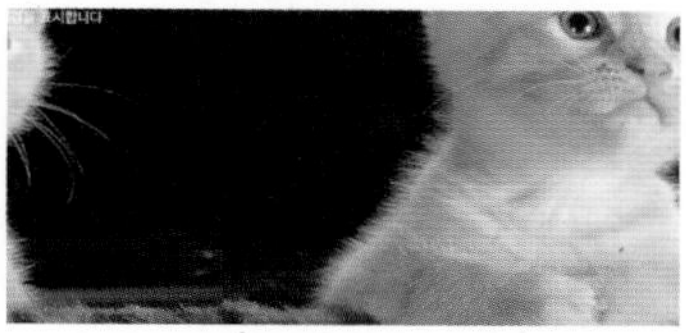

이때 background-position-x를 활용하여 이미지의 좌우 위치를, background-position-y를 활용하여 이미지의 상하 위치를 바꿀 수 있습니다. 고양이의 위쪽 얼굴을 보여주는 것으로 만족할 수 없을 때 사용하면 좋을 옵션입니다.

여기서 추가로 하나의 사실을 더 배워갈 수 있겠네요. 이미지를 오른쪽으로 200px 움직이도록 명령했습니다. 그러면 이미지 왼쪽에 200px 크기의 여백이 생기는 것이 정상이겠지만, 고양이 사진 일부가 이 부분을 메웠습니다. background-image 스타일 속성으로 삽입된 이미지는 바둑판 모양으로 반복되어 삽입됩니다. 따라서 패턴 무늬를 구현해야 할 때 사용하면 몹시 편리합니다.

화면에 표시되는 방식을 표현하는 스타일 – visibility, display

보여라! 숨어라! visibility

아래 코드의 실행 결과를 잘 살펴보기 바랍니다. 분명 두 개의 <img> 태그가 삽입되었는데 화면에는 단 한 장의 이미지만 위치해 있습니다. 또한 고양이 사진 왼쪽에 수상한 여백이 삽입되어 있지요.

파일명 : 8_1_30.html

```
<style>
    .first{
        visibility:hidden;
    }
</style>
<img class="first" src="image/profile.
jpg" height=100px/>
<img class="second" src="image/profile.
jpg" height=100px/>
```

미리보기

visibility 스타일 속성을 hidden으로 설정하면, 요소를 화면에서 숨길 수 있습니다. 단, 해당 요소가 차지하는 공간이 사라지지는 않습니다. 자리는 차지하지만, 화면에 보이지는 않게 되는 것이지요.

화면에 표시될 규격을 정하는 display

앞서 몇 차례 inline 속성에 대해 언급하고 넘어갔는데, 혹시 기억 나나요? 드디어 조금 더 상세한 설명할 기회가 찾아왔습니다. 〈hr/〉 태그로 삽입된 가로줄 위쪽과 아래쪽을 비교하기 바랍니다. 위쪽은 사진이 좌우로 배치되어 있으며 아래쪽은 사진이 상하로 배치되어 있습니다. 위쪽의 사진은 inline 속성을 갖고 있지만 아래쪽 사진은 block 속성을 갖고 있기 때문입니다.

파일명 : 8_1_31.html

```
<style>
    .first{
        display:inline;
    }
    .second{
        display:block;
    }
</style>
<img class="first" src="image/profile.
jpg" height=100px/>
<img src="image/profile.jpg"
height=100px/>

<hr/>

<img class="second" src="image/profile.
jpg" height=100px/>
<img src="image/profile.jpg"
height=100px/>
```

미리보기

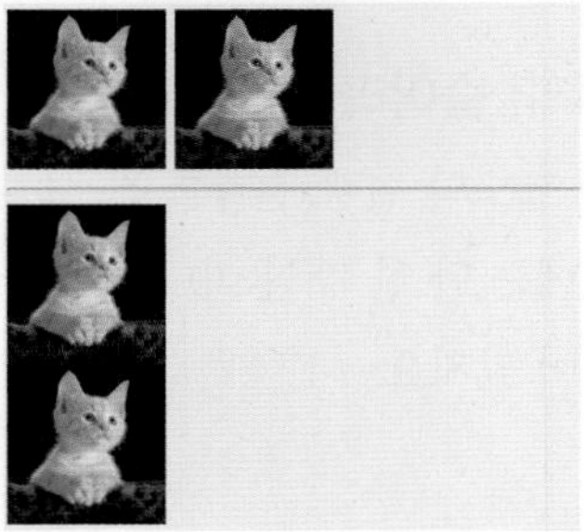

영단어 inline은 한 줄로 늘어서 있는 것, 혹은 직렬을 의미합니다. 따라서 display 스타일 속성의 속성값으로 inline을 지정하면 해당 요소는 줄 바꿈을 유발하지 않게 됩니다. 줄 바꿈을 하게 되면 한 줄에 이어서 정보를 제공할 수 없기 때문이지요.

반면 속성값으로 block을 입력하면 줄 바꿈이 실행됩니다. 가로줄 아래의 사진에는 block 속성이 부여되어 있으므로, 사진과 사진 사이에 줄 바꿈이 실행되어 사진이 상하로 배치된 것입니다.

inline 속성과 block 속성을 자유자재로 활용하는 것이 정보 전달력 높은 웹 페이지를 개발하는 데 있어서 가장 중요한 역량이라 할 수 있겠습니다.

그런데 사실 display 스타일 속성에는 '그리드'라는 이름의 또 다른 활용 방법이 있습니다. 사실상 현대의 웹 페이지에서 display가 사용되는 가장 큰 이유가 바로 그리드를 위한 것으로 생각해도 무방할 정도로 인기 있는 기능입니다. 지금부터 그리드의 사용법에 대해 알아보겠습니다.

SECTION

8-2 〈div〉 태그의 그리드 표현

그리드의 적용 방법

영단어 grid는 한국어로 격자라는 뜻입니다. 그리드 스타일은 CSS를 사용해 일종의 격자를 그리는 테크닉입니다. 그리드를 적용하려면 〈div〉 태그를 대상으로 "display: grid;" 스타일을 적용하면 됩니다. 그 외에도 추가적인 설정이 필요한데, 지금부터 조금씩 살펴보겠습니다.

화면에 표시될 모든 정보를 〈div〉 태그로 표현해 봤습니다. 〈div〉 태그의 기본적인 display 속성은 block이므로 줄 바꿈이 지정되었습니다. #first와 #second는 .myGrid의 자식 태그입니다. 그리드 지정은 부모에 해당하는 .myGrid 클래스를 대상으로 합니다.

파일명 : 8_2_1.html

```
<style>
    #first{background-color:yellow}
    #second{background-color:green}
</style>
<div class="myGrid">
    <div id="first">1번 영역</div>
    <div id="second">2번 영역</div>
</div>
```

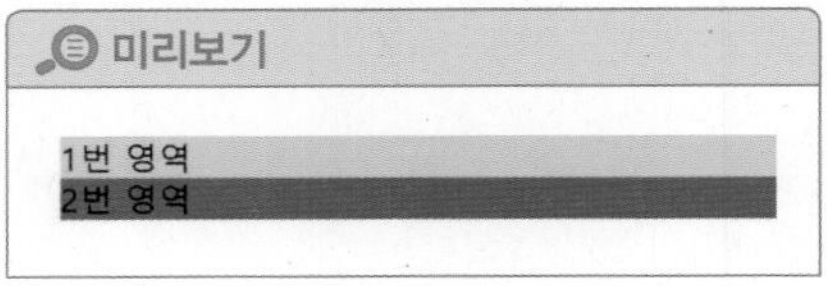

myGrid 클래스를 대상으로 "display:grid;" 스타일이 적용되었습니다. 아직은 큰 변화가 없습니다. 우리가 격자를 가로세로 어떤 형태로 쪼갤지 브라우저에게 알려주지 않았기 때문입니다. 격자를 쪼갤 때는 grid-template-columns와 grid-template-rows를 사용합니다.

파일명 : 8_2_2.html

```
<style>
    .myGrid{
        display:grid;
    }
    #first{background-color:yellow}
    #second{background-color:green}
</style>
<div class="myGrid">
    <div id="first">1번 영역</div>
    <div id="second">2번 영역</div>
</div>
```

미리보기

다음은 grid-template-columns를 적용한 모습입니다. column은 '열'이라는 뜻의 영단어입니다. grid-template-columns 스타일 속성이 지정되면 브라우저는 이 그리드를 여러 개의 열로 쪼갤 준비를 합니다. 몇 개의 열로 쪼갤지, 그리고 쪼개진 열의 크기는 어떻게 되는지를 스타일 속성값으로 입력해 주면 됩니다.

파일명 : 8_2_3.html

```
<style>
    .myGrid{
        display:grid;
        grid-template-columns: 1fr 1fr;
    }
    #first{background-color:yellow}
    #second{background-color:green}
</style>
<div class="myGrid">
    <div id="first">1번 영역</div>
    <div id="second">2번 영역</div>
</div>
```

미리보기

위 코드에서는 스타일 속성값으로 1fr 1fr이 입력되어 있습니다. 이를 브라우저는 어떻게 받아들일까요? 우선 속성값이 두 개 들어왔으므로 열을 두 개로 쪼갭니다. 그리고 쪼개진 열의 크기를 알아내기 위하여 속성값에 기재된 숫자를 불러옵니다.

fr은 부분, 일부, 분수를 의미하는 fraction의 약자입니다. 따라서 1fr 1fr은 '너비를 1:1 비율로 나눠 가지겠습니다.'라는 의미가 되지요.

스타일 속성값을 3fr 1fr로 변경하면 너비를 3:1 비율로 나누어 가집니다.

파일명 : 8_2_4.html

```
<style>
    .myGrid{
        display:grid;
        grid-template-columns: 3fr 1fr;
    }
    #first{background-color:yellow}
    #second{background-color:green}
</style>
<div class="myGrid">
    <div id="first">1번 영역</div>
    <div id="second">2번 영역</div>
</div>
```

미리보기

고정된 픽셀 따위의 너비 단위를 입력하고 나머지를 fr 단위로 표현해도 됩니다. 아래와 같은 경우 첫 번째 영역의 너비는 100px, 두 번째 영역의 너비는 나머지 공간 전체가 됩니다.

파일명 : 8_2_5.html

```
<style>
    .myGrid{
        display:grid;
        grid-template-columns: 100px 1fr;
    }
    #first{background-color:yellow}
    #second{background-color:green}
</style>
<div class="myGrid">
    <div id="first">1번 영역</div>
    <div id="second">2번 영역</div>
</div>
```

미리보기

공간을 세로로 쪼개고 싶다면 grid-template-rows 스타일 속성을 활용합니다.

파일명 : 8_2_6.html

```
<style>
    .myGrid{
        display:grid;
        grid-template-rows: 1fr 3fr;
    }
    #first{background-color:yellow}
    #second{background-color:green}
</style>
<div class="myGrid">
    <div id="first">1번 영역</div>
    <div id="second">2번 영역</div>
</div>
```

미리보기

grid-template-rows와 grid-template-columns를 동시에 사용하면 격자를 바둑판처럼 가로와 세로로 동시에 쪼갤 수도 있습니다.

파일명 : 8_2_7.html

```
<style>
    .myGrid{
        display:grid;
        grid-template-rows: 1fr 2fr;
        grid-template-columns: 1fr 2fr;
    }
    #first{background-color:yellow}
    #second{background-color:green}
    #third{background-color:blue}
    #fourth{background-color:purple}
</style>
<div class="myGrid">
    <div id="first">1번 영역</div>
    <div id="second">2번 영역</div>
    <div id="third">3번 영역</div>
    <div id="fourth">4번 영역</div>
</div>
```

미리보기

그리드 적용 시 주의사항

그리드를 적용할 때는 한 가지 주의사항이 있습니다. 앞서 '1번 영역'이라는 문구와 '2번 영역'이라는 문구를 굳이 〈div〉 태그로 감쌌던 것이 기억나나요? 혹시 이 태그를 벗겨내면 결과가 어떻게 바뀔까요? 보는 바와 같이 그리드 적용이 제대로 되지 않습니다. HTML과 CSS에서는 정보의 가장 작은 단위를 요소[element]라고 부릅니다. 그리고 하나의 요소는 하나의 태그로 구성되고요.

파일명 : 8_2_8.html

```
<style>
    .myGrid{
        display:grid;
        grid-template-rows: 1fr 3fr;
    }
    #first{background-color:yellow}
    #second{background-color:green}
</style>
<div class="myGrid">
    1번 영역
    2번 영역
</div>
```

미리보기

1번 영역 2번 영역

브라우저가 그리드를 적용하기 위하여 myGrid 클래스의 자식들을 둘러봤음에도 태그로 구분된 요소들을 2개 발견할 수 없었고, 덕분에 그리드가 제대로 적용되지 않은 것입니다.

그리드를 적용할 때는 반드시 격자의 내용물이 될 구성요소를 한 덩어리의 태그로 표현하기 바랍니다. 애매하면 〈div〉 태그로 감싸버리면 좋습니다. 아니, 애매하지 않은 상황에서도 굳이 〈div〉 태그로 감싸버리는 경우도 있습니다. 가독성이 올라가니까요. 이것이 요즘 웹 페이지들에서 〈div〉 태그가 많이 등장하는 이유 중 하나입니다.

자, 이제 CSS에서 중요한 기본 개념은 모두 익힌 것이나 다름없습니다. 다음 챕터에서는 지금까지 배운 내용들을 활용하여 인스타그램 웹 페이지를 더욱 더 그럴싸하게 다듬어보겠습니다.

Chapter

09

CSS를 더해 인스타그램 완성

학습목표

이제까지 배운 내용을 활용해 저자의 인스타그램 계정처럼 디자인해보겠습니다. 실전에서는 배운 내용들이 어떻게 활용되는지 알아봅시다. CSS를 한 번 배워 두면, 같은 기술을 반복하여 사용하는 것만으로도 웹 페이지를 아름답게 디자인할 수 있습니다.

SECTION

9-1 CSS의 실전 적용

그리드를 활용한 웹 페이지의 뼈대 정돈

지금까지 배운 기법들을 실전에서 활용하는 방법을 배워보겠습니다. 인스타그램 예제 폴더를 VSCode에서 실행하기 바랍니다.

파일명 : 9_1_1.html

```
<html>
    <head>
        <link href="7_4_3.css" rel="stylesheet">
    </head>
    <body>
        <div>
            <img src="https://www.instagram.com/static/images/web/mobile_nav_type_logo.png/735145cfe0a4.png"/>
            <input type="search" value="검색"/>
        </div>
        <div id="profile">
            <img src="image/profile.jpg" width="50px"/>
            <div>
                <h2>half_bottle</h2>
                <button>프로필 편집</button>
            </div>
        </div>
        <div>
            <p>
                <strong>반병현 (Byunghyun Ban)</strong>
                <br/>작가
            </p>
            <p>
                <a href="https://needleworm.github.io">
                    needleworm.github.io
                </a>
            </p>
        </div>
        ⋮
```

미리보기

자, 지금부터 본격적으로 인스타그램 화면을 따라잡아 보겠습니다. 한눈에 들어오는 쉬운 녀석들 먼저 정리해나가 보겠습니다.

썸네일 배치 격자 정리하기

인스타그램의 썸네일은 3개의 열로 구성되어 있으며, 이것이 아래로 무한히 이어집니다. 각각의 행을 3칸짜리 그리드로 삼고, 이 그리드를 아래로 무한정 이어붙이면 인스타그램 썸네일 뷰를 쉽게 만들 수 있지요.

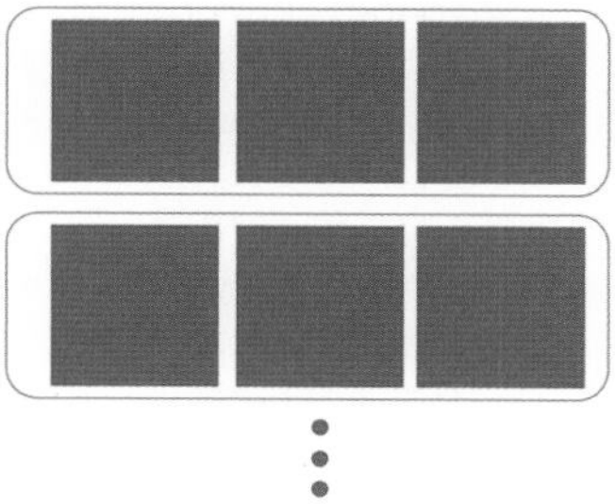

그리드의 설계는 아래와 같습니다.

```
display: grid;
grid-template-columns: 1fr 1fr 1fr;
```

그리고 이왕이면 썸네일의 크기가 격자 내부에 딱 들어맞으면 좋겠습니다. 기존에는 각각의 사진의 너비가 32%로 지정되어 전체 화면 너비의 32%만큼의 공간을 차지했습니다만, 화면을 세로로 3등분한 그리드 내부에 사진이 위치하게 되었으므로 사진의 너비를 100%로 지정합니다.

자, 설명은 충분한 것 같으니 코드를 읽어보겠습니다. 그리드를 적용할 수 있도록 사진을 3개씩 묶어 〈div〉 태그로 감싸줬습니다. 아직 CSS가 적용되지 않아 우측 화면에 사진이 네모나게 꽉 찬 모습입니다. 그리고 CSS를 손쉽게 적용하기 위하여 클래스 이름을 지정해 줬습니다.

파일명 : 9_1_2.html

```
                ⋮
            <div>
                <div class="thumbnail_grid">
                    <img src="image/thumbnails/1.jpg" class="thumbnail"/>
                    <img src="image/thumbnails/2.jpg" class="thumbnail"/>
                    <img src="image/thumbnails/3.jpg" class="thumbnail"/>
                </div>
                <div class="thumbnail_grid">
                    <img src="image/thumbnails/4.jpg" class="thumbnail"/>
                    <img src="image/thumbnails/5.jpg" class="thumbnail"/>
                    <img src="image/thumbnails/6.jpg" class="thumbnail"/>
                </div>
클래스 정의 →   <div class="thumbnail_grid">
                    <img src="image/
thumbnails/7.jpg" class="thumbnail"/>
                    <img src="image/
thumbnails/8.jpg" class="thumbnail"/>
                    <img src="image/
thumbnails/9.jpg" class="thumbnail"/>
                </div>
            </div>
        </body>
</html>
```

미리보기

화면상에 다른 〈div〉 태그들도 존재하고 있으므로 태그 선택자는 사용할 수 없습니다. 또한 화면상에서 여러 번 등장하는 구조이므로 아이디 선택자도 부적절합니다. 한 번의 CSS 코딩으로 여러 번 화면에서 디자인을 표현할 수 있는 클래스가 가장 적합한 선택자입니다.

이제 .thumbnail_grid 클래스에 그리드를 적용하고, .thumbnail 클래스에는 너비를 100%로 지정하는 CSS 코드를 작성하겠습니다. CSS가 적용되니 썸네일 이미지가 차곡차곡 정리되었습니다.

파일명 : 9_1_3.css

```
h2{
    color:red;
}
.highlight{
    border:solid;
}
#profile{
    border:solid;
    border-color:blue;
}

.thumbnail_grid{ ← 클래스에 그리드 적용
    display:grid;
    grid-template-columns: 1fr 1fr 1fr;
}

.thumbnail{
    width:100%; ← 너비 100%
}
```

미리보기

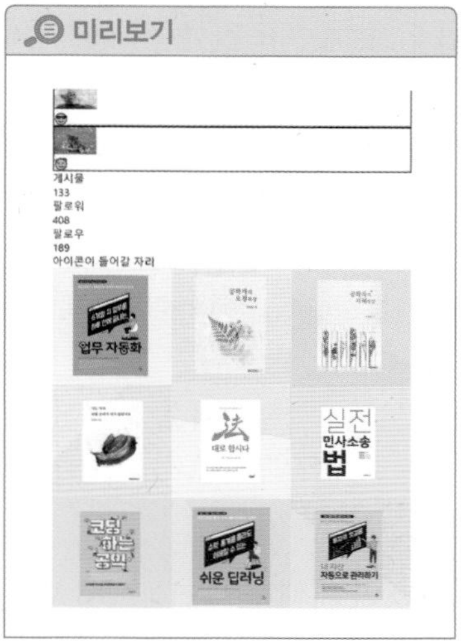

통계 영역 정돈하기

통계 영역에는 게시물과 팔로워, 팔로우 등 계정의 통계 정보가 요약되어 표현됩니다. 이 영역은 3컬럼 그리드로 표현할 수 있습니다.

마침 코드의 46번째 줄부터 59번째 줄에 걸쳐 이미 그리드 표현을 하기 좋도록 <div> 태그로 구분지어 뒀습니다. 선택자를 부여하고 CSS 스타일만 입히면 되겠군요.

파일명 : 9_1_4.html

```
⋮
        <div>
            <div>
                게시물<br/>
                133
            </div>
            <div>
                팔로워<br/>
                408
            </div>
            <div>
                팔로우<br/>
                189
            </div>
        </div>
        <div>아이콘이 들어갈 자리</div>
        <div>
        ⋮
        </div>
    </body>
```

미리보기

통계 영역 자체는 화면상에서 단 한 번만 등장하므로 아이디를 부여했고, 세부 내역들은 화면에서 여러 번 등장하므로 클래스를 부여했습니다.

파일명 : 9_1_5.html

```
⋮
        <div id="stat_bar">
            <div class="stat">
                게시물<br/>
                133
            </div>
            <div class="stat">
                팔로워<br/>
                408
            </div>
            <div class="stat">
                팔로우<br/>
                189
            </div>
        </div>
        <div>아이콘이 들어갈 자리</div>
        <div>
        ⋮
        </div>
    </body>
```

미리보기

이제 9_1_6.css로 넘어가 그리드를 부여해 보겠습니다.

파일명 : 9_1_6.css

```
⋮          ⋮
21  #stat_bar{
22      display:grid;
23      grid-template-columns: 1fr 1fr 1fr;
24
25      border-top: 1px solid gray;
26      border-bottom: 1px solid gray;
27
28      margin-bottom:5px;
29      margin-top:5px;
30  }
31
32  .stat{
33      text-align:center;
34  }
```

#stat_bar에 3열 그리드를 적용하고, 위아래에 회색 선을 더했습니다. 그리고 위아래로 약간의 마진을 줘서 공간을 분리시켰습니다.

여기서 24번째 줄과 27번째 줄에 삽입된 공백에 주목하기 바랍니다. 이 공백들은 기능적으로는 아무런 의미가 없습니다만, 가독성 향상을 위한 도구입니다. 공백을 기준으로 #stat_bar 선택자에 지정된 스타일은 3덩어리로 쪼개졌습니다. 위에서부터 순서대로 그리드, 테두리, 외부 여백으로 말이지요.

웹 페이지를 개발하다 보면 하나의 선택자를 대상으로 많게는 수십 개의 스타일을 적용하는 일이 생기기도 합니다. 이때 가독성을 위한 장치를 마련하지 않는다면 훗날 코드를 수정하게 될 자신이나 동료들이 몹시도 커다란 고통을 겪어야 합니다. 미래를 위한 사소한 배려로 삽입된 공백이라 생각하면 좋겠습니다.

그리드 내부에서 글자들이 가운데 정렬될 수 있도록 .stat 클래스에는 "text-align: center;" 스타일을 지정했습니다.

CSS를 활용해 디테일을 챙길 차례!

사진 원형으로 다듬기

한 가지 짚고 넘어가야 할 부분이 있습니다. 인스타그램 화면 상단에 노출되는 하이라이트 사진들과 프로필 사진은 모두 동그란 모양입니다. 동그란 모양이라는 공통점을 가진 요소들이 이렇게 많은데, 우리가 사진을 동그랗게 가공하기 위한 코드를 굳이 여러 번 적어야 할까요? 한 번만 작성하고 여러 번 적용되도록 만들 수는 없을까요?

우선 CSS를 먼저 작성해 볼까요?

파일명 : 9_1_7.css

```
          ⋮
.circle_pic{
    border: solid white 1px;
    border-radius: 50%;
}
```

circle_pic이라는 이름으로 클래스 선택자를 활용하며 CSS 코드를 먼저 작성했습니다. 이제 프로필 사진과 하이라이트 사진에 class="circle_pic" 속성을 기재합니다.

짜잔! 사진이 동그랗게 변했습니다. 그런데 뭔가 이상한 것 같기도 합니다. 상단의 프로필 사진은 원형인데 하단의 사진들은 원형이 아니라 타원형입니다. 이를 어떻게 하면 좋을까요?

이는 원본 사진이 정사각형이 아니기 때문에 발생하는 문제입니다. 먼저 이미지를 정사각형으로 자르는 방법을 알아본 다음, 다시 돌아오도록 합시다.

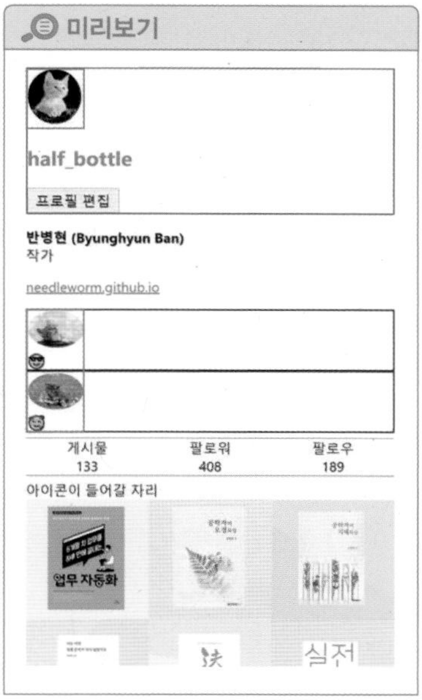

이미지를 정사각형으로 자르기 - object-fit

파일명 : 9_1_8.html

```
<style>
    div{
        width:150px;
        height:150px;
    }
    img{
        width:100%;
        height:100%;
    }
</style>
<div>
    <img src="image/hl 1.jpg"/>
</div>
```

미리보기

이미지를 정사각형으로 만들기 위해 아래 과정을 거칩니다.

① 부모 태그를 만든다

② 부모 태그의 크기를 정사각형으로 만든다

③ 이미지의 가로와 세로 길이를 100%로 지정한다

이렇게 하면 이미지가 정사각형 모양이 되기는 하지만 찌그러집니다. 좌우가 잘려나가도 좋으니 사진의 비율을 유지하려면 어떻게 해야 할까요?

파일명 : 9_1_9.html

```
<style>
    div{
        width:150px;
        height:150px;
    }
    img{
        width:100%;
        height:100%;
        object-fit: cover;
    }
</style>
<div>
    <img src="image/hl 1.jpg"/>
</div>
```

미리보기

object-fit 스타일 속성과 cover 속성값을 추가하는 것으로 간단히 해결 가능합니다. object-fit는 사진이나 동영상의 콘텐츠 크기를 부모 요소에 어떻게 맞출 것인지 지정하는 방법을 의미합니다.

fill	미디어를 부모 요소에 꽉 들어맞게 채웁니다. 찌그러질 수 있습니다.
contain	미디어의 비율을 유지한 채, 부모 요소 밖으로 튀어 나가지 않도록 크기를 축소합니다.
cover	미디어 일부가 부모 요소 밖으로 삐져나가더라도 비율을 유지한 채로, 부모 요소에 꽉 들어맞게 채웁니다.

따라서 이미지의 크기를 일단 부모 태그의 100% 수준으로 맞춘 다음, cover를 적용하여 원본 이미지의 비율을 되찾은 것입니다. 이 상태에서 border값을 수정하여 이미지를 원형으로 자르면 완벽하게 동그란 원형 사진을 얻을 수 있습니다. 자, 이제 다시 9_1_10.html로 돌아갑시다.

파일명 : 9_1_10.html

```
<style>
    div{
        width:150px;
        height:150px;
    }
    img{
        width:100%;
        height:100%;
        object-fit: cover;

        border: solid white 1px;
        border-radius: 50%;
    }
</style>
<div>
    <img src="image/hl 1.jpg"/>
</div>
```

추가된 부분

원형 이미지 정돈

현재 코드에는 하이라이트 이미지와 프로필 사진 모두에 height 또는 width 속성으로 크기가 지정되어 있습니다. 이 속성들을 삭제합니다. 그리고 〈img〉 태그를 〈div〉 태그로 감싸줍니다. 하이라이트 사진 영역은 이미 〈div〉 태그로 감싸져 있으므로 그대로 두고, 프로필 사진만 〈div〉로 감싸주겠습니다. 선택자도 부여해 주고요.

파일명 : 9_1_11.html

```
<html>
    <head>
        <link href="9_1_3.css" rel="stylesheet">
    </head>
    <body>
        <div>
        ⋮
        </div>
        <div id="profile">
        ⋮
        </div>
        <div>
        ⋮
        </div>
        <div>
            <div class="highlight">
                <div class="highlight_pic">
                    <img class="circle_pic" src="image/hl 1.jpg"/>
                </div>
                <div>
                    😎
                </div>
            </div>
            <div class="highlight">
                <div class="highlight_pic">
                    <img class="circle_pic" src="image/hl 2.jpg"/>
                </div>
                <div>
                    😊
                </div>
            </div>
        </div>
        ⋮
```

미리보기

프로필 사진은 #profile_pic 아이디를 부여하고, 하이라이트 사진에는 .highlight_pic 클래스를 부여했습니다. 이제 CSS를 수정하러 가 보겠습니다.

파일명 : 9_1_12.css

```
⋮
.circle_pic{
    border: solid white 1px;
    border-radius: 50%;

    width: 100%;
    height: 100%;
    object-fit: cover;
}

#profile_pic{
    width: 50px;
    height: 50px;
}

.highlight_pic{
    width: 35px;
    height: 35px;
}
⋮
```

← 추가된 부분

.circle_pic을 수정하여 width와 height를 모두 100%로 변경하고, object-fit 스타일 속성을 cover로 지정했습니다. 그리고 #profile_pic과 .highlight_pic에서 이미지의 가로, 세로 길이를 지정해 줬습니다. 결과적으로 완벽하게 동그란 이미지를 얻을 수 있게 되었습니다!

하이라이트 영역 그리드 지정

하이라이트 영역도 그리드를 지정해 주겠습니다. grid-template-columns를 활용하면 되겠지요. 그리드 적용을 위해 30번째 줄에서 아이디를 부여하고 있습니다.

파일명 : 9_1_13.html

```
⋮        ⋮
30      <div id="highlight_area">
31          <div class="highlight">
32              <div class="highlight_pic">
33                  <img class="circle_pic" src="image/hl 1.jpg"/>
34              </div>
35              <div>
36                  😎
37              </div>
38          </div>
39          <div class="highlight">
40              <div class="highlight_pic">
41                  <img class="circle_pic" src="image/hl 2.jpg"/>
42              </div>
43              <div>
44                  😊
45              </div>
46          </div>
47      </div>
48      <div id="stat_bar">
49          <div class="stat">
50              게시물<br/>
51              133
52          </div>
53          <div class="stat">
54              팔로워<br/>
55              408
56          </div>
57          <div class="stat">
58              팔로우<br/>
59              189
60          </div>
61      </div>
⋮        ⋮
```

9_1_14.css로 넘어가서 그리드 지정을 마무리해 보겠습니다. #highlight_area에 컬럼 그리드를 적용했습니다. 그리고 .highlight에 쳐져 있던 border를 삭제해 버리고, 글자가 가운데 정렬이 될 수 있도록 "text-align: center;" 스타일을 적용했습니다. 그런데 뭔가 이상합니다. 가운데 정렬이 적용되어 있는데도 사진이 왼쪽으로 치우쳐 있습니다.

파일명 : 9_1_14.css

```
            ⋮
#profile_pic{
    width: 50px;
    height: 50px;
}

.highlight_pic{
    width: 35px;
    height: 35px;
}

#highlight_area{
    display: grid;
    grid-template-columns: 1fr 1fr;
}

.highlight{
    text-align:center;
}
```

미리보기

마진을 활용한 가운데 정렬

마진은 요소의 바깥쪽 여백을 삽입하는 스타일 속성입니다. 이때 좌측 마진과 우측 마진을 모두 auto로 지정할 경우, 브라우저는 좌우의 여백이 동일한 크기가 되도록 마진을 계산합니다. 요소의 좌측 여백과 우측 여백의 너비가 같아지므로, 자연스럽게 해당 요소는 가운데로 위치하게 되는 것이고요.

파일명 : 9_1_15.css

```
⋮
#profile_pic{
    width: 50px;
    height: 50px;
}

.highlight_pic{
    width: 35px;
    height: 35px;

    margin-left: auto;
    margin-right: auto;
}

#highlight_area{
    display: grid;
    grid-template-columns: 1fr 1fr;
}

.highlight{
    text-align: center;
}
```

하이라이트 사진이 들어있는 요소인 .highlight_pic의 좌우에 마진을 auto로 지정했더니 비로소 하이라이트 영역이 가운데 정렬된 모습입니다.

그런데 아직도 조금 부족합니다. 인스타그램 페이지에서는 하이라이트 영역이 왼쪽에 치우쳐 있는데, 우리가 만든 하이라이트 영역은 너무 오른쪽에 치우쳐 있는 것 같습니다. 이럴 때는 어떻게 해야 할까요?

비어 있는 <div> 태그를 활용한 그리드 정돈

현재 #highlihg_area의 그리드는 2열입니다. 이것을 잘 다듬어 주면 인스타그램 웹 페이지와 같이 하이라이트 영역을 정돈할 수 있습니다.

파일명 : 9_1_16.html

```
        ⋮
        <div id="highlight_area">
            <div class="highlight">
            ⋮
            </div>
            <div class="highlight">
            ⋮
            </div>
            <div></div>
        </div>
        ⋮
```

파일명 : 9_1_16.css

```
        ⋮
#highlight_area{
    display: grid;
    grid-template-columns: 45px 45px 1fr;
}

.highlight{
    text-align: center;
}
```

미리보기

먼저 그리드 요소에 텅 빈 <div> 태그를 삽입합니다. 그리고 CSS에서 컬럼 수를 3개로 늘려 버립니다. 이때 처음 2개의 컬럼의 너비를 45px로 설정했습니다. 하이라이트 사진의 너비가 35px이므로 이것보다 살짝 더 여유공간을 준 것입니다. 그리고 텅 빈 <div> 태그에 1fr의 공간을 할당하였습니다.

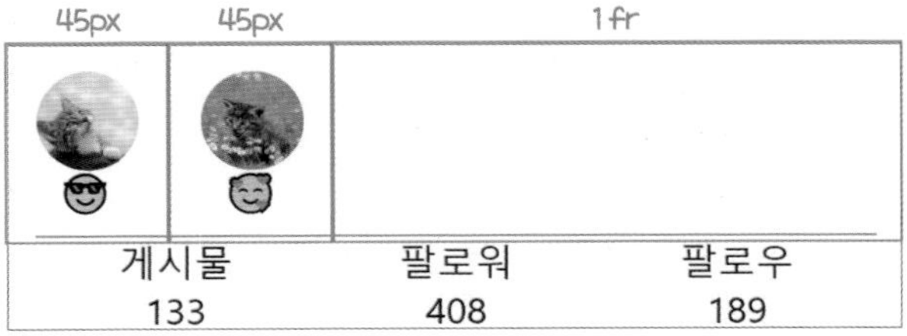

이 외에도 텅 비어있는 〈div〉 태그를 활용해야 하는 경우가 생각보다 자주 생깁니다. 이러니 태그 사용 빈도 랭킹에서 항상 〈div〉가 압도적인 상위권을 차지하는 것 아닐까요?

그리드 내부에 그리드 삽입하기

프로필 사진 영역은 그리드를 2번 사용해야 구현할 수 있습니다. 먼저 영역을 좌우로 갈라 주고, 우측 영역을 다시 한번 상하로 갈라줍니다. 코드의 10번째 줄부터 18번째 줄까지 내용물은 이미 그리드로 쪼갤 수 있도록 〈div〉를 활용하여 정돈되어 있습니다. 2번째 그리드의 적용을 위해 14번째 줄에 아이디를 부여하겠습니다.

파일명 : 9_1_17.html

```
<html>
    <head>
        <link href="9_1_18.css" rel="stylesheet">
    </head>
    <body>
        <div>
        ⋮
        </div>
        <div id="profile">
            <div id="profile_pic">
                <img class="circle_pic" src="image/profile.jpg"/>
            </div>
            <div id="profile_info">
                <h2>half_bottle</h2>
                <button>프로필 편집</button>
            </div>
        </div>
        <div>
        ⋮
        </div>
        <div id="highlight_area">
        ⋮
        </div>
        <div id="stat_bar">
        ⋮
        </div>
        <div>아이콘이 들어갈 자리</div>
        <div>
        ⋮
        </div>
    </body>
</html>
```

미리보기

이제 9_1_18.css로 넘어가 그리드를 부여해 보겠습니다. #profile은 2컬럼으로, #profile_info는 2로우로 설정합니다. 기존에 <h2>에 지정되어 있던 스타일은 삭제해버리겠습니다. #profile에 지정되어 있던 border도 삭제하고요.

파일명 : 9_1_18.css

```
⋮
#profile{
    display: grid;
    grid-template-columns: 1fr 3.5fr;
}

#profile_info{
    display:grid;
    grid-template-rows: 1fr 1fr;
}
```

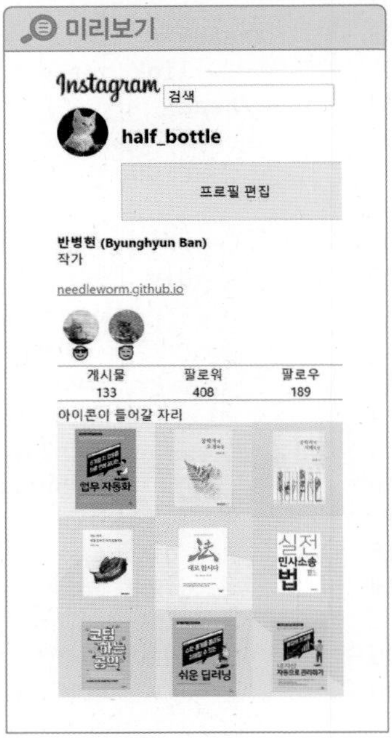

#profile의 컬럼은 1fr 3.5fr로 분할해 줬고 #profile_info는 위아래로 1fr 1fr로 분할했습니다. 그런데 뭔가 이상합니다. #profile_info 영역이 너무 뚱뚱한 것 같습니다. 우리가 #profile_info 요소의 높이를 지정해준 적이 없기 때문에 브라우저가 임의로 높이를 정해버린 것입니다.

#profile_info의 높이를 프로필 사진의 높이인 50px과 동일한 값으로 고정하겠습니다.

파일명 : 9_1_19.css

```
⋮
#profile_info{
    display:grid;
    grid-template-rows: 1fr 1fr;

    height: 50px;
}
```

그런데도 뭔가 이상합니다. 이번에는 버튼이 아래쪽 영역을 뚫고 내려와 버렸습니다. 왜 이런 문제가 발생하는 걸까요?

공간을 많이 차지하는 태그의 교체

모든 문제는 〈h2〉 태그에서 발생하고 있었습니다. 〈h2〉 태그는 제목을 표시하기 위한 스타일이므로 일정 부분 공간을 차지하고, 줄 바꿈도 자동으로 삽입됩니다. 따라서 변방의 소형 그리드는 〈h2〉 태그를 품을 수 있는 그릇이 아니었다는 것이지요. 시험 삼아 〈h2〉 태그를 〈div〉 태그로 교체해 보겠습니다.

파일명 : 9_1_20.html

```
<html>
    <head>
        <link href="9_1_21.css" rel="stylesheet">
    </head>
    <body>
        <div>
        ⋮
        </div>
        <div id="profile">
            <div id="profile_pic">
                <img class="circle_pic" src="image/profile.jpg"/>
            </div>
            <div id="profile_info">
                <div id="id">half_bottle</div>
                <button>프로필 편집</button>
            </div>
        </div>
        <div>
        ⋮
        </div>
        <div id="highlight_area">
        ⋮
        </div>
        <div id="stat_bar">
        ⋮
        </div>
        <div>아이콘이 들어갈 자리</div>
        <div>
        ⋮
        </div>
    </body>
</html>
```

미리보기

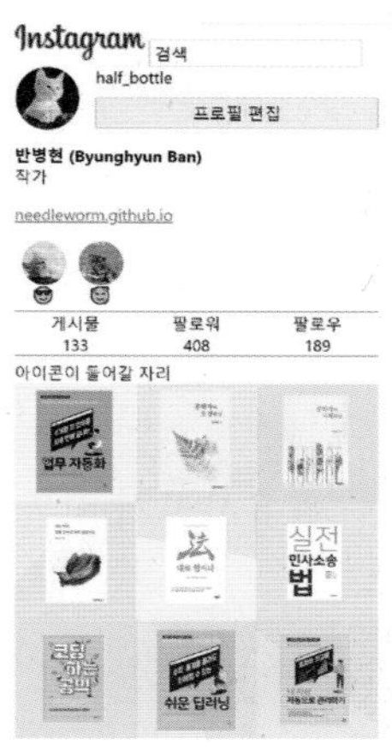

어떤가요? 이번에는 우리의 의도와 조금 더 잘 들어맞는 결과가 나온 것 같습니다. 이 상태에서 CSS를 활용해 아이디 영역의 글자를 꾸며 보겠습니다.

파일명 : 9_1_21.css

```
⋮
#profile_info{
⋮
}

#id{
    font-size: 18px;
    font-weight: 100;
}
```

폰트의 크기를 18px로 설정하고, 글자 두께를 가장 얇은 100으로 설정하니 모양이 예뻐진 것 같습니다.

버튼을 더 예쁘게

버튼의 디자인이 너무 투박한 것 같습니다. 버튼의 디자인을 어떻게 수정해야 할까요? 여기서부터는 감과 경험의 영역입니다. 엄밀하게 따지자면 개발자보다는 디자이너가 해야 할 일이지요. 거장의 반열에 오른 화가들은 한 획의 붓질로도 사람들을 감동시킬 수 있다고 하지요? CSS에서는 그런 일은 없습니다. 치밀한 계산과 시행착오만 있을 뿐입니다.

인스타그램과 유사하게 버튼 디자인을 수정하려면 아래 항목들을 수정해야 합니다.

① height
② width
③ font-size

④ background-color
⑤ border
⑥ border-radius

저자가 시행착오를 통해 찾아낸 속성값들을 다음 페이지에 공개하겠습니다. 하지만 페이지를 넘기기 전에 여러분이 충분히 시행착오를 겪으며 어떤 값이 입력되었을 때 가장 예쁜 버튼이 만들어지는지 반드시 체험해 보고 넘어가면 좋겠습니다. 선택자는 button 태그를 사용하면 무난할 것 같습니다.

파일명 : 9_1_22.css

```
⋮
#id{
⋮
}

button{
    height: 80%;
    width: 95%;

    font-size:10px;
    background-color: white;
    border: solid gray 1px;
    border-radius: 3px;
}
```

상단 바 디테일

상단 바의 디테일을 살펴보겠습니다. 저자는 상단 바를 3컬럼 그리드로 해석하기로 했습니다. 1번 구역에는 로고, 2번 구역에는 검색창, 그리고 3번 구역에는 버튼들이 들어가는 것이지요. 버튼이 있는 영역까지 잘게 쪼개도 좋습니다만, 일단은 3덩어리로 코딩하려 합니다. 나중에 필요하다면 그리드 속에 4칸짜리 그리드를 삽입하면 되니까요.

상단 바의 코드는 6번째 줄부터 9번째 줄까지입니다. 이 코드를 다듬어 선택자를 부여하고, 텅 빈 〈div〉 태그를 삽입하여 그리드가 3개 영역으로 쪼개질 수 있도록 만들겠습니다.

파일명 : 9_1_23.html

```
01 <html>
02     <head>
03         <link href="9_1_24.css" rel="stylesheet">
04     </head>
05     <body>
06         <div id="top">
07             <img src="https://www.instagram.com/static/images/web/
   mobile_nav_type_logo.png/735145cfe0a4.png"/>
08             <input type="search" value="검색"/>
09             <div></div>
10         </div>
11         <div id="profile">
⋮          ⋮
19         </div>
20         <div>
⋮          ⋮
30         </div>
31         <div id="highlight_area">
⋮          ⋮
49         </div>
50         <div id="stat_bar">
⋮          ⋮
63         </div>
64         <div>아이콘이 들어갈 자리</div>
65         <div>
⋮          ⋮
81         </div>
82     </body>
83 </html>
```

공교롭게도 #top 내부에 있는 태그들이 모두 다릅니다. 선택자의 중첩을 사용하기 적당한 상황이므로 별도의 아이디나 클래스를 부여하지 않겠습니다.

9_1_24.css로 넘어가 그리드 설정을 하고, 로고와 검색창의 디자인을 개선하겠습니다.

파일명 : 9_1_24.css

```
⋮
#top{
    display:grid;
    grid-template-columns: 4fr 7fr 4fr;
    height: 30px;
}

#top img{
    margin-left: auto;
    margin-right: auto;

    height: 100%;
    object-fit: contain;
}
```

미리보기

#top에 그리드를 적용했고 그리드의 높이를 30px로 정했습니다. 그리고 로고에 해당하는 #top img에 가운데 크기를 지정하고 가운데 정렬을 지정했습니다. 그런데 검색창이 못생겨서 거슬리네요. 검색창을 예쁘게 수정하는 것은 앞서와 마찬가지로 감각과 반복의 영역입니다. 여러분의 취향에 맞을 때까지 CSS 코드를 수정하며 검색창을 다듬어 보기 바랍니다. 저자가 사용한 코드는 다음과 같습니다.

📄 파일명 : 9_1_25.css

```
⋮
#top input{
    height: 60%;
    width: 95%;

    margin-left: auto;
    margin-right: auto;
    margin-top: auto;
    margin-bottom: auto;

    text-align: center;
    background-color: rgb(250, 250, 250);

    border: solid gray 1px;
    border-radius: 3px;

    font-size: 10px;
    font-weight: 100;
}
```

로고와 검색창이 정돈되었습니다. 이제 #top 선택자의 하단에 border를 지정하고, margin을 적당히 부여해 프로필 영역과 거리를 두겠습니다.

📄 파일명 : 9_1_26.css

```
⋮
#top{
    display:grid;
    grid-template-columns: 4fr 7fr 4fr;
    height: 30px;

    border-bottom: solid gray 0.1px;
    margin-bottom: 10px;
}

#top img{
⋮
}

#top input{
⋮
}
```

SECTION

9-2 외부 CSS 불러와 아이콘 활용하기

FontAwesome

FontAwesome 사이트는 개발자들이 활용할 수 있는 온갖 아이콘을 제공해 주는 서비스입니다. 기본적으로 무료로 사용할 수 있지만, 유료 결제를 하면 훨씬 더 다양한 옵션들이 개방됩니다. FontAwesome은 아래 url로 접속할 수 있습니다.

https://fontawesome.com/

홈페이지에서 상단의 〈Icons〉 메뉴를 클릭합니다.

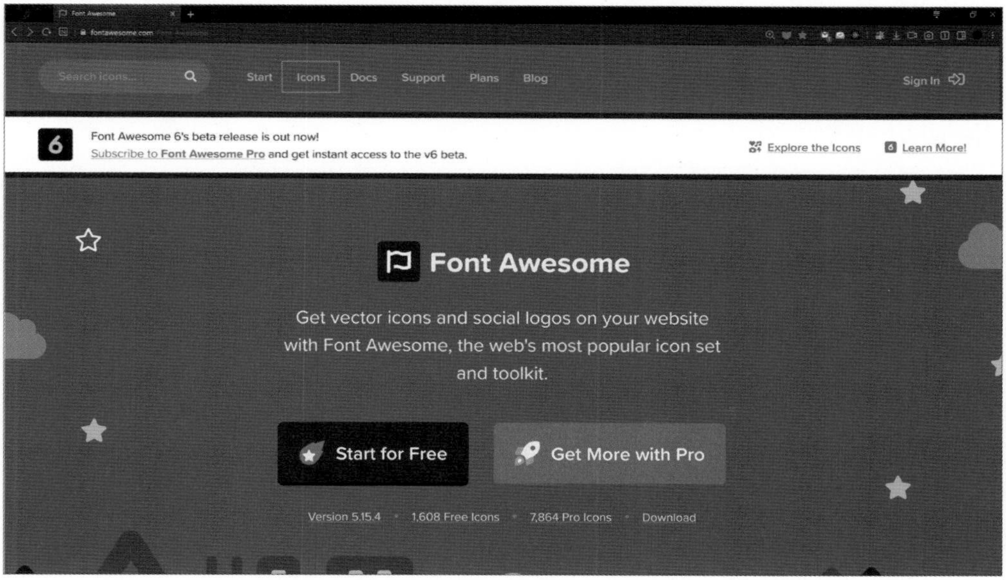

온갖 아이콘들이 화면에 표시됩니다. 이 모든 아이콘을 마음껏 사용할 수 있습니다. FontAwesome의 아이콘들은 CSS를 통해 제공됩니다.

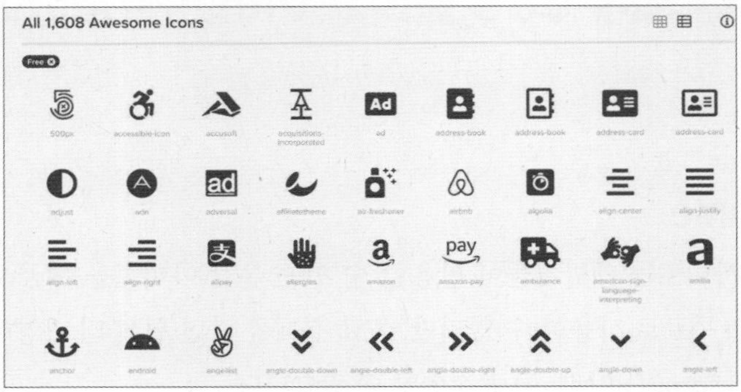

index.html의 〈head〉 태그 안에 아래 태그를 삽입합니다. 오타가 발생하면 안 됩니다.

```
<link href="https://pro.fontawesome.com/releases/v5.10.0/css/all.css"
rel="stylesheet"/>
```

이제 아무 아이콘이나 클릭해 보도록 합시다.

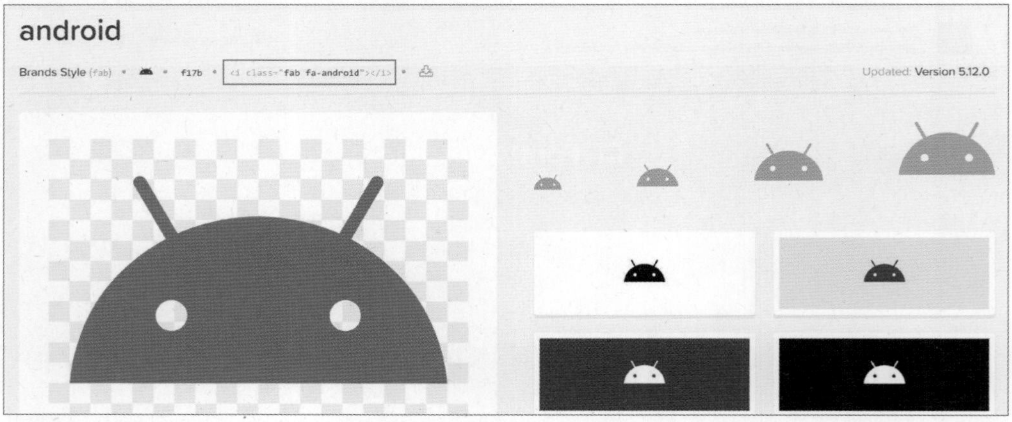

아이콘을 클릭하면 해당 아이콘의 상세 설명 페이지로 이동합니다. 페이지 상단을 살펴보면 〈i〉 태그가 등장하는데, 이 태그를 클릭하면 태그가 클립보드에 복사됩니다.

이제 아이콘을 사용할 준비가 모두 끝났습니다. 9_2_1.html의 아무 곳에나 붙여넣어 보겠습니다. 페이지에 아이콘이 삽입되었습니다! 아이콘의 크기나 색상은 텍스트를 꾸밀 때 사용하는 CSS를 그대로 적용하면 변경할 수 있습니다.

파일명 : 9_2_1.html

```
<html>
    <head>
        <link href="9_2_2.css" rel="stylesheet"/>
        <link href="https://pro.fontawesome.com/releases/v5.10.0/
css/all.css" rel="stylesheet"/>
    </head>
    <body>
        <div id="top">
            <img src="https://
www.instagram.com/static/images/
web/mobile_nav_type_logo.png/
735145cfe0a4.png"/>
            <input type="search"
value="검색"/>
            <div><i class="fab
fa-android"></i></div>
⋮
```

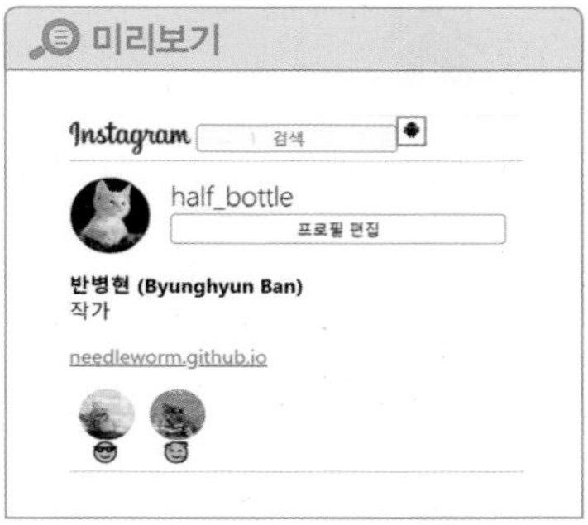

파일명 : 9_2_2.css

```
⋮
#top input{
⋮
}

i{
    font-size: 40px;
    color:purple;
}
```

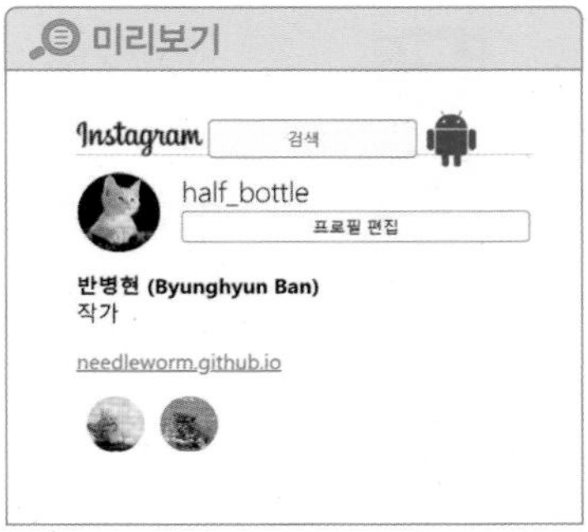

자, 굉장히 쉽지 않나요? 이제 FontAwesome 웹 페이지를 돌아다니며 그럴싸한 아이콘만 찾아내면 됩니다!

아이콘 탐색하기

인스타그램과 같은 대기업은 FontAwesome 등지에서 활용 가능한 공용 아이콘을 사용하는 경우가 드물고, 대부분 직접 그려서 사용합니다. 자사의 디자인 철학을 표현하기 위해서입니다. 우리는 공부를 위해 아이콘을 활용하는 것이므로, 적당히 인스타그램의 원본 아이콘과 의미가 비슷하거나 비슷하게 생긴 아이콘을 활용해보겠습니다. 활용하면 적당해 보일 아이콘들의 목록입니다.

아이콘	태그
	<i class="fas fa-home"></i>
	<i class="far fa-paper-plane"></i>
	<i class="far fa-compass"></i>
	<i class="far fa-heart"></i>
	<i class="fas fa-cog"></i>
	<i class="fas fa-border-all"></i>
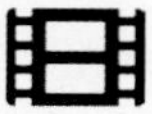	<i class="fas fa-film"></i>
	<i class="far fa-play-circle"></i>
	<i class="far fa-bookmark"></i>
	<i class="fas fa-user-tag"></i>

적재적소에 아이콘 삽입하기

인스타그램 화면을 참고하여 적절한 위치에 아이콘을 삽입합시다. 태그를 글자처럼 생각하고 기재하면 됩니다. 단, 검색창의 경우 value 속성에 속성값으로 특수문자를 삽입하려면 복잡한 과정을 거쳐야 합니다.  + 를 눌러 이모지 창을 실행하고, 돋보기 모양 아이콘을 찾아 삽입하는 것으로 타협합시다.

상단 바에 아이콘 삽입

상단 바의 가장 우측 그리드에 아이콘을 삽입했습니다.

파일명 : 9_2_3.html

```
<html>
    <head>
        <link href="9_2_2.css" rel="stylesheet"/>
        <link href="https://pro.fontawesome.com/releases/v5.10.0/css/all.css" rel="stylesheet"/>
    </head>
    <body>
        <div id="top">
            <img src="https://www.instagram.com/static/images/web/mobile_nav_type_logo.png/735145cfe0a4.png"/>
            <input type="search" value="검색"/>
            <div>
                <i class="fas fa-home"></i>
                <i class="far fa-paper-plane"></i>
                <i class="far fa-compass"></i>
                <i class="far fa-heart"></i>
            </div>
        </div>
⋮
```

미리보기

폰트의 전반적인 색상을 회색톤으로 만들어 인스타그램 아이콘과 유사하게 만들어 줬습니다. 이어서 상단 바에 들어갈 아이콘의 크기를 14px로 지정했고, 아이콘이 너무 위쪽에 달라붙는 것 같아서 padding-top을 6px 줘서 아래로 조금 내렸습니다.

파일명 : 9_2_4.css

```
⋮
i{
    color:gray;
}

#top i{
    font-size: 14px;
}

#top div{
    text-align:center;
    padding-top:6px;
}
```

프로필 수정 아이콘 삽입

아이디 옆에 톱니바퀴 아이콘도 삽입해 줍니다. 글자 크기를 설정하는 CSS가 이미 적용되어 있어 톱니바퀴의 크기가 적당한 크기로 표현되고 있습니다.

파일명 : 9_2_5.html

```
<html>
    <head>
    ⋮
    </head>
    <body>
        <div id="top">
        ⋮
        </div>
        <div id="profile">
            <div id="profile_pic">
            ⋮
            </div>
            <div id="profile_info">
                <div id="id">
                    half_bottle
<i class="fas fa-cog"></i>
                </div>
                <button>프로필 편집</button>
            </div>
        </div>
        ⋮
```

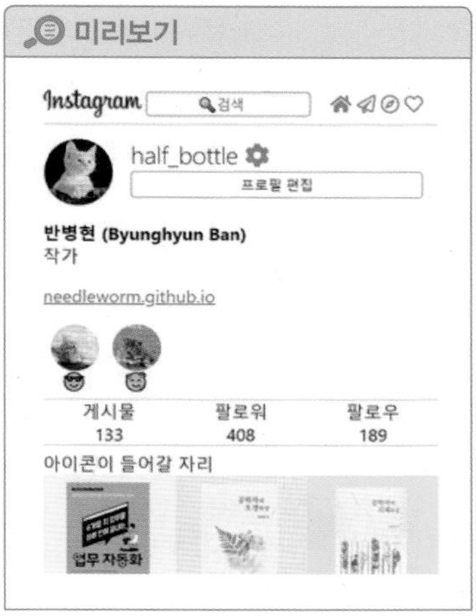

하단 아이콘 삽입

'아이콘이 들어갈 자리'라고만 비워 뒀던 하단 아이콘 영역을 채워 보겠습니다. 먼저 HTML 코드를 수정해 아이콘을 삽입합니다.

파일명 : 9_2_6.html

```
          ⋮
          <div id="sub_icons">
              <div class="selected">
                  <i class="fas
fa-border-all"></i>
              </div>
              <div><i class=
"fas fa-film"></i></div>
              <div><i class=
"far fa-play-circle"></i></div>
              <div><i class=
"far fa-bookmark"></i></div>
              <div><i class=
"fas fa-user-tag"></i></div>
          </div>
          <div>
          ⋮
          </div>
      </body>
</html>
```

미리보기

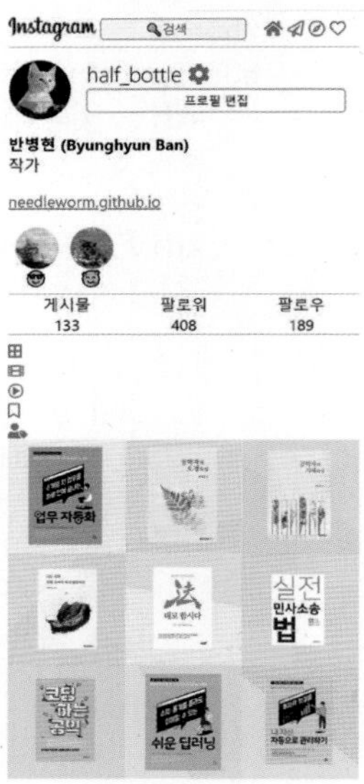

CSS의 적용이 없으니 디자인이 초라하고 볼품없어 보입니다. 9_2_7.css를 수정하여 그리드를 표현하고, 아이콘 크기도 조금 키우고 가운데 정렬도 해 보겠습니다.

파일명 : 9_2_7.css

```
            ⋮
#sub_icons{
    display: grid;
    grid-template-columns: 1fr 1fr 1fr 1fr 1fr;

    text-align: center;
    font-size: 15px;

    height: 30px;
}

.selected{
    border-bottom: solid gray 3px;
}
```

어떤가요? 이제 정말 그럴싸한 인스타그램 홈페이지가 완성되었습니다. CSS를 한 번 배워두면, 같은 기술을 반복하여 사용하는 것만으로도 아름다운 홈페이지들을 손쉽게 만들 수 있습니다!

여러분께서 조금 더 디자인을 손보고 싶은 부분이 있다면 수정 연습을 해 보기 바랍니다. 더 이상 수정할 사항이 없다면, 잊지 말고 코드를 깃허브에 백업해 두고요! 개발자가 반드시 몸에 익혀야 할 가장 중요한 습관입니다!

코딩만 따라 해도 웹페이지가 만들어지는

HTML+CSS+ 자바스크립트

Chapter

10

[도전!] 업계에서 가장 핫하죠, 반응형 웹 페이지

학습목표

태블릿 PC나 스마트폰으로 웹 페이지를 보면 PC에서 볼 때와 다르게 보입니다. 모바일 홈페이지가 별도로 존재하기도 하지만, 반응형으로 홈페이지를 디자인했기 때문입니다. 웹 페이지를 방문하는 기기의 화면에 최적화된 화면을 보여주는 기술을 반응형 웹이라고 합니다. 미디어 쿼리는 CSS에서 상황이나 조건이 변할 때마다 다른 코드를 적용할 수 있도록 도와주는 도구입니다. 반응형 웹 디자인 방법과 반응형 웹을 위한 미디어 쿼리 사용법을 알아보겠습니다.

SECTION

10-1 동적 사이즈 지정을 통한 반응형 웹 페이지

고생해서 만든 웹 페이지가 이상해요!

앞에서 만든 9_2_6.html 파일을 웹브라우저에서 실행합니다. 창의 너비가 작을 때는 우리가 의도했던 디자인이 그대로 표현되는 것을 확인할 수 있습니다. 이제 최대화 버튼을 클릭해 보겠습니다.

무언가 만족스럽지 못합니다. 답답하고 숨이 턱 막힙니다. 글자나 프로필 사진의 크기가 조금 더 커져야 아름다울 것 같습니다. 버튼이나 아이콘도 더 커져야 할 것 같고요.

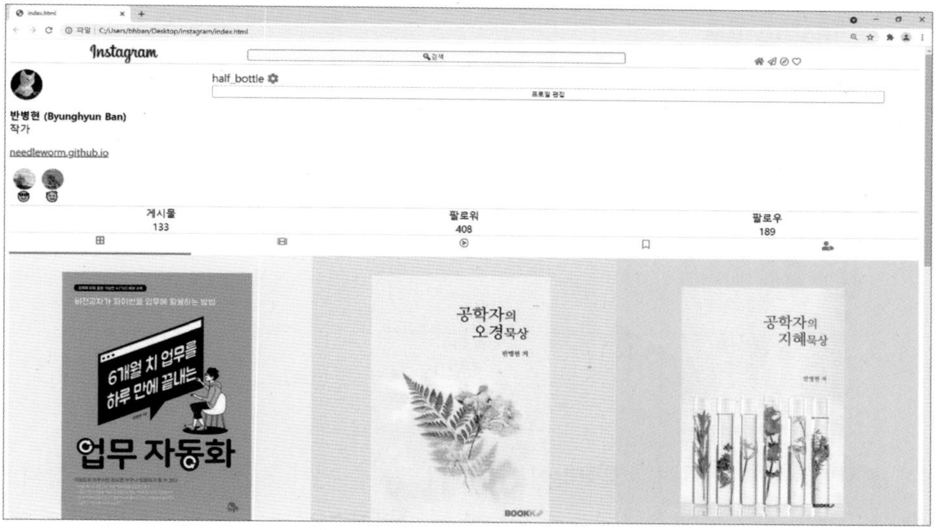

이를 어떡하면 좋을까요? 우리가 만든 웹 페이지는 좌우가 홀쭉한 브라우저에서만 작동하는 걸까요? 브라우저의 크기가 변화하더라도 항상 아름다운 디자인을 표현하는 것이 바로 반응형 웹 디자인의 기본 철학입니다. 지금부터 반응형 웹에 대해서 공부해보겠습니다.

동적 사이징

웹 페이지 내용물은 브라우저의 너비에 가장 크게 영향을 받습니다. 브라우저의 너비가 좁으면 모바일 화면, 너비가 넓으면 데스크톱용 화면인 셈이지요. 브라우저의 너비가 변하더라도 일관되게 정보전달력과 심미성을 유지하도록 웹 페이지를 만드는 방법은 없을까요?

가장 쉬운 방법은 vw와 vh를 애용하는 것입니다. 특히 vw를 활용하면 브라우저의 너비가 변할 때도 유동적으로 변화하는 값을 CSS에 부여할 수 있습니다. 백문이 불여일견이니 당장 체험해보겠습니다.

이미지 사이즈 조절

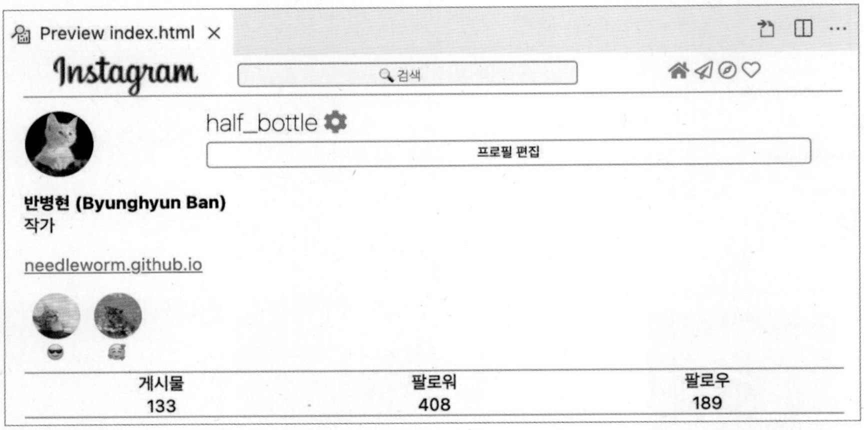

화면에 표시되는 프로필 사진과 하이라이트 사진의 크기를 먼저 손질해 보겠습니다. 창의 크기가 변할 때 이미지의 크기도 함께 변할 수 있도록 px 단위의 길이를 vw로 변경해 보겠습니다.

변경 전

```
#profile_pic {
    width: 50px;
    height: 50px;
}

.highlight_pic {
    width: 35px;
    height: 35px;
    margin-left: auto;
    margin-right: auto;
}

#highlight_area {
    display: grid;
    grid-template-columns: 45px 45px 1fr;
}
```

변경 후

```
#profile_pic {
    width: 15vw; ← 동그라미는 변경된 부분입니다.
    height: 15vw;

}

.highlight_pic {
    width: 10vw;
    height: 10vw;
    margin-left: auto;
    margin-right: auto;

}

#highlight_area {
    display: grid;
    grid-template-columns: 12vw 12vw 1fr;
}
```

사진들의 크기를 각각 15vw, 10vw로 수정했고 하이라이트 영역의 그리드 너비를 45px에서 12vw로 수정했습니다. 사진들이 차지하는 영역이 조금 더 넓어진 것 같습니다. HTML Preview 창을 좌측으로 드래그해 크기를 키워 보겠습니다.

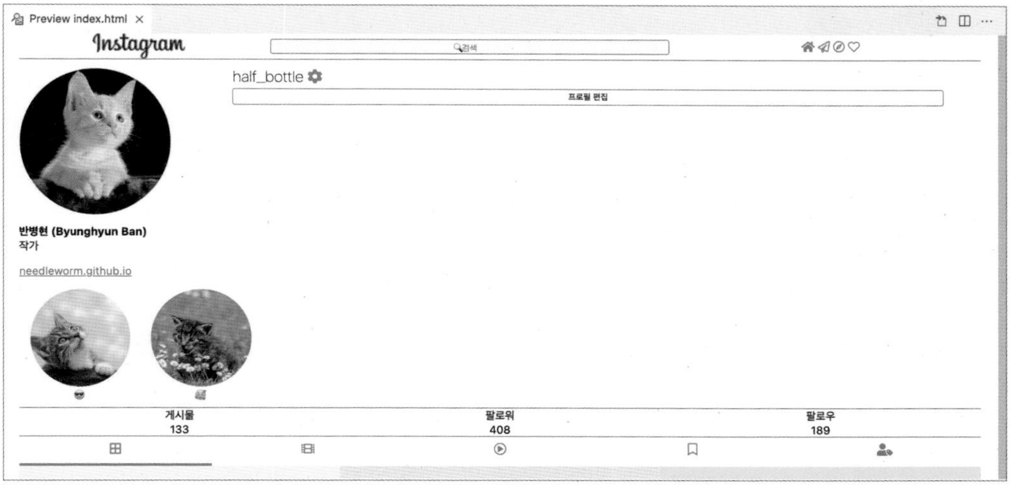

글자들이 터무니없이 작아졌음에도 사진의 크기는 유지되고 있습니다. 이번에는 상단에 있는 인스타그램 로고의 크기를 조절해 보겠습니다. 로고가 너무 작아져서 초라해 보이니 vw를 지정하여 조금 더 키워 줍시다.

변경 전	`#top {`
	`    display:grid;`
	`    grid-template-columns: 4fr 7fr 5fr;`
	`    height: 30px;`
	`    border-bottom: solid gray 0.1px;`
	`    margin-bottom: 10px;`
	`}`

변경 후	`#top {`
	`    display:grid;`
	`    grid-template-columns: 4fr 7fr 5fr;`
	`    height: 10vw;`
	`    min-height: 10vw;`
	`    border-bottom: solid gray 0.1px;`
	`    margin-bottom: 3vw;`
	`}`
	← 동그라미는 변경된 부분입니다.

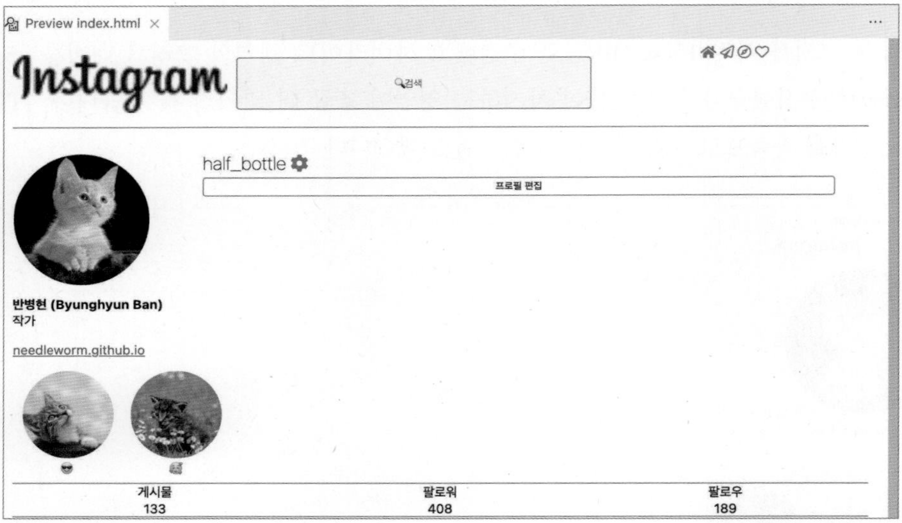

이제 창의 크기를 아무리 변경해도 인스타그램 로고와 프로필 사진, 하이라이트 사진은 항상 일정한 비율로 화면에 표시됩니다! 그런데 처음 보는 min-height라는 스타일 속성이 추가되었습니다. 이는 해당 요소의 최소 크기를 지정하는 것입니다. 이를 테면 'min-height: 10vw;'은 '이 요소의 높이가 아무리 작아지더라도 최소한 10vw보다는 크게 표현해 달라'는 뜻입니다.

덕분에 창의 크기를 말이 안 되는 수준으로 작게 줄여도 높이가 10vw 밑으로 내려가지 않습니다. 반대로 max-width 속성을 활용해 요소의 사이즈에 상한선을 둘 수도 있습니다.

상단 바인 #top 요소의 크기가 동적으로 변하게 설정되었습니다. 그리고 #top의 자식 요소인 <input> 태그는 높이가 60%로 설정되어 있으므로, 항상 #top의 높이의 60% 수준의 높이를 가지게 됩니다. 부모 요소가 동적으로 크기가 변하고, 자식 요소는 퍼센트로 사이즈가 지정되어 있을 경우 자식의 사이즈도 부모와 함께 동적으로 변합니다.

프로필 영역 조절

프로필 편집 버튼과 계정명이 입력된 영역이 너무 납작한 것 같습니다. 이 곳의 높이 속성에도 vw를 적용해, 화면 크기가 바뀌어도 항상 일정한 비율이 유지되도록 수정해 보겠습니다.

변경 전

```
#profile_info{
    display:grid;
    grid-template-rows: 1fr 1fr;
    height: 50px;
}
```

변경 후

```
#profile_info{
    display:grid;
    grid-template-rows: 1fr 1fr;
    height: 15vw;  ← 동그라미는 변경된 부분입니다.
}
```

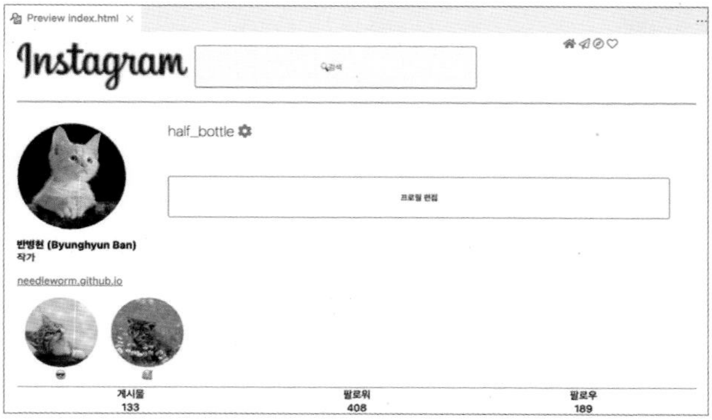

프로필 편집 버튼은 크기가 수정되었지만, 글자들은 여전히 작은 크기가 유지되고 있네요. 이제 글자의 크기를 수정해 보도록 합시다.

글자 크기의 동적 사이징

상단 바의 검색창에 기재된 글자를 확인해 보겠습니다. 폰트의 크기를 의미하는 font-size 스타일 속성이 10px로 입력되어 있네요. 이를 vw로 변경하면 되지 않을까요? 앞서 픽셀을 vw로 환산할 때 대략 1/3으로 줄여 줬으니 10px를 3vw정도로 수정해 보겠습니다.

변경 전

```
#top input {
    ...
    font-size: 10px;
    ...
}
```

변경 후

```
#top input {
    ...
    font-size: ③vw; ← 동그라미는 변경된 부분입니다.
    ...
}
```

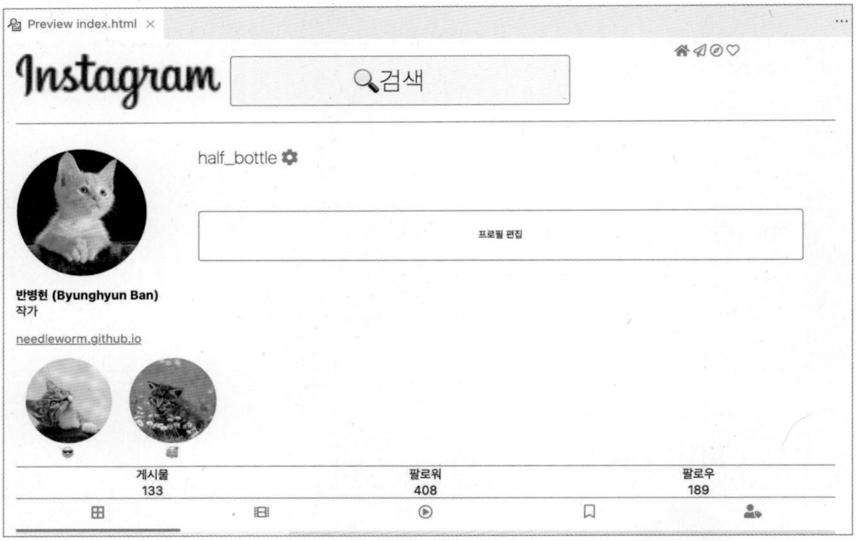

창의 크기를 키워 보니 다른 글자들과 확연하게 차이가 드러납니다. font-size를 vw 단위로 정의하면 이처럼 창 크기에 따라 동적으로 함께 변하는 글자를 만들 수 있습니다. 다른 글자들도 vw를 활용하여 사이즈를 수정해 볼까요?

상단 바 아이콘 수정

변경 전

```
#top i {
    font-size: 14px;
}

#top div {
    text-align: center;
    padding-top: 6px;
}
```

변경 후

```
#top i {
    font-size: ④vw;
}

#top div {
    text-align: center;
    padding-top: ③vw;
}
```

동그라미는 변경된 부분입니다.

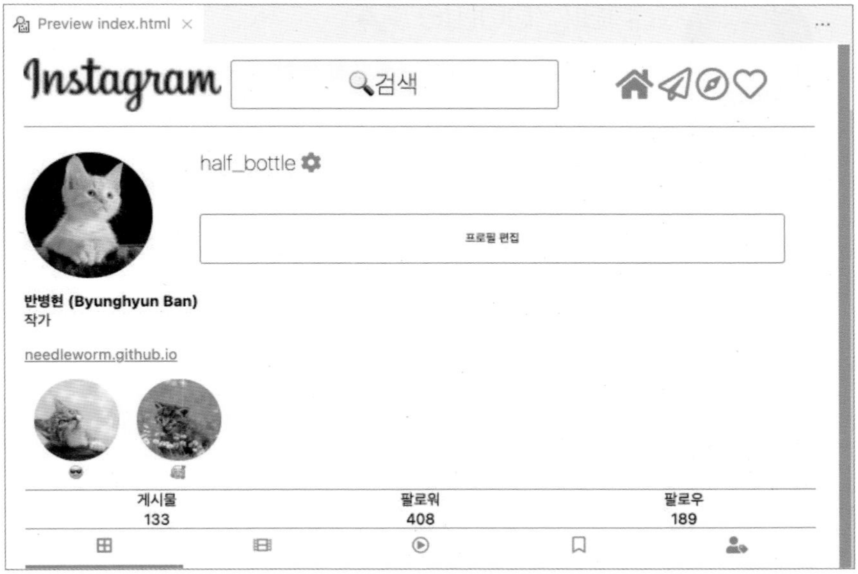

프로필 영역의 글자 크기 변경

<table>
<tr><td>변경 전</td><td>

```
#id {
    font-size: 18px;
    font-weight: 100;
}
button {
    ⋮
    font-size: 10px;
    ⋮
}
```

</td></tr>
<tr><td>변경 후</td><td>

```
#id {
    font-size: 6vw;
    font-weight: 100;
}
button {
    ⋮
    font-size: 3vw;
    ⋮
}
```

동그라미는 변경된 부분입니다.

</td></tr>
</table>

그 외의 글자 사이즈들

화면상의 다른 글자들은 모두 크기가 동일합니다. 나머지 영역의 글자들을 하나씩 선택자로 지정하면서 글자 크기를 변경할 것이 아니라, 더 효율적인 방법이 있습니다. 바로 CSS의 맨 위에 아래 코드를 삽입하는 것입니다.

가장 위에 추가

```
body {
    font-size: 3vw;
}
```

캐스케이딩을 응용한 것입니다. 〈body〉 태그가 선택자로 지정되었으므로 화면에 표시되는 모든 요소에 "font-size: 3vw;" 스타일이 적용될 것입니다. 그런데 이 코드는 코드의 가장 윗부분에 위치하지요. 뒷부분에서 폰트의 크기를 변경하는 CSS 코드가 등장하면 그 코드가 우선적으로 적용됩니다. 맨 앞에 입력된 위 코드는 부분적으로 무시되고요.

결과적으로 가장 적은 노력으로, 페이지 전체에 동적 디자인을 적용할 수 있게 되었습니다.

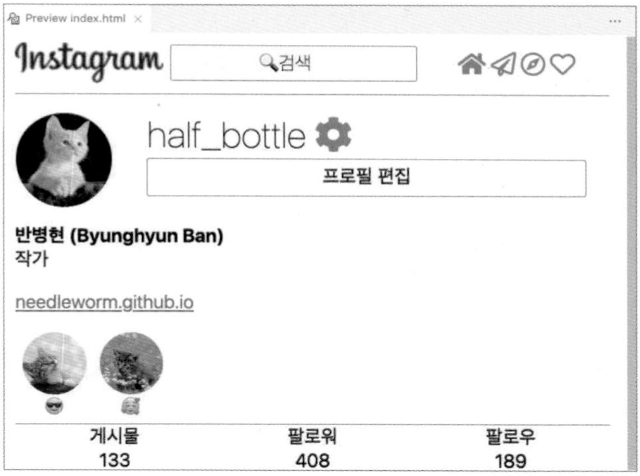

페이지 중단의 메뉴 모음 아이콘 크기 변경

이 영역에는 폰트 사이즈를 지정하는 CSS 코드가 지정되어 있었기에 〈body〉 태그를 선택자로 한 글자 크기 조절이 적용되지 않았습니다. #sub_icons의 스타일을 수정합시다.

변경 전

```
#sub_icons {
    ...
    font-size: 15px;

    height: 30px;
}
```

변경 후

```
#sub_icons {
    ...
    font-size: ⑤vw;

    height: ⑧vw;
}
```

동그라미는 변경된 부분입니다.

자, 다 됐습니다. 이제 창의 크기가 아무리 커지거나 작아지더라도 사진과 글자가 일정한 비율로 표현되는 반응형 웹 페이지가 완성되었습니다.

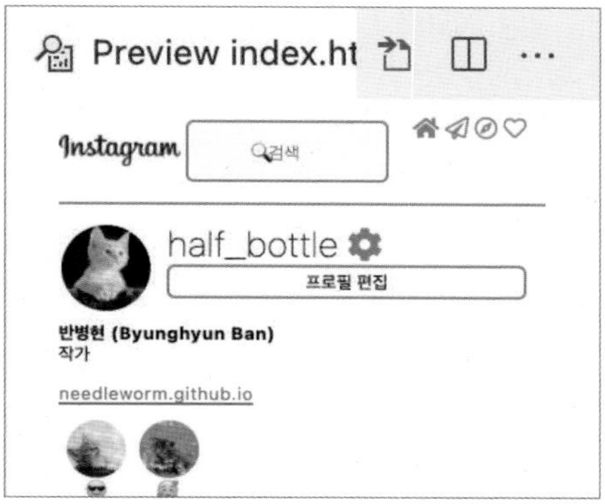

폭이 좁은 브라우저

폭이 넓은 브라우저

수정된 코드를 깃허브에 푸시해 둡시다. 수고 많으셨습니다.

SECTION

10-2 미디어 쿼리와 반응형 웹 페이지

또 다른 형태의 반응형 웹 페이지

어떤 웹 페이지는 브라우저의 해상도에 따라 페이지의 모양이 달라지기도 합니다. 저자의 홈페이지[1]를 예시로 들어 보겠습니다.

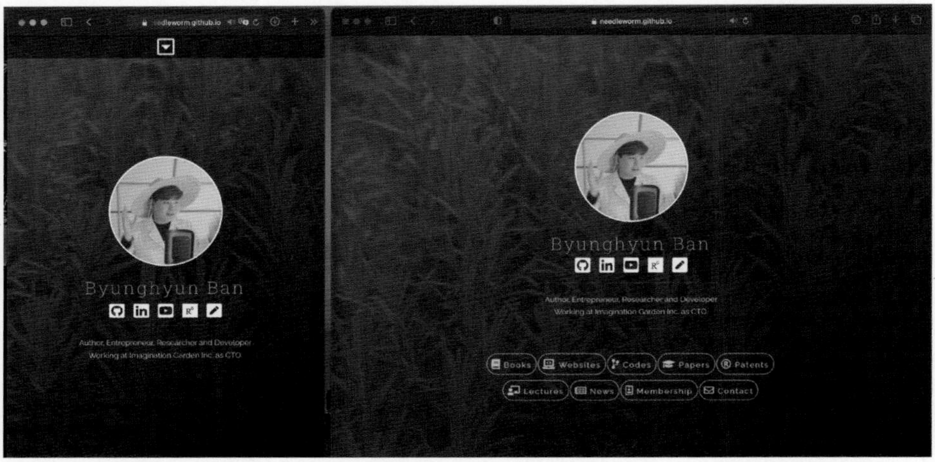

이 페이지는 브라우저의 크기에 따라 상단 바가 생겨나기도 하고, 하단의 메뉴 아이콘들이 사라지기도 합니다. 사용자가 사용하는 브라우저와 디바이스의 크기가 달라지더라도 항상 최선의 사용자 경험(UX)을 제공하기 위해 화면에 표현되는 정보를 변경한 것입니다.

아무래도 비교적 작은 크기의 화면에서 손가락을 활용하는 스마트폰 브라우저와, 커다란 화면에서 마우스를 사용하는 데스크톱 환경에서는 사용하기 편한 화면 디자인의 형태가 다를 수밖에 없을 것입니다.

1 https://needleworm.github.io

사실 일반적으로 업계에서 사용하는 '반응형 웹 페이지'라고 하면 앞서 다룬 방식보다는 이와 같이 브라우저의 크기에 따라 모바일 버전과 데스크톱 버전이 서로 다른 모양으로 표시되는 경우를 의미하는 경우가 더 많습니다.

화면에 표시되는 페이지의 모양이 다른 이유는 완전히 다른 CSS 코드가 적용되었기 때문입니다. 자, 지금부터 미디어 쿼리media query라는 기술을 가볍게 공부해볼 것입니다. 미디어 쿼리를 활용하면 그때그때 서로 다른 CSS 코드를 적용할 수 있습니다.

미디어 쿼리의 기본적인 사용법

미디어 쿼리는 CSS에서 상황이나 조건이 변할 때마다 다른 코드를 적용할 수 있도록 도와주는 도구입니다. 우리는 미디어 쿼리의 다양한 기능 중, 브라우저의 크기 변화에 따라 코드를 변화시키는 기법만 공부할 것입니다. 미디어 쿼리의 기본적인 사용법은 아래와 같습니다.

```
@media (조건) { ... }
```

이것만으로는 잘 와닿지 않을 것 같으니 예시 코드를 보여드리겠습니다.

```
<style>
    @media (max-width:600px){
        p {background-color: pink;}
    }
    @media (min-width:600px){
        p {background-color: skyblue}
    }
</style>
<p>
    화면에 어떻게 표시되나요?
</p>
```

@media 뒤에 이어진 괄호 속의 내용물을 자세히 살펴보겠습니다. max-width를 영단어 그대로 해석해 보자면 '최대 너비' 정도가 되겠습니다. 위 코드에서 'max-width:600px'는 아래의 의미를 가집니다.

> '지금부터 나오는 코드는 너비가 최대 600px일 때까지 적용됩니다.'

다른 말로 하자면 너비가 600px 이하일 때에만 @media 내부의 CSS 코드가 적용된다는 의미입니다. 두 번째 @media의 괄호 안에는 'min-width:600px'라는 값이 입력되어 있지요. 이는 너비가 600px 이상일 때에만 코드를 적용하라는 의미입니다.

위 코드를 의미 그대로만 해석하자면 아래와 같습니다.

> 너비가 600px 이하일 때는
> 　　배경을 핑크색으로 칠하세요;
> 너비가 600px 이상일 때는
> 　　배경을 하늘색으로 칠하세요;

한 번 정상적으로 작동하는지 확인해 볼까요? 여러분들께서 조금 더 보기 편하도록 〈p〉 태그의 높이를 300px로 증가시켜서 결과물을 보여드리겠습니다.

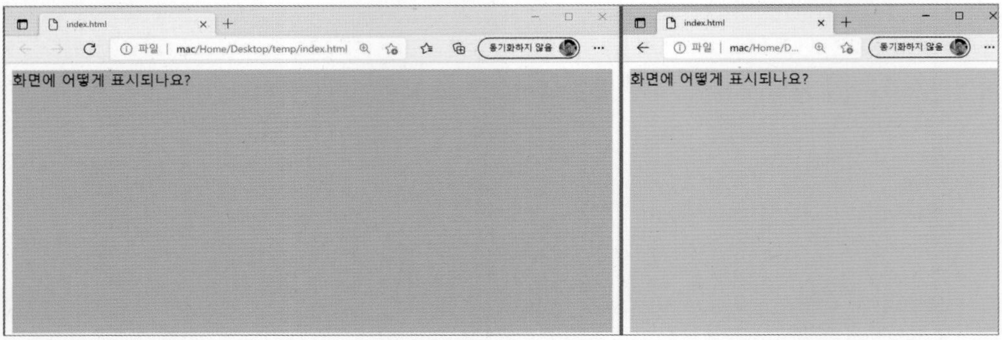

자, 두 개의 창은 완전히 동일한 코드를 실행한 결과입니다. 차이점은 브라우저의 너비가 600px이 넘느냐 넘지 않느냐 뿐이고요. 창 크기의 변화에 따라 디자인이 실시간으로 바뀌는 과정을 동영상으로 살펴보고 싶은 분들은 아래 URL이나 QR코드로 접속해 보기 바랍니다.

https://youtu.be/bza2xZhKab4

미디어 쿼리를 사용하여 브라우저의 크기에 따라 보여주려는 디자인을 변경하는 것이 반응형 웹 페이지 개발에서 가장 흔히 사용되는 테크닉입니다.

화면에서 보여줄 내용 자체를 변경하는 방법

모바일 브라우저 환경은 분명히 한계가 있습니다. 그래서 많은 업체가 모바일 페이지에서 복잡한 작업을 수행하는 것을 차단해 두곤 합니다. 동일한 웹 페이지인데 화면 크기에 따라서 정보를 표현했다가 지웠다가 하는 것은, 도대체 무슨 원리일까요?

미디어 쿼리에서 display 속성을 활용하면 손쉽게 구현 가능합니다. 예시를 보여드리겠습니다.

```
<style>
    @media (max-width:600px){
        p {background-color: pink;}
        img {display:none;}
     }
    @media (min-width:600px){
        p {background-color: skyblue}
        img {display:block;}
     }
</style>
<p>
    화면에 어떻게 표시되나요?
</p>
<img src="image/profile.jpg"/>
```

위 코드는 브라우저의 크기에 따라 〈img〉 태그의 display 스타일 속성을 변경합니다. display 속성을 none으로 지정할 경우 요소가 화면에서 완전히 사라집니다. hidden과 달리 공간을 차지하지도 않습니다. 마치 처음부터 HTML 코드 내에 해당 요소가 없었던 것 마냥 완벽하게 사라지게 됩니다.

어떤가요? 화면의 크기가 600px이 넘어갈 때만 고양이 사진이 표시됩니다. 이를 응용하면 더욱 재미있는 일도 할 수 있습니다.

정보의 표현 순서를 변경하기

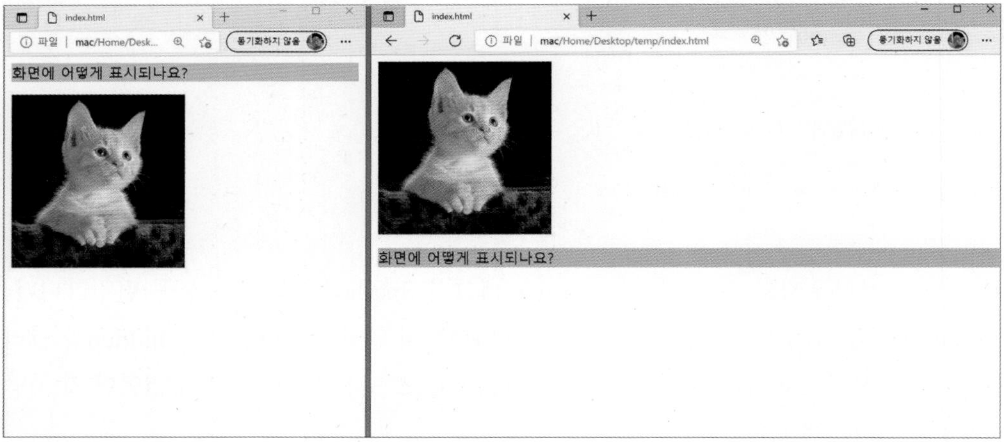

자, 위 사진은 완전히 동일한 html 파일을 실행한 결과입니다. 그런데 한 쪽은 글자 아래에 사진이 있고, 다른 한 쪽은 글자 위에 사진이 있습니다. 우리가 지금까지 배운 지식 안에서는 HTML 코드에 작성된 순서를 그대로 따라서 화면에 정보가 표시됩니다. 어떻게 정보의 순서가 변경될 수 있었던 것일까요?

파일명 : 10_2_1.html

```
<style>
    img{
        height:200px;
    }
    @media(max-width:600px){
        p{background-color: pink;}
        .desktop{display:none;}
        .mobile{display:block;}
    }
    @media(min-width:600px){
        p{background-color: skyblue}
        .desktop{display:block;}
        .mobile{display:none;}
    }
</style>
<img class="desktop" src="image/profile.jpg"/>
<p>
    화면에 어떻게 표시되나요?
</p>
<img class="mobile" src="image/profile.jpg"/>
```

미리보기

정답은 의외로 간단합니다. 글자의 위쪽과 아래쪽 모두에 〈img〉 태그를 삽입했고, 미디어 쿼리를 활용하여 display 속성을 조작했습니다. 좁은 화면에서는 위쪽에 있는 사진의 display 속성값이 none이 되었고, 넓은 화면에서는 아래쪽에 있는 사진의 display 속성값이 none이 되었습니다.

이때 사진에 클래스로 mobile과 desktop을 입력하여 활용한 부분에 주목하기 바랍니다. 모바일에서만 보여줄 요소와 데스크탑에서만 보여줄 요소를 각기 클래스로 관리하면 CSS 코드를 보다 손쉽게 관리할 수 있습니다.

이를 조금 적극적으로 활용하면, 아예 화면 크기에 따라 전혀 다른 웹 페이지를 표현할 수도 있습니다.

```
<html>
    <body>
        <div id="mobile">
            영역 1
        </div>
        <div id="desktop">
            영역 2
        </div>
    </body>
</html>
```

영역 1과 영역 2에 완전히 다른 HTML 코드를 작성하면, 분명 하나의 웹 페이지인데 화면 크기에 따라 완전히 다른 내용물을 보여줄 수도 있습니다. 국내의 많은 소형 업체들의 웹 페이지가 사실 이런 형태로 구현되어 있습니다.

이 경우 HTML 코드의 용량이 두 배 가까이 불어나게 되므로 웹 페이지의 성능이 저하될 수 있습니다. 사용을 권장하지 않습니다.

하지만 명심하세요. 개발자 업계에서는 퀄리티보다 납기일을 맞추는 것이 더욱 중요한 경우가 많습니다. 퀄리티야 나중에 업데이트를 통해 개선할 수 있지만 정해진 날짜에 홈페이지를 오픈하지 못 한다면 사업에 타격이 오기 때문입니다. 기한을 엄수해야 하는 경우에는 이렇게라도 코드를 만들어서 제때 납품하는 것이 중요합니다.

아예 다른 스타일시트를 불러오기

경우에 따라 모바일용 디자인과 데스크탑용 디자인을 완전히 별개의 CSS 파일로 관리하는 경우가 생길 수도 있습니다. 모바일 페이지 디자이너와 데스크탑 페이지 디자이너가 서로 다른 사람일 경우 이런 일이 가장 흔합니다.

외부 CSS 파일을 〈link〉 태그로 불러올 때에도 미디어 쿼리를 적용할 수 있습니다.

```
        <link href="mobile.css" rel="stylesheet" media="(max-
width:600px)"/>
        <link href="desktop.css" rel="stylesheet" media="(min-
width:600px)"/>
```

윗줄의 코드는 화면의 너비가 600픽셀 이하일 때는 mobile.css 파일을 불러오고, 아랫줄의 코드는 화면의 너비가 600픽셀 이상일 때 desktop.css 파일을 불러오는 코드입니다. link 태그 내에 media 속성을 추가하고, 화면 너비와 관련된 조건을 삽입해 주는 것으로 화면 너비에 따라 서로 다른 CSS 코드를 불러올 수 있습니다.

미디어 쿼리와 vw를 적극적으로 섞어서 사용하면 여러분께서 반응형 웹 페이지를 만드는 데에는 전혀 어려움이 없을 것으로 생각됩니다. 폰트의 사이즈를 em 단위로 정의하는 등, 반응형 웹에서 사용되는 기술들이 이 외에도 존재합니다만, 지금 단계에서 거기까지 공부할 필요는 없을 것으로 생각됩니다. 다양한 웹 페이지를 직접 만들어 보시고, 외주건 회사 업무건 다양한 프로젝트를 수행하다가 필요성을 느낄 때가 되면 그때 구글에 살며시 검색해 보면 충분합니다. 이상으로 CSS에 대한 설명을 마무리하겠습니다. 고생 많으셨습니다.

HTML로 웹 페이지의 뼈대를 만드는 방법을 공부했고, CSS로 그 위에 살을 덧붙여 아름다운 디자인을 선보이는 방법을 공부했습니다. 이제 마지막으로 JS를 공부하면 웹 페이지에 영혼을 불어넣을 수 있습니다. 다음 챕터에서 만나겠습니다.

코딩만 따라 해도 웹페이지가 만들어지는

HTML+CSS+
자바스크립트

PART

4

웹 페이지에 영혼을 불어넣는 자바스크립트

Chapter

11

자바스크립트 문법은 한 챕터면 충분하죠

학습목표

자바스크립트는 복잡한 계산을 수행하고, HTML 태그와 CSS 스타일을 수정할 수 있는 도구입니다. 가만히 멈춰 서 있던 정적인 웹 페이지가 자바스크립트 덕분에 동적인 웹 페이지로 변할 수 있게 되었습니다. 예를 들어 마우스로 버튼을 클릭하면 특정한 동작을 하는 것들도 자바스크립트를 사용하여 만든 것입니다. 자바스크립트는 HTML이나 CSS보다 약간 어려운 문법을 가지고 있습니다. 처음 접하는 독자에게는 어려울 수 있지만 차근차근 문법부터 배워보겠습니다.

SECTION

11-1 자바스크립트의 발전

작품에 대한 애정은 점점 커지기 마련

자신의 노력과 시간을 담아 만들어진 작품이 더욱 사랑스러워 보이는 것은 어찌 보면 당연한 일입니다. 원래 내가 만든 요리가 더 맛있고, 내가 그린 그림이 더 예뻐 보이는 법이지요. 개발자들도 별반 다르지 않습니다. 오랜 시간 고생해서 직접 만든 웹페이지는 하나의 작품이라고 불러도 무방하겠지요.

그런데 엔지니어들이 자신의 작품을 사랑하는 방법은 다른 분야의 전문가들과는 약간 다릅니다. 기능을 추가하고, 성능을 개선하는 것이 공돌이들이 작품에 대한 애정을 표현하는 방법입니다. 웹 개발자들도 마찬가지입니다. 웹 페이지에 새로운 기능을 추가하는 것이 그들에게는 사랑을 표현하는 방식입니다. 작가 또한 마찬가지입니다. 개인 홈페이지의 버튼을 무지갯빛으로 빛나게 만들기 위해 밤을 새운 적도 있으니까요. 아마 지금 이 순간에도 각자의 방식으로 웹 페이지를 향한 애정을 표현하는 중인 사람들이 많을 것입니다.

그런데 처음 HTML이 출시되었을 때는 이것이 쉽지 않은 일이었습니다. HTML의 태생은 '하이퍼텍스트로 문서를 표현하는 도구'니까요. 텍스트를 아름답게 표현하는 것 이외의 기능은 딱히 많지 않았습니다.

덕분에 HTML의 한계 안에서 최대한 욕구를 해소하려는 개발자도 많았고, 다른 도구를 사용해 HTML 웹 페이지에 여러 가지 기능을 추가해 보려 시도하는 개발자도 많았습니다. 즐겁고 행복했겠지만, 매우 불편했을 것입니다. 그러나 이런 불편함은 의외로 대기업들의 경쟁 과정에서 해소되어버리고 말았습니다. 이를 '브라우저 전쟁'이라 부릅니다.

브라우저 전쟁

최초의 웹 브라우저 (1991)

자바스크립트의 등장을 논하려면 웹 브라우저의 역사에 대하여 논하지 않을 수가 없습니다. HTML을 처음 개발한 팀 버너스 리Tim Berners-Lee, 1955~는 HTML로 작성된 문서를 읽을 수 있는 브라우저와 월드 와이드 웹WWW도 개발하여 발표했습니다. 사실상 혼자서 현대의 인터넷을 발명해 낸 천재라고 봐도 무방하겠네요.

1991년, 당시 버너스 리는 NeXT라는 회사에서 스티브 잡스와 함께 일하고 있었습니다. 그는 회사에서 출시할 OS에 새로이 탑재하기 위해 넥서스Nexus 브라우저를 개발했습니다. 넥서스의 등장은 많은 IT 기업들에 커다란 자극이 되었습니다. 이후 약 1년 만에 온갖 브라우저들이 출시되면서, 시중에서 브라우저 사이의 경쟁이 벌어지게 됩니다. 단, 이 시절에는 아직 이미지를 텍스트와 함께 표현하는 기술이 없었습니다. 이미지를 보려면 별도의 창을 실행해야 한다는 한계가 있었지요.

브라우저의 혁신 (1993)

1992년 말, 일리노이 대학 부설 NCSA[1]에서 모자이크 브라우저를 발표합니다. 모자이크 브라우저는 당시 수준으로 엄청나게 진보한 기술력과 편의성으로 똘똘 뭉친, 그야말로 슈퍼 플레이어였습니다.

모자이크 브라우저는 최초로 사진을 문서 내부에서 표현할 수 있는 첨단 기술이 탑재되어 있었습니다. 사용자들은 별도의 창을 실행하지 않고서도 문서 내부에 포함된 이미지를 볼 수 있다는 사실에 열광했습니다. 뿐만 아니라 하이퍼링크를 마우스로 클릭하는 것만으로 다른 페이지로 이동할 수도 있게 되었습니다. 지금 우리에게는 익숙한 기능들이지만 당시에 이는 브라우저의 혁신과도 같았습니다. 심지어 NCSA는 1993년 1월부터 모자이크 브라우저를 무료로 사용할 수 있도록 공개했습니다. 덕분에 컴퓨터 자체가 흔치 않던 당시에 200만 회 다운로드를 달성합니다.

1 National Center for Supercomputing Applications, 미국 국립 슈퍼컴퓨팅 센터

모자이크 브라우저의 개발자인 마크 앤드리슨Marc Lowell Andreessen은 훗날 벤처캐피털 회사를 설립하였습니다. 페이스북, 트위터, 인스타그램, 에어비앤비, 스카이프, 오큘러스, 깃허브 등 이름만 들어도 전 세계가 열광하는 벤처기업에 다수 투자하여 큰 성공을 이루었다고 하니, 명예와 부를 모두 갖춘 위인이 되어버리셨습니다.

넷스케이프의 설립과 전쟁의 서막 (1994)

1992년, 마크 앤드리슨은 20살짜리 학부생이었습니다. 우리나라였으면 군대에 갔을 나이인데, 참 부러운 환경입니다. 당시 그가 법률에 대한 지식이 해박했다면 졸업 이후에 모자이크 브라우저를 발표했을지도 모릅니다. 직무발명[2]이 성립하여 모자이크 브라우저는 일리노이 대학교의 재산이 되고 말았으니까요. 1994년 석사 학위를 취득한 앤드리슨은 모자이크 브라우저로 사업을 하기 위해 모자이크라는 이름의 회사를 설립했습니다만, 일리노이 대학이 이에 유감을 표합니다. 사업을 강행하다가는 모교와 소송전을 치러야 하는 상황이 되어버렸습니다.

이에 그는 사명을 넷스케이프 커뮤니케이션즈Netscape Communications로 변경하고, 새로운 브라우저를 개발하여 출시했습니다. 이 브라우저의 이름이 넷스케이프 내비게이터Netscape Navigator입니다.

넷스케이프 내비게이터는 출시하자마자 모자이크 브라우저의 점유율을 빼앗아왔습니다. 모자이크 브라우저의 원작자가 만든, 더욱 고성능의 제품이니 시장이 열광할 수밖에요. 당시 브라우저는 첨단 기술이었고, 소프트웨어를 상업적 목적으로 사용하기 위해 돈을 지불하는 것이 당연시되던 시장이었습니다. 그런데 시장 점유율이 80%에 육박한다? 도저히 참을 수 없는 상황입니다. 요즈음 이런 회사가 있다면 연일 상한가를 갱신하고 있지 않을까요?

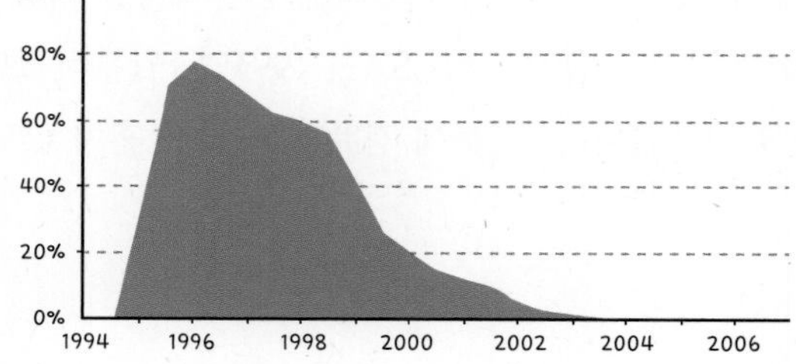

넷스케이프 내비게이터의 시장 점유율

2 직원이 업무와 관련하여 발명한 기술은 회사의 소유물임

모두가 넷스케이프가 꽃길만 걸을 것으로 생각했습니다. 투자자들도 열광했고요. 그런데 말입니다. 이 상황을 조용히 지켜보며 입맛을 다시던 천재 백만장자가 있었습니다. 그의 이름은 빌 게이츠입니다.

제 1차 브라우저 전쟁의 시작 (1996~2002)

넷스케이프의 찬란한 성공을 눈여겨보던 사람들이 많습니다. 이들이 격돌하며 브라우저 사이의 커다란 전쟁이 벌어졌고, 이를 브라우저 전쟁이라 부릅니다. 그래프를 살펴보면 어느 순간부터 넷스케이프의 시장 점유율이 곤두박질치고 있는 것을 확인하실 수 있습니다. 1차 브라우저 전쟁은 평화로워 보이던 넷스케이프의 시장 점유율을 빼앗아 가기 위한 경쟁이었습니다.

빌 게이츠는 넷스케이프와 경쟁하기 위해 모자이크의 라이선스를 정식으로 구매하여 인터넷 익스플로러Internet Explorer, IE를 개발합니다. 그리고 IE를 윈도우 내장 기능으로 제작하여 무료로 배포해버립니다.

당시 넷스케이프 내비게이터는 윈도우, 리눅스, 맥 3개 대형 OS 위에서 구동되던 프로그램으로, 기업 측에서는 컴퓨터 하드웨어와 OS, 브라우저에 삼중 지출을 해야 하는 구조였습니다. 그런데 이미 보급률이 높았던 윈도우가 무료로 고성능 웹 브라우저를 제공해버리면서 시장의 균형이 무너지기 시작한 것입니다.

윈도우를 구매한 회사에서는 더 이상 돈을 추가로 지출하면서 넷스케이프 내비게이터를 구매할 이유가 사라졌습니다. 리눅스와 맥을 구매하던 회사는 어차피 돈을 지출해야 한다면, 이왕이면 웹 브라우저를 무료로 제공하는 윈도우를 구매하려 했고요.

결과적으로 2002년경, 마이크로소프트의 인터넷 익스플로러가 전 세계 점유율 93%를 달성하며, 넷스케이프를 사실상 폐업시켜버리며 전쟁의 승리를 달성합니다. 여기서 주목해야 할 점이 있습니다. 인터넷 익스플로러는 윈도우에서만 사용할 수 있는 소프트웨어입니다. 따라서 당시 윈도우의 시장 점유율 역시 93%가량이었을 것으로 추정할 수 있습니다.

그런데 윈도우 OS를 사용하면서도 넷스케이프와 같이 다른 회사의 브라우저를 사용하는 사람도 분명히 있었을 것입니다. 따라서 윈도우의 실질적인 시장 점유율은 93%보다 훨씬 높았을 것으로 예상됩니다.

이때 확보한 무시무시한 시장 점유율은 현재까지도 마이크로소프트사의 큰 자산입니다. 현재 윈도우의 시장 점유율은 76%가량으로 압도적인 1위입니다. 2위인 애플의 맥OS와는 4.5배가량 격차를 두고 있고요.

결과적으로 빌 게이츠의 판단은 역사를 바꿔 놓은 혜안이었습니다. 브라우저의 점유율과 OS 점유율 모두 마이크로소프트가 독점하는 결과가 벌어졌으니까요. 앞으로도 윈도우의 압도적인 점유율이 하락할 가능성은 작아 보입니다.

저항군의 활약 (2004~2010)

넷스케이프 내비게이터는 전쟁에서 패배하고, 소스 코드를 모두 공개했습니다. 이 코드를 모질라 재단Mozilla Foundation이 계승하여 2004년에 파이어폭스 브라우저Firefox Browser를 발표합니다. 파이어폭스 브라우저는 현재 우분투 등 다양한 리눅스의 기본 브라우저로 채택되었습니다.

그런데, 의외로 시간이 지날수록 점점 인터넷 익스플로러의 점유율이 떨어지는 것 아니겠습니까? 앞에서 보았던 그래프에서도 녹색 영역이 점점 더 좁아지는 것을 보실 수 있을 것입니다.

저자는 어린 시절 윈도우 OS를 사용했음에도 인터넷 익스플로러의 속도에 불만족하여 파이어폭스 브라우저를 사용했습니다. 속도와 안정성이 월등히 뛰어났던 것으로 기억합니다. 아마 많은 사람이 비슷한 이유로 IE가 아닌 다른 브라우저를 사용했을 것으로 생각됩니다.

모질라 재단은 MS와 맞서 싸우면서 2010년에 점유율을 30%까지 끌어올립니다. 그리고 이를 지켜보며 캘리포니아에 있던 어떤 중소기업이 입맛을 다시고 있었습니다.

2차 브라우저 전쟁 (2008~2016)

1차 브라우저 전쟁 당시 구글의 창업자인 래리 페이지와 세르게이 브린은 브라우저의 개발에 대한 강한 열정이 있었습니다. 하지만 당시 CEO인 에릭 슈미트는 구글이 덩치가 너무 작아 MS에 타격을 입힐 수 없을 것으로 판단, 브라우저 전쟁에 끼어드는 것을 반대했습니다. 그런데 몇 년이 지나고 나니 넷스케이프의 계승자들이 MS를 상대로 잘 싸우고 있는 것이 아니겠습니까? 비영리재단이 업계 1위 대기업과 싸움이 성립하는 것도 신기한데 시장 점유율을 30%나 빼앗아 오고 있으니 얼마나 재미있는 볼거리였을까요.

이에 래리 페이지와 세르게이 브린은 묻어뒀던 열정에 다시 불을 붙이고 말았습니다. 모질라 재단 출신 개발자들을 채용하며 에릭 슈미트를 설득해 결국 크롬 프로젝트를 시작해버리고 말았습니다. 설득에만 6년이 걸렸대요. 구글은 2008년 9월에 크롬의 베타 버전을, 12월에는 정식 버전을 출시합니다. 당시 모질라 재단에서는 구글에 격하게 반대했습니다. 조금만 더 시간이 지나면 자기들이 마이크로소프트를 물리치고 시장의 승리자가 될 것 같았는데, 갑자기 구글이 튀어나왔으니 화가 날 만도 하지요.

결과적으로 구글의 크롬은 출시된 지 3년 만인 2011년 8월에 점유율 30%의 벽을 넘어섰고, 그로부터 반년 뒤 MS의 인터넷 익스플로러 점유율까지 넘어서고 맙니다. 4년 만에 세계 1위 점유율을 달성해버린 것입니다. 2차 브라우저 전쟁은 이렇게 막을 내립니다. 전쟁이랄 것도 없지요. 갑자기 나타난 구글이 시장의 모든 플레이어를 학살한 것에 지나지 않으니 말입니다. 이후 MS는 완전한 패배를 선언하며, 윈도우에 내장된 엣지EDGE 브라우저를 크롬 엔진인 크로미움Chromium으로 제작하기에 이르렀습니다.

윈도우 11부터는 IE가 삭제되고 엣지만 제공되므로, 이제는 윈도우에 크롬이 기본 탑재되어 판매되는 것이나 마찬가지인 상황이 벌어졌습니다. 브라우저 전쟁은 이렇게 막을 내렸습니다.

브라우저 전쟁과 자바스크립트

자바스크립트의 탄생

1차 브라우저 전쟁 이전으로 되돌아 가보도록 하겠습니다. 넷스케이프 내비게이터가 모자이크 브라우저를 압도적으로 이길 수 있었던 가장 큰 비결은 성능입니다.
마크 앤드리슨은 브라우저가 본질적으로 가져야 할 방향을 새롭게 제시하려 했습니다. 단순히 문서를 보여주는 도구에서 그칠 것이 아니라, 웹 페이지를 하나의 유기적인 도구로 간주하여 개발자와 디자이너가 상호작용해 웹 페이지를 만들고, 웹 페이지와 사용자가 상호작용하는 소통의 도구가 되기를 바랐던 것이지요. 따라서 그는 텍스트와 이미지, 플러그인 등 다양한 정보와 기능을 서로 엮어주는 도구가 필요하다고 믿었고, 이를 브라우저에 탑재해야 한다고 생각했습니다. 마크업 언어가 아닌 프로그래밍 언어가 필요해진 시점이지요.

넷스케이프는 썬 마이크로시스템즈와 접선하여 자바[Java]를 브라우저에 탑재하려고 시도하기도 했지만, 결국 자기들이 직접 프로그래밍 언어를 만들기로 결심했습니다. 이렇게 만들어진 언어가 자바스크립트이며, 브랜든 아이크가 초안을 10일 만에 작성한 것으로 유명합니다.

자바스크립트는 사실 자바와 전혀 관련이 없는 언어입니다. 당시 명성을 떨치던 자바의 이름을 흉내 낸 것에 지나지 않은 작명입니다. 하지만 사용자들은 이름만 보고 자바스크립트가 자바와 관련이 있는 언어라고 착각을 했고, 이는 제품의 신뢰도 상승으로 이어졌습니다. 썬 마이크로시스템즈에서는 몹시 기분이 나빴을 것 같네요. 자바스크립트는 넷스케이프 내비게이터 2.0부터 탑재되어 매출 견인에 앞장섰습니다.

마이크로소프트의 참전

마이크로소프트는 자바스크립트의 등장에 자극을 받았습니다. 웹 브라우저에 프로그래밍 언어가 탑재되고 나니, 웹 사이트가 사용자와 상호작용 하면서 다양한 기능을 수행할 수 있게 되었거든요. 자바스크립트로 작성된 웹 페이지는 마치 생명을 가진 것처럼 많은 사람에게 편리함과 재미, 그리고 감동을 줬습니다.

그런데 자바스크립트로 작성된 웹 페이지는 자바스크립트를 탑재한 넷스케이프 내비게이터에서만 작동했습니다. 이런 상황은 좋지 않습니다. IE에서 실행되지 않는 웹 페이지들이 많아지면, IE의 점유율이 하락할 수 있으니까요. 빌 게이츠가 이 상황을 그냥 두고 보고 있었을 리가 없습니다.

이에 마이크로소프트는 자바스크립트와 호환이 가능한 JScript[제이스크립트]를 제작하여 인터넷 익스플로러에 탑재합니다. 이 시점에서 시장 점유율 1위인 업체와 2위인 업체가 모두 자바스크립트(와 그 유사품)를 사용하고 있었으므로, 자바스크립트의 성공은 이미 확정되었습니다. 다만 어느 회사가 사용하는 규격이 표준이 될 것이냐만 문제로 남아 있었지요.

MS의 추락과 표준화

넷스케이프를 이긴 마이크로소프트는 JScript를 계속해서 사용합니다. 그러나 모질라 재단의 등장과 크롬의 등장으로 인해 더 이상 마이크로소프트는 JScript가 시장의 표준이 되어야 한다고 주장할 수 없게 되었습니다. 한국인이라면 그 이유를 간단히 설명해도 바로 이해하실 수 있습니다.

많은 회사에서 JScript를 사용하여 웹 페이지를 작성했습니다. 그런데 JScript는 IE에서만 지원하잖아요? 그래서 크롬을 비롯한 다른 브라우저에서 이 웹페이지가 실행되지 않는 사태가 벌어졌습니다. 크롬이 등장하기 이전에도 이미 대부분 기관이 JScript를 탈출하기 시작했습니다. 파이어폭스의 점유율이 점점 커지고 있는데, 이 세상 컴퓨터의 30%에서 작동하지 않는 웹 페이지를 사용할 이유가 없기 때문입니다.

그 와중에 구글의 크롬 점유율이 압도적으로 높아지게 되어 사실상 웹 개발자들이 JScript를 사용할 이유가 전혀 없게 되었습니다. 결과적으로 자바스크립트가 웹 브라우저의 국제 표준으로 자리 잡게 되었으며, 규격을 통일시키기 위한 협약이 체결되며 JScrpit는 퇴출되었습니다.

현재는 2009년 표준으로 제정된 제 5차 ECMA Script 이후 규격을 자바스크립트로 인정하고 있으며, 전 세계의 모든 브라우저가 ECMA Script의 규격을 따르고 있습니다. 여러분은 그저 현대 규격에 맞는 자바스크립트를 한 번만 공부하면, 모든 브라우저에서 정상적으로 작동하는 웹 페이지를 만들 수 있게 된 것이고요.

그나저나 2009년에 이미 자바스크립트가 표준으로 채택되었음에도 대한민국 공공기관 홈페이지 중 IE에서만 작동하는 페이지들이 많습니다. 불과 몇 년 전까지만 하더라도 크롬으로는 아예 공공기관 홈페이지 사용이 곤란했고요. 아직도 조달청 나라장터 등 일부 웹 페이지는 크롬에서 활용하기가 어렵습니다. 대한민국 IT 기업들은 세계 최정상에서 경쟁하는데, 대한민국 관공서는 아직도 2009년 국제 표준 수준에도 도달하지 못한 상태입니다.

현재 업계에서는 자바스크립트를 기반으로 한 다양한 프레임워크를 사용하여 프론트엔드 개발을 수행하고 있습니다. 추후 개발자 취직을 준비한다면, React, Vue.js 등 다양한 최신 자바스크립트 프레임워크를 사용하는 회사를 선택하는 것을 추천합니다. 여러분의 커리어에 큰 도움이 될 것입니다.

SECTION

11-2 웹 페이지에 영혼을 불어넣는 도구

기술적인 측면에서 바라보자면 자바스크립트는 복잡한 계산을 수행하고, HTML 태그와 CSS 스타일을 수정할 수 있는 도구입니다. HTML 태그와 CSS를 수정할 수 있다는 사실 자체가 자바스크립트의 가장 중요한 특징 중 하나입니다.

하이퍼텍스트가 주목받았던 이유는 종이를 한 페이지씩 넘기듯 탐색하는 것이 아니라 하이퍼링크를 통해 정보를 탐색할 수 있었기 때문이지요. 기존의 문서 포맷이 가지고 있는 한계를 돌파했다는 부분에 하이퍼텍스트의 핵심 의의가 있습니다.

그리고 자바스크립트는 하이퍼텍스트의 한계를 돌파하여 더욱 고차원적인 정보 전달을 가능케 합니다. 원래 HTML 문서는 한 번 작성하여 브라우저에서 실행하면, 그 뒤로는 내용물이 바뀌지 않습니다. 하지만 자바스크립트를 활용하면 사용자가 버튼을 클릭하거나 스크롤을 이동시킬 때, 문서의 내용물과 모양을 수정할 수 있습니다.

덕분에 사용자와 웹 페이지가 실시간으로 상호작용할 수 있게 되었고, 사용자의 행동에 반응하여 화면에 표시되는 정보와 디자인이 변화하는 웹 페이지를 개발할 수 있게 되었습니다. 사용자 경험 설계(UX Design)라는 새로운 디자인 분야를 사실상 자바스크립트가 개척했다고 봐도 무방할 것입니다.

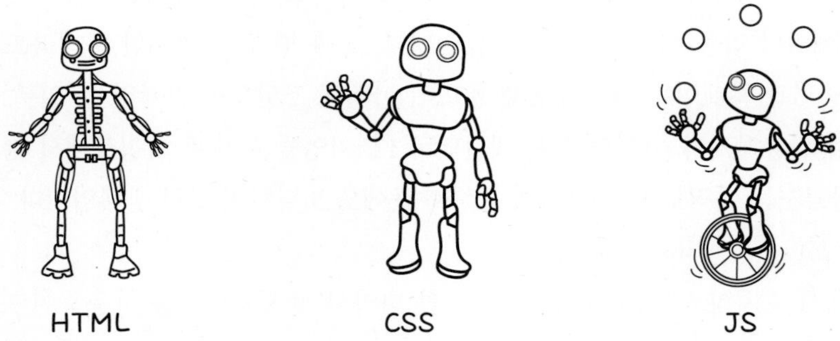

가만히 멈춰 서 있던 정적인 웹 페이지가 자바스크립트 덕분에 살아 움직일 수 있게 되었습니다. HTML이 뼈대를 만들고, CSS가 껍데기를 만들었다면, 자바스크립트가 웹 페이지에 영혼을 불어넣어 주게 된 것이지요.

SECTION

11-3 자바스크립트 기초

자바스크립트 코드를 실행하는 방법

자바스크립트 코드 실행을 위하여 별도의 프로그램을 설치할 필요는 없습니다. 여러분이 자주 사용하는 웹 브라우저에서 개발자 모드를 실행해 주세요. 그리고 [콘솔] 탭을 클릭해 주세요.

혹시 화면에 불필요한 글자가 표시되고 있다면 Ctrl + L을 누르거나 상단의 [콘솔 지우기] 버튼(⊘ 모양)을 클릭하여 콘솔 창을 초기화하기 바랍니다. 개발자 모드의 콘솔은 자바스크립트 실행을 위한 인터프리터interpreter[3]가 내장되어 있으므로, 콘솔에서 바로 자바스크립트 코드를 연습해 볼 수 있습니다.

사칙연산

가벼운 사칙연산부터 시작해보겠습니다. 화면에 숫자의 덧셈과 뺄셈, 곱셈과 나눗셈을 입력해 보기 바랍니다. 그리고 Enter ↵를 누르면 코드가 실행됩니다.

곱셈은 별표(*)를 사용하고, 나눗셈은 슬래시(/)를 사용합니다.

개발자 도구의 콘솔			
> 3 + 4 7	> 4 - 2 2	> 54 * 2 108	> 72 / 8 9

인터프리터의 사용이 익숙해질 때까지 반복하여 연습해 보기 바랍니다.

3 컴퓨터와 대화를 나누듯이 코드를 한 줄씩 실행하고 컴퓨터의 답변을 받아볼 수 있는 도구

데이터 타입

자바스크립트의 기본 데이터 타입

컴퓨터에서 사용되는 데이터에는 다양한 종류가 있습니다. 우리가 이미 살펴본 숫자 또한 대표적인 데이터 타입 중 하나입니다. typeof()라는 코드를 콘솔에 입력하면 데이터의 타입을 확인할 수 있습니다.

개발자 도구의 콘솔

```
> typeof(32)
"number"
```

typeof() 안에 32를 넣었더니 "number"라는 결과가 나왔습니다. 32라는 숫자는 자바스크립트 입장에서 "number"라는 데이터 타입이라는 의미입니다.

자바스크립트에는 총 6종류의 기본 데이터 타입이 있습니다. 이들 중 여러분이 꼭 알아야 하는 데이터 타입 4가지를 간략하게 소개하겠습니다.

자료형	표현 방법	예시	typeof 실행결과	역할
Number	숫자 형태	25 3.141592	> typeof(25) "number"	숫자의 표현
String	따옴표로 감싼 형태	"hello" 'hi'	> typeof("hello") "string"	문자의 표현
Boolean	따옴표 없는 영문 소문자	true false	> typeof(true) "boolean"	참과 거짓의 표현
undefined	값 할당 없이 변수의 선언	let x let y	> let x > typeof(x) "undefined"	변수에 값이 할당되지 않았음을 안내

❶ Number(넘버)

숫자를 표현하기 위한 데이터 타입입니다. 따옴표 없이 숫자 그 자체를 화면에 입력하는 것으로 넘버 타입을 사용할 수 있습니다. 소수점을 활용할 수도 있으며, 소수점 없이 정수를 바로 입력해도 좋습니다. 숫자와 숫자 사이에는 앞서 살펴본 사칙연산이 성립합니다.

❷ String(스트링)

문자를 표현하기 위한 데이터 타입입니다. 스트링을 표현하려면 두 개의 따옴표가 필요합니다. 큰따옴표와 작은따옴표 모두 사용 가능하지만, 반드시 같은 종류의 따옴표 두 개를 사용해야 합니다. 자바스크립트에서는 큰따옴표 "" 또는 작은따옴표 '' 사이에 입력된 모든 데이터가 스트링으로 취급됩니다.

스트링과 스트링 사이에는 덧셈이 성립합니다. 숫자의 덧셈과 달리, 두 개의 스트링을 하나로 이어붙여 주는 용도로 사용됩니다.

개발자 도구의 콘솔

```
> "abc" + "def"
abcdef
```

스트링은 넘버와 달리 다양한 부가기능을 탑재하고 있습니다. 콘솔에 스트링을 입력하고, 점(.)을 찍어 보기 바랍니다.

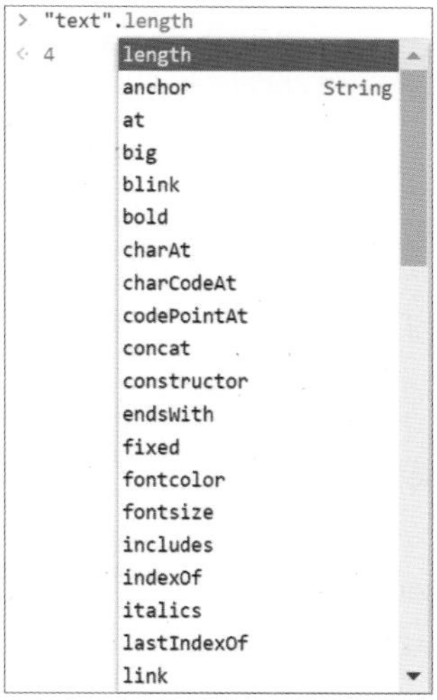

이와 같이 어떤 대상 뒤에 점(.)을 찍어서 호출할 수 있는 유용한 기능들을 메서드method라고 부릅니다. 스트링의 메서드를 모두 알 필요는 없습니다. 자주 쓰이는 기능 몇 가지를 소개합니다.

절대로 이 표를 외우려고 시도하지 않기 바랍니다. '이런 기능도 있구나.' 정도만 느끼고 넘어가기 바라며, 추후 필요를 느낄 때 이 책을 다시 펼쳐보고 참고하는 것만으로도 충분합니다.

메서드	코드 실행 방법	코드 실행 결과	용도
length	"text".length	> "text".length 4	문자의 길이를 알려줍니다.
startsWith	"text".startsWith("te")	> "text".startsWith("te") true > "text".startsWith("xt") false	스트링이 괄호 안의 문자로 시작하는지 검사합니다.
endsWith	"text".endsWith("xt")	> "text".endsWith("xt") true > "text".endsWith("te") false	스트링이 괄호 안의 문자로 끝나는지 검사합니다.
indexOf	"abcde".indexOf("c")	> "abcde".indexOf("c") 2 > "abcde".indexOf("q") -1	괄호 안에 입력된 스트링이 어디에 위치하는지 알려줍니다. 만약 스트링에 포함되지 않는다면 결과값이 -1이 됩니다.
repeat	"abc".repeat(3)	> "abc".repeat(3) "abcabcabc"	스트링을 여러 번 반복합니다
replace	"abcde".replace("c", "q")	> "abcde".replace("c", "q") "abqde"	스트링 일부분을 다른 내용으로 교체합니다
split	"abcde".split("c")	> "abcde".split("c") ["ab", "de"]	괄호 안에 입력받은 내용을 토대로 스트링을 쪼개 줍니다.
toUpperCase	"abc".toUpperCase()	> "abc".toUpperCase() "ABC"	알파벳을 대문자로 바꿔 줍니다.
toLowerCase	"ABC".toLowerCase()	> "ABC".toLowerCase() "abc"	알파벳을 소문자로 바꿔 줍니다.

❸ Boolean(불리언)

참과 거짓을 표현하기 위해 사용합니다. 소문자 true와 false 두 종류가 있습니다. true는 사실 숫자 1이며 false는 숫자 0입니다. 따라서 아래와 같이 불리언과 넘버 사이에 사칙연산이 성립합니다.

개발자 도구의 콘솔	
> true + 1 2	> false + 1 1

❹ undefined

영단어를 그대로 해석하자면 '정의되지 않았음' 정도의 의미가 될 것 같습니다. 말 그대로 아직 데이터가 정의되지 않은 상태임을 의미합니다. 데이터가 입력될 수 있는 공간임에도 불구하고 비어 있다는 뜻으로 사용됩니다.

여러분이 의도하여 undefined라는 데이터 타입을 활용할 일은 많지 않을 것입니다. 일반적으로 undefined 타입은 코드에 무언가 문제가 생겼을 때 자주 마주치게 됩니다. 만약에 여러분이 자바스크립트로 코딩 중에 문제가 발생했고, 에러 메시지에 undefined라는 단어가 등장한다면 어딘가 데이터 누락이 발생한 것이 아닌지 살펴보기 바랍니다.

타입캐스팅

데이터 타입의 종류를 바꾸는 행위를 타입캐스팅이라 부릅니다. 자주 사용되는 타입캐스팅 명령어 종류는 세 개뿐이므로, 외워 두는 것을 추천합니다.

명령어	실행 예시	용도	비고
String	> String(3) "3" > String(true) "true"	다른 종류의 데이터를 스트링으로 변환합니다.	여러분이 만나보게 될 대부분 데이터에 적용 가능합니다.
Number	> Number("3") 3 > Number(false) 0 > Number("abc") NaN	다른 종류의 데이터를 넘버로 변환합니다.	True와 False는 각각 1과 0으로 변환됩니다. "b"와 같이 숫자로 변경이 곤란한 데이터를 실행 할 때 NaN[4]이 됩니다.

4 Not a Number의 약자로, '숫자가 아니다.'라는 의미입니다. 실전에서는 숫자가 들어가야 할 자리에 숫자가 아닌 존재가 입력되어 문제가 생긴 경우 자주 만나볼 수 있습니다.

명령어	실행 예시	용도	비고
Boolean	> Boolean(0) false > Boolean(NaN) false > Boolean(3) true > Boolean("a") true > Boolean("false") true	다른 종류의 데이터를 불리언으로 변환합니다.	숫자 0이나 NaN과 같이 의미가 없는 경우에만 false가 나오고, 유의미한 데이터를 입력받은 경우 true가 나옵니다. 심지어 "false"를 입력할 경우에도 true가 나옵니다. 스트링 "false"는 다섯 개의 알파벳으로 구성된 유의미한 데이터이기 때문입니다.

인덱싱과 슬라이싱

"abcde"라는 스트링이 있습니다. 여기서 세 번째에 위치하는 알파벳은 무엇일까요? 바로 "c"입니다. 이것이 인덱싱의 전부입니다. 인덱싱은 데이터를 분석하여 우리가 원하는 순서에 위치한 데이터를 뽑아 줍니다. 세 번째 자리에 있는 데이터를 뽑아내는 방법을 코드로 표현하면 아래와 같습니다.

개발자 도구의 콘솔

```
> "abcde"[2]
"c"
```

이때 숫자 3이 아니라 2가 입력되었습니다. 사람은 컴퓨터와 달리 숫자를 0에서부터 세기 때문입니다. "abc"를 순서대로 세어 보라고 컴퓨터에 명령하면 아래와 같은 방식으로 작업을 수행할 것입니다.

"0번에는 a, 1번에는 b, 2번에는 c"

이 점에 유의하여 대괄호 [ ]를 적용하는 것으로 인덱싱을 수행할 수 있습니다. 만약 하나의 값이 아니라 여러 개의 값을 가져오고 싶다면 slice() 메서드를 사용합니다.

개발자 도구의 콘솔

```
> "abcdefgh".slice(3, 5)
'de'
```

괄호 안에 시작점부터 종료 지점을 입력하는 것으로 여러 개의 연속된 값을 가져올 수 있습니다. 파이썬 등 다른 프로그래밍 언어들은 대괄호에서 바로 슬라이싱을 사용할 수 있습니다만, 자바스크립트에서는 별도의 메서드를 적용해야 합니다.

SECTION

11-4 자바스크립트 문법 끝장내기

변수

변수variable는 데이터를 담아 두기 위한 그릇과도 같은 존재라고 생각하면 편합니다. 지금부터 그릇을 만드는 과정을 한 번 보여드리겠습니다.

개발자 도구의 콘솔

```
> let a
undefined
```

let은 '지금부터 변수를 만들겠습니다.'라는 의미입니다. 참고로 let 외에도 비슷한 기능을 하는 var와 const가 있는데, var는 예전에 사용되었으며 최근에는 주로 let과 const가 사용되고 있습니다. let뒤에는 변수의 이름을 입력합니다. 위 코드는 "a"라는 이름을 가진 변수를 만든다는 의미가 되는 것이지요.

이렇게 변수를 새로이 만드는 행위를 선언declaration이라고 부릅니다.

변수 a를 만들기만 하고 아무런 데이터를 입력하지 않았습니다. 그래서 화면에 undefined라는 데이터 타입이 출력되고 있네요. 여기에 값을 입력해 보겠습니다.

개발자 도구의 콘솔

```
> a = 3
3
```

직관적으로 받아들여 봅시다. 'a는 3이다.' 쉽게 와닿는 표현 아니겠습니까? '지금부터 a라는 변수에 3이라는 값을 삽입하겠습니다.' 라는 의미입니다. 이렇게 새로운 값을 변수에 집어넣는 행위를 할당assignment이라고 부릅니다. 할당을 통해 변수는 의미를 부여받게 되므로, 더 이상 undefined 타입이 아니게 됩니다.

앞에 나온 두 줄의 코드를 한 줄의 명령으로 줄일 수도 있습니다.

개발자 도구의 콘솔

```
> let a = 3
undefined
```

콘솔에는 undefined가 출력되지만 신경쓰지 않아도 됩니다. 화면에서 변수 a를 호출하면 내부의 값이 정상적으로 출력됩니다.

개발자 도구의 콘솔

```
> a
3
```

어떤가요? 변수 a에 담아뒀던 값을 자유자재로 꺼내서 쓸 수 있지요? 실제 데이터가 들어가야 할 자리에 변수를 집어넣어도 정상적으로 작동합니다.

개발자 도구의 콘솔

```
> a + 7
10
```

변수를 처음 선언할 때는 let을 붙여야 하지만, 이미 선언된 변수를 불러와 사용할 때는 let을 붙이지 않습니다.

숫자형 변수에서만 성립하는 재미있는 규칙이 있습니다. 먼저 예시를 소개하겠습니다.

개발자 도구의 콘솔

```
> let a = 3        > let a = 3        > let a = 3        > let a = 3
> a                > a                > a                > a
3                  3                  3                  3
> ++a              > a++              > --a              > a--
4                  3                  2                  3
> a                > a                > a                > a
4                  4                  2                  2
```

변수의 앞뒤에 ++ 또는 --가 붙으면 변수에 입력된 숫자가 1 증가하거나 감소합니다. 그런데 실행 결과에 주목하기 바랍니다.

++나 --가 변수의 왼쪽에 위치하는 경우 해당 줄의 코드가 실행되기 전에 숫자의 증감이 먼저 이루어집니다. 반대로 변수의 뒤에 ++나 --가 위치하는 경우, 해당 줄의 코드가 실행된 다음 숫자의 증감이 이루어집니다. 실전에서 굉장히 자주 활용되는 기능입니다.
만약 처음 값을 지정한 이후 변수의 값을 변화시키지 않고, 고정된 값만 사용하려면 아래와 같이 let 대신 const를 사용합니다.

개발자 도구의 콘솔

```
> const a = 3
```

const로 선언된 a의 값은 바꿀 수 없습니다. a에 새로운 값을 집어넣으려 시도하면 에러가 발생합니다. 왜곡되면 안 될 소중한 데이터를 보관할 때는 const를 사용하면 유용합니다.

조건문

조건문은 프로그래밍의 꽃과도 다름없는 존재입니다. 그리고 불리언 데이터 타입은 오로지 조건문을 위해 고안된 존재라고 할 수 있지요. 조건문은 주어지는 조건에 따라 컴퓨터가 다른 방식으로 행동하도록 조작하는 도구입니다.

> "비가 오면 우산을 가져와."
> "고기의 앞면이 다 익었으면 뒤집어."
> "이번 달 월급이 들어왔다면 치킨 사줘."

조건에 따라 행동 지침이 달라지는 것은 우리의 일상에서도 이토록 쉽게 만나볼 수 있습니다. 조건문을 활용할 때는 if라는 문구를 사용합니다. 그래서 조건문을 편하게 if문[이프문]이라고 부르기도 합니다. if문의 표준 사용 방법은 아래와 같습니다.

```
if (조건) {
        수행할 행동
}
```

괄호 안에 넣어준 조건이 참[true]이 된다면 행동을 수행하고, 거짓[false]이 된다면 아무런 행동을 취하지 않습니다. 괄호 안에는 참 거짓을 의미하는 불리언 타입 데이터를 바로 입력할 수도 있지만, 계산을 통해 참과 거짓이 밝혀지는 식을 입력하기도 합니다. 예시를 들어 보겠습니다.

> '변수 x의 값이 5보다 크다.'
> '변수 x는 홀수다.'
> '변수 x는 1이다.'

변수 x의 값을 조사하면 위 세 문장의 참과 거짓을 판별할 수 있겠지요?

참과 거짓을 판명하는 데 자주 사용하는 유용한 도구를 소개합니다. 이 친구들의 이름은 비교 연산자입니다. 두 개의 데이터를 서로 비교하고, 그 결과를 토대로 참과 거짓을 알려주기 때문에 이런 이름이 붙었습니다.

명령어	실행 예시	용도	비고

= = =	`> let a = 3`
	`> a === 3`
	`true`
	`> a === 4`
	`false`
		왼쪽과 오른쪽에 있는 값이 동일한지 비교합니다.	다른 프로그래밍 언어에서는 "=="와 "!="를 사용하지만, JS에서는 "="를 하나 더 붙입니다.

!= =	`> a !== 3`
	`false`
	`> a !== 3`
	`true`
		왼쪽과 오른쪽에 있는 값이 다른지 비교합니다.	

<	`> a < 4`
	`true`
	`> a > 4`
	`false`
		왼쪽과 오른쪽에 있는 값의 대소를 비교합니다.
		(미만 / 초과)
			NaN과 비교할 경우 항상 false가 나옵니다.
			
			`> 3 < NaN`
			`false`
			`> 3 > NaN`
			`false`

<	`> a > 2`
	`true`
	`> a < 2`
	`false`		

>=	`> a >= 3`
	`true`
	`> a >= 5`
	`false`
		왼쪽과 오른쪽에 있는 값의 대소를 비교합니다.
		(이상 / 이하)
			양쪽의 값이 동일할 때도 true가 나옵니다.
			
			`> 3 >= 3`
			`true`

<=	`> a <= 3`
	`true`
	`> a <= 2`
	`false`		

아래 조건을 살펴봅시다.

```
if (비가 내린다) {
        우산을 챙긴다
}
```

위 코드는 비가 내리면 우산을 챙기라는 의미의 if문입니다. 그런데 비가 오지 않을 때 어떤 행동을 해야 하는지는 정보가 주어지지 않았습니다. 이런 상황에서는 어떻게 해야 할까요? 아래 예시를 잘 살펴보기 바랍니다.

```
만약 (고기가 다 익었다면) {
        고기를 접시에 담는다
} 그렇지 않다면 {
        고기를 조금 더 굽는다
}
```

한 개의 괄호로 두 가지 종류의 명령을 전달하는 코드입니다. 위와 같이 한 개의 조건식괄호을 두고, 조건이 참일 때와 거짓일 때 실행할 명령을 한꺼번에 전달하려면 else라는 도구를 사용합니다.

```
if (고기가 다 익었다면) {
        고기를 접시에 담는다
} else {
        고기를 조금 더 굽는다
}
```

괄호 안의 조건이 참일 때는 if 안의 명령이 실행되고, 조건이 거짓일 때는 else 안의 명령이 실행됩니다. else와 if를 함께 겹쳐서 사용할 수도 있습니다. 아래 코드를 한 번 해석해 보기 바랍니다.

```
if (비가 온다면) {
    우산을 챙긴다
} else if (자외선 지수가 높다면) {
    썬크림을 바른다
} else {
    그냥 외출한다
}
```

else와 if를 겹쳐서 사용하면 한 가지 상황을 두고 여러 가지 조건을 따져볼 수 있습니다. 위 코드를 천천히 따라가며 생각해 보기 바랍니다.

① 만약 비가 온다면 우산을 챙길 것이고, else 이하의 명령은 실행되지 않은 채 코드가 종료됩니다.
② 만약 비가 오지는 않으나 자외선 지수가 높다면, 썬크림을 바르고 코드가 종료됩니다.
③ 비가 오지도 않고, 자외선 지수도 높지 않다면 그냥 외출하고 코드가 종료됩니다.

반복문

화면에 "hello!"를 5번 표시하려면 어떻게 해야 할까요? 여기 두 가지 방법을 소개합니다.

개발자 도구의 콘솔

```
> console.log("hello!")
hello!
> console.log("hello!")
hello!
> console.log("hello!")
hello!
> console.log("hello!")
hello!
> console.log("hello!")
hello!
```

```
> for (let i = 0; i < 5; i++) {
      console.log("hello!")
  }
hello!
hello!
hello!
hello!
hello!
```

여기서 사용된 console.log()는 '콘솔에 로그를 출력해 달라'는 의미가 있습니다. 쉽게 말하면, 화면에 글자를 적어 달라는 뜻이지요. 왼쪽은 총 5줄의 코드를 사용했습니다만 오른쪽 방법은 3줄의 코드를 사용했습니다. 고작 2줄 차이라 별로 대단하게 느껴지지 않을 수도 있습니다.

왼쪽 방법론으로 화면에 "hello!"를 100번 출력하려면 총 100줄의 코드가 필요합니다. 1,000번 출력하려면 총 1,000줄의 코드가 필요하고요. 하지만 오른쪽 방법론을 사용하면 단 3줄의 코드로 화면에 "hello!"를 100번이건 1,000번이건 출력할 수 있습니다. 반복되는 작업을 간편하게 처리해 주는 이 유용한 도구의 이름은 반복문입니다. for를 사용하기 때문에 편하게 for문포문이라고 부르기도 합니다.

for문을 사용하는 방법은 아래와 같습니다.

문법	예시

for (초기문; 조건문; 증감문) {
    반복하려는 내용
}
	for (let i = 0; i < 5; i++) {
	    console.log("hello!")
	}

초기문은 반복 작업을 시작하기 전에 실행할 명령을 의미합니다. 우측 예시에서 초기문은 i라는 변수를 만들고, 그 값으로 0을 할당하고 있습니다.

증감문은 작업을 1회 수행할 때마다 수행할 작업을 의미합니다. 우측 예시에서는 증감문으로 i++를 지정하고 있습니다. 이는 i라는 변수에 저장된 숫자를 1 증가시키는 의미가 있습니다. 따라서 중괄호 {} 내부에 입력된 작업이 한 차례 반복될 때마다 변수 i의 값이 1씩 증가합니다.

조건문은 반복이 종료되기 위한 조건을 입력합니다. if문과 마찬가지로 참과 거짓이 명확히 드러나는, 그러니까 불리언 변수로 변환 가능한 조건식을 입력합니다.

예시에서는 i < 5라는 조건이 입력되어 있습니다. i는 0에서부터 시작해서 작업을 한 번 수행할 때마다 1씩 커집니다. 작업이 끝날 때마다 i값은 매 순간 1, 2, 3, 4, 5로 바뀌게 되고, i가 5가 되는 순간 "i가 5보다 작다"라는 조건은 거짓이 됩니다. 조건이 거짓이 되면 반복이 중단됩니다. 따라서 위 작업은 딱 5회만 반복되고 끝나게 됩니다.

이렇게 보면 되게 헷갈리지요? 아예 규격을 외워버리면 조금 더 편하게 접근할 수 있습니다.

```
for (let i = 0; i < 5; i++) {
    반복할 내용
}
```

위에 표시된 숫자 5 대신 반복하고 싶은 회수를 기재하는 것입니다. 10을 입력하면 10번 반복되고, 1000을 입력하면 1000번 반복됩니다. 복잡한 계산이 번거롭다면 위와 같이 매번 표준화된 규격으로 for문을 활용하는 것 또한 하나의 유용한 방법입니다.

함수

함수란?

함수는 프로그래밍에서 가장 중요한 개념입니다. 함수는 영어로 function이라고 부릅니다. 우리는 사실 함수에 대한 개념을 초등학교에서 처음 배웠습니다. 한자어 함수(函數)의 함(函)은 상자를 의미합니다. 아래와 같은 상자 그림을 본 적이 있으실 것입니다.

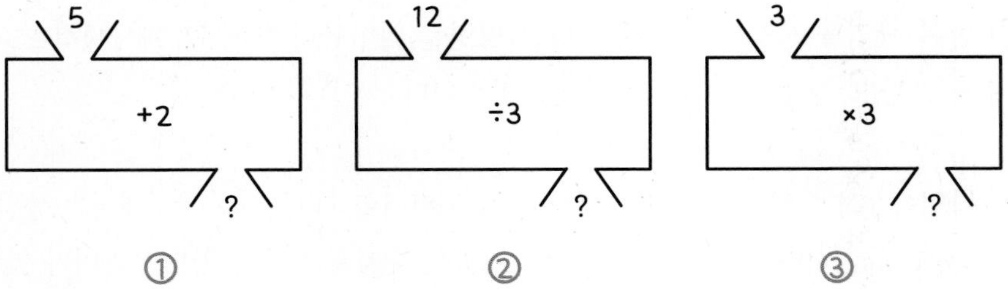

함수에 집어넣는 값을 입력값[input]이라고 부르고, 함수가 뱉어내는 값을 출력값[output]이라고 부릅니다. 1번, 2번, 3번 함수의 출력값을 예상할 수 있겠요? 물음표에 해당하는 숫자는 각각 7, 4, 9입니다.

프로그래밍에서 함수를 자주 사용하는 이유는, 상자의 내부를 매우 복잡하고 어지럽게 설계할 수 있기 때문입니다. 이게 무슨 장점이냐 싶은가요? 엄청나게 복잡한 작업을 수행하는 코드가 있습니다. 이 코드를 한번에 쏙 뽑아내어 상자에 집어넣고, 상자에 이름표를 붙입니다. 그리고 이 작업을 처리할 필요가 생길 때마다, 어지러운 코드를 상자에서 좌라라락~ 쏟아내는 대신 상자에 붙은 이름표만 확인합니다.

> "아, 그건 3번 상자에 있어요. 가서 확인해 보세요."

그러면 컴퓨터가 얌전하게 3번 상자를 열어서 내용물을 꺼내고, 자기가 알아서 처리하고는 상자를 다시 닫아 둡니다. 사람 입장에서는 몹시 편리하지요. 복잡한 내용물을 하나하나 타이핑하고, 관리하고, 기억하는 대신 상자에 붙여 둔 이름표만 기억하면 되니까요. 이게 함수가 가진 가장 큰 장점이며, 함수가 사용되는 이유입니다.

함수를 만드는 방법

자바스크립트에서 함수를 만드는 방법은 아래와 같습니다.

입력값이 없는 경우	입력값이 있는 경우

> function 함수이름() {
실행할 내용
}
	> function 함수이름(매개변수) {
	실행할 내용
	}

function은 함수를 만들겠다는 의미의 명령어이며, 괄호는 함수의 상징과도 같은 존재입니다. 괄호는 컴퓨터에 "이것은 함수다"라는 의미를 전달하는 도구이며, 동시에 함수가 외부로부터 입력값을 전달받는 통로입니다.

입력값이 필요 없는 함수를 만들고 사용하는 방법을 소개하겠습니다.

개발자 도구의 콘솔

```
> function hello() {
    console.log("hello")
}
> hello()
"hello"
```

위의 표에 나와 있는 규격과 동일하게 함수 이름 뒤에 텅 빈 괄호를 넣어주며 함수를 제작하였습니다. 함수를 불러올 때는 함수 이름과 함께 소괄호 ()를 붙여넣어 주면 됩니다. 우리가 콘솔에 hello()를 입력하면, 컴퓨터는 hello라는 이름의 함수를 찾아내어 내용물을 실행합니다.

"컴퓨터야, hello라는 이름이 붙은 상자를 꺼내서, 그 안에 있는 작업을 수행하렴."

어찌 보면 컴퓨터에 위와 같은 명령을 내리는 것과 비슷하다고 볼 수 있습니다.

매개변수

매개변수는 함수에 입력된 값을 임시로 저장해 두기 위한 변수입니다. 예시를 보여드리겠습니다.

개발자 도구의 콘솔

```
> function plus(x) {
    console.log(x + 2)
}
> plus(3)
5
```

자, plus라는 이름의 함수를 만들었습니다. 사용자는 괄호를 통해 이 함수에 값을 전달합니다. 코드의 4번째 줄에서 3이라는 값을 입력하고 있지요. 이렇게 사용자로부터 입력받은 값은 첫 번째 줄의 괄호 안에 입력된 x라는 변수에 저장됩니다. 그리하여 x + 2를 화면에 출력하니 5가 출력된 것입니다.

이때 사용된 x와 같이 사용자로부터 입력받은 값을 임시로 저장해 두기 위한 도구를 **매개변수**라고 부릅니다. 매개변수는 여러 개가 활용될 수도 있습니다. 예시를 보여드리겠습니다.

개발자 도구의 콘솔

```
> function multiply(x, y) {
    console.log(x * y)
}
> multiply(3, 4)
12
```

함수를 정의할 때 괄호 안에 여러 개의 매개변수를 적어주시고, 함수를 호출할 때도 여러 개의 데이터를 입력해 주는 것으로 여러 개의 매개변수를 가지는 함수를 만들 수 있습니다. 이때, 함수를 호출할 때 입력해 주는 입력값의 개수는 반드시 매개변수의 개수와 일치해야 합니다.

리턴

개발자 도구의 콘솔

```
> let a = multiply(3, 4)
> a
undefined
```

우리가 앞서 사용한 console.log()는 화면에 글자를 출력하는 것 이외의 기능은 없습니다. 함수에서 복잡한 계산을 수행하고, 그 결과물을 다른 변수에 담아서 활용하려면 어떻게 해야 할까요?

함수의 상자 그림을 떠올려 보기 바랍니다. 상자에는 출력값이 있지요? 그런데 우리는 함수를 만들면서 별도의 출력값을 만들어 준 적이 없습니다. 출력값을 만들어 줄 때는 리턴return을 사용합니다.

개발자 도구의 콘솔

```
> function plus(x, y) {
    return x + y
}
> let t = plus(3, 4)
> t
7
```

리턴을 활용하여 x + y라는 값을 출력값으로 지정해 줬습니다. 함수가 실행되면 상자 밖으로 x + y라는 값이 뿅! 하고 튀어나오겠지요? 이렇게 튀어나온 값을 t라는 변수에 저장해 활용하는 모습입니다.

함수를 실행하는 중 리턴을 만나면 함수가 종료됩니다. 리턴은 가장 마지막에 하는 행동이기 때문입니다. 이를 응용하여, 값을 전혀 출력할 필요가 없음에도 함수를 강제로 종료시키기 위하여 리턴을 사용하기도 합니다.

배열

일상에서는 여러 개의 물체를 순서대로 늘어놓은 것을 배열이라고 부릅니다. 프로그래밍에서 사용하는 배열이라는 용어도 비슷한 의미가 있습니다. 데이터를 질서 있게 한 줄로 늘어둔 것을 배열이라고 합니다. 주로 데이터를 차곡차곡 정리해 두기 위하여 사용하며, 배열을 만들 때는 대괄호 []를 사용합니다.

개발자 도구의 콘솔

```
> let a = [1, 2, 3, 4]
> a
(4) [1, 2, 3, 4]
```

사용하는 콘솔에 따라서, 화면에 배열을 출력하면 맨 앞에 소괄호()를 통해 배열의 길이를 안내해 주기도 합니다. 위 코드는 a라는 이름의 변수를 만들고, 이 변수에 배열을 할당하는 과정을 표현하고 있습니다. 배열의 내용물은 1, 2, 3, 4라는 데이터입니다.

배열 역시 스트링과 마찬가지로 대괄호를 사용해 인덱싱을 할 수 있고, slice() 함수를 사용하여 슬라이싱도 할 수 있습니다.

개발자 도구의 콘솔

```
> a[2]
3
```

```
> a.slice(2, 4)
(2) [3, 4]
```

배열을 상대로 덧셈 연산을 수행하면, 배열이 마치 스트링인 것처럼 작동합니다.

개발자 도구의 콘솔

```
> a + "f"
"1,2,3,4f"
```

```
> let b = [5, 6]
> a + b
"1,2,3,45,6"
```

출력 결과가 그다지 유용한 형태는 아니므로 사용을 권장하지 않습니다. 간혹 JS가 아닌 다른 프로그래밍 언어에서는 배열과 배열을 더하면 내용물을 이어붙여 더 큰 배열 하나로 합쳐주는 경우가 있습니다만 JS는 해당 기능을 지원하지 않습니다. JS에서 배열을 이어붙일 때는 concat()을 사용합니다.

개발자 도구의 콘솔

```
> a.concat(b)
(6) [1, 2, 3, 4, 5, 6]
```

객체

객체 만들기

JS에서 말하는 객체는 다른 언어에서 말하는 객체와는 조금 다른 개념일 수도 있습니다. JS에서 말하는 **객체**는 데이터를 효과적으로 저장하기 위한 도구이며, 딕셔너리와 유사합니다. 예시로 객체를 하나 만들어 소개하면서 객체의 사용법을 설명해보겠습니다.

개발자 도구의 콘솔

```
> let id = {}
```

객체를 만들 때는 변수의 선언과 함께, 할당하는 값으로 중괄호 {}를 적어주면 됩니다. 객체는 대량의 데이터가 뒤죽박죽 섞이지 않도록 정돈해 두는 책꽂이와 같은 도구입니다. 책꽂이는 책을 담아두기 위한 도구이므로, 책꽂이에 꽂혀 있는 책의 순서는 사실 그렇게 중요하지는 않습니다. 어떤 책들이 꽂혀 있는지가 더 중요하지요.

JS의 객체 또한 비슷한 철학으로 데이터를 저장합니다. 예시를 보여드리겠습니다. JS의 문법을 몰라도 좋습니다. 아래 코드의 생김새만 보면서 데이터가 저장되는 원리를 유추해 보기 바랍니다.

개발자 도구의 콘솔

```
> let id = {
    name: "병현",
    age: 29,
    books: "업무 자동화",
    job: "Engineer"
  }
```

위 코드를 말로 한 번 설명해 보겠습니다. id라는 책꽂이에는 name, age, books, job이라는 책갈피가 있습니다. 이 책갈피는 객체 안에 포함된 데이터를 설명하기 위한 도구입니다. 우리는 id라는 이름의 책꽂이 앞에 서서, 필요한 정보를 찾아내면 됩니다.

이름이 궁금하다면 name이라는 책갈피를 따라갑니다. "병현"이라는 데이터를 마주할 수 있습니다. 나이가 궁금하다면 age라는 이름의 책갈피를 따라가면 되고요. 여기서는 29라는 데이터를 마주할 수 있습니다.

직관적으로 객체의 작동 방법이 이해되나요? 객체에 수록된 데이터를 값value이라고 부르며 이 값을 찾아내기 쉽도록 도와주는 책갈피를 키key라고 부릅니다. 여기까지 이해했다면 이제 객체의 사용 방법을 이해할 수 있습니다.

텅 빈 객체 만들기	값이 하나인 객체 만들기	값이 여러 개인 객체 만들기

`> let a = {}`	`> let b = {`
	`키: 값`
	`}`
		`> let b = {`
		`키: 값,`
		`키: 값,`
		`....`
		`키: 값`
		`}`

값이 하나인 객체를 만들 때는 중괄호 안에 (키: 값) 쌍을 하나만 넣어줍니다. 값이 여러 개인 객체를 만들 때는 각각의 키: 값 쌍 사이에 콤마(,)를 찍어 구분해 줍니다.

객체에 저장된 데이터 불러오기

객체에 저장된 값을 불러오는 방법은 두 가지가 있습니다. 앞서 만든 id라는 이름의 변수에 저장된 객체로부터 값을 불러오는 예시를 보여드리겠습니다. 객체의 데이터를 불러올 때는 점(.)을 사용합니다.

개발자 도구의 콘솔

```
> id.name
"병현"
> id.age
29
```

CSS에서 클래스 선택자를 사용할 때도 점(.)을 찍었는데, 기억나나요? 앞서 일반적으로 코드에서 괄호를 치는 행위는 함수와 관련된 작업을 의미한다고 살짝 설명하고 넘어갔습니다. 코드에서 점을 찍는 행위는 많은 경우에 객체 내부를 들여다보겠다는 의미가 됩니다. 또한 많은 프로그래밍 언어에서 객체를 제작할 때 클래스라는 용어를 사용하고 있습니다.

이 정신을 계승하여 CSS의 클래스 선택자도 점(.)을 찍고, 자바스크립트의 객체 내부의 값을 불러올 때도 점(.)을 찍습니다.

점을 찍는 대신 인덱싱과 유사한 방식으로도 값을 뽑아올 수 있습니다.

개발자 도구의 콘솔

```
> id["name"]
"병현"
```

객체에 새로운 값 추가하기

앞서 텅 빈 객체를 선언하는 방법을 소개해 드릴 때, 의구심을 느낀 독자분들이 있을 것으로 생각합니다. 텅 빈 책꽂이를 어디에 사용할 수 있지?

다행히 객체에는 새로운 키와 값을 추가할 수 있습니다. 객체에 값을 추가하는 방법은 두 가지입니다. 이번에도 점(.)을 찍거나, 인덱싱과 유사한 방법을 사용하여 값을 추가할 수 있습니다.

개발자 도구의 콘솔

```
> a.name = "테스트"
"테스트"
> a.name
"테스트"
```

```
> a["name"] = "테스트"
"테스트"
> a["name"]
"테스트"
```

위 두 개의 코드의 실행 결과는 완전히 동일합니다. 또한 이 방법을 사용하면 객체에 저장된 값을 다른 데이터로 변경할 수도 있습니다.

JSON

자바스크립트에서 사용하는 객체의 규격을 JSON제이슨 또는 제이썬이라고 부릅니다. 이는 JavaScript Object Notation의 줄임말입니다.

의외로 정말 다양한 곳에서 데이터를 주고받을 때 JSON 규격을 활용합니다. 특히 인터넷에서 데이터를 주고받을 때는 거의 모든 경우에 JSON이 활용된다고 생각해도 무방하리만큼 활용 빈도가 높은 규격입니다. 이렇게도 널리 사랑받는 규격이다 보니 자연스레 표준 규칙도 마련되어 있습니다.

JSON에 삽입할 수 있는 데이터의 종류는 아래와 같습니다.

넘버	정수와 소수 모두 가능합니다
스트링	반드시 큰따옴표(") 사용
불리언	true와 false 사용
배열	대괄호와 쉼표 사용
객체	객체 안에 객체를 넣을 수도 있습니다
null	텅 빈 값으로, 이곳에는 아무런 값도 없다는 의미로 null을 기재합니다

실무에서는 JSON 규격을 따르지 않아 오류가 발생하는 경우도 많습니다. 그러다 보니 자연스레 JSON 규격을 올바르게 따르고 있는지 아닌지를 검사해주는 서비스도 많습니다. 구글에 "JSON formatter" 또는 "JSON validator"라는 키워드로 검색하면 다양한 무료 서비스를 만나볼 수 있습니다. 추후 소개할 AJAX 기법 등으로 통신 기술을 구현할 때 사용하면 매우 유용한 도구입니다.

이상으로 자바스크립트의 사용 방법에 대한 설명을 마무리하겠습니다. 이번 단원에서 소개한 코드는 반드시 한두 차례 개발자 도구의 콘솔에서 실행해 보기를 간곡하게 부탁드립니다. 이 책에서는 JS를 아주 짧고 간단하게만 다루고 넘어갔습니다만, 두꺼운 책 한 권을 통째로 할애하여 JS를 설명하는 경우도 많은 것으로 알고 있습니다. 어느 방향의 공부가 더 좋은지는 많은 분의 견해가 나뉠 것으로 생각합니다.

이 책의 목표가 어디까지나 '조금 배우고 최대한 많이 써먹자.'이니 만큼 반드시 알아야 하는 핵심만 추려서 소개해 드렸습니다. 다음 챕터부터 JS를 활용하여 웹 페이지를 조작하는 방법을 본격적으로 소개할 것입니다. 여기에 익숙해지신다면 지킬 템플릿을 활용하여 웹 페이지를 제작하는 데에는 전혀 지장이 없을 것입니다.

추후 필요성을 느낀다면 그때 가서 두꺼운 책을 공부해도 늦지 않습니다. 여러분의 가성비 공부 라이프를 응원합니다!

Chapter

12

자바스크립트 이론 공부도 이 정도면 완벽하죠

학습목표

간단한 JS 문법을 알아보았습니다. JS를 활용하기 전에 사용되는 HTML 문서 내에 JS 코드를 어떻게 삽입하는지 알아보고 외부에 있는 JS 파일을 다루는 법을 알아보겠습니다. 마지막으로 JS의 활용 팁과 사용 시 주의사항을 알아보겠습니다.

SECTION

12-1 자바스크립트를 HTML과 함께 사용하는 방법

HTML에 JS 코드 추가하기

앞서 〈style〉 태그를 활용하여 CSS 코드를 HTML에 삽입하는 방법을 배워 봤습니다. 자바스크립트 코드를 HTML에 삽입할 때는 〈script〉라는 태그를 사용합니다.

```
<script>
        자바스크립트 코드
</script>
```

우리가 배웠던 코드 중 하나인 console.log()를 사용해보겠습니다.

```
<script>
        console.log("test")
</script>
```

위 코드를 HTML 본문에 삽입하겠습니다.

파일명 : 12_1_1.html

```
    <body>
        <script>
            console.log("test")
        </script>
        <div id="top">
        ⋮
        </div>
        <div id="profile">
        ⋮
        </div>
        <div>
        ⋮
        </div>
        <div id="highlight_area">
        ⋮
        </div>
        <div id="stat_bar">
        ⋮
        </div>
        <div id="sub_icons">
        ⋮
        </div>
        <div>
        ⋮
        </div>
    </body>
```

코드 삽입이 완료되었다면 저장하기 바랍니다. HTML Preview 창 하단에 파란색 메시지가 보이나요? 일부 기능이 비활성화되었다는 메시지가 나타나고 있지요. 안타깝게도 HTML Preview는 JS 코드까지 자연스럽게 지원하지는 않습니다.

잠시 VSCode 창을 최소화하고 브라우저를 활용하여 12_1_1.html 파일을 실행하기 바랍니다. 혹시 위와 같이 연결 프로그램을 지정해 달라는 창이 뜬다면 엣지나 크롬 등 자주 사용하는 브라우저를 선택하고 확인을 누르기 바랍니다. 우리가 열심히 만든 인스타그램 웹 페이지가 실행되었다면, 개발자 도구를 실행하여 [콘솔] 탭으로 이동합니다.

위 그림과 같이 콘솔 창에 메시지가 출력된다면 정상적으로 JS 코드가 HTML에 적용된 것입니다. 우측을 살펴보면 12_1_1.html : 8이라는 문구가 기재되어 있습니다. 이 문구가 의미하는 바는, '이 메시지는 12_1_1.html이라는 파일의 8번째 줄의 코드 때문에 출력되었습니다.'라는 의미입니다. 코드를 조금 수정해 보겠습니다. alert()는 경고창을 띄우는 용도로 사용됩니다.

파일명 : 12_1_2.html

```
06      <body>
07          <script>
08              console.log("test")
09              alert("오늘 기분은 어떠신가요?")
10          </script>
11          <div id="top">
 ⋮            ⋮
20          </div>
21          <div id="profile">
 ⋮            ⋮
31          </div>
32          <div>
 ⋮            ⋮
42          </div>
43          <div id="highlight_area">
 ⋮            ⋮
61          </div>
62          <div id="stat_bar">
 ⋮            ⋮
75          </div>
76          <div id="sub_icons">
 ⋮            ⋮
84          </div>
85          <div>
 ⋮            ⋮
101         </div>
102     </body>
```

코드를 저장하고, 브라우저에서 새로고침을 누르시거나 다시 한번 [12_1_2.html]을 실행하면 아래와 같은 경고창이 실행될 것입니다.

그동안 멈춰 있던 정적인 웹 페이지가 움직이기 시작했습니다. 그간 볼 수 없었던 새로운 창을 만들어냈고, 여러분에게 안부를 물어보기까지 하고 있습니다. 한 줄의 코드가 HTML에 생명을 불어넣는 현장입니다.

이벤트 핸들러 맛보기

우리가 만든 인스타그램 웹 페이지에는 여러 개의 버튼이 있습니다. 하지만 버튼을 아무리 눌러도 아무런 일도 일어나지 않고 있지요. 이제 버튼에도 생명을 불어넣어 보겠습니다.

정적인 마크업 언어에서 동적인 일이 일어나는 것은 하나의 사건이라 할 수 있습니다. 사용자가 버튼을 클릭하는 것도 사건이고, 빈칸에 글자를 타이핑하는 것도 사건이라 할 수 있습니다. 이러한 사건을 JS에서는 이벤트[event]라고 부릅니다. JS에는 여러 종류의 이벤트가 있습니다만, 가장 기본적인 이벤트인 클릭을 처리하는 방법부터 안내하겠습니다.

파일명 : 12_1_3.html

```
<input type="button" value="click"
    onClick="alert('안녕하세요?')"
>
```

버튼을 만드는 〈input〉 태그를 실행했습니다. onClick이라는 속성이 추가된 것이 보이시나요? onClick '클릭이 되었을 때'라는 뜻을 가진 도구입니다. 사용자가 이 버튼을 클릭했을 때, 오른쪽에 기재된 동작을 수행하겠다는 뜻이지요. 이때 수행되는 작업을 이벤트 핸들러라고 부릅니다. 자바스크립트 코드는 스트링 형태의 속성값으로 전달되고 있습니다. 이 코드와 동일한 파일을 만들어 실행해 보기 바랍니다.

화면에 버튼이 표시될 것이고, 이 버튼을 클릭하면 alert()가 실행되며 새로운 경고창이 떠오릅니다.

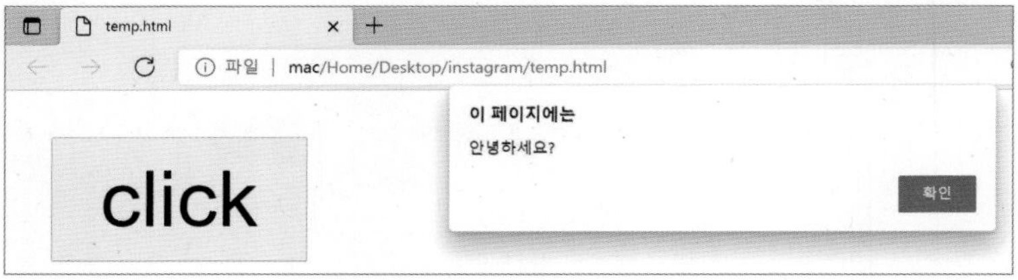

자, 우리는 버튼을 클릭했을 때 경고창을 띄우는 방법을 배웠습니다. 그런데 이것만 배운 것이 아닙니다. 우리는 이벤트 핸들러를 다루는 방법을 배운 것입니다. 코드를 조금만 더 수정해 보겠습니다.

파일명 : 12_1_4.html

```
<p onClick="alert('안녕하세요?')">
    눌러봐요!
</p>
```

〈input〉 태그와 버튼 속성 대신, 평범한 글자의 단락을 표현하는 〈p〉 태그에 onClick을 적용했습니다. 과연 어떤 결과가 나올까요? 놀랍게도 평범한 텍스트일 뿐이지만 클릭하면 경고창이 떠오릅니다. 여기서 우리는 이벤트 핸들러의 본질을 살짝 엿볼 수 있습니다.

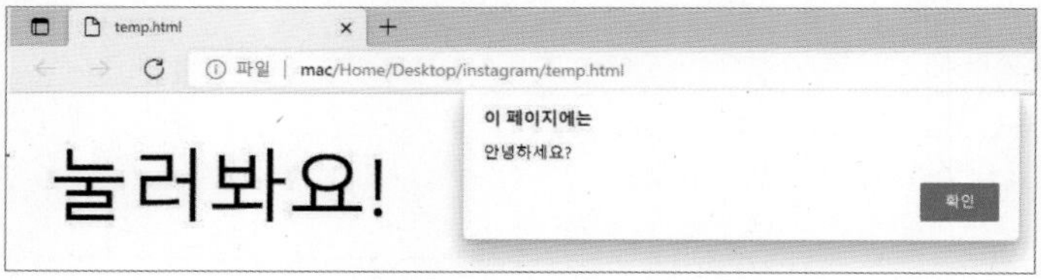

팝업창이 떠오르는 동작은 〈input〉 태그나 버튼 요소와는 전혀 상관이 없었던 것입니다. 온전히 onClick이라는 속성과 속성값으로 주어진 JS 코드가 역할을 수행한 것이지요.

이처럼 HTML의 온갖 태그에 이벤트 핸들러 속성을 부여하여 다양한 기능을 만들 수 있습니다. 〈img〉 태그에 onClick 속성을 부여하면 '클릭하면 팝업창이 뜨는 고양이 사진' 따위도 손쉽게 만들 수 있고요!

일단은 onClick 이벤트 핸들러만 사용해 보면서 공부를 이어가 보겠습니다. 클릭하면 색깔이 바뀌거나, 글자의 모양이 바뀌거나, 사진이 뿅 하고 사라지는 등 다양한 [기능]들을 먼저 공부한 다음, 기능을 집어넣을 이벤트 핸들러를 여러 종류 알려드리도록 하겠습니다.

첫술에 배부릅니다

자, 우리는 우리도 모르는 사이 굉장히 많은 것을 공부했습니다. 우리는 단순히 콘솔에 글자를 출력하고 경고창을 띄우는 방법을 공부한 것이 아닙니다.

첫 번째로, 우리는 사용자와의 상호작용 없이 스스로 작동하는 JS 코드를 공부했습니다. 〈script〉 태그를 통하여 아무런 조건 없이도 console.log()와 alert()가 작동하도록 코드를 만들었지요.

두 번째로, 우리는 사용자와의 상호작용을 통해 작동하는 JS 코드도 공부했습니다. onClick이라는 이벤트를 통하여 사용자가 HTML 요소를 클릭했을 때 alert()가 작동하도록 코드를 만들었습니다.

웹 페이지에서 JS가 작동하는 경우의 수는 크게 이 두 가지뿐이라 생각해도 무방합니다. 전자는 웹 페이지에 다양한 기능들을 부여하며, 후자는 사용자에게 짜릿하고도 즐거운 경험을 제공합니다. JS라는 하나의 도구가 웹 페이지의 기능적 측면과 경험적 측면 모두에 기여하는 것입니다.

앞으로 우리는 JS의 기능적 측면과 경험적 측면을 함께 공부해나갈 것입니다. 이 둘은 이분법적으로 구분할 수 있는 대상이 아니고, 개발자가 어떤 기능을 어떤 의도로 배치하는지에 따라 달라집니다.

SECTION

12-2 자바스크립트를 활용한 웹 페이지 제어

이벤트 처리를 위한 함수 표현

태그에 onClick속성을 부여하여 이벤트를 처리하는 방법을 인라인 이벤트 모델이라고 부릅니다. 간단한 버튼을 만들어 onClick 이벤트를 처리하는 코드를 작성해 보겠습니다.

파일명 : 12_2_1.html

```
<input type="button" value="버튼"
    onClick="
        for (let i = 0; i < 5; i++){
            console.log(i)
        }
    "
/>
```

위 코드를 실행하면 화면에 "버튼"이라는 문구가 기재된 버튼이 생겨날 것입니다. 〈input〉 태그는 onClick 속성을 가지고 있으므로 버튼을 클릭하면 JS 코드가 실행될 것이고, 여기에 사용된 JS 코드는 콘솔에 숫자를 출력하는 간단한 for문입니다.

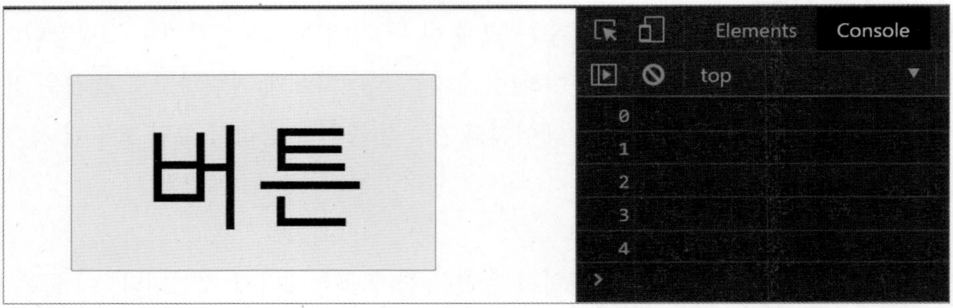

간단한 for문을 하나 작성했을 뿐인데도 코드가 위아래로 굉장히 길어졌습니다. 태그 하나를 작성하기 위하여 7줄이나 소모하다니. 비효율적인 것 같습니다. 물론 모든 코드를 한 줄로 이어붙일 수도 있습니다.

파일명 : 12_2_2.html

```
<input type="button" value="버튼" onClick="for (let i = 0; i < 5; i++)
{console.log(i)}"/>
```

다만 이 경우 코드가 좌우로 너무나도 길어지게 되고, JS 코드가 어떤 의미가 있는지 한눈에 들어오지 않습니다. 곤란한 상황입니다.

우리는 앞서 길고 커다란 코드 덩어리를 압축하는 방법을 이미 공부했습니다. 네, 맞습니다. 함수를 사용할 시간입니다. 〈script〉 태그를 활용하여 자바스크립트 함수를 제작해 보겠습니다.

파일명 : 12_2_3.html

```
<script>
    function numbering(n) {
        for(let i = 0; i < n; i ++){
            console.log(i)
        }
    }
</script>

<input type="button" value="버튼" onClick="numbering(5)"/>
```

〈script〉 태그 안에서 numbering()이라는 이름의 함수를 제작했고, 이벤트 속성의 따옴표 안에서 함수를 호출했습니다. 덕분에 〈input〉 태그는 다시 한 줄 분량으로 줄어들었습니다. 이와 같이 함수를 활용하면 이벤트에 대응하는 코드를 잔뜩 삽입하면서도 HTML 태그의 모양을 간소하게 유지할 수 있습니다.

인라인 이벤트 모델은 장점이 많습니다. HTML 태그를 살펴보면 해당 태그의 기능을 한눈에 알아볼 수 있으며, 〈script〉 태그 같은 별도의 장치가 필요하지 않아 JS 코드를 간단하게 삽입할 수 있습니다. 그리고 무엇보다 중요한 장점인데요. 사용하기가 쉽습니다.

여러분이 조금 배우고 많이 활용하기를 바라므로 설명하겠습니다. 이벤트 처리를 위한 JS 코드 활용에 있어서 가장 투자 노력 대비 활용도가 높은 방법이 바로 〈script〉 태그에서 함수를 제작하고, 이벤트 속성에서 함수를 호출하는 방법이라 단언할 수 있습니다.

따라서 '일단 웹 페이지를 만드는 방법을 습득하는 게 급하고 중요해!'라고 생각한다면 인라인 모델로 이벤트를 처리하면 충분합니다.

문서 객체(document)와 쿼리 셀렉터(query selector)

CSS와 마찬가지로 자바스크립트 코드는 HTML 요소를 대상으로 적용되는 경우가 많습니다. 따라서 HTML 코드로 작성된 요소를 선택하기 위한 도구가 필요합니다. CSS에서는 요소를 특정하여 선택하기 위해 선택자를 사용했습니다. JS에서도 선택자를 사용합니다. 단, 선택자만 사용하지는 않고 querySelector( )라는 기능을 함께 사용합니다. 자, 쿼리 셀렉터 예시 코드를 보여주겠습니다.

파일명 : 12_2_4.html

```
01 <script>
02     function red() {
03         let button = document.querySelector("input")
04         button.style.backgroundColor = "red"
05     }
06 </script>
07
08 <input type="button" value="버튼" onClick="red()"/>
```

위 코드의 실행 결과를 먼저 살펴보고 오지요!

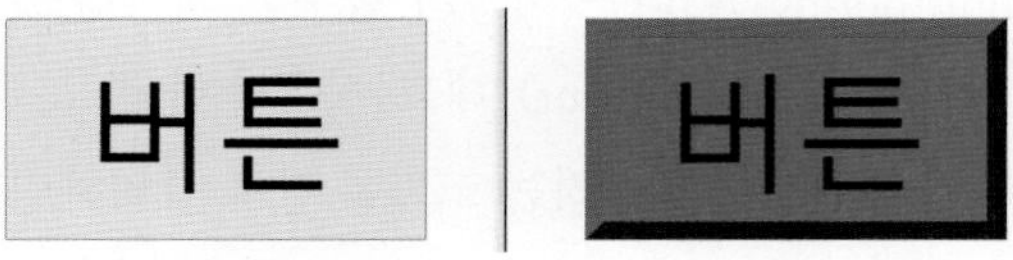

버튼 클릭 전 버튼 클릭 후

〈input〉 태그로 인해 화면에 버튼이 하나 생겨납니다. 그리고 이 버튼을 클릭하면, 버튼의 색이 빨갛게 변합니다.

버튼의 클릭으로 인해 변화가 생겨났으니 onClick 이벤트가 사용되었을 것입니다. 코드의 8번째 줄을 살펴보니 onClick 속성이 부여되어 있지요? 버튼이 클릭되면 red()라는 함수가 실행됩니다. 여기까지 코드를 살펴봤으니 〈script〉 태그로 이동하여 red() 함수가 어떤 기능을 수행하는지 살펴보겠습니다.

red() 함수는 내용물이 굉장히 심플합니다. 단 두 줄의 코드를 포함하고 있네요. 첫 번째 줄에서 querySelector가 등장합니다! 괄호 안에는 선택자가 위치합니다. 선택자의 형태를 살펴보기 바랍니다. 이름 앞에 점(.)이나 샵(#)이 기재되어 있지 않으므로, 저 선택자는 태그 선택자입니다. 〈input〉 태그로 만들어진 버튼의 색이 변한 것을 보니 저 코드의 역할은 〈input〉 태그를 가진 요소를 하나 선택하는 것이 틀림없습니다.

3번째 줄의 코드를 조금 더 유심히 살펴보겠습니다.

```
let button = document.querySelector("input")
```

앞 챕터에서 코드에 점을 찍는 행위는 객체의 내부를 들여다보겠다는 의미로 사용된다고 잠깐 언급하고 넘어갔는데 혹시 기억나나요? 위 코드를 살펴보면 document라는 문구 뒤에 점을 찍으며 querySelector를 불러오고 있습니다. querySelector는 document라는 객체에 포함된 기능이기 때문이지요. 그렇다면 document는 무엇일까요? document는 HTML로 작성된 문서 그 자체를 의미합니다. 자바스크립트 코드에서 뜬금없이 document라는 단어가 등장한다면 '문서를 제어하기 위한 코드구나.'라고 생각해도 무방합니다.

querySelector는 선택자를 활용해 HTML 요소를 하나 선택하는 도구고요. document의 하위 기능이므로 document.querySelector() 형태로 호출하여 사용합니다. 위 코드는 문서를 대상으로 탐색을 수행하여 "input"이라는 선택자에 해당하는 요소를 찾아내고, 이 요소를 button이라는 변수에 할당하는 과정을 의미합니다. 결과적으로 button이라는 변수를 제어하면 HTML 문서에 기록된 "input" 요소를 제어할 수 있게 되는 것이고요. 자, 이제 4번째 줄의 코드도 살펴보겠습니다.

```
button.style.backgroundColor = "red"
```

button 뒤에 점(.)을 찍어 style을 불러오고 있습니다. 여기에서의 style은 CSS에서 배운 스타일과 동일합니다. JS를 제작하고 표준을 정한 사람들이 '웹 페이지 요소는 style을 적용하여 디자인을 바꿀 수 있으니까, JS에서도 스타일을 바꿀 수 있으면 좋겠지?'라고 생각하여 만든 도구입니다.

예제에서는 style 뒤에 점(.)을 찍고서 backgroundColor를 입력했습니다. CSS에서 사용하는 background-color를 의미하는 문구인데요? 당연한 말씀입니다만 배경 색 이외의 다양한 CSS 스타일 속성을 JS를 통해 제어할 수 있습니다. 보다 상세하고 화려한 사용방법은 조금 뒤에 자세히 알려드리겠습니다. 여기에서는 아래의 사실 한 가지만 챙겨가면 됩니다.

쿼리 셀렉터와 선택자를 활용하면 HTML 요소를 특정하여 제어할 수 있다.

표준 이벤트 모델

앞서 인라인 모델이 노력 대비 활용도 측면에서 최고의 가성비를 자랑한다고 말씀드렸습니다. 하지만 인라인 모델에도 단점이 있습니다. HTML에 기능적 측면이 추가됨에 따라 '정보의 뼈대'만 제공한다는 HTML의 철학이 무너집니다. 따라서 협업을 하는 다른 개발자가 기능의 수정을 위하여 굳이 정보 위주의 문서인 HTML 파일을 열어봐야 한다는 문제가 있습니다.

또한 표준 이벤트 모델이 최근 자바스크립트 사용의 추세라고도 하니, 표준 이벤트 모델의 사용방법을 배워보겠습니다.

파일명 : 12_2_5.html

```
<input type="button" value="버튼"/>
<script>
    let button = document.querySelector("input")
    button.addEventListener("click",
        function(e){
            alert("clicked!")
        }
    )
</script>
```

자, 이번 코드도 천천히 살펴보겠습니다. HTML로 작성된 부분은 이번에도 <input> 태그 하나뿐입니다.

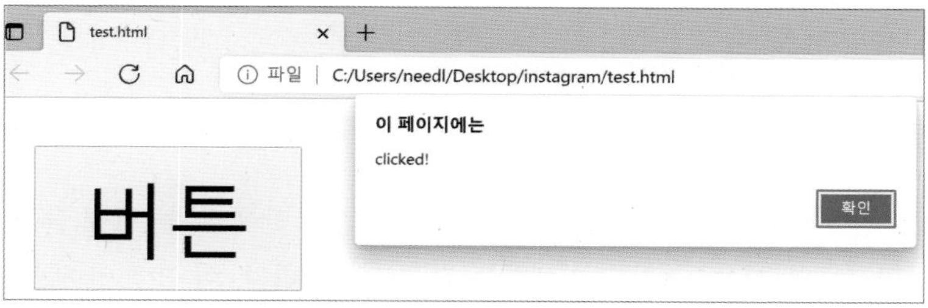

코드를 실행하면 버튼이 하나 생기고, 버튼이 클릭되면 alert()가 실행되는 매우 간단한 구성이지요. 이제 코드를 함께 살펴보겠습니다.

코드의 4번째 줄에서 쿼리 셀렉터를 활용하여 〈input〉 태그를 선택해 button 변수에 할당하고 있습니다. 그리고 5번째 줄부터 9번째 줄에 걸쳐 button 태그에 기능을 추가하고 있고요.

```
button.addEventListener("click",
        function(e){
                alert("clicked!")
        }
)
```

addEventListener라는 도구를 먼저 살펴봐야겠지요! 영단어를 그대로 직역하자면 'event listener라는 것을 추가하라.'라는 의미가 됩니다. 이벤트 리스너는 이벤트의 발생 여부를 감지하기 위해 사용하는 도구입니다. 항상 귀를 기울이며 신경을 쓰고 있다가, 이벤트가 발생하면 불쑥 튀어나와서 "이벤트가 발생했어요!"라고 알려주는 귀여운 녀석이지요. 이벤트 속성과 동일한 기능을 수행한다고 봐도 무방합니다. 이벤트 리스너의 사용방법은 아래와 같습니다.

```
요소.addEventListner(이벤트, 함수)
```

함수의 정의라는 것이 한 줄 만에 깔끔하게 마무리되는 경우는 많지 않으므로 위와 같이 아예 위아래로 넉넉하게 공간을 벌려 두고 함수를 정의하면 편합니다. 이벤트 리스너 안에서 함수를 정의하는 방법은 아래와 같습니다.

```
        function(e) {
                실행할 내용
        }
```

함수의 이름을 정하는 과정이 생략되었습니다. 그리고 괄호 안에 e라는 값이 들어있지요? e는 event의 줄임말로, e 대신 event라고 기재하는 경우도 많습니다. 이 괄호 안에 들어간 값들은 이벤트 객체입니다. 이번 코드에서는 클릭이라는 이벤트가 일어났지요? 이벤트 객체는 이벤트에 대한 정보를 포함하고 있는 도구입니다. 이벤트가 일어난 장소에 대한 값도 가지고 있지요. 예시 코드를 하나 살펴보며 이벤트 객체의 유용성을 알아보겠습니다.

파일명 : 12_2_6.html

```
01 <input/>
02 <script>
03     letbutton = document.querySelector("input")
04     button.addEventListener("input",
05         function(e){
06             console.log(e.target.value)
07         }
08     )
09 </script>
```

자, 〈input〉 태그의 속성을 심플하게 모두 날려버렸습니다. 이러면 텍스트를 입력할 수 있는 텅 빈 상자가 화면에 표현될 것입니다. 4번째 줄의 이벤트 리스너를 살펴보죠. 이벤트의 종류로 "input"이 입력되어 있습니다. "input"은 사용자가 데이터를 입력하는 행위를 의미합니다. 이벤트의 종류는 추후 상세히 다룰테니 조바심 내지 않기를 바랍니다!

우리는 6번째 줄의 코드에 주목할 필요가 있습니다. e.target.value라는 처음 보는 코드가 등장했거든요. e는 이벤트 객체입니다. 이벤트의 종류와 이벤트가 일어난 장소 등 이벤트에 대한 다양한 정보를 갖고 있습니다. e.target은 이벤트의 타겟입니다. 이벤트가 일어난 좌표를 의미하고요. 그리고 e.target.value는 그곳에 입력된 값(value)을 의미합니다.

즉, e.target.value는 'input이라는 이벤트가 일어난 장소에 기재된 값'을 의미합니다. 한 마디로, '〈input〉 태그에 입력된 값'이라는 뜻이지요! 코드를 실행하여 여러 값을 입력해 보겠습니다.

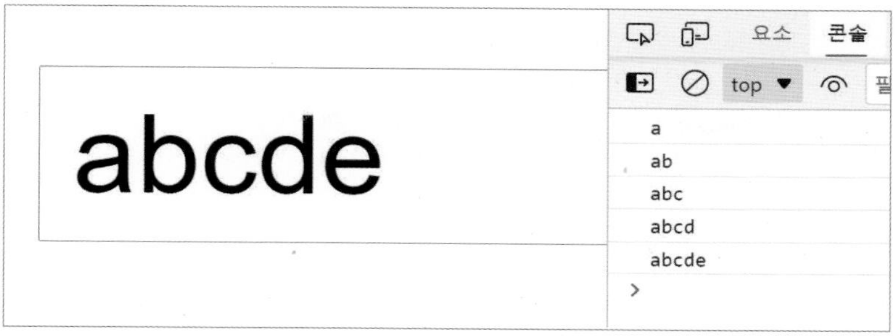

〈input〉 필드에 a b c d e를 차례로 입력했습니다. 글자를 하나씩 입력할 때마다 콘솔에 글자가 출력되고 있는 것을 확인하기 바랍니다.

표준 이벤트 모델 vs 인라인 이벤트 모델

자, 지금까지 표준 이벤트 모델의 사용방법을 알아봤습니다. 인라인 이벤트 모델과 비교하면 어느 쪽이 사용하기에 더욱 편한가요? 자바스크립트 진영에서는 표준 이벤트 모델을 권장합니다. 이름부터 '표준'이잖아요? 순수 자바스크립트를 사용할 때는 표준을 따르는 것이 좋을 것 같습니다.

하지만 인라인 이벤트 모델이 몹시 편리한 것도 사실입니다. 단기간에 웹 페이지를 뚝딱 만들 수 있는 도구가 있음에도 표준이 아니라는 이유로 이를 사용하지 않는 것은 손해입니다. 따라서 여러분들께는 일단 두 가지 방법 모두를 고루 사용하며 숙련도를 높여 두기를 권장합니다. 추후 사용하시게 될 프레임워크에서 더욱 사용이 편한 방법을 활용하면 충분할 것 같습니다. 혹은 취직이나 이직할 회사에서 자주 사용하는 패턴을 따라가거나요.

SECTION

12-3 자바스크립트 활용 팁과 주의사항

자바스크립트 코드 별도의 파일로 분리하기

〈style〉 태그의 내용물을 별도의 CSS 파일로 분리할 수 있었던 것과 마찬가지로 〈script〉 태그의 내용물을 별도의 파일로 분리할 수도 있습니다. 먼저 VSCode 탐색창에서 〈새 파일〉 버튼을 클릭하고, 파일 이름에 "script.js"라고 입력하기 바랍니다. 이어서 〈script〉 태그에 있던 내용물을 모두 복사하여 "script.js" 파일로 붙여넣기하기 바랍니다. HTML 코드 내부의 〈script〉 태그는 통째로 삭제해도 좋습니다.

CSS 파일을 HTML과 연결할 때는 〈link〉 태그를 활용했습니다. JS 파일을 HTML과 연결할 때는 〈script〉 태그를 src 속성과 함께 사용합니다.

```
<script src="파일 경로"></script>
```

〈script〉 태그는 반드시 여는 태그와 닫는 태그를 둘 다 기재해 주시는 것을 추천합니다. "/〉" 표현을 사용하여 스스로 닫는 태그를 작성할 경우, 태그 뒤에 이어지는 HTML 요소들이 정상적으로 작동하지 않을 수 있습니다.

파일명 : 12_3_1.html

```
<input/>
<script src="12_3_1.js"></script>
```

파일명 : 12_3_1.js

```
let button = document.querySelector("input")
button.addEventListener("input",
    function(e){
        console.log(e.target.value)
    }
)
```

이렇게 작성된 코드는 종전의 코드와 완전히 동일하게 작동합니다! 약간의 예시를 추가하여 인라인 이벤트 모델의 코드 분리 예시도 소개하겠습니다.

파일명 : 12_3_2.html

```
<input/>
<p onClick="hi()">click here</p>
<script src="12_3_2.js"></script>
```

파일명 : 12_3_2.js

```
let button = document.querySelector("input")
button.addEventListener("input",
    function(e){
        console.log(e.target.value)
    }
)


// <p>태그에서 인라인 이벤트 모델로 호출할 함수를 정의합니다.
// 함수의 이름은 hi입니다.
function hi(){
    // alert()를 띄워 "hi"라는 글자를 출력합니다.
    alert("hi")
}
```

위 코드는 hi()라는 함수를 제작하여, 〈p〉 태그에 인라인 이벤트 모델로 onClick 이벤트에 적용하는 코드입니다. hi() 함수가 12_3_2.js에서 정의되었음에도 정상적으로 코드가 작동하고 있는 것에 주목하기 바랍니다.

그런데 JS 코드에 못 보던 연두색 글자가 추가되었습니다. 이를 주석이라고 합니다. 주석은 슬래시 2개(//)를 활용하여 기재할 수 있는 일종의 메모입니다. 컴퓨터는 코드를 실행하는 과정에서 주석을 없는 존재로 취급해버립니다.

주석은 사람을 위해 남겨두는 메모입니다. 이는 동료를 위한 메모일 수도 있으며, 훗날 코드를 수정할 자기 자신을 위한 메모일 수도 있습니다. 주석을 적극적으로 활용하면 누구나 쉽게 읽을 수 있는 좋은 코드를 작성할 수 있습니다.

혹은 포트폴리오로 누군가에게 보여주거나 과시할 목적으로 코드를 작성할 때도 주석을 열심히 다는 것이 좋습니다. 특히 기업에 제출할 포트폴리오는요. 개발자의 채용 과정에는 개발자가 참여하기 마련이고, 정성스러운 주석이 달려 있는 코드의 진가는 개발자가 가장 잘 알아봅니다. 원래 타인이 작성한 코드를 분석하는 것은 몹시 고통스러운 일입니다만, 코드를 쉽게 읽을 수 있도록 주석을 추가한다면 함께 일해보고 싶은 사람이라는 인상을 남길 수 있겠지요.

찬물에도 위아래가 있듯이

찬물에도 위아래가 있듯이 코드에도 실행 순서라는 것이 있습니다. HTML 코드는 반드시 위에서부터 아래로 흘러가며 실행됩니다. 위쪽에 작성된 코드가 먼저 실행되고, 아래쪽에 작성된 코드는 나중에 실행된다는 이야기입니다.

이로 인해 재미있는 문제가 하나 생깁니다. 제가 앞서 예시 코드를 설명하면서 의도적으로 설명을 회피한 부분이 있으니, 그것이 바로 〈script〉 태그의 위치입니다. 현재는 〈script〉 태그가 코드의 가장 마지막 줄에 삽입되어 있습니다. 이를 코드의 첫 번째 줄로 옮기면 어떻게 될까요?

파일명 : 12_3_3.html

```
<script src="12_3_2.js"></script>
<input/>
<p onClick="hi()">click here</p>
```

자, 코드를 실행한 결과는 아래와 같습니다.

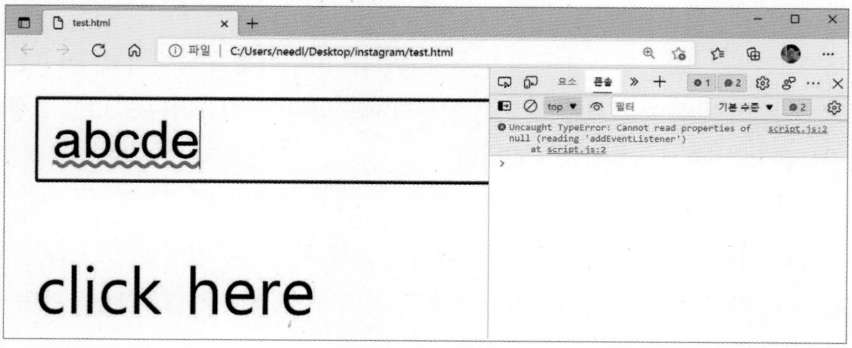

개발자 도구를 열어 콘솔을 실행해 보기 바랍니다. 붉은 글자로 무시무시한 오류 메시지가 기재되어 있습니다. 입력창에 문자를 입력해도 콘솔에 아무런 글자도 표현되지 않습니다.

메시지에서는 아래와 같이 이야기하고 있습니다.

```
Cannot read properties of null (reading 'addEventListener')
```

addEventListener를 처리하는 과정에서 문제가 생겼다는 점은 알겠습니다. 조금 더 상세히 메시지에 대해 설명하겠습니다. addEventListener는 HTML 요소를 대상으로 적용되는 기능입니다. 앞서 쿼리 셀렉터를 활용하여 HTML 요소를 하나 특정하고, 이 요소를 대상으로 addEventListener를 적용하였지요?

위 에러 메시지에서는 null에 집중하면 됩니다. null은 "아무것도 없다"는 의미입니다. 누락을 의미하지요. addEventListener를 적용할 대상을 찾을 수 없다, 이 대상이 누락되었다는 뜻에서 에러가 발생한 것입니다. 반면에 "click here"를 한 번 클릭해 보기 바랍니다.

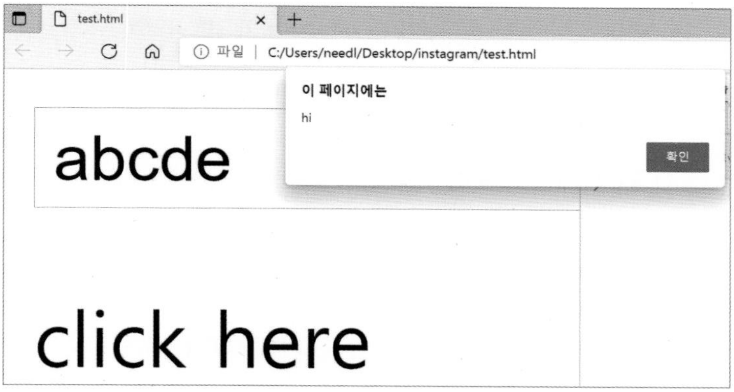

click here를 클릭하니 alert 창이 정상적으로 뜹니다. 미치고 팔짝 뛸 노릇입니다. 왜 어떤 것은 되고, 어떤 것은 안 될까요? 개발자는 항상 시간이라는 유한한 자원에 쫓기기 마련이므로, 이런 상황에서는 빠른 결단을 내려야 합니다. 우리에게 주어진 정보는 아래와 같습니다.

① 〈script〉 태그를 맨 아래 줄에 입력했을 때는 모든 기능이 정상 작동했다.
② 그런데 〈script〉 태그를 위로 옮기니 일부 기능이 고장 났다.

주어진 정보만 놓고 보자면 〈script〉를 맨 아래 줄로 다시 옮기는 것이 좋을 것 같습니다. 여러분이 한정된 시간 안에 성과물을 만들어내야 하는 상황이라면 이렇게 행동하는 것이 바람직하고요. 단, 이는 정보가 한정된 상황에서의 이야기입니다. 여러분에게 추가적인 정보를 조금 더 제공하겠습니다.

코드에도 위아래가 있다

이번 문제는 HTML 코드가 위에서부터 아래로 실행되기 때문에 발생한 문제입니다. 먼저 두 가지 상황에서 코드가 실행되는 순서를 살펴보겠습니다.

예시	코드 실행 순서
<script src="script.js"></script> <input/> <p onClick="hi()">click here</p>	"script.js"를 불러옵니다. <input> 태그를 표현합니다. <p> 태그를 표현합니다.
<input/> <p onClick="hi()">click here</p> <script src="script.js"></script>	<input> 태그를 표현합니다. <p> 태그를 표현합니다. "script.js"를 불러옵니다.

첫 번째 상황을 조금 더 상세히 들여다보겠습니다. "script.js"를 불러오라는 명령이 실행되었으니 컴퓨터는 "script.js" 파일을 탐색하여 실행합니다. 그리고 "script.js" 코드를 위에서부터 한 줄씩 읽어내려갑니다.

파일명 : 12_3_4.js

```
let button = document.querySelector("input")
button.addEventListener("input",
    function(e){
        console.log(e.target.value)
    }
)


// <p> 태그에서 인라인 이벤트 모델로 호출할 함수를 정의합니다.
// 함수의 이름은 hi입니다.
function hi(){
    // alert()를 띄워 "hi"라는 글자를 출력합니다.
    alert("hi")
}
```

그런데 컴퓨터는 첫 번째 줄을 읽어오다가 몹시도 당황스러운 상황을 마주하게 됩니다.

"input이라는 이름의 태그를 쿼리 셀렉터로 찾아오라고요? 그런 태그 없는데요?"

아직 HTML 코드의 2번째 줄이 실행되기 전이므로 컴퓨터 입장에서는 속이 터집니다.

"아니, 왜 없는 걸 달라고 그러세요! 일단 달라고 요청은 하시니까 뭘 드리긴 해야되는데, input이라는 이름의 태그는 못 찾겠네요. 없다는 뜻에서 null을 드릴게요!"

그리하여 button이라는 변수에는 null이 저장됩니다. 문제는 2번째 줄에서 발생합니다.

"addEventListner는 HTML 요소를 대상으로 사용하는건데요, null은 요소가 아닌걸요? null에는 addEventListner를 사용할 수 없어요! 에러 발생!"

이리하여 에러가 발생하게 되어 이벤트 리스너 추가에 실패하게 됩니다. 덕분에 〈input〉 태그는 기능을 상실하게 되었고요. 그리고 컴퓨터는 script.js의 나머지 부분을 살펴봅니다. 주석은 건너뛸 것이고요, 11번째 줄에서 함수를 하나 만들라는 명령을 마주하게 됩니다.

"함수를 만들라고요? 알겠습니다!"

이렇게 함수 하나를 만들어 메모리에 저장하는 것으로, HTML 코드의 첫 번째 줄에 기재된 〈script src="12_3_4.js"〉〈/script〉의 동작이 종료됩니다. 이어서 HTML 코드의 2번째 줄이 실행되며 화면에는 〈input〉 태그가 표현되고, 3번째 줄이 실행되면서 화면에 〈p〉 태그가 표현됩니다. 그런데 〈p〉 태그는 onClick을 활용하여 인라인 이벤트 모델을 사용하고 있습니다. 컴퓨터는 onClick 속성을 살펴봅니다.

"제가 클릭되면 hi()라는 자바스크립트 함수를 실행해 주세요!"

컴퓨터는 태그를 살펴보며 위와 같은 요청을 접수합니다. 그리고 메모리를 둘러보며 hi()라는 자바스크립트 함수가 존재하는지 살펴봅니다. 아, 마침 12_3_4.js를 통해 만들어진 함수가 존재하는군요! 컴퓨터는 이 함수를 〈p〉 태그에 연결해 줍니다. 이리하여 〈input〉 태그의 이벤트 핸들러는 고장 나고, 〈p〉 태그의 이벤트 핸들러만 멀쩡한 상황이 발생하게 된 것입니다.

반면 〈script〉태그가 코드의 마지막에 위치하는 경우는 어떨까요? 먼저 화면에 태그가 모두 표현되고 나서 12_3_4.js 코드가 실행될 것입니다. 이미 〈input〉 태그가 존재하고 있으므로 addEventListner가 정상적으로 작동했을 것이고요.

코드 실행 순서는 항상 위에서 아래로 흐릅니다. 여기까지 고려하셔서 코드를 작성하셔야 올바르게 작동하는 웹 페이지를 제작할 수 있습니다. 찬물에도 위아래가 있듯이, 코드에도 위아래가 있습니다.

① 〈script〉 태그의 순서에 따라 표준 이벤트 모델은 고장 날 수도 있다
② 인라인 이벤트 모델은 이런 상황에서도 고장 나지 않는다.

이것만 생각하면 표준 이벤트 모델이 아니라 인라인 이벤트 모델만 사용하면 문제가 해결된다고 생각할 수도 있겠습니다. 정보가 조금 늘어나니 선택지도 함께 늘어났어요.

① 〈script〉 태그의 위치를 아래로 옮긴다.
② 인라인 이벤트 모델만 사용한다.

'아는 만큼 보인다'

정말 코딩에 한해서는 진리와도 같은 명제입니다. 정보를 조금씩 습득함에 따라, 같은 문제를 두고서도 여러 종류의 해결책이 떠오르지요? 지금까지 배운 정보만 고려하자면 위 두 개의 선택지가 굉장히 합리적이라 할 수 있겠습니다. 첫 번째 선택지는 문제를 즉시 해결할 수 있고, 두 번째 선택지는 향후 같은 문제가 생기는 것까지 미연에 방지할 수 있습니다. 하지만 두 가지 선택지 모두 한계가 있습니다.

첫째로, 〈script〉 태그는 최근 〈head〉 태그 내부에서 활용하는 것이 트렌드입니다. 왜냐하면 〈head〉 태그의 내용물은 웹 브라우저의 화면에 표현되지 않으므로 웹 페이지가 전달하고자 하는 정보를 왜곡하지 않으면서 웹 페이지에 대한 정보만을 전달할 수 있기 때문입니다.

둘째로, 인라인 이벤트 모델은 HTML 코드 내부에 기능적인 요소를 함께 기재해야 합니다. 이게 무슨 단점인가요? 오히려 좋은 것 아닌가요? 라고 생각할 수도 있겠습니다만, 정보 전달

을 위한 도구는 정보 전달만 하는 것이 좋습니다. 웹 페이지의 1차 목표는 정보를 효율적으로 전달하는 것이니 말입니다. 무엇보다 클라이언트나 팀장님이 좋아하지 않으실 가능성이 크고요. 자, 조금 더 정보를 제공하겠습니다. 이번에는 어떤 새로운 세상에 눈을 뜨게 되실까요?

DOMContentLoaded

해결 방법을 고민하기에 앞서 문제가 발생한 근본적인 원인에 대해서 잠시 고민해 봅시다. HTML 코드가 준비되지도 않은 상황인데 JS가 급발진한 것이 원인이었죠. 아직 존재하지도 않는 태그를 대상으로 기능을 추가하려 하니 탈이 났습니다.

그러면 JS에게 이렇게 명령할 수 있다면 문제가 해결될 수 있지 않을까요?

> "JS야, 일단 잠시 대기해. 그리고 HTML 코드가 모두 실행되면 그때 네 코드를 실행해줘."

이와 같은 방식을 **비동기**asynchronous **처리**라고 부릅니다. 반대말은 **동기**synchronous **처리**라고 부르고요.

동기 세계에서는 하나의 작업이 끝나는 즉시 다음 명령을 처리해버립니다. 쉴 틈이 없는 것이지요. 덕분에 아직 HTML 요소가 만들어지지 않은 상황에서 요소에 기능을 추가하라는 상황이 벌어집니다.

반면 비동기 세계에서는 지금 당장 처리할 명령과 나중에 처리할 명령을 구분합니다. '음, 이 명령들은 나중에 때가 되면 처리해야지.'하고 별도로 분리된 명령을 건너뛰고 급한 작업만 쉬지 않고 처리하다가, 조건이 만족되면 미뤄 뒀던 명령을 다시 꺼내어 처리하는 것입니다.

우리는 비동기 방식을 적용하여 JS 코드의 실행을 잠시 미루어 둘 것입니다. 이를 위해 사용하는 도구는 바로 우리에게 익숙한 addEventListner입니다. 코드를 먼저 살펴보겠습니다.

파일명 : 12_3_5.js

```
01 // document 객체를 대상으로 이벤트 리스너를 추가합니다.
02 // 이벤트 종류는 "DOMContentLoaded"입니다.
03 document.addEventListener("DOMContentLoaded",
04     // 이벤트 핸들러입니다.
05     // HTML 코드가 로딩된 다음 비동기적으로 수행할 작업들입니다.
06     function(e){
07         // input 태그를 찾아 button 변수에 저장합니다.
08         let button = document.querySelector("input")
09         // button 변수에 이벤트 리스너를 추가합니다.
10         // 이벤트 종류는 "input"입니다.
11         button.addEventListener("input",
12             function(e){
13                 // 콘솔에 입력창의 값을 출력합니다.
14                 console.log(e.target.value)
15             }
16         )
17     }
18 )
19
20 // <p> 태그에서 인라인 이벤트 모델로 호출할 함수를 정의합니다.
21 // 함수의 이름은 hi입니다.
22 function hi(){
23     // alert()를 띄워 "hi"라는 글자를 출력합니다.
24     alert("hi")
25 }
```

코드를 수정하는 김에 주석을 상세히 달았습니다. 자, 코드의 3번째 줄을 살펴보기 바랍니다. 도큐먼트 객체를 대상으로 이벤트 리스너를 추가하고 있습니다. 도큐먼트 객체는 HTML 문서 자체를 의미하므로, HTML 문서 자체에 이벤트 리스너와 핸들러를 추가하겠다는 의미입니다.

이때 사용된 이벤트는 "DOMContentLoaded"입니다. 이 이벤트는 '문서의 콘텐츠 로딩이 완료되었음'을 의미하는 이벤트입니다. 문서의 콘텐츠 로딩이 완료되었을 때, 비로소 이벤트 핸들러의 함수가 실행될 텐데요. 이 이벤트 핸들러 함수 안에 표준 이벤트 모델을 정의하는 것입니다.

처음에 JS가 실행될 때는 문서의 콘텐츠 로딩이 완료되지 않았을 것이므로 document에 지정된 이벤트 핸들러가 실행되지 않습니다. 하지만 추후 콘텐츠 로딩이 완료되었다면 이벤트 핸들러가 실행될 것입니다. 그리고 이미 문서의 콘텐츠 로딩이 다 된 상황에서 쿼리 셀렉터를 사용하는 것이므로 '그런 선택자는 못 찾겠는데요?'하는 문제는 더 이상 발생하지 않게 되는 것입니다. 자, 이제 우리는 문제 해결 방법을 세 가지나 가지게 되었습니다.

① 〈script〉 태그의 위치를 아래로 옮긴다.
② 인라인 이벤트 모델만 사용한다.
③ DOMContentLoaded 이벤트를 활용한다.

아마 교수님들이나 직장 상사들은 3번 선택지를 가장 권장할 것입니다. 〈script〉 태그를 〈head〉 태그 내부에 위치시킬 수도 있게 되었고, 표준 이벤트 모델도 사용할 수 있게 되었으니까요. 여러분의 생각에는 어떤 방식이 가장 좋은가요?

이상으로 HTML에 자바스크립트를 적용시키는 데 필요한 정보는 모두 전달해 드린 것 같습니다. 다음 챕터에서 HTML 문서를 마음대로 조작하는 더욱 다양한 방법들을 배워보겠습니다.

코딩만 따라 해도 웹페이지가 만들어지는

HTML+CSS+ 자바스크립트

Chapter

13

자바스크립트로 웹 페이지를 내 맘대로 조작할 수 있죠

학습목표

웹 페이지에서 버튼을 클릭하거나, 글자를 입력하는 것은 하나의 사건이라 할 수 있습니다. 이러한 사건을 JS에서는 이벤트라고 합니다. 이벤트는 JS의 핵심 기능입니다. 이벤트가 발생했을 때 JS를 통해 어떻게 웹 페이지를 조작하고, 제어하는지 그 방법을 알아보겠습니다.

SECTION

13-1 이벤트 정복하기

자주 쓰이는 이벤트들

자바스크립트에서 지원하는 이벤트 중, 자주 사용되는 이벤트들을 소개합니다. 아래 표를 암기할 필요는 절대 없습니다. '저런 것도 되는구나.'라고 한 번 느끼고 넘어가면 충분합니다. 나중에 필요한 상황이 되었을 때, 이 책을 다시 펼쳐보기 바랍니다. 또한 여기에서 소개하지 않은 다른 이벤트들도 많이 있습니다. 필요로 할 때, 모질라 재단의 홈페이지[1]를 방문하여 자바스크립트에서 지원하는 다른 모든 이벤트를 확인할 수 있습니다.

이벤트명 (표준 모델 호출)	인라인 호출 시	발생 시점
keydown	onKeydown	키가 눌렸을 때
click	onClick	요소가 클릭되었을 때
doubleclick	onDoubleclick	요소가 더블 클릭되었을 때
mouseover	onMouseover	요소 위에 마우스 포인터가 올라왔을 때
mouseleave	onMouseleave	요소로부터 마우스 포인터가 벗어났을 때
change	onChange	요소의 값이 변경될 때
input	onInput	사용자가 요소에 값을 입력할 때
submit	onSubmit	form 요소의 제출 버튼이 클릭되었을 때
reset	onReset	form 요소의 리셋 버튼이 클릭되었을 때

이벤트들의 사용법을 하나씩 배워보겠습니다. 앞서 충분히 살펴본 click 이벤트의 설명은 생략하겠습니다. 또한 doubleclick의 설명도 click 이벤트의 사용법과 별반 다르지 않으므로 생략하겠습니다. submit과 reset은 조금 뒤에 form 요소를 통한 서버 통신 방법을 공부한 뒤에 설명하겠습니다. 결과적으로 지금 설명해드릴 이벤트는 keydown, mouseover,

1 https://developer.mozilla.org/ko/docs/Web/Events

mouseleave, change, input 총 5개입니다.

<input> 태그와 어울리는 이벤트들

keydown, change, input 이벤트의 사용법을 배워 보겠습니다. 그리고 이들의 차이점도 느껴 보겠습니다. 코드를 먼저 살펴보겠습니다.

파일명 : 13_1_1.html

```
<script src="13_1_1.js"></script>
<p>
    keydown <input id="keydown"/>
</p>
<p>
    change <input id="change"/>
</p>
<p>
    input <input id="input"/>
</p>
```

파일명 : 13_1_1.js

```
document.addEventListener("DOMContentLoaded",
    function(e){
        let keydown = document.querySelector("#keydown")
        keydown.addEventListener("keydown",
            function(e){
                console.log(e.target.value)
            }
        )

        let change = document.querySelector("#change")
        change.addEventListener("change",
            function(e) {
                console.log(e.target.value)
            }
        )

        let input = document.querySelector("#input")
        input.addEventListener("input",
            function(e) {
                console.log(e.target.value)
            }
        )
    }
)
```

HTML 코드를 먼저 살펴보지요. 세 개의 〈input〉 태그를 화면에 출력하고 있습니다. 각각 keydown, change, input 이벤트를 연결하여 테스트해 볼 것입니다.

JS 코드는 이벤트 리스너를 추가하여 #keydown, #change, #input에 각각 keydown, change, input 이벤트를 추가하고 있습니다. 이벤트 핸들러로는 콘솔에 값을 출력하는 간단한 함수를 구현했고요. 자, 이제 코드를 실행해보겠습니다.

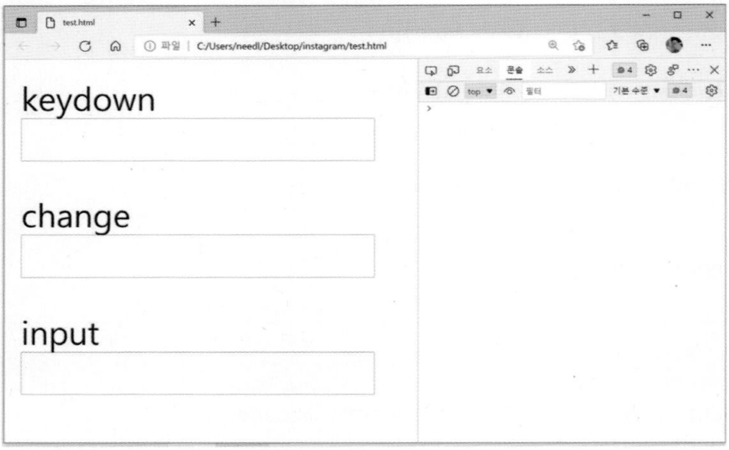

HTML 파일을 웹 브라우저에서 실행하고, 개발자 도구에서 콘솔을 실행합니다. 준비가 모두 끝났습니다. 각각의 입력창에 "abcde"를 입력하면서 결과를 살펴보겠습니다.

keydown 이벤트의 경우

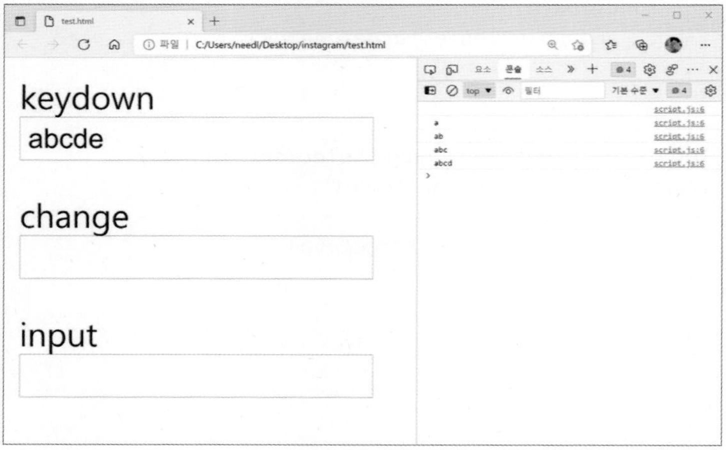

keydown 이벤트의 경우 화면에 글자가 입력되는 타이밍이 한 박자 늦습니다. 브라우저에서 값을 입력하는 과정은 아래 세 단계로 구성됩니다.

키 눌림 ➡ 그게 어떤 값에 해당하는지 계산함 ➡ 해당 값을 화면에 표현함

키가 눌리는 작업은 가장 앞에 위치합니다. 따라서 우리가 A를 누르는 타이밍에는 아직 브라우저의 input 태그 내부에는 값이 입력되지 않은 상태라는 말입니다. 그리하여 콘솔의 첫 번째 줄에서 빈칸이 출력되었고요. 출력 이후에 "a"라는 값이 〈input〉 태그의 value 속성값으로 전달되었을 것입니다.

B를 누를 때는 아직 "a"라는 글자만 입력된 상태였기에 콘솔에는 "a" 한 글자만 표시된 것이고요. 이러한 원리로 keydown 이벤트를 활용할 경우 한 박자 늦은 값을 입력받게 됩니다. 이는 백스페이스를 눌러 값을 지울 때도 마찬가지입니다. 한 박자 늦게 데이터가 지워지지요.

따라서 keydown 이벤트로 사용자로부터 정보를 입력받을 때는 주의가 필요합니다. 키 입력을 받는다면, 항상 한 박자 늦게 데이터를 입력받게 되니까요. 그렇다면 keydown 이벤트는 왜 사용하는 것일까요?

내용물보다도 사용자가 무언가를 입력하고 있는 상황 그 자체를 감지할 수 있다는 장점이 있기 때문입니다. keydown 이벤트가 작동한다는 것은 사용자가 키보드를 두드리고 있다는 의미이므로 이를 활용하여 유용한 기능들을 추가할 수 있습니다. 예를 들면 키 입력에 맞춰서 효과음을 제공한다거나요.

또한 웹 페이지에 단축키 기능을 추가할 수 있습니다. 예를 들자면 페이스북 웹 페이지는 공식적으로 단축키를 지원합니다.

	페이스북 단축키 (일부)		
키	기능	키	기능
J	다음 글	K	이전 글
Enter ↵	더 보기	P	새 글 쓰기
L	좋아요 / 취소	C	댓글 달기

도큐먼트 객체를 대상으로 이벤트 리스너를 추가하고, keydown 이벤트를 활용하면 위와 같은 단축키를 구현할 수 있습니다. 코드를 조금 수정하여 도큐먼트 객체에 이벤트를 추가해, Q를 누르면 alert() 창이 뜨도록 만들어 보겠습니다.

파일명 : 13_1_2.js

```
01 document.addEventListener("DOMContentLoaded",
02     function(e){
03         document.addEventListener("keydown",
04             function(e){
05                 console.log(e.key)
06                 if (e.key === "q"){
07                     alert("this is Q!")
08                 }
09             }
10         )
11 
12         let keydown = document.querySelector("#keydown")
13         keydown.addEventListener("keydown",
14             function(e){
15                 console.log(e.target.value)
16             }
17         )
18 
19         let change = document.querySelector("#change")
20         change.addEventListener("change",
21             function(e) {
22                 console.log(e.target.value)
23             }
24         )
25 
26         let input = document.querySelector("#input")
27         input.addEventListener("input",
28             function(e) {
29                 console.log(e.target.value)
30             }
31         )
32     }
33 )
```

코드의 3번째 줄부터 10번째 줄 사이에 도큐먼트 객체를 대상으로 이벤트 리스너를 추가하여 새로운 기능을 구현하고 있습니다. 1번째 줄에서 이미 도큐먼트 객체에 이벤트 리스너를 추가하고 있다는 사실에 주목하기 바랍니다. 하나의 객체에 여러 개의 이벤트 리스너를 추가할 수 있습니다. 또한, 이벤트 리스너 안에서 새로운 이벤트 리스너를 추가할 수도 있습니다.

어쨌든 도큐먼트 객체에 키 입력 이벤트가 발생할 경우 4번째 줄에서 정의한 함수가 실행됩니다. 5번째 줄을 살펴보면 console.log() 안에 e.key라는 코드가 입력되어 있습니다. e는 이번에 발생한 이벤트에 대한 정보이고, e.key는 '이 이벤트에서 눌린 키'라는 뜻입니다. 한 번 코드를 실행하여 콘솔 창을 확인해 보겠습니다.

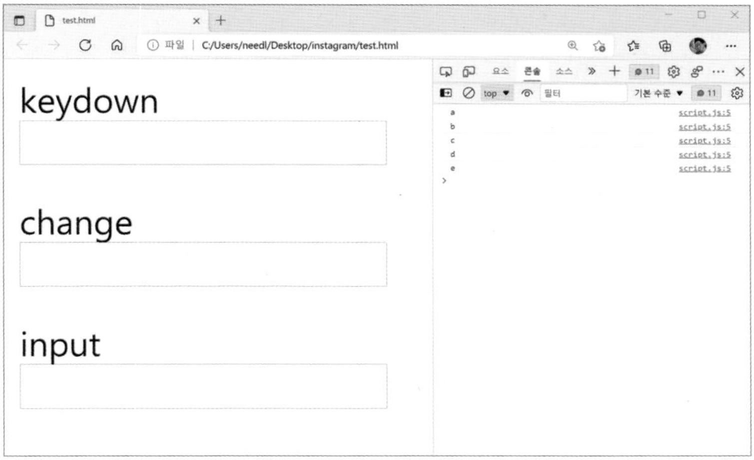

입력창이 아니라 빈 공간을 클릭하고 "abcde"를 차례로 입력한 모습입니다. 실시간으로 키 눌림이 감지되어 콘솔에 입력되고 있습니다. 이번에는 Q 를 입력해 보겠습니다.

콘솔 창에 'q'가 입력되는 동시에 alert() 팝업창이 발생합니다. 원리를 이해하셨나요? 이벤트 핸들러 안에 if와 else문을 적절하게 삽입하는 것으로 웹 페이지에 단축키를 도입할 수 있게 되었습니다. 입력창 밖에서 사용자의 키 입력을 처리할 수 있다는 것이 keydown 이벤트의 가장 큰 장점입니다. <input> 태그와 함께 사용하기에는 약간 부적절한 부분이 있지만요.

그리고 자바스크립트에서 키보드 입력을 다룰 때의 철자가 알쏭달쏭합니다. 알파벳 자판이야 'a', 'b', 'c' 따위로 표현될 것 같지만 Enter ↵ 나 Ctrl , Print Screen 등과 같은 특수키를 자바스크립트에서 어떤 철자로 표현하는지는 어떻게 알 수 있을까요?

이를 매번 외울 필요는 절대 없다고 단언하고 싶습니다. keydown 이벤트 콘솔에 e.key를 출력하여 확인 후 사용하면 충분합니다.

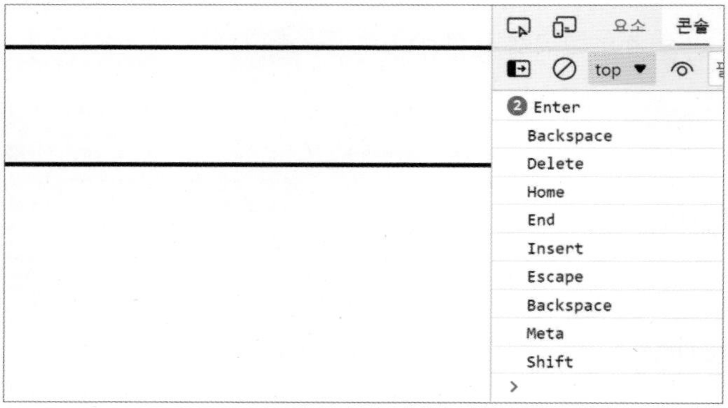

화면에 빈칸을 만들고 e.key를 출력하면서 자바스크립트에서 사용하는 키들의 철자를 확인했습니다. 흠, [Enter ↵]의 철자는 "Enter"로군요.

change 이벤트의 경우

change 이벤트를 공부하기에 앞서 도큐먼트를 대상으로 정의된 keydown 이벤트를 삭제하겠습니다.

파일명 : 13_1_3.js

```
document.addEventListener("DOMContentLoaded",
    function(e){
        let keydown = document.querySelector("#keydown")
        keydown.addEventListener("keydown",
            function(e){
                console.log(e.target.value)
            }
        )

        let change = document.querySelector("#change")
        change.addEventListener("change",
            function(e) {
                console.log(e.target.value)
            }
        )

```

```
        let input = document.querySelector("#input")
        input.addEventListener("input",
            function(e) {
                console.log(e.target.value)
            }
        )
    }
)
```

코드 수정 후 브라우저에서 새로고침 F5을 누르면 수정한 코드가 실행됩니다. #change 필드에 "abcde"를 입력해 보겠습니다.

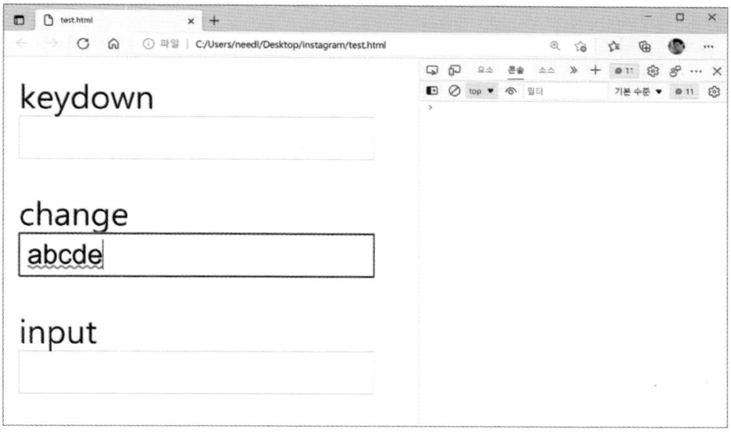

아무런 일도 일어나지 않습니다. 이 상태에서 Enter↵를 누르거나, 빈 공간을 클릭해 보기 바랍니다. 입력 필드에 있던 내용물들이 한꺼번에 출력됩니다.

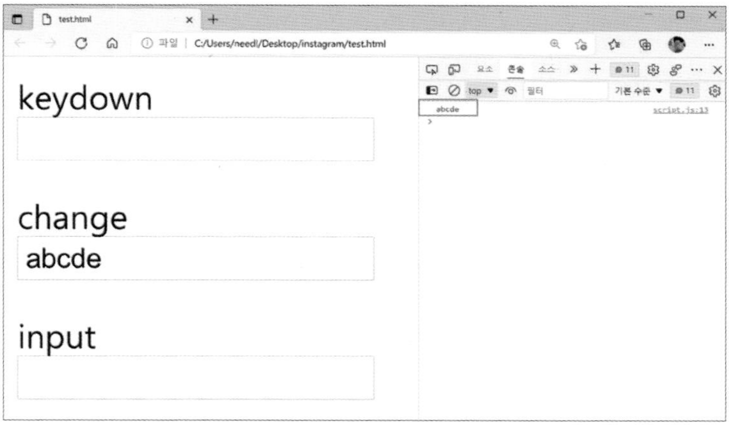

change는 값의 변경을 감지합니다. 그런데 이 값을 실시간으로 감지하는 것이 아니라 요소가 포커스를 잃을 때를 기준으로 값의 변경을 비교합니다. 포커스를 잃는다는 것은, 다른 요소를 클릭하거나 Enter↵를 입력하는 등 입력 필드가 자기 자신의 역할을 마친 상황이라는 뜻으로 해석해도 좋습니다.

요소 밖의 공간을 클릭할 경우 포커스가 요소 밖으로 옮겨가게 되므로 change 이벤트가 발생합니다. 맨 처음에는 〈input〉 필드의 내용물이 공백이었을 텐데, "abcde"를 입력하고 요소 밖을 클릭하는 시점에는 필드의 내용물이 "abcde"입니다. 공백과 "abcde" 사이에는 차이가 있으므로 이벤트가 발생합니다.

비교 시점이 포커스 상실 시점이기 때문에 사소한 특징이 하나 발생합니다. 화면에 입력된 "abcde"를 지우고, 다시 "abcde"를 입력한 다음 Enter↵를 눌러 보세요. 콘솔에 아무 글자도 출력되지 않을 것입니다. 포커스 상실 시점에 필드 안에 "abcde"라는 내용물이 기재되어 있을텐데요, 이는 이전의 내용물인 "abcde"와 동일하기 때문에 변화가 없는 것으로 간주되어 이벤트가 발생되지 않은 것입니다.

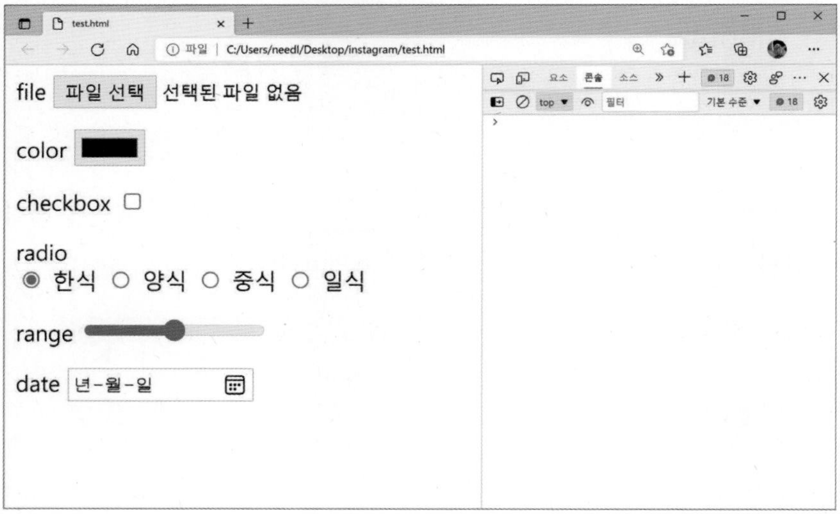

〈input〉에서 사용 가능한 다양한 타입들입니다. change 이벤트는 〈input〉의 텍스트 입력보다는 챕터6에서 배운 다양한 입력예시들과 함께 사용하기에 더욱 적절합니다. 이들은 입력과 동시에 포커스를 상실하기 때문입니다.

input 이벤트의 경우

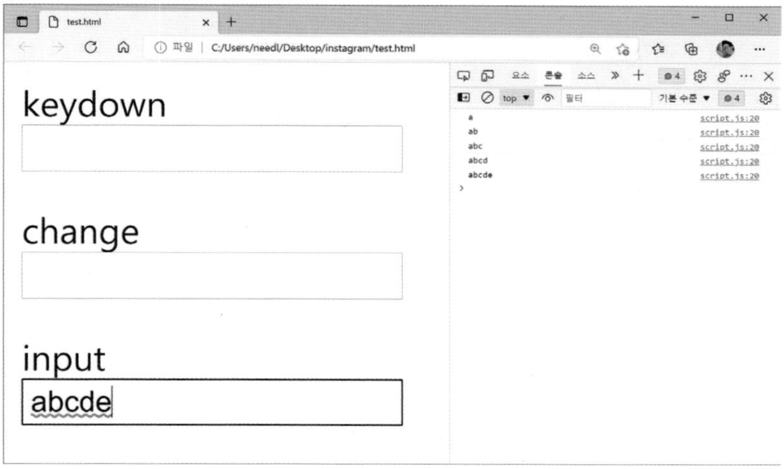

마지막으로 input 이벤트를 살펴보겠습니다. input 이벤트는 'input 필드를 통한 사용자의 정보 입력'을 감지합니다. 이벤트 발생 순서가 아래와 같습니다.

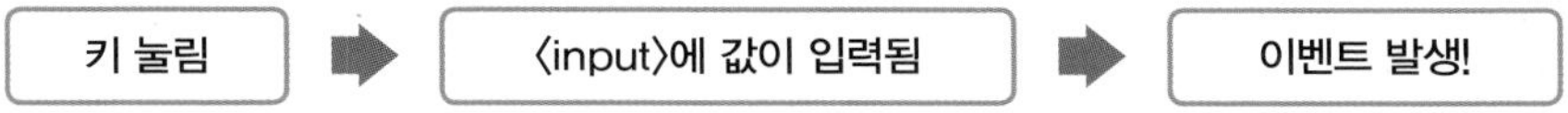

〈input〉 태그에 입력된 값이 변한 이후에 이벤트가 발생하기 때문에 딜레이 없이 실시간으로 input 태그의 값을 받아올 수 있습니다. 입력할 때뿐만 아니라 Back Space를 눌러 데이터 일부를 삭제할 때도 말입니다. 텍스트를 입력받을 때는 input 이벤트를 활용하는 것을 추천합니다.

마우스의 이동을 감지하는 이벤트

mouseover 이벤트는 요소 위에 마우스 커서가 올라간 상태를 감지하는 도구이며 mouseleave는 요소로부터 마우스 커서가 벗어나는 상태를 감지하는 도구입니다. 코드를 먼저 살펴보겠습니다.

파일명 : 13_1_4.html

```html
<script src="13_1_4.js"></script>
<button onMouseover="red(event)" onMouseleave="blue(event)">HERE!
</button>
```

파일명 : 13_1_4.js

```javascript
function red(e) {
    e.target.style.backgroundColor = "red"
}

function blue(e) {
    e.target.style.backgroundColor = "blue"
}
```

HTML 코드에서는 심플하게 〈button〉 태그를 하나 만들고 있습니다. 이때 〈button〉 태그 하나에 이벤트 핸들러를 두 개 부착한 점에 주목해 주세요. 이처럼 1개의 요소에 여러 개의 이벤트 핸들러를 부착할 수 있습니다. 표준 이벤트 모델의 경우 이벤트 리스너를 여러 번 추가하면 됩니다.

초기 로딩 | 마우스 커서를 버튼 위에 올린 경우 | 마우스 커서가 버튼 위에서 빠져나간 경우

초기 코드 실행 시 우리에게 익숙한 회색 버튼이 화면에 출력됩니다. 이 위에 마우스 커서를 옮기면 red()가 실행되면서 버튼의 색이 붉게 물들고, 마우스 커서를 버튼 밖으로 옮기면 blue()가 실행되며 버튼의 색이 파랗게 변합니다.

코드에서 쿼리 셀렉터 대신 e.target을 사용하고 있는 점에 주목하기 바랍니다. e.target의 정체를 알려드릴 때가 된 것 같습니다.

```
function red(e) {
    console.log(e)
}
```

이벤트 객체 e의 정체를 알아내기 위하여 red() 함수의 내용물을 수정했습니다. 콘솔에 e를 찍어 보겠다는 뜻이지요. 코드를 실행하여 마우스를 올려 보면서 콘솔 창을 확인해 보겠습니다.

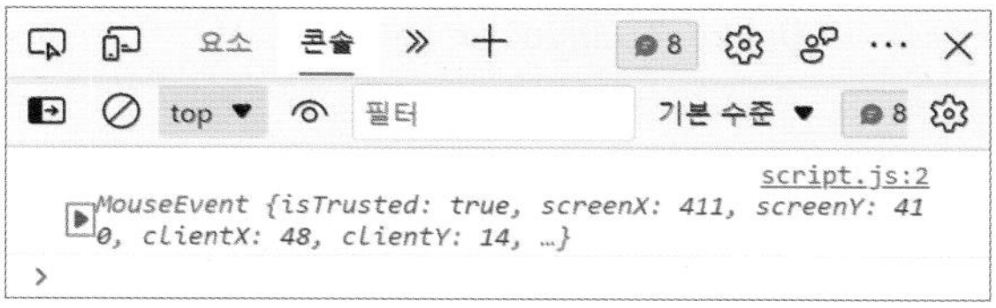

콘솔 창에 무언가가 출력되었습니다. 중괄호 {}와 콜론(:)들이 보입니다. 네, e는 객체입니다. 이름부터가 이벤트 객체지요. 좌측의 ▶를 클릭하여 객체의 내부를 살펴보겠습니다.

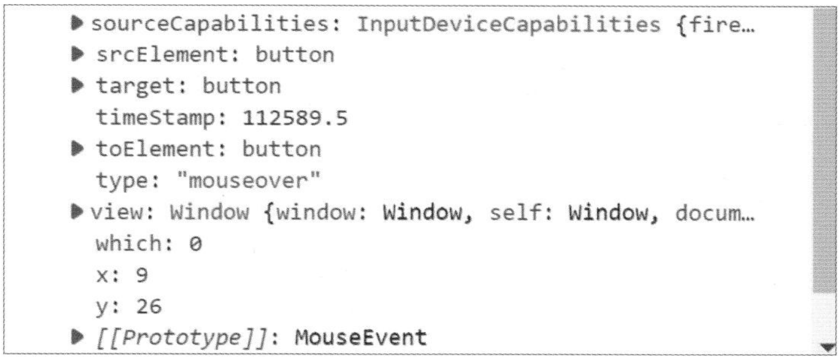

객체 내부에 자료가 엄청나게 많나봅니다. 굉장히 많은 정보가 포함되어 있습니다. 하단부를 살펴보면 target: button이라는 키와 값이 입력되어 있습니다. e.target은 button 태그라는 의미입니다. 바로 아래에는 type: "mouseover"라는 데이터도 있네요. 이 이벤트는 button에서 일어났고, 이벤트의 종류는 mouseover라는 정보입니다. 이런 상세한 정보가 이벤트 객체에 입력되어 있었다는 의미입니다.

따라서 e.target을 활용하면 쿼리 셀렉터 없이도 이벤트가 발생한 태그를 찾아낼 수 있습니다. 그런데 e.target에는 단순히 태그 이름만 기재되어 있습니다. 그러면 화면에 같은 이름의 태그가 여러 개 존재할 때는 e.target을 사용할 수 없을까요?

파일명 : 13_1_5.html

```
<script src="13_1_5.js"></script>
<button>test</button>
<button onMouseover="red(event)" onMouseleave="blue(event)">HERE!</button>
<button>test</button>
```

파일명 : 13_1_5.js

```
function red(e) {
    e.target.style.backgroundColor = "red"
}

function blue(e) {
    e.target.style.backgroundColor = "blue"
}
```

컴퓨터에 혼란을 일으키기 위하여 HERE! 버튼 앞뒤로 버튼을 삽입했습니다. 과연 이벤트 핸들러가 삽입된 〈button〉 태그의 색만 바뀔 것인지, 아니면 모든 〈button〉 태그의 색이 바뀔 것인지 결과를 살펴보겠습니다.

네, 이벤트 핸들러가 지정된 〈button〉 태그의 색만 변했습니다! 우리에게 노출되지는 않지만 이보다 훨씬 더 상세한 정보가 이벤트 객체에 담겨 있다고 알아두면 충분할 것 같습니다.

SECTION

13-2 문서 제어를 위한 세부기능 정복하기

요소의 스타일 제어

요소의 스타일 제어를 하려면 요소 객체를 대상으로 점(.)을 찍고 style을 입력합니다. 그리고 다시 점(.)을 찍고 스타일 속성값을 입력합니다. 이를 변수처럼 생각하고 새로운 값을 대입하는 것으로 스타일을 제어할 수 있습니다.

```
요소.style.스타일속성 = "스타일 속성값"
```

그런데 앞서 background-color 스타일 속성을 제어하기 위하여 JS에서 아래와 같이 코드를 입력하였습니다.

```
e.target.style.backgroundColor = "red"
```

단, 미디어 쿼리로 충분히 해결 가능한 상황에서는 가능하면 CSS만 사용하는 것을 권장합니다. 스타일은 디자인적 요소이므로 될 수 있는 한 CSS에서만 처리하는 것이 추후 협업 시 디자이너의 스트레스 완화와 수명 연장에 큰 도움이 됩니다.

JS에서 스타일을 제어할 때는 스타일 속성을 카멜 케이스camel case 표기법으로 작성하는 것이 규칙입니다. 카멜 케이스는 여러 단어를 붙여 쓰되 대소문자로 단어의 시작점을 구분하는 것입니다. 예시를 몇 개 보여드리겠습니다.

단어의 조합	카멜 케이스 표기법	하이픈 표현
apple pen	applePen	apple-pen
on change	onChange	on-change
look at my lovely dog	lookAtMyLovelyDog	look-at-my-lovely-dog

소문자 사이로 대문자가 삐죽삐죽 머리를 들어 올리는 형상이 마치 구불구불한 낙타의 등과 같다는 의미로 카멜 케이스라는 이름이 붙었습니다. 이는 띄어쓰기 없이 단어의 조합을 표현할 수 있는 유용한 도구입니다. JS는 카멜 케이스 표기법을 주로 활용합니다. 하이픈(-)이 숫자의 뺄셈을 의미하는 연산자로도 활용되기 때문일 것입니다. apple-pen이라는 글자를 보면 JS는 'apple에서 pen을 빼라고요?'라고 생각할 수도 있겠지요?

요소의 속성 추출하기

속성은 영어로 attribute입니다. 그래서일까요? JS에서 속성을 열람할 때는 getAttribute()를 사용합니다. getAttribute()의 사용법은 아래와 같습니다.

```
요소.getAttribute(속성 이름)
```

예시 코드를 살펴보겠습니다.

파일명 : 13_2_1.html

```
<script src="13_2_1.js"></script>
<input id="input" type="button" value="hi"/>
```

파일명 : 13_2_1.js

```
document.addEventListener("DOMContentLoaded",
    function(e){
        let input = document.querySelector("input")
        input.addEventListener("click",
            function(e){
                console.log(e.target.getAttribute("type"))
            }
        )
    }
)
```

〈input〉 태그를 하나 만들고 이벤트 리스너를 추가하여 클릭에 대한 이벤트 핸들러를 부착하였습니다. 이벤트 핸들러 함수 내부에서는 getAttribute()를 사용하여 〈input〉 태그의 'type' 속성을 확인하고 있습니다. 코드를 실행해 보겠습니다. 〈input〉 태그의 type 속성인 'button'이 콘솔에 출력되고 있습니다.

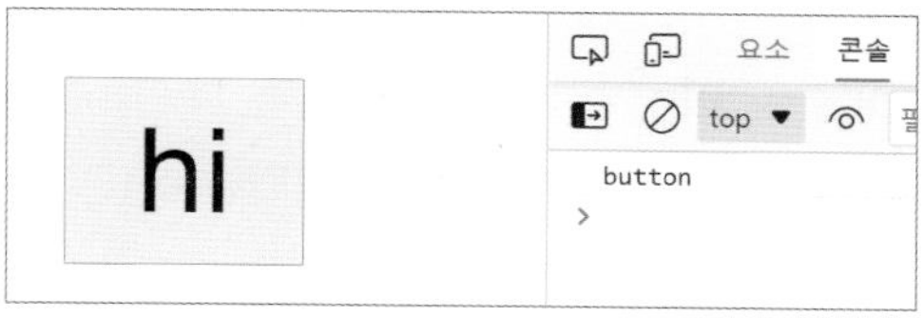

요소의 속성 제어하기

속성값 변경하기

자바스크립트는 HTML 문서를 제어하기 위한 도구이므로, 요소의 속성을 열람하는 기능뿐 아니라 조작하는 기능도 탑재하고 있습니다. setAttribute()를 활용하면 요소의 속성을 조작할 수 있습니다.

```
요소.setAttribute(속성, 새로운 속성값)
```

사용 예시를 살펴보겠습니다.

파일명 : 13_2_2.html

```html
<script src="13_2_2.js"></script>
<input id="input" type="text"/>
```

파일명 : 13_2_2.js

```javascript
document.addEventListener("DOMContentLoaded",
    function(e){
        let input = document.querySelector("input")
        input.addEventListener("click",
            function(e){
                e.target.setAttribute("type", "text")
            }
        )
    }
)
```

클릭 이벤트에 대한 이벤트 핸들러로 setAttribute()를 활성화시키고 있습니다. 버튼을 클릭하면 〈input〉 태그의 타입을 'text'로 변경하게끔요. 코드를 실행해 보겠습니다.

클릭 전 　　　　　　　　 클릭 후

어떤가요? 화면에 표시되던 내용이 클릭 한 번으로 순식간에 변경되었습니다. 자바스크립트의 이벤트 핸들러는 이렇게 편리한 도구입니다. 조금만, 아주 조금만 더 코드를 확장해 보겠습니다.

속성값 토글

HTML 코드는 그대로 두고 JS 코드만 수정했습니다. 〈input〉 태그에 총 2개의 이벤트 리스너를 추가했습니다. 클릭 이벤트와 키다운 이벤트를요.

파일명 : 13_2_3.js

```
01 document.addEventListener("DOMContentLoaded",
02     function(e){
03         let input = document.querySelector("input")
04         input.addEventListener("click",
05             function(e){
06                 if (e.target.getAttribute("type") === "button"){
07                     e.target.setAttribute("type", "text")
08                 }
09             }
10         )
11 
12         input.addEventListener("keydown",
13             function(e){
14                 if (e.key === "Enter"){
15                     e.target.setAttribute("type", "button")
16                 }
17             }
18         )
19     }
20 )
```

클릭 이벤트를 먼저 살펴보겠습니다. 클릭 이벤트가 발생하면 6번째 줄의 if문이 실행되고, 현재 타입 속성이 "button"일 경우에만 7번째 줄의 코드가 실행되어 타입이 text로 변경됩니다. 쉽게 말해 버튼을 텍스트 입력창으로 변경하는 코드지요.

키다운 이벤트도 살펴보겠습니다. 키다운 이벤트가 발생하면 14번째 줄의 if문이 실행되고, 방금 눌린 키가 Enter↵인지 확인합니다. Enter↵일 경우 타입 속성을 버튼으로 변경합니다. 코드를 실행해 보겠습니다.

초깃값 버튼 클릭한 상태

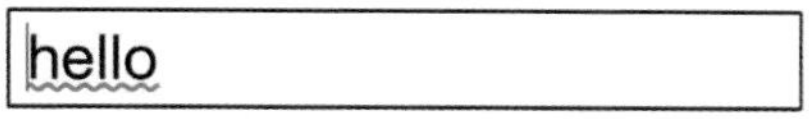

"hello"를 입력하고 엔터 키를 친 상태

어라, 뭔가 이상합니다. Enter↵를 눌러도 버튼으로 바뀌지 않습니다! 오른쪽 끝에 있던 커서가 왼쪽 끝으로 이동하기는 했지만요. 아직 커서 포커스가 입력창 내부에 있기 때문입니다. JS 입장에서는 "아직 텍스트 입력 덜 끝난거 아니에요? 그런데 제가 속성을 막 바꾸면 사용자님께서 텍스트 입력을 중단하셔야 하지 않나요?"라며 작업을 수행하기 껄끄러운 입장인 것입니다.

이벤트의 종류를 바꿔 보겠습니다. 포커스를 잃을 때 실행되는 change 이벤트가 적절할 것 같네요.

파일명 : 13_2_4.js

```
01  document.addEventListener("DOMContentLoaded",
02      function(e){
03          let input = document.querySelector("input")
04          input.addEventListener("click",
05              function(e){
06                  if (e.target.getAttribute("type") === "button"){
07                      e.target.setAttribute("type", "text")
08                  }
09              }
10          )
11
12          input.addEventListener("change",
13              function(e){
14                  e.target.setAttribute("type", "button")
15              }
16          )
17      }
18  )
```

keyDown 이벤트 리스너를 삭제하고 change 이벤트 리스너를 추가하였습니다. 입력창의 내용물이 바뀌고, 포커스가 상실되었을 때 〈input〉 태그의 타입이 button으로 변경될 것입니다. 자, 코드를 한 번 실행해 보죠.

코드 실행 전 코드 실행 후

짜잔! 정상적으로 작동합니다. change는 포커스의 상실이 발동 기준이기 때문입니다. 이미 입력창의 포커스가 상실되었으므로 글자를 조금 더 입력할 여지는 사라지게 된 것입니다. 덕분에 JS가 망설이지 않고 type을 확 바꿔버린 것이고요.

이리하여 우리는 두 개의 이벤트 핸들러를 추가하는 것으로 〈input〉의 타입을 버튼으로 바꿨다가, text로 다시 바꿨다가, 또다시 버튼으로 바꾸는 방법을 공부했습니다. 여기서 우리는 단순히 버튼을 바꾸는 것을 공부한 것이 아닙니다. 객체의 속성을 바꾸는 방법을 공부한 것이고요.

다른 요소의 속성 제어하기

속성이라는 녀석은 상당히 쓰임새가 많습니다. 이를테면 〈img〉 태그의 이미지 파일 역시 src라는 속성을 통해 전달되지요. 한 번 예시 코드를 보여드리도록 하겠습니다. 코드 실행에 앞서, 예시 코드가 저장된 곳 내부에는 아래와 같은 디렉터리가 존재합니다.

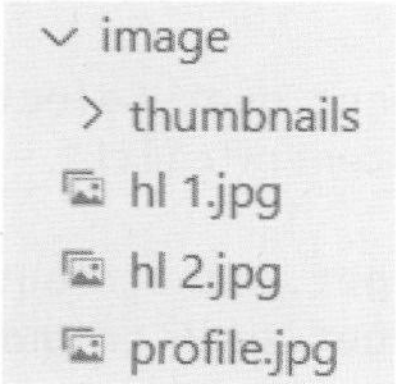

인스타그램 클론코딩 예제에서 사용한 이미지 폴더를 그대로 활용하겠습니다. 이번 예시 코드에는 "hl 1.jpg", "hl 2.jpg", "profile.jpg"가 사용됩니다. 여러분은 다른 파일명으로 예제를 실행해도 좋습니다.

파일명 : 13_2_5.html

```
<script src="13_2_5.js"></script>
<img src="image/profile.jpg", width="400px"/><br/>
<input type="button" value="고양이 더 줘!"/>
```

파일명 : 13_2_5.js

```
document.addEventListener("DOMContentLoaded",
    function(e){
        let button = document.querySelector("input")

        let img = document.querySelector("img")
        let img1 = "image/hl 1.jpg"
        let img2 = "image/hl 2.jpg"
        let img3 = "image/profile.jpg"

        button.addEventListener("click",
            function(e){
                let src = img.getAttribute("src")
                if (src === img1){
                    img.setAttribute("src", img2)
                } else if(src === img2) {
                    img.setAttribute("src", img3)
                } else{
                    img.setAttribute("src", img1)
                }
            }
        )
    }
)
```

HTML 코드를 먼저 살펴보겠습니다. 〈img〉 태그로 화면에 사진을 한 장 표시하고 있고, 그 아래에 〈input〉 태그로 만들어진 버튼이 위치합니다.

JS 코드를 살펴보죠. 먼저 버튼 요소에 이벤트 리스너로 클릭 이벤트 핸들러를 추가하고 있습니다. 그리고 버튼이 클릭되면 버튼이 아니라 〈img〉 태그의 속성이 변경되도록 setAttribute() 함수가 적용되고 있고요.

버튼 클릭이 발생하면 〈img〉 태그의 src 속성을 분석합니다. src 속성은 〈img〉에서 불러올 사진 파일의 경로를 의미합니다. 이를 분석하여 현재 적용된 사진이 무엇인지 파악하고, 다음 파일로 넘겨버리는 것입니다. 버튼을 누를 때마다 다음 사진으로 넘어갈 수 있도록 말입니다.

코드를 실행해 보겠습니다.

이리하여 "고양이 더 줘!" 버튼을 누를 때마다 고양이 사진을 더 가져다주는 일종의 전자액자 웹 페이지가 만들어졌습니다.

여기서 우리는 이미지의 src 속성을 제어하는 것만 배운 것이 아닙니다. 속성 제어를 통해 웹 페이지에 표시되는 콘텐츠를 실시간으로 바꾸는 법을 배우기도 했지만, 이 또한 메인이 아닙니다.

이번에 공부한 내용 중 가장 중요한 것은 〈input〉 태그에 이벤트 핸들러를 추가했는데, 정작 변경된 것은 〈img〉 태그였다는 점입니다. 이벤트가 발생한 요소와 전혀 무관한 요소를 제어할 수도 있다는 점을 기억하세요.

문서의 글자 조작하기

태그의 글자 추출하기

JS는 만능입니다. 스타일도 조작하고 속성값도 조작하고 못 하는 일이 없어 보입니다. 이렇게 화려한 기능들을 이미 접했기 때문에 글자를 화면에 표시하는 일 정도는 매우 가소롭게 느낄지도 모르겠네요.

우리가 여러 가지 고급 기능들을 공부하며 스스로 닫는 태그를 자주 사용해서 잠시 잊어버렸을 수도 있습니다만, HTML 태그는 〈p〉〈/p〉 또는 〈h1〉〈/h1〉와 같이 여는 태그와 닫는 태그가 한 쌍이 되어 움직이는 것이 가장 기본적인 골격입니다. 이번에 소개해 드릴 방법은 여는 태그와 닫는 태그의 사이에 입력된 글자에 접근하고, 이 글자를 제어하는 방법입니다.

```
요소.textContent
```

요소의 textContent 속성은 요소 내부의 글자를 보여줍니다. 예시 코드를 보여드리겠습니다.

파일명 : 13_2_6.html

```
<script src="13_2_6.js"></script>
<p>HTML로 입력함</p>
<input type="button" value="JS 출동!"/>
```

파일명 : 13_2_6.js

```
document.addEventListener("DOMContentLoaded",
    function(e){
        let button = document.querySelector("input")
        let p = document.querySelector("p")

        button.addEventListener("click",
            function(e){
                console.log(p.textContent)
            }
        )
    }
)
```

코드를 실행하면 화면에 〈p〉로 작성된 글자와 버튼 하나가 출력될 것입니다. 버튼에는 클릭 이벤트에 대한 이벤트 핸들러가 붙어있습니다. 버튼이 클릭될 경우 〈p〉 태그의 textContent를 콘솔에 출력하는 예제입니다.

콘솔에 〈p〉 태그의 내용물인 "HTML로 입력함"이 정상적으로 출력되고 있습니다. textContent 속성을 활용하여 태그 태부에 입력된 텍스트 값을 뽑아온 장면입니다.

태그의 글자 조작하기

글자의 내용물을 변경하는 코드도 살펴보겠습니다. p.textContent에 바로 스트링을 할당하는 모습입니다.

■ 파일명 : 13_2_7.js

```
document.addEventListener("DOMContentLoaded",
    function(e){
        let button = document.querySelector("input")
        let p = document.querySelector("p")

        button.addEventListener("click",
            function(e) {
                p.textContent = "JS로 입력함"
            }
        )
    }
)
```

코드 실행 결과입니다. 버튼을 누르면 새로운 스트링이 textContent에 할당되면서 화면에 표시되는 문자도 변경되었습니다!

코드 실행 전 코드 실행 후

실전을 위한 응용

요소의 스타일을 제어하는 방법도 배웠고, 태그 내부의 글자를 변경하는 방법도 배웠습니다. 이것만으로도 실전에서 활용할 수 있는 유용한 기능을 제작할 수 있습니다.

이번에는 코드 실행 결과물을 먼저 살펴본 다음 코드를 살펴보겠습니다. 코드를 실행한 화면입니다. 이름에 None이 입력되어 있고요, 수정 버튼이 표시되고 있습니다. 버튼을 누르면 화면이 아래와 같이 변합니다.

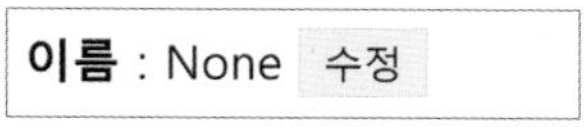

수정 버튼이 화면에서 사라지고, 아래에 새로운 영역이 등장했습니다. 새로운 이름을 입력할 수 있는 필드와 확인 버튼이 있네요.

여기에 제 이름을 입력했습니다. 이제 확인 버튼을 눌러 보겠습니다.

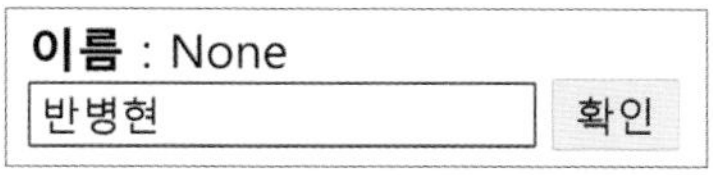

입력 필드와 확인 버튼이 사라졌습니다. 그리고 None이었던 이름이 변경되었고, 사라졌던 수정 버튼이 다시 생겨났습니다. 이런 기능이 탑재된 웹 사이트를 많이 만나 보았죠?

자, 그러면 지금부터 코드를 살펴보겠습니다.

파일명 : 13_2_8.html

```
01 <script src="13_2_8.js"></script>
02 <div>
03     <strong>이름</strong><span id="nameHere">None</span>
04     <input id="nameEditButton" type="button" value="수정"/>
05 </div>
06 
07 <div id="editNameField" style="display:none">
08     <input id="newName" type="text" value="새 이름 입력"/>
09     <input id="okButton" type="button" value="확인"/>
10 </div>
```

파일명 : 13_2_8.js

```
document.addEventListener("DOMContentLoaded",
    function(e){
        let nameEditButton = document.querySelector("#nameEditButton")
        let editName = document.querySelector("#editNameField")
        let okButton = document.querySelector("#okButton")
        let newName = document.querySelector("#newName")
        let nameHere = document.querySelector("#nameHere")

        nameEditButton.addEventListener("click",
            function(e){
                editName.style.display = "block"
                nameEditButton.style.display = "none"
            }
        )

        okButton.addEventListener("click",
            function(e){
                nameHere.textContent = newName.value
                editName.style.display = "none"
                nameEditButton.style.display = "inline"
            }
        )
    }
)
```

HTML 코드를 먼저 살펴보겠습니다. 두 개의 커다란 〈div〉 태그가 등장하고 있습니다. 첫 번째 〈div〉 태그는 초기에 화면에 표시될 내용을 정의하고 있습니다. 3번째 줄에서는 화면에 표시될 글자를 표현하고 있으며, 추후 JS를 활용해 글자를 변경하기 위하여 〈span〉 태그로 이름을 감싸준 모습입니다.

7번째 줄부터 시작되는 두 번째 <div> 태그는 display 스타일 속성이 none으로 정의되었습니다. 태그가 존재하기는 하지만 화면에 표시되지 않고, 공간도 차지하지 않게 된 것입니다. 앞서 살펴본 코드 실행 결과에서 문자 하단에 입력 필드와 버튼이 갑자기 생겨났었지요? 사실은 태그를 미리 만들어 두고 display를 none으로 설정하여 숨겨뒀던 것입니다.

JS 코드도 살펴보죠. 수정 버튼을 누르면 #editNameField 영역의 display값이 none에서 block으로 변경되면서 화면에 표시됩니다. 또한 수정 버튼의 display값이 none으로 변하면서 수정 버튼이 사라진 것입니다.

17번째 줄에서는 텍스트 입력 필드에 위치한 확인 버튼에 클릭 이벤트를 더하고 있습니다. 먼저 텍스트 필드의 value값을 뽑아와 새로운 이름 정보를 추출하고, <span></span> 태그 사이의 글자를 이것으로 교체합니다.

이어서 다시 #editNameField의 display는 none으로, #nameEditButton의 display는 block으로 변경하면서 초기 화면 구성으로 복귀하는 것이고요. 여기까지 함께 따라오느라 정말 고생 많았습니다.

코딩만 따라 해도 웹페이지가 만들어지는

HTML+CSS+ 자바스크립트

Chapter

14

[도전!] 웹 페이지에 생명을 불어넣고, 전 세계에 배포하자

학습목표

오래 기다렸습니다. 이제 JS 활용을 위한 기초적인 내용을 모두 알아보았습니다. 이제 JS를 활용하여 실제 사용되는 것 같은 웹 페이지를 만들어보겠습니다. 지금까지는 PC에서 실행되는 웹 페이지만 만들어보았지만, 인터넷에 업로드하고 어디서든지 방문이 가능하도록 해 보겠습니다. 이 챕터까지 학습한다면 웹 페이지를 만드는 기본적인 내용을 모두 알게된다고 보면 됩니다.

SECTION

14-1 인스타그램 예제 완성하기

자바스크립트 코드 연결하기

인스타그램 예제를 VSCode로 실행하기 바랍니다.

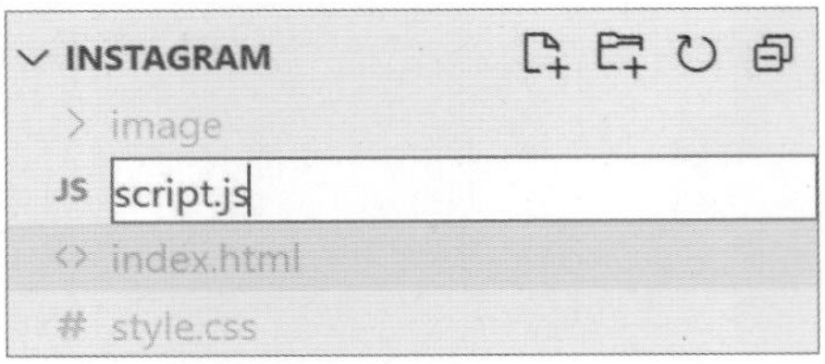

좌측 프로젝트 탐색기 패널에서 [새 파일] 메뉴를 클릭하고, 파일명으로 "script.js"를 입력하여 빈 자바스크립트 파일을 제작합니다. 그리고 index.html 코드의 4번째 줄 아래, 그러니까 〈head〉〈/head〉 태그의 마지막 줄에 아래 코드를 추가하여 JS 코드를 연결합니다.

```
        <script src="script.js"></script>
```

이로써 JS 코드를 작성할 준비가 모두 끝났습니다.

모든 버튼에 기능을 부여하는 것은 곤란합니다. 훨씬 방대한 웹 페이지들과 백엔드 서버를 구현해야 하기 때문입니다. 우리는 여기서 세 가지 기능만 추가해보겠습니다.

① 계정명 수정
② 프로필 편집
③ 프로필 사진 변경

계정명 수정

계정명이 기록된 영역의 코드는 아래와 같습니다.

```
<div id="id">
    half_bottle <i class="fas fa-cog"></i>
</div>
```

textContent로 계정명을 수정해주기 위하여 half_bottle 좌우에 〈span〉〈/span〉 태그를 삽입하겠습니다.

```
<div id="id">
    <span>half_bottle</span>
    <i class="fas fa-cog"></i>
</div>
```

이제 JS 코드를 작성해 보겠습니다.

파일명 : 14_1_1.js

```
document.addEventListener("DOMContentLoaded",
    function(e){
        let configID = document.querySelector("#id i")
        let idText = document.querySelector("#id span")

        configID.addEventListener("click",
            function(e){
                idText.textContent = prompt("새로운 아이디를 입력하세요")
            }
        )
    }
)
```

톱니바퀴 아이콘에 클릭 이벤트 핸들러를 추가했는데 코드의 8번째 줄에서 처음 보는 함수가 등장합니다. prompt()는 팝업창을 띄워 사용자로부터 정보를 입력받을 수 있는 도구입니다. 개발자 도구를 실행하여 아래 코드를 실행해 보기 바랍니다.

개발자 도구의 콘솔

```
> let a = prompt("안녕하세요?")
```

alert()와 유사한 팝업창이 생겨나는데, 여기에는 텍스트를 입력할 수 있는 필드와 두 개의 버튼이 표시되어 있습니다. "test"라는 글자를 입력하고 확인 버튼을 눌러보겠습니다.

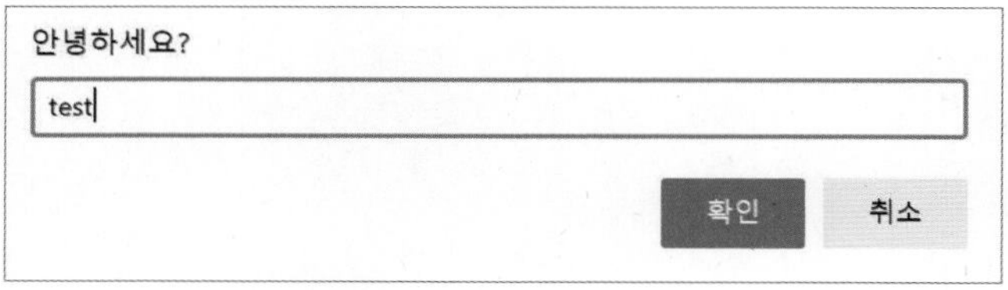

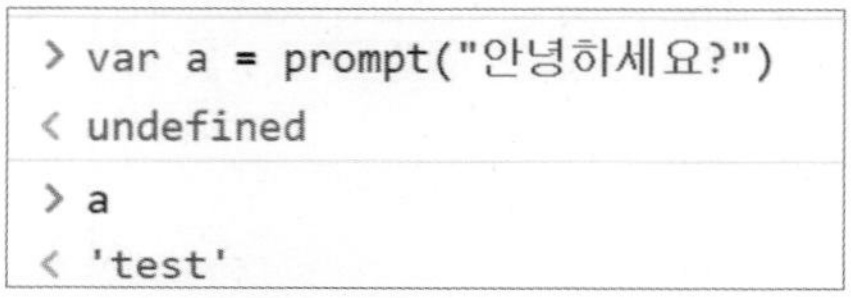

prompt 창에서 입력한 값이 a에 저장된 모습입니다. prompt()를 활용하면 팝업을 통해 사용자로부터 데이터를 입력받을 수 있습니다. 이를 활용해 새로운 아이디를 입력받아 바로 〈span〉 태그의 textContent로 활용한 것입니다. 코드를 실행해 보겠습니다.

톱니바퀴를 클릭하니 팝업창이 발생했고, 여기에 bhban이라는 새로운 아이디를 입력하고 확인 버튼을 눌러 보겠습니다.

아이디가 변경되었습니다!

프로필 편집

선택자를 쉽게 적용하기 위한 아이디 부여

prompt()를 활용한 방법은 공부해 봤으니 이번에는 조금 색다른 방식을 사용해보겠습니다. 우선 자바스크립트의 선택자를 원활하게 적용할 수 있도록 프로필 정보가 입력된 곳에 id를 부여하겠습니다. 프로필 편집 버튼은 "#profile_info button" 선택자를 활용하여 접근하면 좋겠군요.

파일명 : 14_1_2.html

```
                ⋮
                <div id="profile_info">
                    <div id="id">
                        <span>half_bottle</span>
                        <i class="fas fa-cog"></i>
                    </div>
                    <button>프로필 편집</button>
                </div>
            </div>
            <div>
                <p>
                    <strong id="userInfo">반병현 (Byunghyun Ban)
</strong><br/>
                    <span id="summary">작가</span>
                </p>
                <p id="profileDetail">
                    <a href="https://needleworm.github.io">
                        needleworm.github.io
                    </a>
                </p>
                ⋮
```

결과 먼저 살펴보기

자, 결과물을 먼저 보여드리고 코드는 천천히 설명하겠습니다. 우리에게 익숙한 페이지입니다. [프로필 편집] 버튼을 클릭하겠습니다.

[프로필 편집] 버튼이 [프로필 편집 완료] 버튼으로 바뀌었습니다. 그리고 프로필이 입력되어 있던 공간에 〈input〉 태그 필드가 세 개 등장했습니다. 기본으로 입력되어 있던 값이 유지되고 있음에 주목하기 바랍니다.

이름과 요약(직업), 그리고 url을 모두 수정했습니다. 이제 [프로필 편집 완료] 버튼을 클릭해 보겠습니다.

화면에 표시되는 프로필 정보가 모두 변경되었습니다. 하단의 하이퍼링크도 적용되었고요!

코드 살펴보기

코드의 분량이 꽤 깁니다. 차근차근 살펴보겠습니다.

파일명 : 14_1_2.js

```
document.addEventListener("DOMContentLoaded",
    function(e){
        let configID = document.querySelector("#id i")
        let idText = document.querySelector("#id span")

        configID.addEventListener("click",
            function(e){
                idText.textContent = prompt("새로운 아이디를 입력하세요")
            }
        )

        let profileEditButton = document.querySelector("#profile_info button")
        let userInfo = document.querySelector("#userInfo")
        let summary = document.querySelector("#summary")
        let profileDetail = document.querySelector("#profileDetail")
        let changing = false

        profileEditButton.addEventListener("click",
            function(e) {
                if (changing) {
                    let _userInfo = userInfo.querySelector("input").value
                    let _summary = summary.querySelector("input").value
```

```
23                     let _profileDetail = profileDetail.
querySelector("input").value
24
25                     userInfo.innerHTML = _userInfo
26                     summary.innerHTML = _summary
27
28                     if (_profileDetail.startsWith("http")){
29                         _profileDetail = "<a href="+ _profileDetail +
">"+ _profileDetail + "</a>"
30                     }
31
32                     profileDetail.innerHTML = _profileDetail
33
34                     e.target.textContent = "프로필 편집"
35                     changing = false
36
37                 } else{
38                     let _userInfo = userInfo.textContent
39                     let _summary = summary.textContent
40                     let _profileDetail = profileDetail.textContent
41
42                     userInfo.innerHTML = "<input value="+ _userInfo
+ "></input>"
43                     summary.innerHTML = "<input value="+ _summary +
"></input>"
44                     profileDetail.innerHTML = "<input value="+
_profileDetail + "></input>"
45
46                     e.target.textContent = "프로필 편집 완료"
47                     changing = true
48                 }
49             }
50         )
51     }
52 )
```

먼저 코드의 12번째 줄부터 15번째 줄에 걸쳐서 쿼리 셀렉터를 활용해 요소를 뽑아와 변수에 할당하고 있습니다. 그리고 16번째 줄에서 불리언 변수 하나를 만들었습니다.

이 변수는 '현재 프로필 수정이 진행 중인가?'를 메모하기 위하여 만든 변수입니다. [프로필 편집] 버튼이 클릭되어 프로필 수정 모드가 실행되면 true로 바뀌고, [프로필 편집 완료] 버튼이 클릭되어 프로필 수정 모드가 종료되면 false로 바뀝니다. 그리고 이 불리언 변수를 활용하여 코드의 20번째 줄과 37번째 줄에서 if문과 else문이 작동합니다.

자, else문의 내용물을 먼저 살펴봅시다. 코드의 38번째 줄부터 40번째 줄에 걸쳐 textContent를 활용하여 태그에 기재된 글자들을 가져오고 있습니다. 이 글자는 추후 재활용하여, input 필드의 기본값으로 사용할 것입니다.

42번째 줄부터 44번째 줄까지 innerHTML이라는 도구가 사용되었습니다. innerHTML은 '태그 사이에 HTML 코드를 삽입하는 도구'입니다. 예시를 보여드리겠습니다. 〈div〉〈/div〉 태그의 내부는 텅 비어 있습니다.

파일명 : 14_1_3.html

```
01  <div></div>
02
03  <script>
04      let a = document.querySelector("div")
05      a.innerHTML = "<h1>innerHTML</h1><p>태그 내부에 태그를 삽입합니다</p>"
06  </script>
```

하지만 코드를 실행하면 〈div〉 태그 내부에 HTML 코드가 입력되어 있습니다. 코드의 5번째 줄에서 불러온 innerHTML 덕분입니다.

innerHTML의 사용방법은 textContent와 유사합니다. 현재 기재되어 있는 값을 가져오는 용도로도 사용 가능하고, 새로운 값을 할당하는 용도로도 사용 가능합니다.

innerHTML은 HTML 태그를 직접 조작할 수 있는 강력한 도구입니다.

다시 인스타그램 예제 코드로 돌아오겠습니다. 42번째 줄부터 44번째 줄에 걸쳐서 innerHTML을 활용하여 〈input〉 태그를 삽입하고 있습니다. innerHTML로 새로운 태그를 할당할 경우 태그 내부에 있던 텍스트도 삭제됩니다. 여는 태그와 닫는 태그 사이에 있었던 내용물이 무엇이건 간에, 사용자가 입력한 태그로 교체되기 때문입니다. 그 과정에서 textContent에 해당하는 글자들은 모두 삭제됩니다.

따라서 42번째 줄부터 44번째 줄의 코드 실행 결과로 원래 기재되어 있던 글자들이 삭제되고, 〈input〉 태그 세 개가 화면에 출력되는 것입니다. 단, 38번째 줄부터 40번째 줄에 걸쳐서 미리 뽑아 두었던 텍스트를 〈input〉 태그의 value 속성으로 제시합니다. 덕분에 아래 그림과 같이 이미 내용물이 기재되어 있는 상태의 〈input〉 필드가 화면에 표현됩니다.

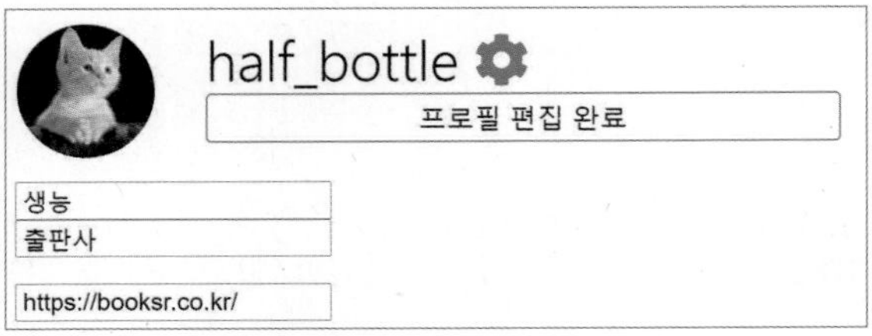

이어서 46번째 줄에서 버튼 태그의 글자를 "프로필 편집 완료"로 변경하고 있으며, 47번째 줄에서 changing을 true로 변경하여 프로필 편집 중임을 기록합니다. 여기까지 else문을 살펴봤습니다. else문의 기능을 요약하자면 '프로필 편집 모드 실행'입니다.

20번째 줄의 if문을 살펴보겠습니다. 사용자가 적당히 〈input〉 필드의 내용물을 조작했을 것이고, 정보 수정이 끝나서 [프로필 편집 완료] 버튼을 클릭한 상황에 if문의 내용물이 실행됩니다.

코드의 21번째 줄부터 23번째 줄에 걸쳐서 현재 〈input〉 태그에 입력된 값을 뽑아내어 변수에 저장합니다. 이어 25번째 줄부터 26번째 줄까지는 textContent가 아니라 innerHTML을 활용하면서 추출해 둔 값을 입력하고 있습니다. innerHTML은 HTML 태그 자체를 수정하는 기능이 있으므로, 〈input〉 태그와 관련된 모든 정보가 삭제되고 텍스트만 남게 됩니다. 텍스트 입력 필드를 텍스트로 변경하는 코드지요.

28번째 줄에서 if문이 하나 더 제시되고 있습니다. 만약 사용자가 입력한 값이 "http"로 시작하는 url일 경우 〈a〉 태그로 하이퍼링크를 걸어주기 위해 삽입된 코드입니다. 29번째 줄에서 〈a〉 태그의 모양을 스트링 상태로 다듬은 다음, 32번째 줄에서 innerHTML을 활용하여 태그로 삽입하고 있습니다.

프로필 편집이 끝났으니 34번째 줄에서 버튼의 내용물을 "프로필 편집"으로 다시 되돌리고 있고, 35번째 줄에서 changing을 false로 수정하고 있습니다.

앞서 살펴본 display 스타일 속성을 제어하는 방식과 innerHTML을 제어하여 화면에 표시되는 내용을 제어하는 방식을 비교하면 어느 쪽이 더욱 취향에 맞나요? JS에서 display 스타일 속성을 제어하여 화면에 요소를 표시했다 숨겼다 하는 방법의 장점은 JS 코드가 간소해진다는 데에 있습니다. 또한 HTML 코드만 읽어도 화면에 새로운 요소가 표시될 수 있다는 사실을 알 수 있습니다. 단점으로는 HTML 코드의 수정이 필요하다는 점이 있습니다.

JS에서 HTML 태그를 조작하는 방식의 장점은 HTML 코드를 수정할 필요 없이, JS 코드만 수정하여 기능을 추가할 수 있다는 것입니다. 반면 HTML 코드를 HTML 파일 바깥에 있는 JS에서 처리해야 한다는 점이 큰 단점입니다. 저자는 HTML 태그는 HTML 안에서만 처리되는 편이 바람직하다고 생각하여 display 속성을 조작하는 방식을 선호합니다.

18번째 줄부터 50번째 줄에 걸친 거대한 코드를 살펴봤습니다. 이 방대한 코드가 모두 "프로필 편집" 버튼 요소 하나에 적용된, 한 개의 이벤트 핸들러입니다.

어찌 보면 단 하나의 함수만으로 복잡한 기능을 구현했으니 효율적이라 생각할 수도 있겠고, 또 다른 시선으로 보자면 무슨 함수 하나 만드는데 이렇게까지 복잡한 코드가 사용된 것은 비효율적이라는 생각이 들 수도 있습니다. 복잡한 기능을 구현하거나, 어떤 기능의 성능을 극대화하거나, 사용자가 최소한의 조작으로 최대한의 경험을 누릴 수 있도록 웹 페이지를 만들다 보면 JS 코드의 부피가 기하급수적으로 늘어나기 마련입니다. 그만큼 논리적인 절차나 수학적인 계산이 많이 요구된다는 이야기이지요.

여러분은 실전에서 활용하는 데 필요한 자바스크립트 기능은 대부분 알려드렸습니다. 하지만 복잡한 프로그램을 설계하고, 다양한 기능을 구현하는 데에는 장시간 쌓아 올린 경험이라는 요소가 필요합니다. 많이 만들어 보고, 많이 따라해 보기 바랍니다.

프로필 사진 변경

코드 실행 결과

프로필 사진을 변경하는 기능을 구현해 보겠습니다. 〈input type="file"〉 태그를 활용하여 컴퓨터에서 사진을 업로드하여 프로필사진을 변경하는 방식을 구현하여 소개해 보려고 하였으나, 이는 대부분 브라우저의 보안 정책에 어긋나는 일이었습니다. 보안을 우회하거나 다른 모듈을 불러와 사용하는 등의 절차가 필요한데, 예제의 난이도가 지나치게 높아지므로 이 방식을 택하지는 않겠습니다.

대신 프롬프트 창으로 이미지의 경로를 받아와 이미지를 교체하도록 코드를 구현해보겠습니다. 자, 이번에도 코드 실행 결과를 먼저 살펴보겠습니다. 프로필 사진 영역에 마우스를 가져다 대면 프로필 사진이 회색조로 변합니다. 마우스 커서를 프로필 사진 밖으로 움직이면 다시 컬러 색상이 복원되고요. mouseover 이벤트와 mouseleave 이벤트를 활용하여 구현한 기능입니다.

프로필 사진을 클릭하면 프롬프트 창이 실행됩니다. 여기에 새로운 이미지 파일의 경로를 입력하고 확인을 누르겠습니다.

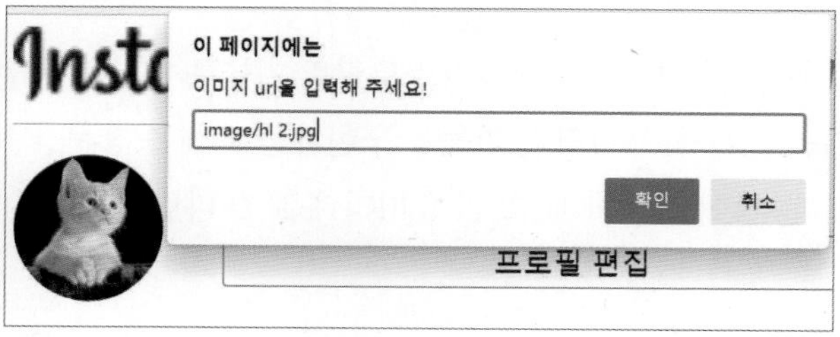

짜잔. 프로필 사진이 변경되었습니다. 웹에서 가져온 이미지를 적용하는 것도 가능합니다.

프롬프트 창에 이미지의 URL을 붙여넣고 [확인] 버튼을 누르면

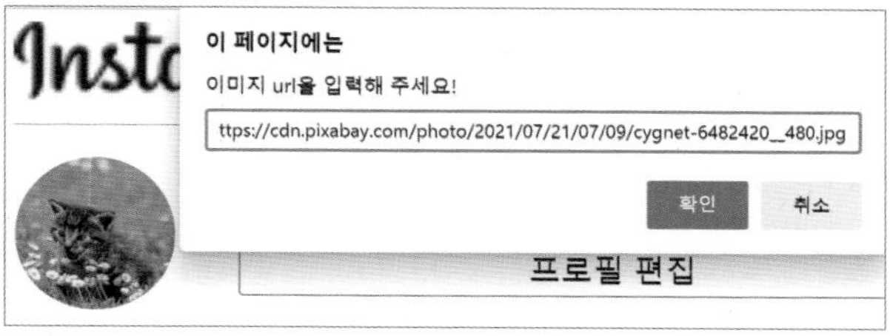

짜잔! 온라인에서 가져온 이미지로 프로필 사진이 변경되었습니다.

자, 이제 코드를 살펴보겠습니다.

코드 살펴보기

프로필 사진의 선택자를 추출하기 위해 코드를 살펴보겠습니다. 프로필 사진의 선택자는 "#profile_pic .circle_pic"입니다.

파일명 : 14_1_4.html

```
                ⋮
                <div id="profile_pic">
                    <img class="circle_pic" src="image/profile.jpg"/>
                </div>
                ⋮
```

파일명 : 14_1_4.js

```
  ⋮             ⋮
 52         let profile_pic = document.querySelector("#profile_pic .circle_pic")
 53         profile_pic.addEventListener("mouseover",
 54             function(e){
 55                 e.target.style.filter = "grayscale(50%)"
 56             }
 57         )
 58 
 59         profile_pic.addEventListener("mouseleave",
 60             function(e){
 61                 e.target.style.filter = "grayscale(0%)"
 62             }
 63         )
 64 
 65         profile_pic.addEventListener("click",
 66             function(e){
 67                 profile_pic.setAttribute("src", prompt("이미지 url을 입력해 주세요!"))
 68             }
 69         )
 70     }
 71 )
```

52번째 줄에서 쿼리 셀렉터를 활용하여 프로필 사진 요소를 찾아오고 있습니다. 그리고 53번째 줄에서 mouseover 이벤트를, 59번째 줄에서 mouseleave 이벤트를 처리하고 있고요. 이벤트 핸들러에서는 filter라는 스타일 속성을 변경하고 있습니다.

filter는 사진에 필터를 씌우는 CSS 스타일 속성입니다. 스마트폰에서 찍은 사진에 여러 가지 필터를 씌울 수 있지요? 이와 유사하게 사진의 색조를 조절하는 도구입니다. 여기에서는 grayscale()이라는 스타일 속성값을 사용하겠습니다.

grayscale() 안에는 몇 퍼센트나 흑백화시킬 것인지 수치를 기재합니다. 100%를 기재할 경우 사진이 100% 흑백사진이 되고, 0%를 기재할 경우 사진이 0% 흑백, 그러니까 완전한 컬러가 됩니다. 코드에서는 50%를 지정하여 사진이 절반 정도 회색조가 되도록 스타일을 지정하고 있습니다.

이런 지엽적인 기능은 암기할 필요가 전혀 없습니다. 필요할 때마다 구글에 "css 사진 회색조 만들기" 따위의 키워드로 검색해서 사용 방법을 찾아낼 수만 있으면 됩니다. 정보를 머릿속에 직접 저장하는 것보다 가장 빨리 정보를 획득할 수 있는 방법을 머릿속에 저장하는 것이 훨씬 효율적입니다. 마치 하이퍼텍스트처럼 말입니다.

65번째 줄에서 클릭 이벤트를 처리하고 있습니다. 프롬프트 창을 띄운 다음, 입력받은 값을 〈image〉 태그의 src 속성으로 지정하고 있습니다. 코드가 생각보다 간단하지요?

이상으로 인스타그램 클론 코딩 예제의 완성을 선언합니다. 우리가 매일 접하던 SNS 화면과 똑같은 모습의 웹 페이지를 만들기 위해 정말 많은 노력이 들어갔습니다. HTML로 뼈대를 만들고, CSS를 활용해 디자인을 다듬었지요. 특히 그리드 표현 방식이 없었다면 정말 많은 고생을 했을 것 같습니다. 창 크기가 변해도 화면의 내용이 정상적으로 표시될 수 있도록 반응형 웹 페이지 표현도 적용했고요.

하지만 이때까지도 이 웹 페이지는 그저 멈춰 있는 화면에 지나지 않았습니다. JS를 만나 비로소 생명을 가지게 되었고, 사용자와 상호작용할 수 있는 살아 있는 웹 페이지가 되었습니다. 지금까지 정말로 고생 많았습니다.

SECTION

14-2 웹 페이지의 배포와 상용화

웹 페이지를 공개하려면 돈이 듭니다

웹 페이지 배포

자, 이제부터 정말 중요한 내용입니다. 웹 페이지를 만들고 내 컴퓨터에서 실행해 보는 것은 무척이나 의미가 있는 일이긴 합니다만, 정말 중요한 것은 이 웹 페이지를 인터넷에 연결하여 누구나 접속해 볼 수 있는 상태로 만드는 행위입니다. 이를 **배포**deploy라고 합니다.

웹 페이지를 배포하는 절차는 아래와 같습니다.

① 웹 페이지를 컴퓨터에 저장합니다.
② 컴퓨터를 인터넷에 연결합니다.
③ 컴퓨터의 설정을 변경해 누구나 컴퓨터에 접속할 수 있도록 허락합니다.
④ 외부인이 접속을 요청할 때마다, 컴퓨터가 웹 페이지를 보여줍니다.

따라서 일반적으로 웹 페이지를 배포하려면 인터넷 회선과, 회선에 연결된 컴퓨터가 필요합니다. 이때 사용된 컴퓨터를 서버server라고 부릅니다. 사용자의 요청을 받아 서빙serving을 하는 도구라는 이름에서 서버라는 이름이 붙었습니다.

웹 호스팅 서비스

인터넷 회선은 무료가 아닐뿐더러, 컴퓨터는 비쌉니다. 일반적으로 서버 용도로 사용되는 컴퓨터는 데스크톱 컴퓨터보다 훨씬 더 비쌉니다. 고작 웹 프론트엔드 개발 연습 용도로 만든 웹 페이지를 배포하는 것은, 어찌 보면 수지타산이 맞지 않는 일입니다. 서버를 개인이 구매하려면 비용이 부담되지요. 인터넷 회선도 따로 가입해야 하니 번거롭고요. 이 점을 노려서 서버를 엄청나게 많이 구매한 다음, 인터넷 회선에 가입하고, 이 서버를 빌려주는 회사들이 생겨나기 시작했습니다. 이러한 서비스를 **웹 호스팅**이라고 부릅니다.

서버 컴퓨터는 엄청나게 사양이 높으므로, 서버 한 대에서 작은 홈페이지 수십 개, 또는 수백 개를 운영할 수도 있습니다. 어차피 소상공인의 홈페이지의 하루 접속자 숫자도 몇 명 되지 않으므로, 웹 호스팅 업체에서는 초기 비용만 조금 투자하면 굉장히 다양한 사람들에게 서버를 빌려주면서 돈을 벌 수 있습니다.

깃허브 페이지

그런데 개발자 입장에서는 이런 유료 웹 호스팅 서버를 사용하는 것조차 부담스럽습니다. 우리는 실력을 쌓기 위해 공부만 해도 그 과정에서 수십 개의 웹 페이지가 만들어집니다. 이걸 전부 돈을 내고 호스팅하는 것은 금방 큰 부담이 될 것입니다.

이는 전 세계 개발자의 공통된 관심사입니다. 전 세계 개발자들이 모두 사용하는 서비스인 깃허브가 당연히 이러한 니즈를 놓칠 리 없지요. 깃허브에서는 무료로 웹 페이지를 호스팅할 수 있는 깃허브 페이지Github Pages라는 서비스를 출시했습니다. 원래는 깃허브 리포지토리의 하위 옵션 중 하나였으나 최근 당당하게 개별 항목으로 분리되었죠. 깃허브에서는 어차피 사람들이 코드를 저장할 수 있도록 서버와 저장 공간을 무료로 빌려주고 있었습니다. 어차피 무료로 빌려주던 서버에 기능을 추가해 웹 호스팅 서비스를 얹는다? 전 세계 개발자들이 열광할 수밖에요. 자, 우리도 깃허브 페이지를 활용하여 인스타그램 클론 코드를 배포해 보겠습니다.

깃허브 페이지 사용하기

배포에 앞서 예제에 기재되어 있는 저자의 개인 정보를 제거하고 여러분의 정보로 수정하기를 부탁드립니다. 수정이 완료되었다면 지금까지 만든 예제 코드를 깃허브에 커밋합니다. 커밋이 완료되었다면 깃허브 리포지토리로 접속합니다. 단, 깃허브 페이지를 이용해 무료로 웹 호스팅을 하려면 해당 리포지토리를 public으로 만들어야 합니다.

상단 메뉴의 [Settings]를 클릭합니다. 반드시 로그인을 먼저 해야 합니다.

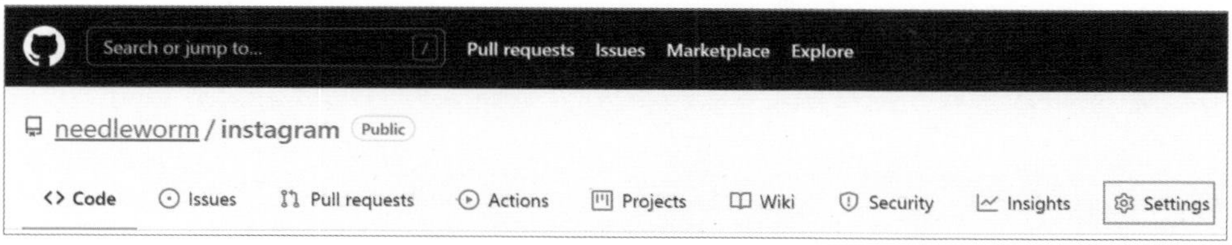

좌측 메뉴 중 [Pages]를 클릭합니다.

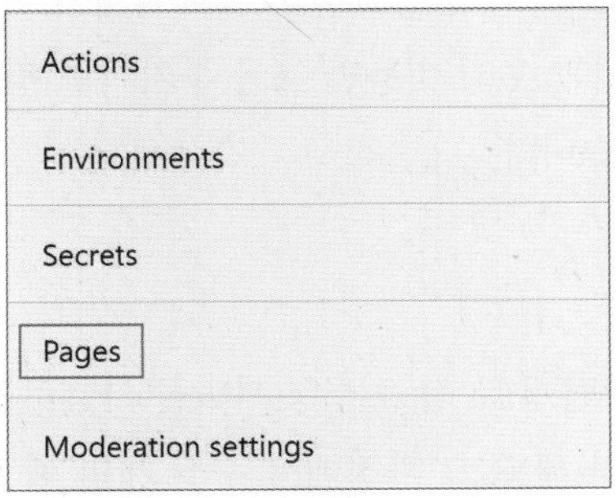

깃허브 페이지 설정 화면에서 [None] 버튼을 클릭합니다.

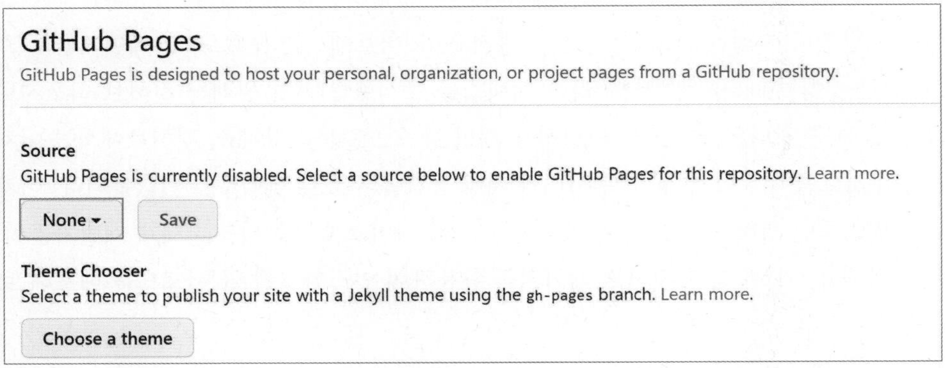

예제 코드가 저장된 브랜치를 선택해 주세요. 별다른 설정 없이 이 책의 예제를 따라왔다면 master 또는 main 메뉴를 선택하면 됩니다.

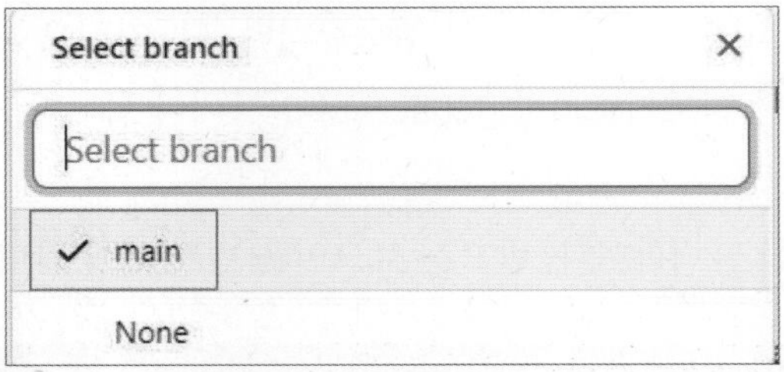

아래 그림과 같이 디렉터리 설정 메뉴가 표시되었다면 아무런 값도 만지지 말고 [save] 버튼을 클릭합니다.

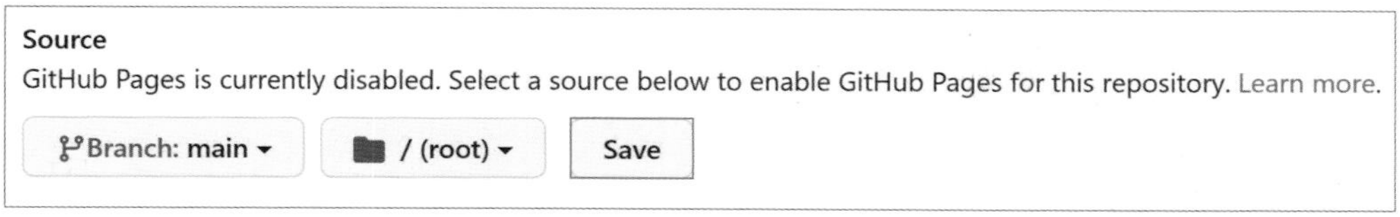

축하합니다! 웹 페이지 배포가 끝났습니다! 여러분이 배포한 웹 페이지의 주소가 상단에 표시될 것입니다. 앞으로 이 주소를 통하여 접속하면 누구든지 여러분께서 배포한 웹 사이트를 열람할 수 있게 되었습니다! 스마트폰으로도 여러분의 웹 사이트에 접속해 보기 바랍니다.

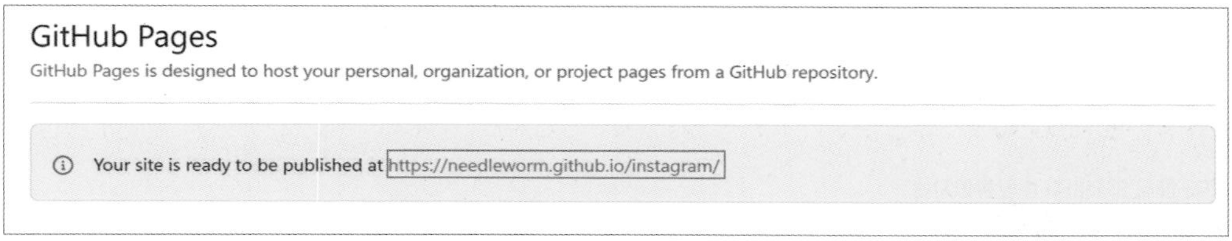

코드 배포 시 주의사항이 있습니다. 폴더 안에 반드시 "index.html"이라는 이름의 파일이 존재해야 합니다. 이는 웹 개발자들 사이의 약속이므로 반드시 따라야 합니다. 이는 깃허브 페이지뿐만 아니라 모든 곳에서 통용되는 규칙입니다.

코딩만 따라 해도 웹페이지가 만들어지는

HTML+CSS+ 자바스크립트

PART

5

지킬과 함께 한나절만에 웹 페이지 만들기

Chapter

15

지킬 템플릿을 활용해 웹 개발 날로 먹기

학습목표

지킬은 이미 만들어진 홈페이지를 가지고 자신의 취향에 맞게 수정하여 쉽게 홈페이지를 만들 수 있는 도구입니다. 영문 사이트지만 쉬운 단어로 되어 있고 잘 몰라도 쉽게 사용법을 이해할 수 있습니다. 지킬을 활용한다면 기초지식이 부족해도 수많은 홈페이지를 쉽고 아주 빠르게 만들 수 있는 아주 유용한 도구이니 배워볼 만하겠죠?

SECTION

15-1 지킬 템플릿 살펴보기

고생은 끝입니다. 꿀을 빨 시간이 왔습니다!

웹 페이지 개발에 필요한 기본적인 지식도 모두 배웠고, 깃허브 페이지를 통해 웹 페이지를 배포하는 방법까지도 마스터했습니다. 축하합니다. 이제 고생은 할 만큼 했으니, 달달하게 꿀을 빨 시간이 찾아왔습니다. 이 꿀단지의 이름은 지킬Jekyll입니다. 지킬이 무엇인지는 이 책의 초반에서 가볍게 설명하고 넘어갔습니다. 지킬을 컴퓨터에 설치하기까지 했지요.[1] 지킬은 깃허브 페이지를 작동시키는 엔진이기도 합니다. 한 마디로, 지킬과 깃허브 페이지의 궁합은 최고라는 뜻입니다.

지킬을 활용해서 웹 개발을 날로 먹고, 깃허브 페이지를 활용해서 웹 페이지를 무료로 배포하고. 순식간에 포트폴리오가 뚝딱 만들어지겠죠? 한 달 정도만 투자하면 여러분의 깃허브 계정에 그럴싸한 웹 페이지 포트폴리오가 수십 개는 쌓일 것입니다. 웹 페이지 포트폴리오 수십 개가 저장된 깃허브 링크를 제출하면 기업의 인사담당자도, 외주 개발 클라이언트도 만족할 수밖에 없습니다. 굉장히 단기간에 경쟁력을 갖출 수 있게 된다는 말씀입니다. 자, 지금부터 지킬이 왜 매력적인지 알아보겠습니다.

지킬이 매력적인 이유

지킬은 블로그 지향 도구입니다. 원래 블로그라는 것을 만들려면 데이터베이스 서버가 필요합니다. 데이터베이스에 블로그 글을 저장해 두고, 사용자의 요청이 있을 때 데이터베이스로부터 글을 불러와 사용자에게 보여주는 것입니다. 서버 비용은 물론이거니와 데이터베이스를 제작하는 데에 노력도 필요합니다.

그러나 지킬은 블로그 글과 같은 정보를 웹 페이지 폴더 내부에 저장하고 불러와 사용할 수 있습니다. 데이터베이스가 있어야만 굴러가던 기능을 데이터베이스 없이 작동시킬 수 있다

1 혹시 지킬이 설치되어 있지 않다면 챕터2를 참고해 지킬을 설치하기 바랍니다.

는 점에서 이미 매력적이지요. DB도 필요 없고, 사용하기도 편하고, 깃허브에서 공식 파트너로 채택하여 밀어주기까지하는 지킬이 인기가 없을 수가 없습니다.

굉장히 많은 개발자들이 지킬의 매력에 빠져들었고, 결과적으로 지킬은 하나의 거대한 생태계를 이루었습니다. 이 생태계가 지킬의 가장 매력적인 부분입니다. 우리는 지킬의 수많은 장점을 일단 무시하고, 생태계가 가져오는 장점에만 집중해보겠습니다.

지킬 생태계

생태계라 부를 만큼 다양한 사용자들이 존재한다는 이야기는, 그만큼 지킬로 만든 자기 작품을 자랑하고 싶은 사람들이 많다는 이야기이기도 합니다. 덕분에 우리는 누군가가 만들어둔 아름다운 지킬 템플릿을 굉장히 손쉽게 열람할 수 있습니다. 지킬의 공식 홈페이지에서도 소개하는 몇 가지 사이트들을 소개하겠습니다.

❶ https://jamstackthemes.dev/ssg/jekyll/

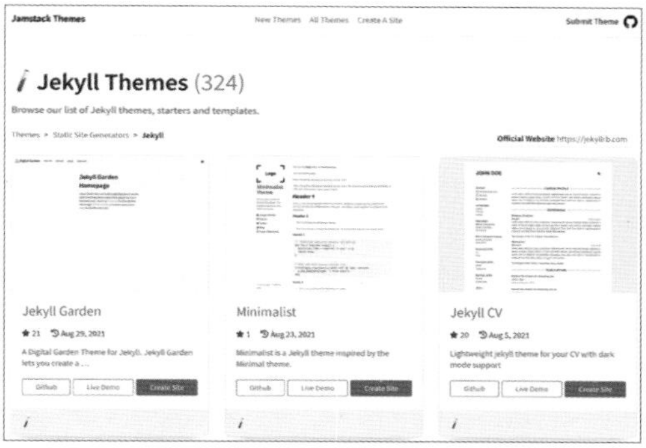

❷ http://jekyllthemes.org/

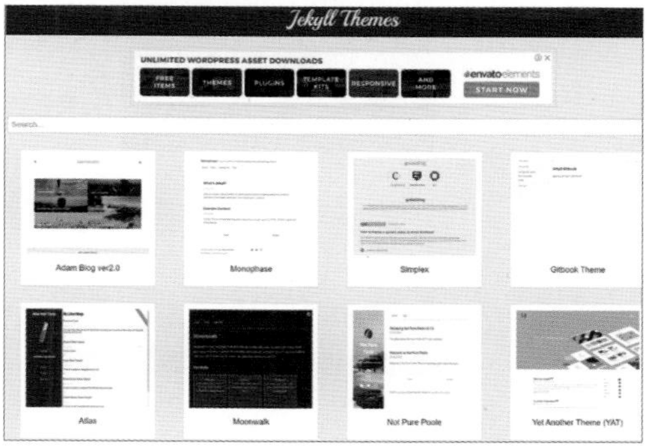

❸ https://jekyllthemes.io/

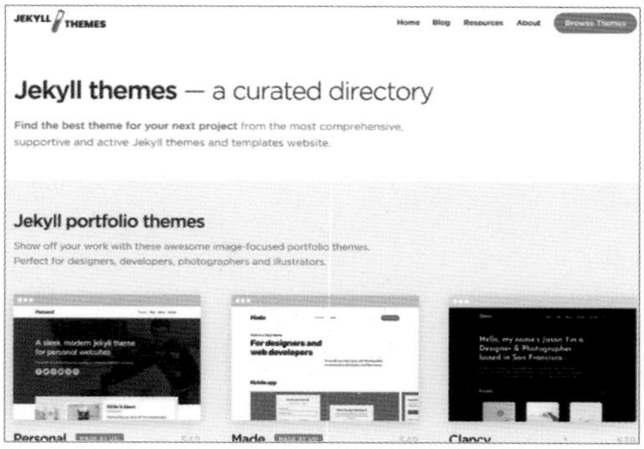

❹ https://jekyll-themes.com/

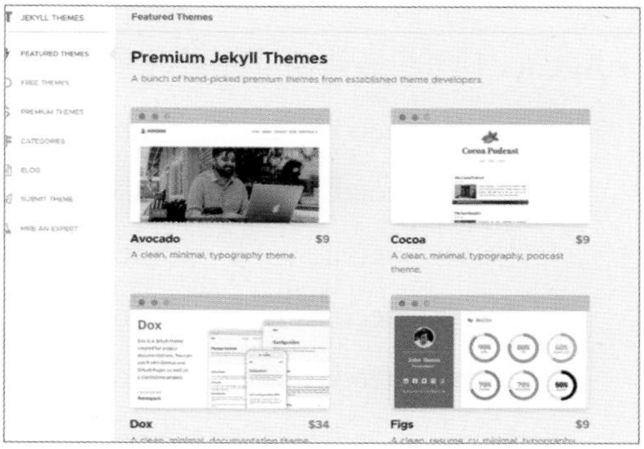

이 사이트들은 지킬의 공식 홈페이지에 링크가 수록된 사이트들입니다. 지킬의 생태계가 거대한 만큼 지킬 템플릿의 장점에 공감하는 사람도 넘쳐나고, 잘 만들어진 템플릿은 유료로 올려 둬도 활발하게 판매가 이루어집니다. CSS에 자신이 있다면 도전해 볼 만 한 영역이지요. 여하튼 우리는 이렇게 다양한 사이트들을 탐색하면서 무료로 사용 가능한 아름다운 템플릿을 찾아 보겠습니다.

지킬 템플릿 수집하기

템플릿 확인

Agency 템플릿은 저자가 가장 좋아하고, 가장 자주 사용하는 템플릿입니다. 심플한 디자인이면서도 눈이 즐거울 만한 애니메이션이 많이 구현되어 있으므로 범용성이 뛰어납니다.

http://jekyllthemes.org/themes/agency/

- Agency 템플릿 공식 예시

  https://raviriley.github.io/agency-jekyll-theme-starter/

- Agency 템플릿으로 저자가 만든 웹 페이지들

  https://needleworm.github.io/moneyauto
  https://needleworm.github.io/bhban_rpa
  https://needleworm.github.io/bhban_ai
  https://needleworm.github.io/101
  https://needleworm.github.io/financebook
  https://needleworm.github.io/frontend

커다란 이미지를 시원시원하게 사용하는 템플릿이라 메인 커버 이미지만 바꿔 줘도 느낌이 확확 달라집니다.

라이선스 확인

마음에 드는 지킬 템플릿을 하나 찾았습니다. 이제 어떻게 하면 될까요? 가장 먼저 해야 할 일은 라이선스를 찾아보는 것입니다. 사진 속의 템플릿은 라이선스의 종류에 MIT라고 기재되어 있습니다. 이제 MIT 라이선스가 무슨 의미인지를 구글링할 차례입니다. 검색 결과 MIT 라이선스는 다음과 같은 특징을 가진 라이선스라고 합니다.

> 이 소프트웨어를 누구든지 무상으로 제한 없이 사용해도 좋다.
> 단, 완성된 소프트웨어의 중요한 부분에 저작권 표시를 해야 한다.
> 소프트웨어의 원저작자는 아무런 책임을 지지 않는다.

무상으로 자유로운 사용이 가능하므로, 이 템플릿을 사용해 상업적인 목적으로 사용하거나 외주용역 결과물로 납품하더라도 합법입니다. 이 얼마나 존경스러운 사람들인지요! 이외에도 대표적으로 아파치 또는 크리에이티브 커먼즈 등 라이선스의 종류는 다양합니다. 이 라이선스들을 모두 외우고 다닐 필요는 절대로 없으니, 검색을 통해 라이선스의 사용 범위를 확인하는 방법만 숙지해 두면 충분합니다.

리포지토리 포크

오래된 템플릿은 템플릿 소개 사이트에 기재되어 있더라도 원본 코드가 유실되어 사용이 곤란한 경우가 많습니다. 따라서 템플릿의 깃허브 리포지토리가 살아 있는지 확인해야 합니다. 위 사진에 표시된 사이트의 경우, [Homepage] 버튼을 클릭하면 템플릿의 리포지토리로 이동합니다. 리포지토리가 살아 있습니다.

화면 우측 상단의 [Fork] 버튼을 눌러 코드를 여러분의 깃허브 계정으로 포크합니다. 포크는 리포지토리의 복제본을 만드는 방식 중 하나입니다.

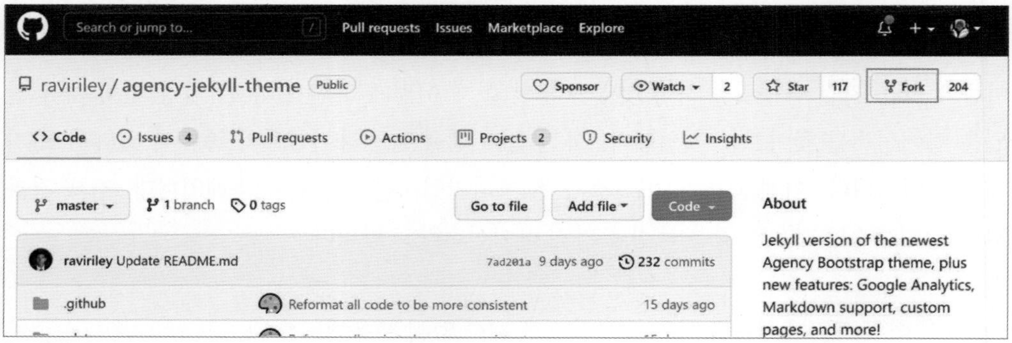

1분가량의 시간이 지난 뒤, 여러분의 깃허브 리포지토리에 지킬 테마 리포지토리가 포크된 것을 확인할 수 있습니다. 이제 원본 리포지토리의 내용이 수정되거나, 원본 리포지토리가 삭제되더라도 여러분은 현재 버전의 코드를 간직해 두고 사용할 수 있습니다. 쉽게 말해 현 시점의 리포지토리를 박제하는 행위라고 봐도 좋습니다.

하루 정도 날을 잡고 지킬 템플릿들을 검색해 보면서 여러분의 취향에 맞는 템플릿들을 포크하여 박제해 두기 바랍니다. 포크된 템플릿들이 모두 여러분의 소중한 자산이 될 것입니다. 자, 템플릿 수집이 완료되었다면 본격적으로 템플릿의 활용 방법을 소개하겠습니다.

SECTION

15-2 지킬 템플릿의 사용 방법

템플릿에 대한 이해

가장 먼저 해야 할 작업은 템플릿을 이해하는 것입니다. 코드를 들여다보기에 앞서, 이 템플릿으로 만들어진 웹 페이지에 접속하여 두루 살펴보는 것이 중요합니다. Agency라는 템플릿을 예시로 살펴보겠습니다.

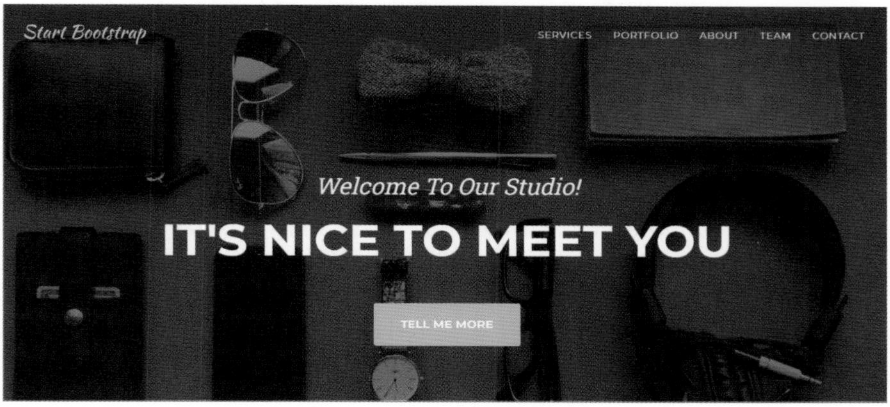

상단 바를 먼저 살펴보겠습니다. 상단 바 영역은 투명합니다. 좌측 상단에는 웹 페이지 제목이 들어가고 있으며, 우측으로는 하얀색 딱딱한 폰트로 메뉴 이름이 기재되어 있습니다. 메인에는 뒷배경으로 이미지가 삽입되어 있네요. 이미지 위에는 문구가 두 줄 삽입될 수 있습니다. 하나는 부제목, 하나는 제목 기능을 수행하는 것 같네요. 버튼도 하나 있고요.

상단 메뉴를 클릭하면 별도의 페이지로 이동하는 것이 아니라, 스크롤이 아래로 자동으로 내려가면서 정보가 표시됩니다. 또한 포트폴리오 탭에서는 사진과 제목들이 나열되어 있고, 마우스를 올리면 노란색 커버가 씌워집니다.

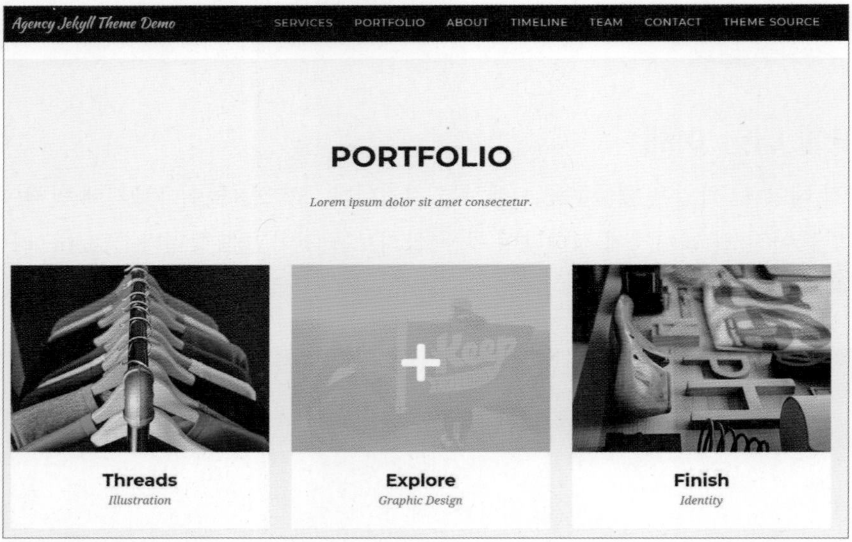

사진을 클릭하면 팝업창 같은 것이 떠오릅니다. 이러한 기능을 모달[Modal]이라고 부릅니다. 자바스크립트를 활용해 직접 만들면 굉장히 골치가 아픈데, 이런 유용한 기능이 기본적으로 제공되고 있나 보네요. 좋습니다.

이외에 이메일을 보낼 수 있는 공간도 제공되고 있습니다. 정말이지 편리하네요.

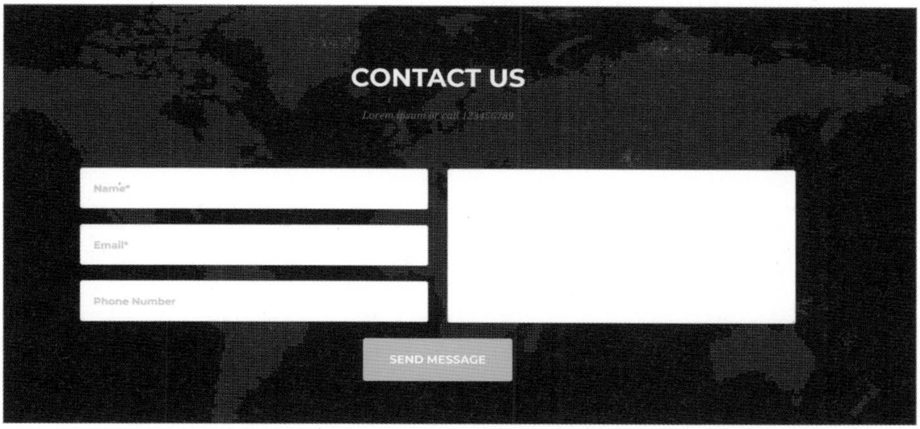

템플릿을 어느 정도 살펴봤다면 이제 이 템플릿을 어떤 내용으로 물들일지를 고민하면 됩니다. 새로운 기능을 추가하기보다는 이미 있는 기능을 활용하는 방안으로 고민해 보기 바랍니다. 또한 불필요한 기능이나 메뉴는 삭제해도 좋습니다.

디자인적 요소도 고민해야 하지요. CSS는 최대한 건드리지 않고, 기본적으로 삽입되어 있는 이미지와 문구만 교체하는 수준에서도 많은 일을 할 수 있을 것 같습니다. 자, 그러면 Agency 테마를 본격적으로 활용해보겠습니다.

새 리포지토리 만들기

포크한 코드 클론

코드를 저장할 디렉터리를 실행하여 Git Bash를 실행하고, 포크한 템플릿 리포지토리를 클론합니다.

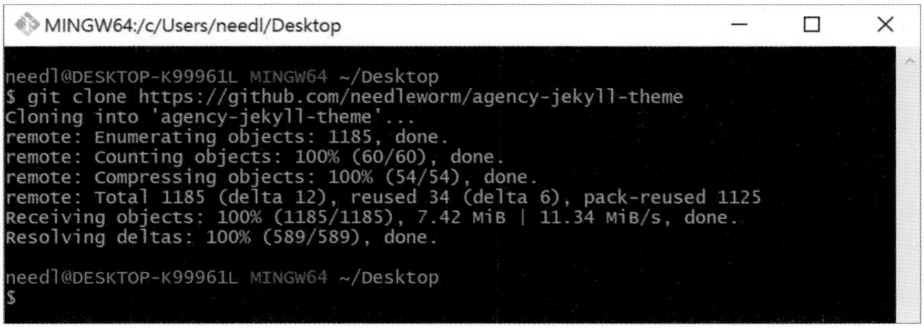

클론한 코드 폴더로 이동하여 [보기] 메뉴를 클릭하고 [숨긴 항목] 메뉴에 체크합니다. 그리고 .git 폴더와 .github 폴더를 선택한 후 삭제합니다.

새 리포지토리에 코드 옮기기

깃허브로 접속하여 새로운 리포지토리를 생성합니다.

적당한 리포지토리 이름을 입력하고

Public에 체크 후, 하단의 모든 박스를 비워둔 채 [Create repository] 버튼을 클릭합니다. 리포지토리가 만들어지면 주소를 잘 기억해 둡니다.

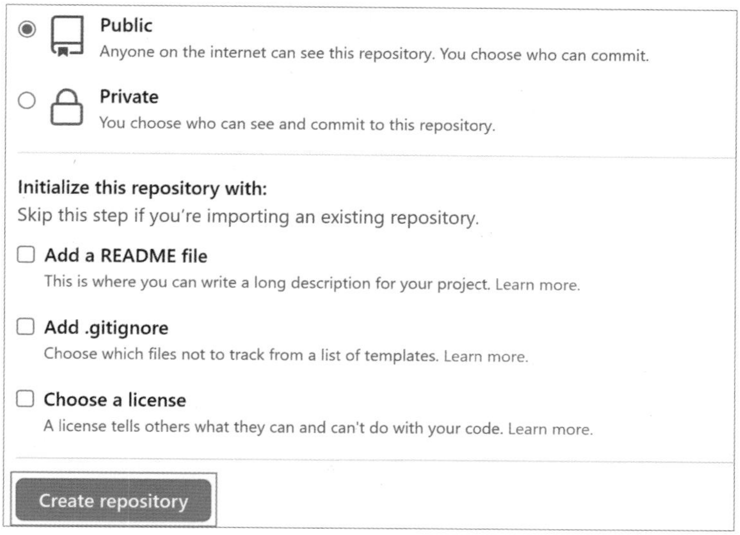

클론받은 코드가 있는 폴더로 이동하여 [Git Bash Here]를 실행합니다.

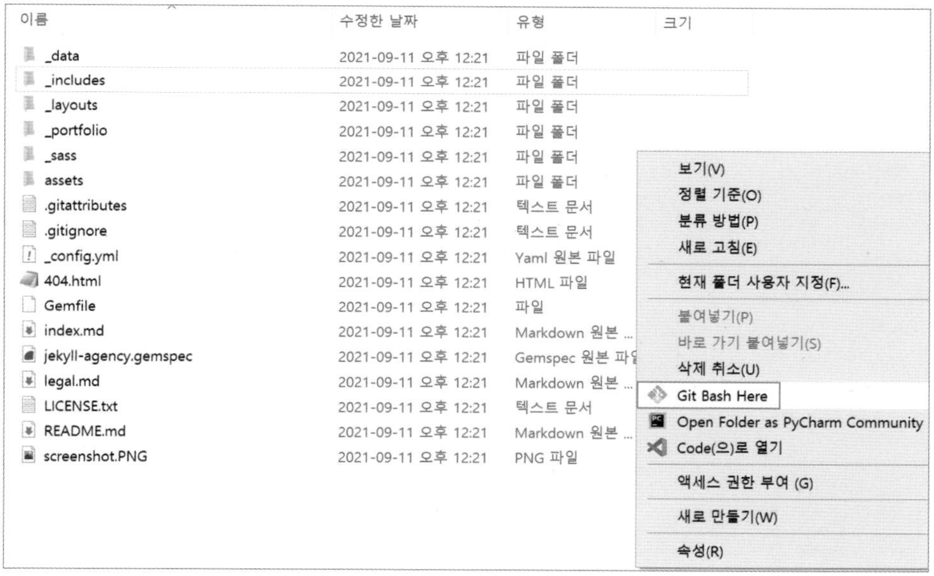

아래 코드를 실행하여 방금 제작한 리포지토리를 이 폴더에 연동시킵니다.

```
git init
git remote add origin 새 리포지토리 url
git add .
git commit -m init
git push origin master
```

다시 깃허브로 접속하여 리포지토리의 내용물을 확인합니다. 포크했던 agency 테마의 코드가 새 리포지토리로 복제되었습니다. 이제 이 리포지토리 위에서 코드를 수정하고, 커밋하고, 배포하면 됩니다.

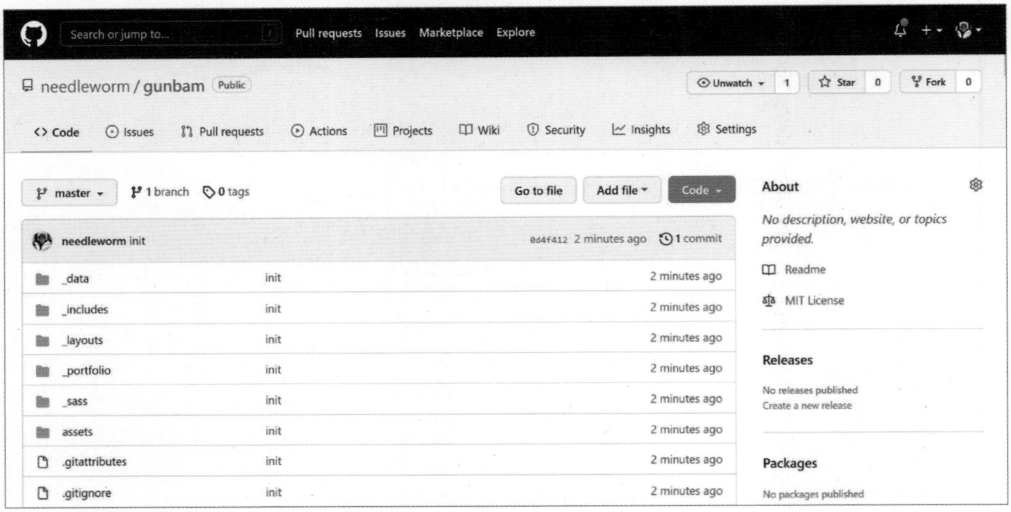

템플릿 수정 준비

코드 수정 준비하기

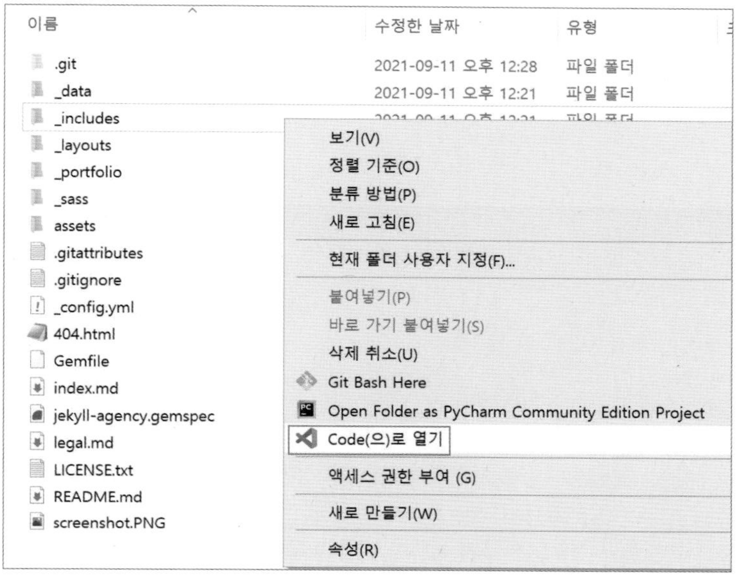

코드 폴더를 VSCode로 실행합니다. 그리고 터미널을 실행하여 아래 코드를 실행합니다.

```
> jekyll serve
```

다음과 같은 대표적인 에러 상황이 발생할 경우, 터미널에 아래 코드를 입력하면 문제가 해결됩니다.

① `Could not find gem 'wdm' in locally installed gms`

```
> gem install wdm
```

② `Cannot load such file -- webrick (LoadError)`

```
> bundle add webrick
```

지킬이 정상적으로 실행되었다면 아래와 같은 메시지가 터미널에 출력됩니다.

```
Server address: http://127.0.0.1:4000/
Server running... press ctrl-c to stop
```

화면에 표시된 "http://127.0.0.1:4000/"을 주소로 하여 현재 지킬이 서버를 임시로 열었습니다. 주소를 웹브라우저에 붙여넣거나, Ctrl를 누른 채로 주소를 클릭하면 웹 페이지가 실행됩니다.

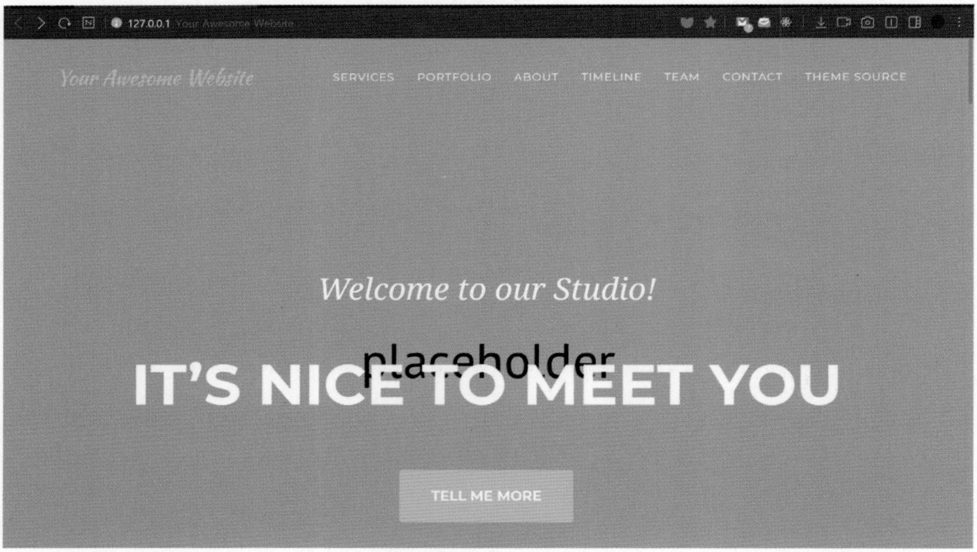

이 웹 페이지는 현재 터미널에서 실행 중인 폴더 안에 있는 코드들입니다. 코드가 수정되면 웹 브라우저에서 보이는 페이지의 내용도 자동으로 수정됩니다. 지킬을 활용해 작업을 할 때는 HTML Preview를 더 이상 사용하실 필요가 없습니다.

지킬 프로젝트 구조

지킬 프로젝트의 기본 구조와 각각의 폴더와 파일들의 역할은 아래와 같습니다.

```
_config.yml
_data/
        [데이터를 저장해 둔 파일들]
_includes/
        [HTML 파일들]
_layouts/
        [HTML 파일들]
_posts/
        [블로그 게시물들]
_sass/
        [scss 파일들]
_site/
        [빌드된 사이트]
index.html (또는 index.md)
```

폴더명/파일명	역할
_config.yml	웹 페이지의 환경설정 정보를 보관합니다.
_data/	웹 페이지에서 활용할 데이터를 저장합니다.
_includes/	• 웹 페이지에 포함시킬 HTML 파일들을 저장합니다. • 주로 개별 페이지들이나 단락 등을 저장해 둡니다.
_layouts/	웹 페이지의 뼈대를 결정합니다.
_posts/	블로그 게시물을 저장합니다.
_sass/	CSS의 변종인 sass(scss) 파일들을 저장합니다.
_site/	빌드가 끝난 코드가 저장됩니다.
index.html (또는 index.md)	• index.html 역할을 수행할 파일을 저장합니다. • 혹은 규격을 맞춘 마크다운 파일(.md)도 사용 가능합니다.

이외에 템플릿별로 몇 개의 폴더들이 추가되거나 빠질 수도 있습니다. 지킬로 웹 페이지를 만들 때는 하나의 커다란 index.html 파일 안에서 모든 정보를 처리하는 것이 아니라, 여러 가지 정보와 코드, 데이터들을 조각조각 쪼개어 제작합니다.

마지막에 빌드build라는 작업을 통해 데이터가 조립되어 배포에 적합한 형태로 다듬어집니다. 실제로 배포할 때는 빌드된 코드만을 사용합니다.

SECTION

15-3 지킬 템플릿 수정하기

_config.yml

가장 먼저 _config.yml 파일을 수정하겠습니다. 거의 모든 지킬 템플릿은 _config.yml이라는 파일을 포함하고 있습니다.

파일명 : 15_2_1.yml

```
theme: jekyll-agency

url: "" # the base hostname & protocol for your site, e.g. http://example.com
baseurl: ""# the subpath of your site, e.g. /blog

title: Your Awesome Website
email: your-email@example.com #this is also the email contact forms will go to
description: "Site description"
author: Your Name
# logo:      #optional, defaults to site title
  # path: assets\img\clients\creative-market.jpg
  # height: 60 #height in px, defaults to 52px

locale: "en-US"# See available languages in _data/sitetext.yml

analytics:
  google: #Google Analytics tracking code here

collections:
  portfolio:

markdown: kramdown
```

Agent 템플릿의 _config.yml 파일은 웹 페이지의 메타데이터를 수정할 수 있도록 제작되어 있습니다. 차례대로 수정해 보겠습니다.

16번째 줄에서는 웹 페이지의 url을 기재해줘야 합니다. 깃허브 페이지를 통해 배포할 것이므로 아래 규격을 입력합니다.

https://깃허브 닉네임.github.io

저자의 깃허브 닉네임은 needleworm이므로 저자의 경우 16번째 줄에 "https://needleworm.github.io"라고 기재하겠습니다. baseurl에는 리포지토리 이름을 기재합니다. 단, 배포 전에 테스트 용도로 코드를 수정할 때는 빈칸으로 남겨둡니다. 이 부분은 배포할 때만 수정합니다.

```
16  url:      "https://needleworm.github.io"
17  baseurl: "/gunbam"
```

19번째 줄부터 22번째 줄까지는 웹 페이지의 메타데이터를 자유롭게 기재하면 됩니다. 단, 템플릿의 기본 언어가 영어로 세팅되어 있으므로 영어로 기재하는 편이 호환성이 더욱 좋습니다.

```
19  title: Gunbam Company
20  email: bhban@kakao.com
21  description: "군밤을 사랑하는 사람 중에 나쁜 사람 없어요"
22  author: 군밤 사장
```

레이아웃 수정하기

_layouts/ 폴더 안의 home.html을 실행해 보겠습니다.

파일명 : 15_2_2.html

```
---
layout: default
---
{% include navheader.html %}

{% include services.html %}
{% include portfolio_grid.html %}
{% include about.html %}
{% include timeline.html %}
{% include team.html %}
{% include clients.html %}
{% include contact.html %}
```

이곳에는 웹 페이지에서 사용할 페이지들을 정의합니다. Liquid 언어로 작성된 것인데 상세한 문법은 몰라도 좋습니다. 사용하지 않을 레이아웃 파일명을 삭제하겠습니다. 저자는 timeline과 team, clients를 사용하지 않을 것이므로 9번, 10번, 11번째 줄의 코드를 삭제하겠습니다. 이로써 home.html 수정은 마무리합니다.

곧이어 VSCode 탐색기에서 _includes/폴더를 실행하여 clients.html, team.html, timeline.html도 삭제하겠습니다. 사용하지 않을 코드를 살려두면 용량도 아깝고, 나중에 헷갈릴 수 있기 때문입니다. 마지막으로 _data/ 폴더에 있는 navigation.yml 파일을 실행합니다. 모든 yml 파일은 웹 페이지들의 환경설정 정보를 보관하는 파일이라고 생각하면 됩니다.

time과 team 메뉴는 사용하지 않을 것이므로 20번째 줄부터 23번째 줄의 코드를 삭제합니다. 그리고 제작자에게는 미안하지만, 굳이 이 웹 페이지의 메인 메뉴에 테마 소스코드 하이퍼링크를 걸어 둘 이유는 없으므로, 26번째 줄과 27번째 줄의 "Theme Source"에 해당하는 코드도 삭제합니다.

파일명 : 15_2_3.yml

```
 ⋮   ⋮
13  nav:
14      - title: "Services"
15        section: services
16      - title: "Portfolio"
17        section: portfolio
18      - title: "About"
19        section: about
20      - title: "Timeline"
21        section: timeline
22      - title: "Team"
23        section: team
24      - title: "Contact"
25        section: contact
26      - title: "Theme Source"
27        url: https://github.com/ravirileyagency-jekyll-theme/
 ⋮        ⋮
```

다음처럼 코드가 한층 간소해졌습니다. 코드의 하단에도 섹션을 수정하는 부분이 한 번 더 등장하므로, 동일하게 수정해 줍니다.

```
  nav:
    - title: "Services"
      section: services
    - title: "Portfolio"
      section: portfolio
    - title: "About"
      section: about
    - title: "Contact"
      section: contact
```

이번에는 sitetext.yml을 실행합니다. 이곳에도 timeline, clients, team과 관련된 코드가 등장합니다. 모두 삭제하겠습니다.

```
40 >  timeline: ···
70
71 >  about: ···
76
77 >  clients: ···
94
95 >  team: ···
```

jekyll serve 코드가 작동하고 있으므로 여기까지의 수정사항이 모두 자동으로 반영되고 있었을 것입니다. 터미널에 출력된 url로 접속하여 웹 페이지가 어떻게 바뀌었는지 확인해 보겠습니다.

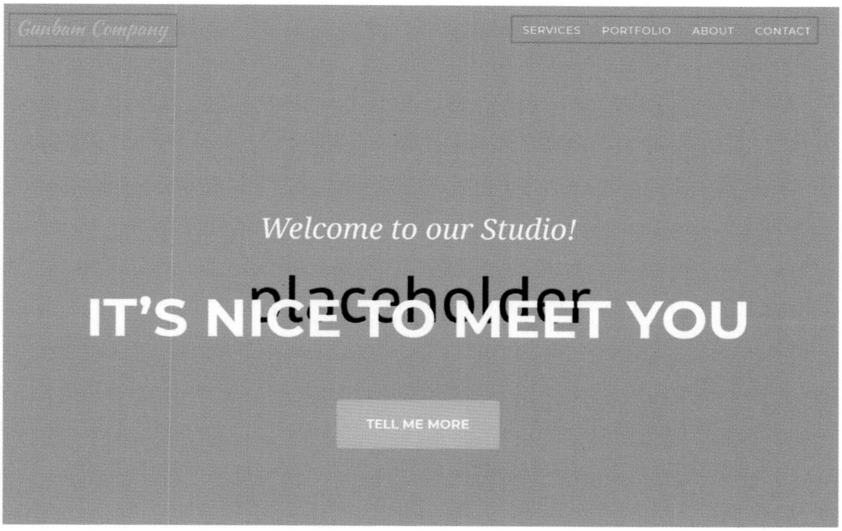

가장 먼저 눈에 들어오는 것은 좌측 상단의 사이트 타이틀입니다. _config.yml에 사이트 이름을 "Gunbam Company"로 수정해 줬더니 웹 페이지에서도 이 새로운 타이틀이 반영된 모습입니다.

또한 상단 내비게이션 메뉴에서 우리가 삭제한 메뉴들이 제거되었습니다. 스크롤을 내려 보니 마찬가지로 관련 내용이 페이지에서 삭제되었고요. 레이아웃 수정은 여기서 마무리해도 될 것 같습니다.

사이트 커버 이미지 수정하기

현재 사이트의 커버 이미지는 회색 배경에 "placeholder"라는 영어 문구가 기재되어 있습니다. 이 이미지를 멋진 이미지로 변경하겠습니다. 이미지를 변경하는 데에는 두 가지 전략이 가능합니다.

① 코드를 수정하여 다른 이미지 파일을 배경으로 연결한다
② 코드는 가만히 내버려 두고, 이미지 파일만 바꿔치기한다

코드를 수정하고 싶다면 _data/site.yml을 수정하면 됩니다.

```
#Image Customization
header-image: "../img/header.png"
contact-image: "../img/contact.png"
```

하지만 저자는 그렇게 하지 않겠습니다. 꿀을 빨기 위해 지킬을 사용하는 것인데, 이왕이면 극한의 게으름을 누리는 것이 좋지 않나요? 코드를 최대한 수정하지 않겠습니다. 기존 이미지는 img/header.png 파일이로군요.

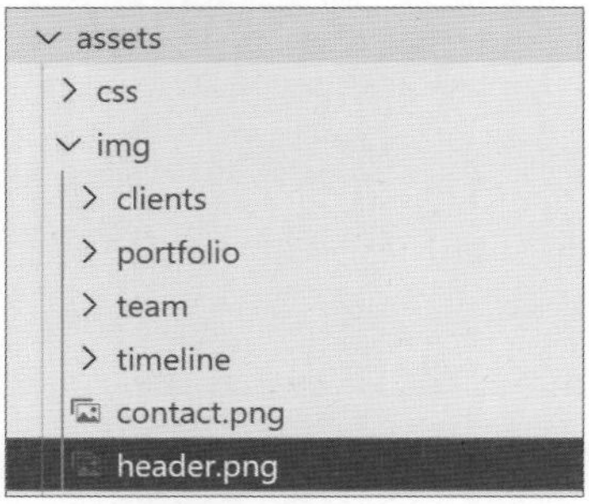

img 폴더는 assets 폴더에서 발견할 수 있습니다. 이 파일을 새로운 이미지로 바꿔치기하겠습니다. 그럴싸한 이미지를 가져와 파일 이름을 "header.png"로 변경하고 원래 "header.png" 파일과 바꿔치기했습니다.

```
Regenerating: 1 file(s) changed at 2021-09-11 15:37:31
              assets/img/header.png
              ...done in 0.2186941 seconds.
```

터미널을 살펴보니 지킬이 이미지 파일의 변동을 눈치채고 웹 페이지를 업데이트했다는 알림이 뜨고 있습니다. 브라우저로 돌아가 웹 페이지를 살펴보겠습니다.

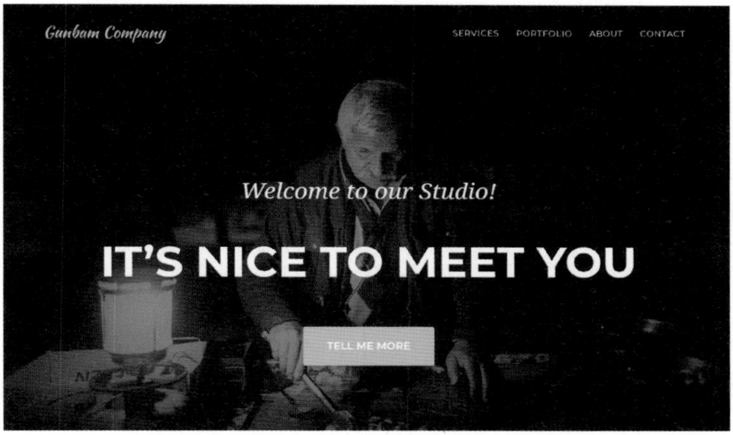

짜잔! 배경 이미지가 변경되었습니다. 이미지만 바꿨을 뿐인데 벌써 분위기가 확 살아났습니다. 무엇보다도, 배경 이미지를 바꾸는 과정에서 코드를 단 한 글자도 고치지 않았다는 부분이 가장 마음에 듭니다.

메인 타이틀 수정하기

메인 타이틀에 기재된 "welcome to our studio!" 와 "It's nice to meet you"라는 문구를 수정하겠습니다. 이 문구를 수정하려면 어느 파일의 어떤 부분을 건드려야 할까요? 이 템플릿의 제작자가 아니고서야 그걸 외우고 다니지는 않겠지요. 이런 상황에서 사용하면 유용한 꿀팁을 전해드립니다.

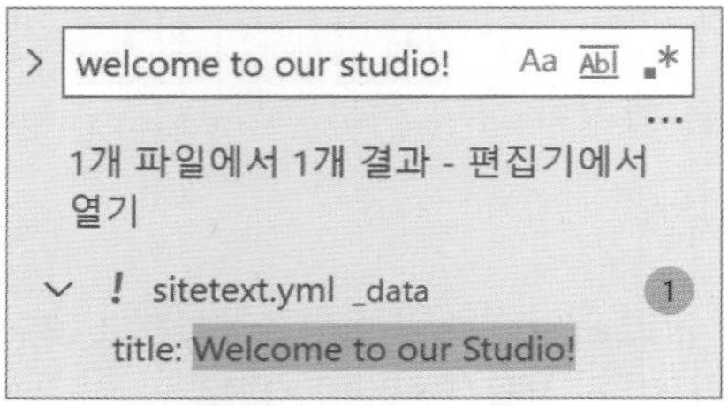

VSCode 탐색기에서 Ctrl + Shift + F를 누른 다음, 화면에 표시되었던 문구를 입력합니다. 그러면 VSCode가 프로젝트 폴더 안에 있는 모든 파일을 탐색하여, 입력받은 내용과 일치하는 내용을 포함한 파일을 모두 찾아줍니다. 검색 결과를 보니 sitetext.yml이 범인이군요!

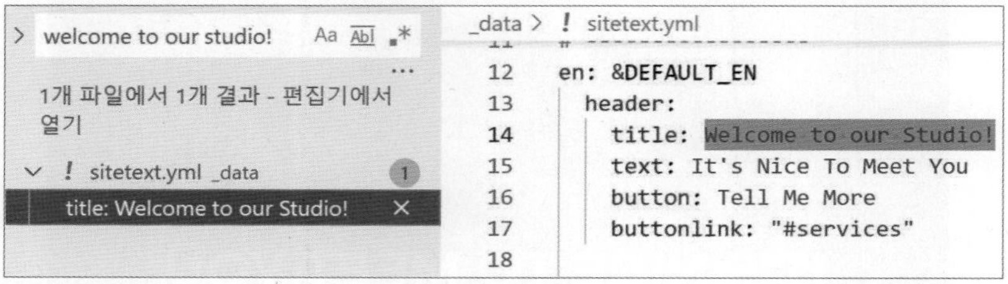

검색 결과를 클릭하면 자동으로 파일이 실행되고, 한눈에 찾기 쉽게 하이라이트까지 쳐 줍니다. 굉장히 편리한 도구입니다. 마침 'It's Nice to Meet You'라는 문구까지 15번째 줄에 함께 위치해 있군요. 문구를 적당히 수정해 주겠습니다.

```
13  header:
14    title: 자네가 혹시 군밤을 좋아한다면
15    text: 우리는 지금부터 친구일세
16    button: 뭐라고요?
17    buttonlink: "#services"
```

지킬이 문구 수정을 감지하여 웹 페이지를 다시 빌드했습니다.

```
Regenerating: 1 file(s) changed at 2021-09-11 15:46:25
              _data/sitetext.yml
              ...done in 0.1925347 seconds.
```

꽤나 만족스러운 결과물입니다! 이제 사이트의 큰 틀은 수정이 거의 끝난 것 같습니다. 다음 챕터에서 세부 섹션을 수정해보겠습니다.

코딩만 따라 해도 웹페이지가 만들어지는

HTML+CSS+자바스크립트

Chapter

16

지킬 템플릿 세부 수정과 이메일 발송

학습목표

지킬로 만들어본 홈페이지를 좀 더 예쁘게 다듬어 보겠습니다. 추가로 Formspree이라는 도구를 사용해볼 것입니다. 여러분은 몇몇 웹사이트에서 Contact 같은 메뉴를 클릭해 별도의 이메일 프로그램 없이 웹에서 바로 홈페이지 관리자에게 이메일을 보낸 경험이 있을 것입니다. Formspree은 이 기능을 가능하게 하는 도구입니다. 즉, 방문자가 이메일을 작성하여 발송할 수 있는 기능을 추가하겠습니다.

SECTION

16-1 세부 섹션 수정하기

섹션 수정하기 – SERVICES

SERVICES 섹션을 수정해 보겠습니다. 크게 보자면 섹션 제목, 부제목과 콘텐츠로 나뉘며, 콘텐츠는 다시 세 덩어리로 나뉩니다. 콘텐츠는 아이콘과 제목, 본문으로 나뉘는 것 같고요. 제목을 먼저 바꿔 보겠습니다.

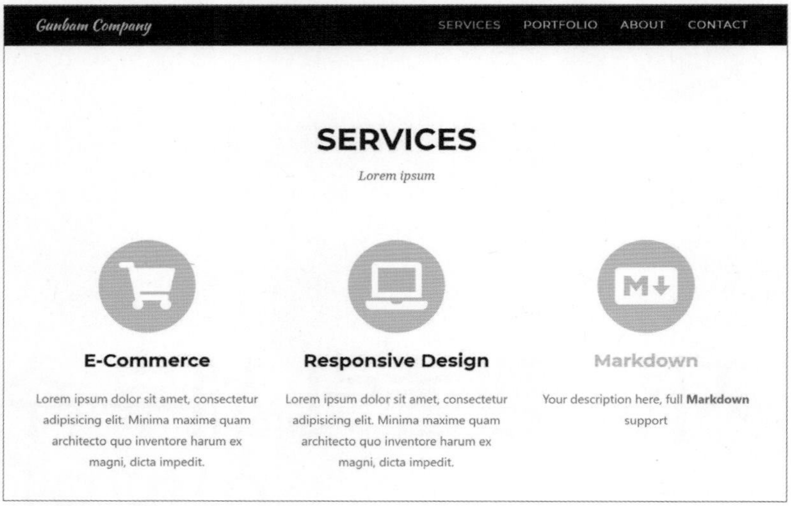

제목인 "services"로 검색하니 여러 개의 파일이 나옵니다. 먼저 navigation.yml 파일 먼저 수정해 보겠습니다.

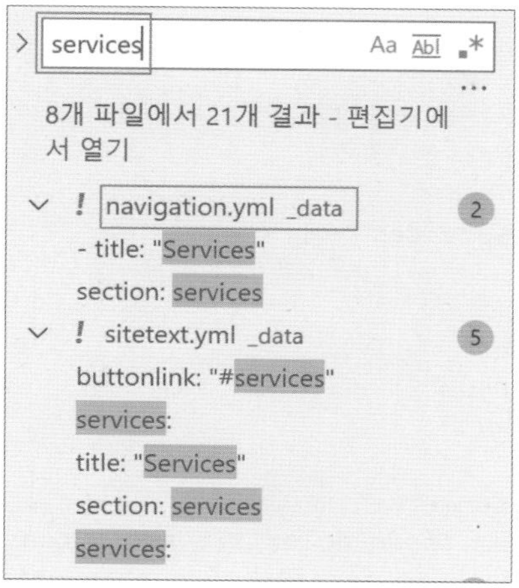

title의 services는 화면에 표시될 문구를 의미하며, section은 서비스 부분을 구현한 HTML 코드 섹션을 의미합니다.

```
nav:
  - title: "Services"
    section: services
  - title: "Portfolio"
    section: portfolio
  - title: "About"
    section: about
  - title: "Contact"
    section: contact
```

코드 수정은 최대한 피하고 싶으므로 title만 수정하겠습니다.

```
  - title: "군밤의 미학"
    section: services
```

웹 페이지 상단 네비게이션 바의 "SERVICES"라는 문구가 "군밤의 미학"으로 변경되었습니다.

sitetext.yml 파일도 수정해 보겠습니다.

파일명 : 16_1_1.yml

```
12  en: &DEFAULT_EN
13    header:
14      title: 자네가 혹시 군밤을 좋아한다면
15      text: 우리는 지금부터 친구일세
16      button: 뭐라고요?
17      buttonlink: "#services"
18
19    services:
20      title: "Services"
21      text: "Lorem ipsum"
22      section: services
23      list:
24        - title: "E-Commerce"
25          desc: "Lorem ipsum dolor sit amet, consectetur adipisicing elit. Minima maxime quam architecto quo inventore harum ex magni, dicta impedit."
26          icon: fas fa-shopping-cart #find more at https://fontawesome.com/icons
27        - title: "Responsive Design"
28          desc: "Lorem ipsum dolor sit amet, consectetur adipisicing elit. Minima maxime quam architecto quo inventore harum ex magni, dicta impedit."
29          icon: fas fa-laptop
30        - title: "[Markdown](https://en.wikipedia.org/wiki/Markdown)"
31          desc: "Your description here, full **Markdown** support"
32          icon: fab fa-markdown
```

코드를 살펴보니 화면에 표시되었던 모든 문구가 여기에 전부 모여있네요. 이곳만 수정하면 다른 파일은 수정할 필요가 없어 보입니다.

17번째 줄의 경우는 아이디 선택자 #services가 입력되어 있는 것을 보니 자바스크립트나 CSS와 관련된 코드일 것 같습니다. 수정하지 않겠습니다. 마찬가지 이유로 19번째 줄, 22번째 줄의 문구도 수정하지 않겠습니다. 20번째 줄과 21번째 줄, 그리고 23번째 줄 이하의 내용만 수정하도록 하지요.

먼저 20번째 줄과 21번째 줄의 문구를 수정했습니다. 지킬이 코드 수정을 감지하고 웹 페이지를 새로 로드해 줬겠지요?

```
services:
  title: "군밤의 미학"
  text: "사랑은 군밤처럼, 군밤이야말로 사랑이 아닐까"
```

의도대로 내용물이 수정되었습니다.

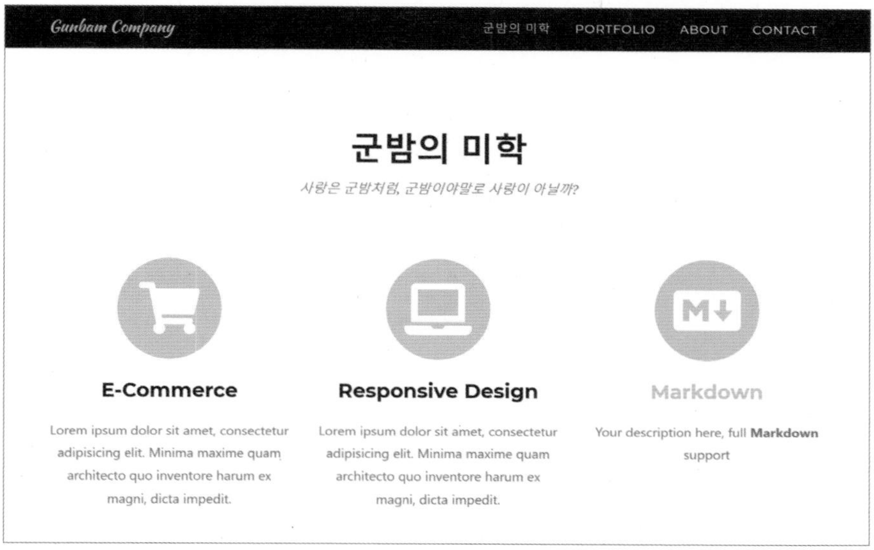

23번째 줄 이하의 내용도 수정해 보겠습니다.

```
23      list:
24        - title: "뜨겁게 타오르다"
25          desc: "칼바람에 손가락이 떨어져나갈 것 같던 추운 겨울, 우리는 그렇게 만났다."
26          icon: fas fa-shopping-cart #find more at https://fontawesome.com/icons
27        - title: "껍질을 내려놓다"
28          desc: "따뜻한 열풍에 너는 조용히 수줍었다.  딱딱한 껍질 속 소중하게 감춘"
29          icon: fas fa-laptop
30        - title: "담백하게 다가가다"
31          desc: "너는 서두르는 법이 없다. 항상 그 자리에 있는 듯 없는 듯"
32          icon: fab fa-markdown
```

웹 페이지의 내용물도 살펴볼까요?

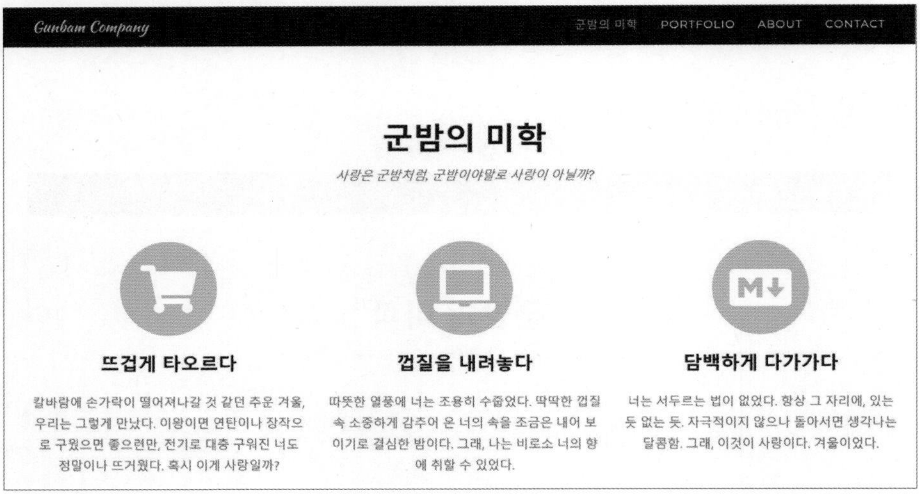

sitetext.yml에 입력한 문구가 즉시 웹 페이지에 반영되었습니다! 대량의 문자를 HTML만 사용하여 화면에 표현하려면 몹시도 불편했을 것입니다. 하지만 지킬에서는 용도조차 잘 모를, yml이라는 특이한 확장자를 가진 파일만 수정하면 콘텐츠가 웹 페이지에 자동으로 반영됩니다. 이것이 지킬의 장점을 이야기할 때 항상 '블로그 지향'이라는 평가가 먼저 언급되는 이유입니다.

그런데 문구의 내용과 아이콘의 내용이 별로 어울리지 않는 것 같습니다. 아이콘을 수정해야겠네요. 코드의 26번째 줄에 달린 주석을 살펴보면 이 아이콘들은 **폰트어썸**[fontawesome]에서 가져온 것이라 안내되어 있습니다. 폰트어썸에 방문하여 적당한 아이콘을 찾아보겠습니다.

군밤 껍질이 열리는 아이콘이 없으니 대신 폴더가 열리는 아이콘이라도 삽입해야겠습니다. 〈i〉 태그의 class 이름을 복사하여 sitetext.yml에 기재합니다.

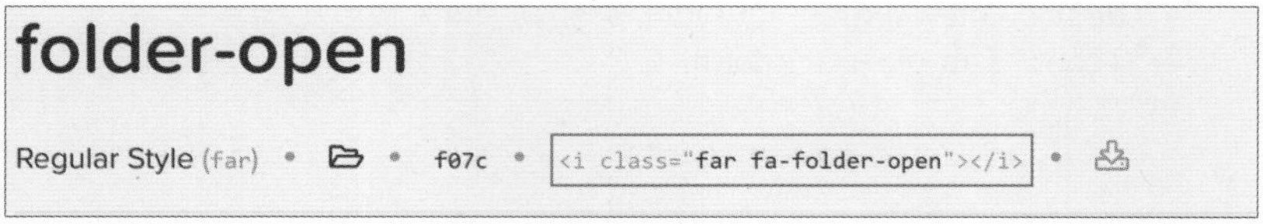

아이콘까지 수정했습니다. 몹시 적당해진 것 같습니다.

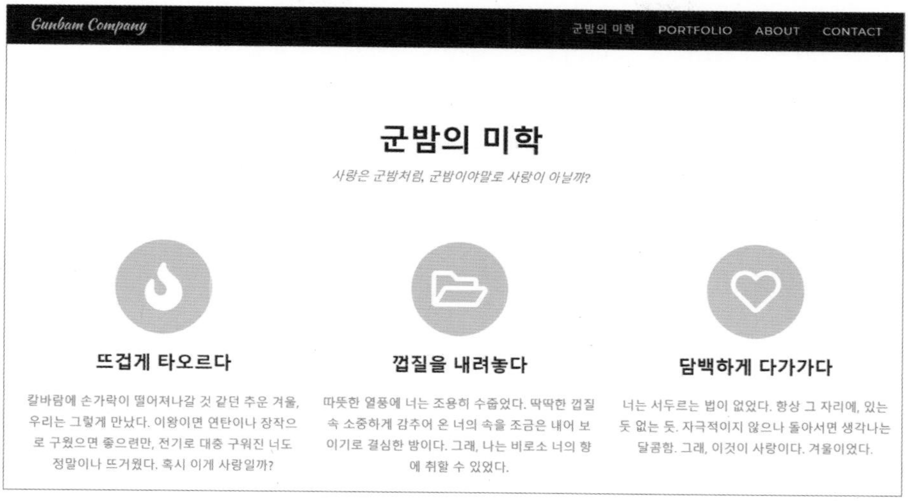

섹션 수정하기 - PORTFOLIO

포트폴리오 섹션은 사진, 제목, 부제목을 여러 개 나열할 수 있으며 모달이 적용된 섹션입니다. 저자가 인생을 열심히 살아오기는 했지만, 아직 군밤과 관련된 포트폴리오가 없으므로, 대신 군밤을 만드는 레시피나 기재해보겠습니다. 먼저 섹션 타이틀을 수정하겠습니다.

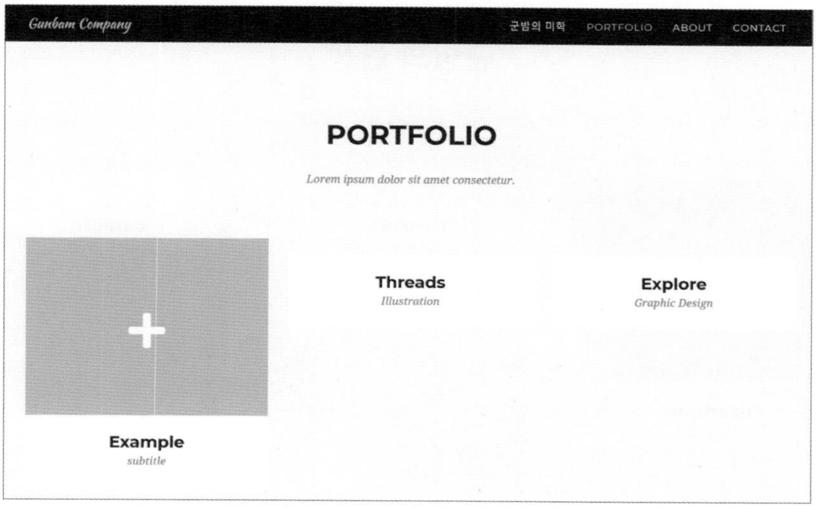

sitetext.yml을 먼저 수정했습니다.

```yaml
portfolio:
  title: "군밤의 탄생"
  text: "군밤이란 사랑으로써 완성된다"
  section: portfolio
  closebutton: "Close Project"
```

navigation.yml 파일도 수정했습니다.

```yaml
nav:
  - title: "군밤의 미학"
    section: services
  - title: "군밤의 탄생"
    section: portfolio
  - title: "About"
    section: about
  - title: "Contact"
    section: contact
```

타이틀 수정은 완료되었습니다. 이제 하단의 네모 칸들을 수정하겠습니다.

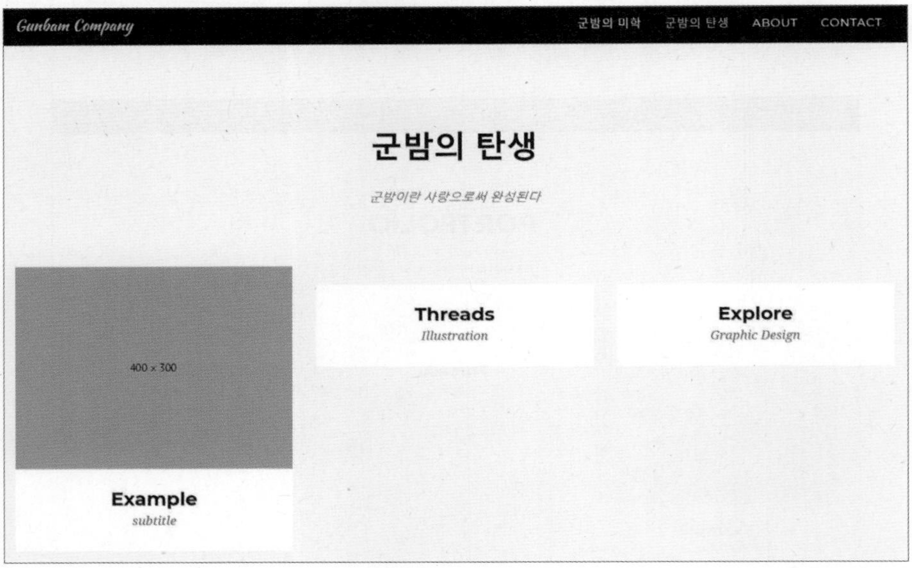

어디를 수정해야 할지 갈피를 잡을 수 없으므로 Ctrl + Shift + F를 사용하겠습니다.

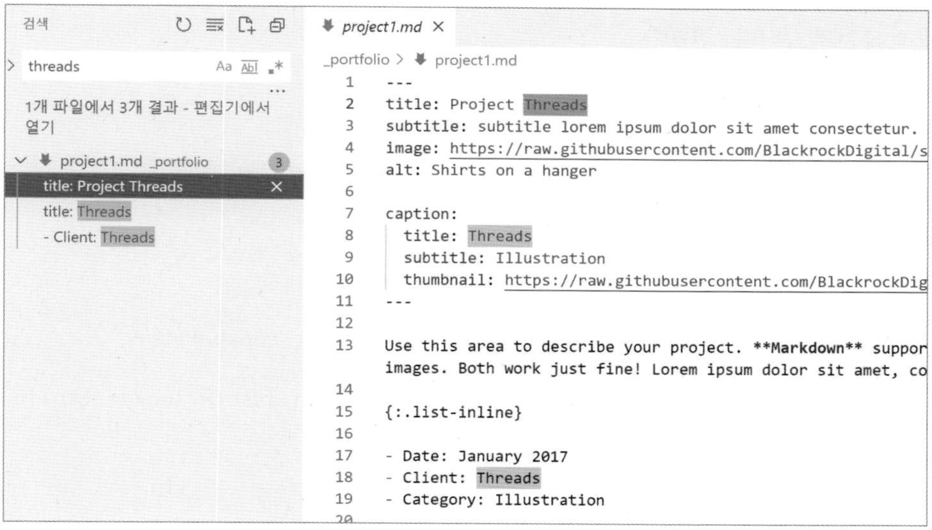

한 개의 파일이 검색됩니다. 이 파일의 경로가 _portfolio/project1.md 이므로 _portfolio 폴더로 찾아가면 다른 아이템들도 있을 것 같군요.

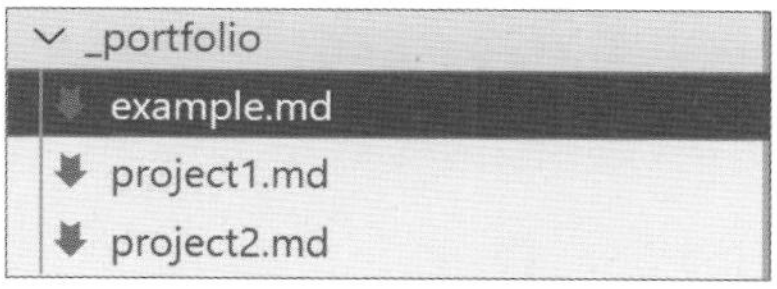

총 세 개의 파일이 있습니다. example.md를 열어보겠습니다.

파일명 : 16_1_2.md

```
caption: #what displays in the portfolio grid:
  title: Example
  subtitle: subtitle
  thumbnail: https://place-hold.it/400x300

#what displays when the item is clicked:
title: Title
subtitle: subtitle lorem ipsum dolor sit amet consectetur.
image: https://place-hold.it/400x300
      #main image, can be a link or a file in assets/img/portfolio
alt: image alt text
```

3번째 줄과 4번째 줄은 쉽게 이해할 수 있겠네요. 11번째 줄의 주석이 눈길을 끕니다. image라는 항목에는 이미지 파일 이름을 적으면 된다고 합니다. 폴더 안에 있는 이미지의 전체 경로를 적어 보겠습니다.

```
02  caption: #what displays in the portfolio grid:
03    title: 밤 손질하기
04    subtitle: 손조심!
05    thumbnail: asset/img/portfolio/04-thumbnail.jpg
06
07  #what displays when the item is clicked:
08  title: Title
09  subtitle: subtitle lorem ipsum dolor sit amet consectetur.
10  image: asset/img/portfolio/04-thumbnail.jpg
11        #main image, can be a link or a file in assets/img/portfolio
12  alt: image alt text
```

썸네일과 모달 이미지 모두 정상적으로 표시되고 있습니다.

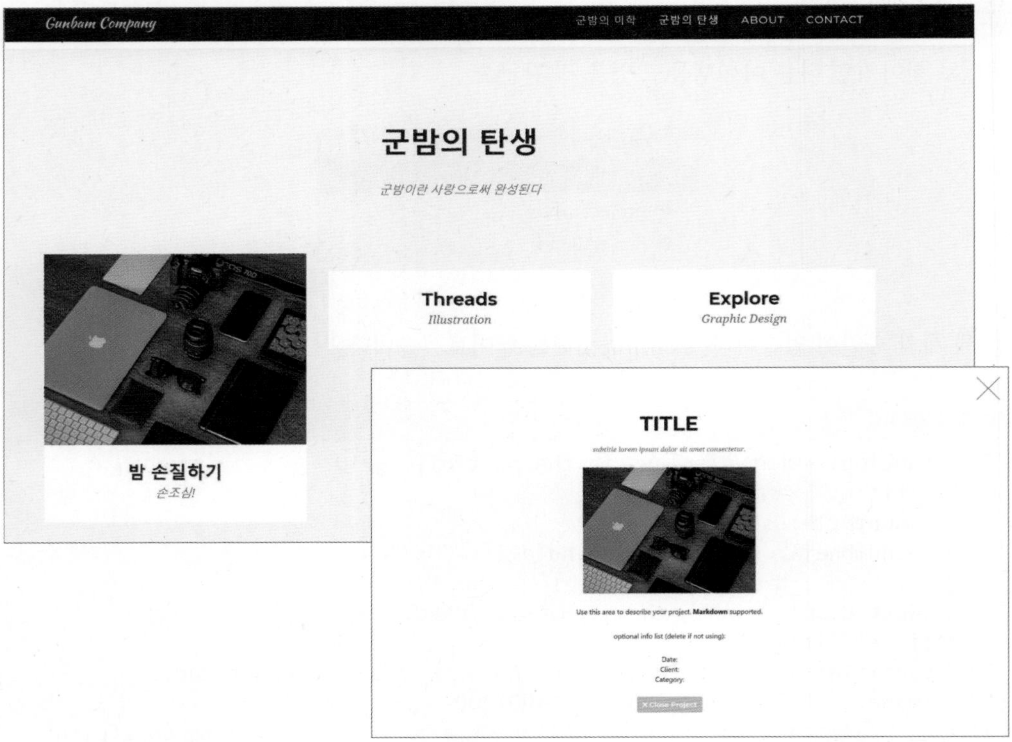

이제 사용법을 알았으니 바로 내용물을 수정하겠습니다. 그에 앞서 project1.md와 project2.md를 삭제하겠습니다.

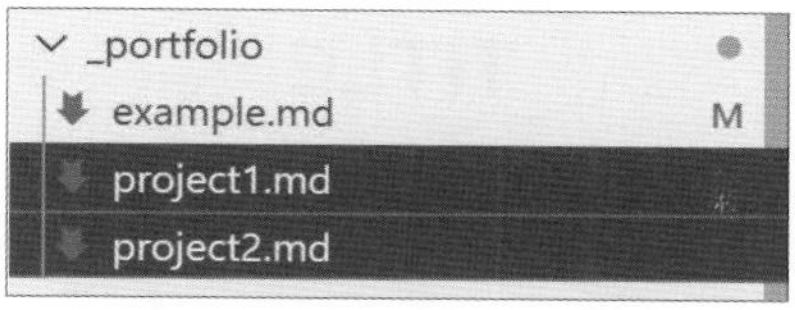

example.md의 이름도 recipe1.md로 수정하고요. 필요한 만큼 파일을 복제해서 사용하겠습니다. 그리고 본격적인 수정에 앞서, 모달을 닫는 버튼에 기재된 "Close Project"라는 문구가 마음에 들지 않으니 수정해야겠습니다.

Ctrl + Shift + F로 검색해 보니 두 개의 파일에서 Close Project라는 문구가 발견됩니다.

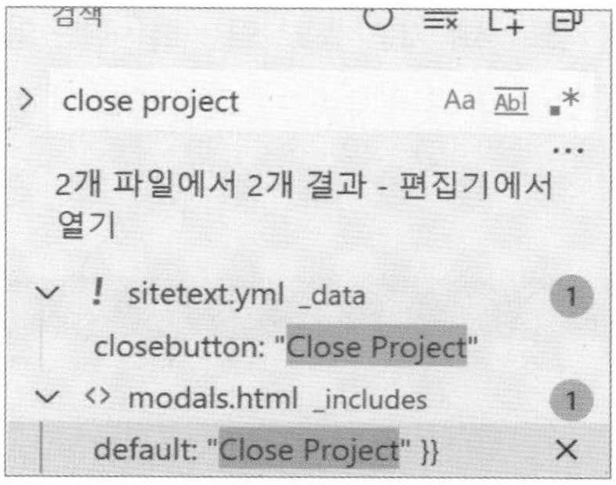

sitetext.yml을 방문하여 "Close Project"를 "레시피 닫기"로 수정하겠습니다.

```
{{ site.data.sitetext[site.locale].portfolio.closebutton |
default: "Close Project" }}
```

반면 modals.html의 내부는 수정하지 않아도 될 것 같습니다. 위 코드는 일종의 if문의 변종입니다. 앞의 내용이 누락되면 뒤에 있는 default값을 표시하라는 의미이므로 일단 수정 없이 코드를 실행해 결과를 확인하겠습니다.

버튼의 문구가 변경되었습니다. 이제 정말로 recipe1.md 파일을 수정하고, 필요한 만큼 파일을 복사하여 레시피나 꾸며보겠습니다.

3개의 md 파일을 만들어 군밤 레시피 3단계를 페이지에 추가했습니다. 이때 밤 굽기 영역의 사진만 위아래로 조금 더 공간을 많이 차지하고 있는 점에 주의하기 바랍니다. 웹 사이트를 만들 때, 같은 영역에 사용될 썸네일 이미지의 크기는 똑같이 맞춰 주거나, CSS를 사용하여 똑같은 크기가 되도록 잘라내 주는 것이 중요합니다.

지킬 템플릿과 같이 이미 만들어진 코드를 가져와 수정 없이 사용할 때는 이미지 파일 자체를 같은 크기로 수정하여 첨부하는 편이 훨씬 용이합니다.

모달의 내부도 예쁘게 다듬어졌습니다. 혹시 md 파일의 내용물이나 assets에서 사용한 파일이 궁금하시다면 이 프로젝트가 저장된 리포지토리를 방문하기 바랍니다.

https://github.com/needleworm/gunbam

섹션 수정하기 - About

About 섹션은 타이틀과 글만 수정하면 충분할 것 같네요. navigation.yml과 sitetext.yml을 수정하면 됩니다.

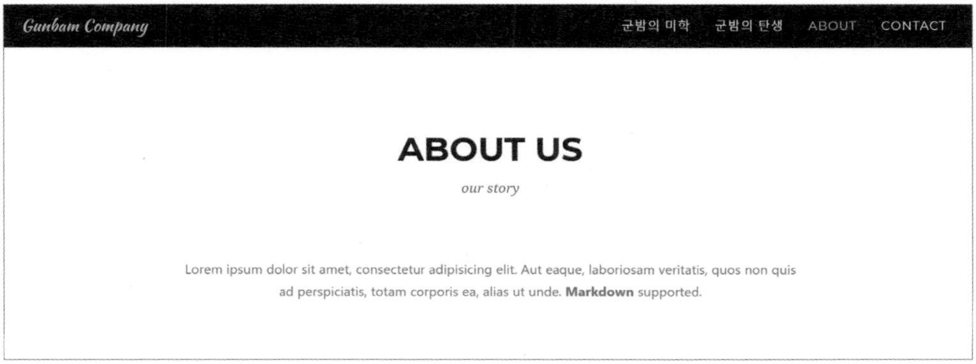

navigation.yml의 18번째 줄을 수정하면 내비게이션 바의 타이틀이 변경될 것입니다.

```
13  nav:
14    - title: "군밤의 미학"
15      section: services
16    - title: "군밤의 탄생"
17      section: portfolio
18    - title: "군밤에 대하여"
19      section: about
20    - title: "Contact"
21      section: contact
```

sitetext.yml의 40번째 줄 이하 내용을 수정하겠습니다. 웹 페이지가 어떻게 바뀌었나 볼까요?

```
40  about:
41    title: "군밤에 대하여"
42    text: "지난 추억일 뿐이지요"
43    body: "저는 사실 군밤을 별로 좋아하지 않습니다.
44    section: about
```

타이틀과 내용물 모두 수정이 끝났습니다.

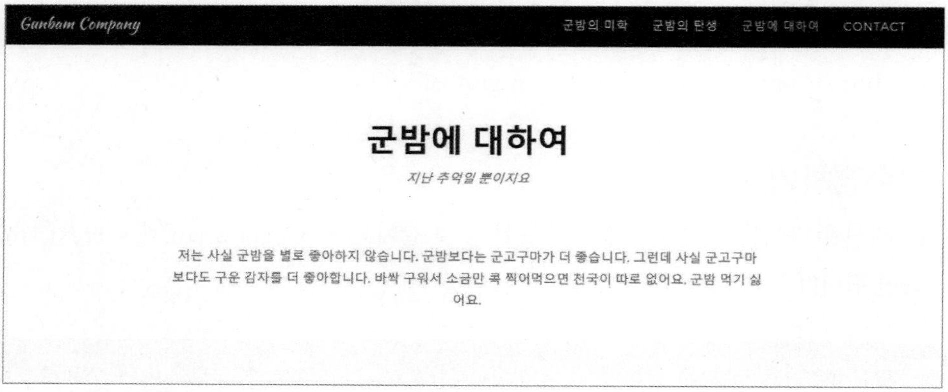

섹션 수정 – CONTACT

contact는 사용자가 웹 사이트의 운영자에게 이메일로 문의를 보낼 수 있도록 꾸며진 도구입니다.

크게 수정할 것은 없어 보이고, Lorem ipsum 문구를 삭제하면 될 것 같네요. sitetext.yml의 48번째 줄을 ""로 수정하겠습니다. 그 외에는 커다란 수정 없이 이대로 마무리하겠습니다.

```
46  contact:
47    title: "Contact Us"
48    text: "Lorem ipsum or call 123456789"
49    section: contact
50    name: "Name*"
51    name-validation: "Please enter your name."
52    email: "Email*"
53    email-validation: "Please enter your email address."
54    phone: "Phone Number"
55    phone-validation: "Please enter your phone number."
56    message: "Message*"
57    message-validation: "Please enter a message."
58    subject: "Contact Form Submission"
59    submit: "Send Message"
```

푸터(footer) 수정 방법

영단어 foot은 발을 의미하지요. 푸터는 사이트의 맨 밑바닥에 위치한다고 해서 푸터라고 부릅니다. 푸터에는 저작권 선언과 소셜 아이콘, 그리고 개인정보 보호 정책 링크가 자리 잡고 있습니다.

푸터의 수정 역시 sitetext.yml을 수정하는 것으로 해결할 수 있습니다. URL을 수정하거나, 사용하지 않으실 소셜 아이콘은 삭제하면 됩니다.

```
footer:
  legal: "Privacy Policy"
  social:
    - url: https://twitter.com
      icon: "fab fa-twitter"
    - url: https://facebook.com
      icon: "fab fa-facebook-f"
    - url: https://linkedin.com
      icon: "fab fa-linkedin-in"
    - url: https://github.com/raviriley/agency-jekyll-theme
      icon: "fab fa-github"
    - url: https://instagram.com
      icon: "fab fa-instagram"
```

Privacy Policy는 Agent 템플릿이 자동으로 작성해줍니다. 사이트 하단의 Privacy Policy를 클릭하면 위와 같은 페이지가 로드됩니다. 이 상태로 수정하지 않고 사용해도 충분할 것 같습니다. 혹시 외주용역으로 인해 개인정보보호정책을 상세히 적어 납품해야 하는 상황이라면 leagal.md 파일을 수정하면 됩니다.

SECTION

16-2 Formspree와 서버 통신

Contact, 정말로 작동할까요?

CONTACT가 정말로 작동하는지 테스트를 해 보겠습니다. 적당한 내용물을 적고 [send message] 버튼을 클릭해 보겠습니다.

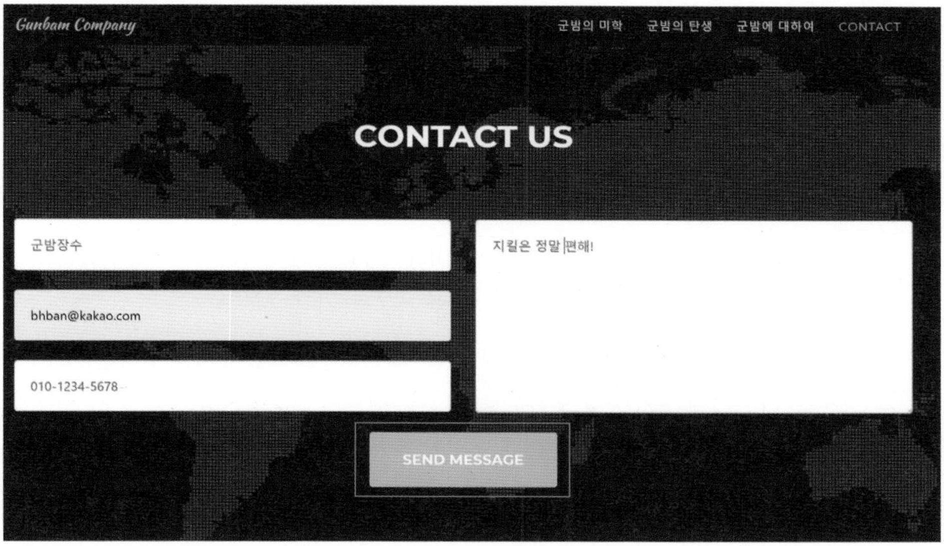

에러가 발생합니다. 이 에러가 발생한 원인은, 메일 발송 서비스를 담당하던 Formspree라는 업체에서 스팸메일을 막기 위해 최근에 규정을 변경했기 때문입니다.

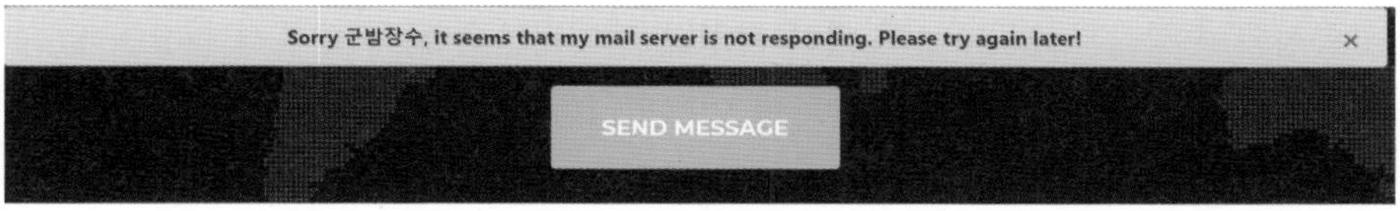

Formspree 활용하기

아래 url을 통하여 Formspree로 접속합니다.

https://formspree.io/

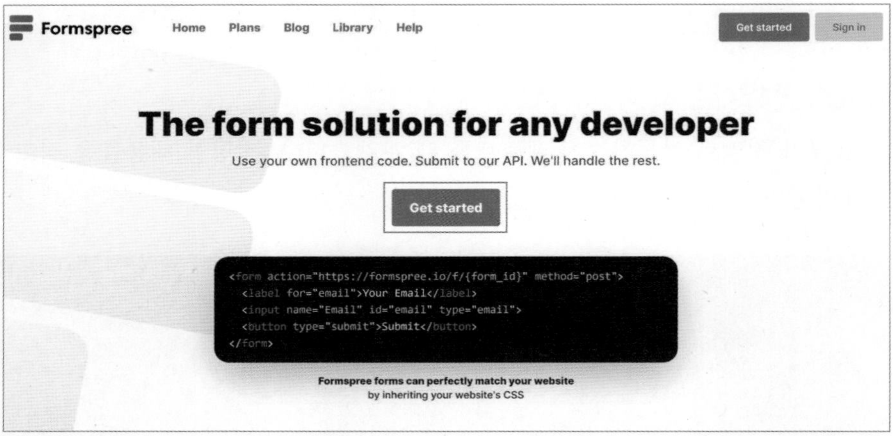

formspree는 form 태그를 활용합니다. 메인 화면에 소개된 예시 코드를 살펴보겠습니다.

```
<form action="https://formspree.io/f/{form_id}" method="post">
       <label for="email">Your Email</label>
       <input name="Email" id="email" type="email">
       <button type="submit">Submit</button>
</form>
```

마지막 챕터에 와서야 〈form〉 태그를 설명할 기회가 생겼네요. 〈form〉 태그는 다른 서버와 통신하기 위해 사용하는 도구입니다. 통신을 위한 서버의 url은 action 속성에 기재하고, 통신 방식은 method에 기재합니다.

action 속성의 속성값과 method 속성의 속성값은 여러분은 굳이 외우실 필요는 없습니다. 통신을 위한 서버 설정은 백엔드 개발자의 업무입니다. 회사 내에서 백엔드 개발자와 협업할 경우에는 백엔드 개발자에게 액션과 메소드에 대한 설명을 들으면 됩니다. Formspree와 같이 전 세계 사람들을 대상으로 오픈된 서비스는 친절한 설명이 제공되고 있으니 그 설명을 보고 따라 하면 충분하고요.

〈form〉 태그의 맨 밑에 〈button type="submit"〉이라는 태그가 위치합니다. 버튼의 타입이 submit으로 설정된 경우, 이 버튼을 클릭하면 〈form〉 태그가 서버로 데이터를 송신합니다. 이때의 데이터 통신 이벤트를 자바스크립트에서 submit 이벤트로 가져와 이벤트 핸들러를 추가할 수도 있습니다.

〈button type="reset"〉이라는 reset 타입의 버튼을 form 내부에 추가할 경우, 이 버튼이 눌리면 form에 기재되어 있던 모든 내용물이 초기화됩니다. 이를 자바스크립트에서 reset 이벤트로 받아와 사용할 수도 있습니다.

Formspree 폼 생성

여하튼 Formspree의 이메일 발송은 form 태그를 활용합니다. Formspree를 사용하기 위해 Get Started 버튼을 클릭해 회원 가입을 진행해 주시고, 로그인도 하기 바랍니다.

로그인 후 [+New Project] 버튼을 클릭합니다.

팝업창이 뜨면 프로젝트 이름을 설정하고, [Create Project] 버튼을 클릭합니다.

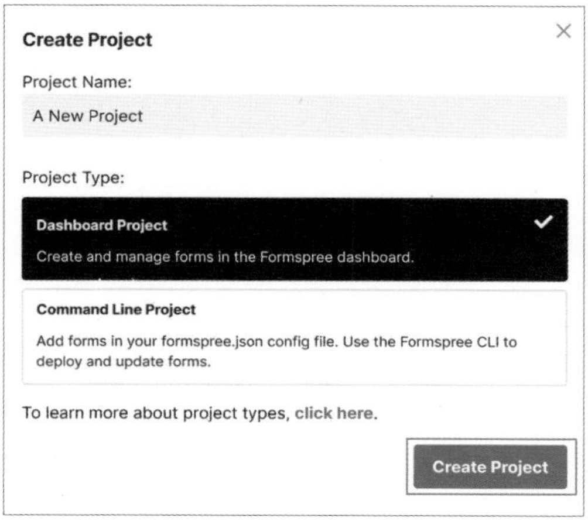

프로젝트가 만들어지면 화면 하단에 회색 박스가 생겨납니다. +를 눌러 새로운 폼을 만듭니다.

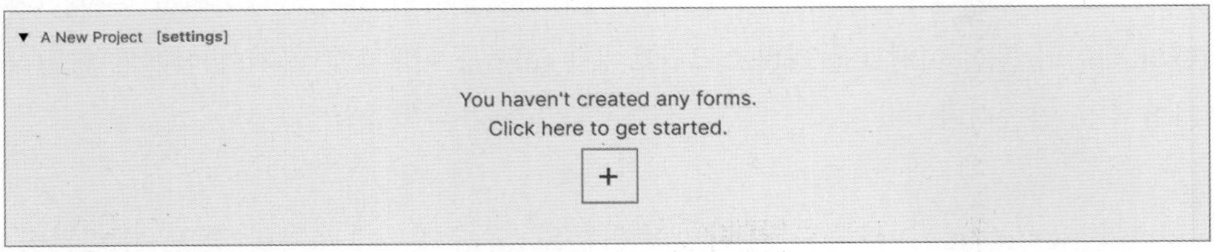

폼 이름을 수정하고 [Create Form] 버튼을 클릭합니다.

새로운 폼이 생겨나면 아래 그림과 같이 url이 하나 발급됩니다. 맨 뒤에 있는 문자를 복사합니다.

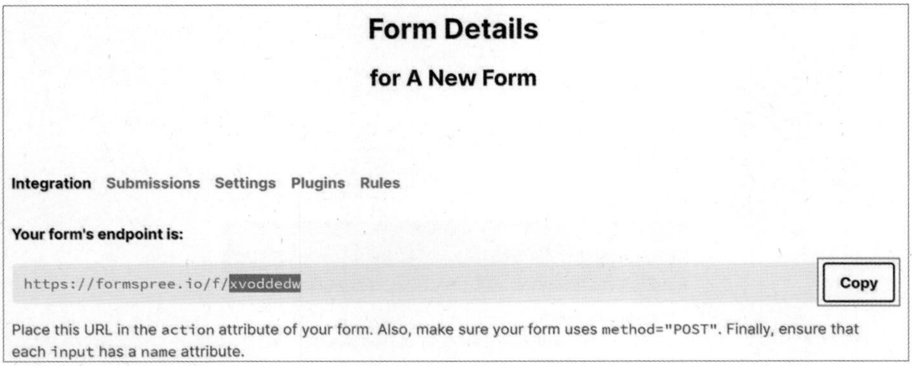

웹 페이지 코드 수정

_config.yml을 실행하여 39번째 줄의 주석을 해제합니다. 그리고 f/ 뒤에 방금 복사한 Formspree 코드를 입력합니다.

```
--
37    # Uncomment following line to use Formspree form ID based URL instead of email based URL
38    # Details: https://help.formspree.io/hc/en-us/articles/360017735154-How-to-prevent-spam
39    # formspree_form_path: "f/a_form_id"
```

```
37    # Uncomment following line to use Formspree form ID based URL instead of email based URL
38    # Details: https://help.formspree.io/hc/en-us/articles/360017735154-How-to-prevent-spam
39    formspree_form_path: "f/xvoddedw"
40    
```

저장 후 터미널에서 Ctrl + C를 눌러 지킬을 한 차례 종료하고, 다시 아래 코드를 입력하여 지킬 서버를 다시 실행합니다. 지킬 서브 모드는 _config.yml의 변화를 실시간 반영하지는 못하기 때문입니다.

```
> jekyll serve
```

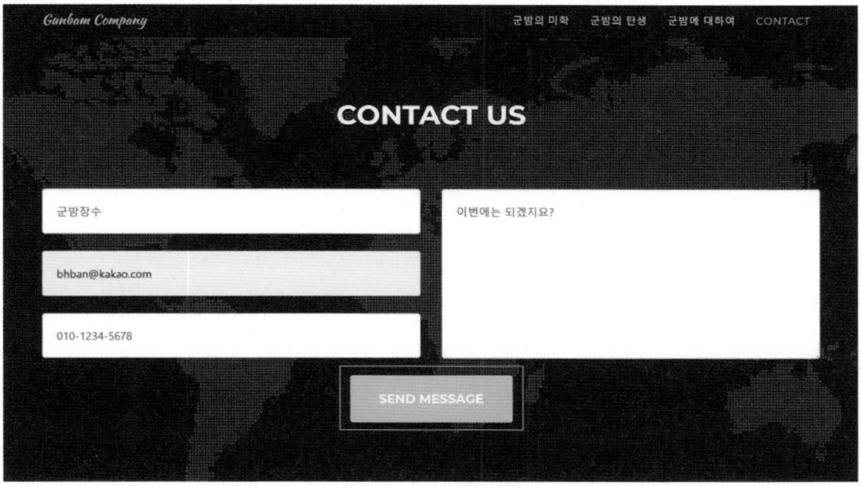

지금까지와는 달리 녹색 팝업이 뜨면서 메시지 발송이 성공했습니다!

Formspree를 통해 발송된 메일은 아래와 같은 규격으로 정돈되어 수신됩니다. 이상으로 지킬 템플릿을 활용한 웹 페이지 개발 소개를 마치겠습니다.

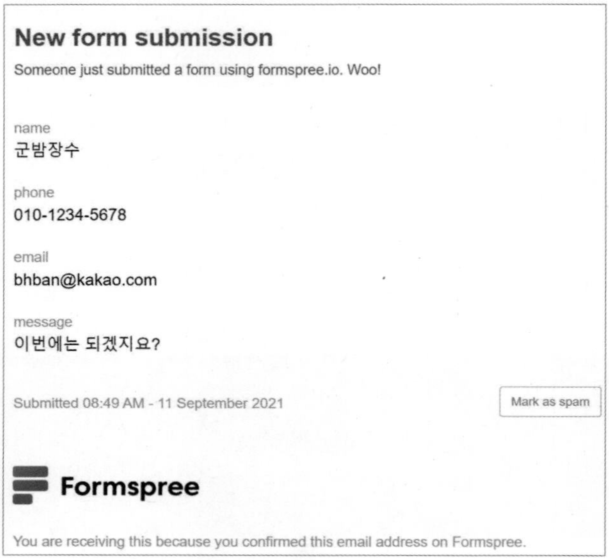

웹 페이지 URL	https://needleworm.github.io/gunbam
웹 페이지 소스코드	https://github.com/needleworm/gunbam

저자가 원고를 작성하면서 웹 페이지 작업을 수행했음에도 불구하고 두 시간 만에 웹 페이지 하나를 만들 수 있었습니다. 정말 작정하고 종일 집중해서 지킬 템플릿을 활용해 웹 페이지를 대량으로 찍어낸다면 하루에 네다섯 개도 가능할 것 같습니다.

객관적으로 이 웹 페이지가 매력적이라 생각합니다. 깔끔하고, 그럴싸한 애니메이션 기능도 내장되어 있으며, 이메일 자동 발송 기능까지 탑재되어 있으니 말입니다. 입문자 수준에서 이러한 웹 페이지를 여러 개 만들어 깃허브에 올려 두는 것을 추천합니다.

그리고 웹 페이지 샘플이 10개 정도 쌓였다면, 외주용역 수주에 도전해 보셔도 좋을 것 같습니다. 숨고나 크몽 등 개인이 웹 페이지 외주용역을 수주하기 용이한 사이트들이 최근 많이 런칭되어 있습니다. 웹 개발 단가가 아무리 저렴해도 10만 원가량 되는데, 10만 원짜리 외주를 2시간 만에 쳐낼 수 있다면 어떨까요?

디지털 노마드라는 용어가 유행이었죠. 노트북 하나만 들고 전 세계를 여행하며 외주용역으로 수입을 해결하고, 잉여자금은 주식으로 불려 나가면서 노후를 대비하는 천재들. 그런데 그 천재들도 모든 외주용역을 텅 빈 화면에서부터 시작하지는 않을 것입니다. 템플릿을 사용하겠죠.

부디 지금까지 알려드린 지식이 여러분의 새로운 도전에 조금이나마 힘이 되기를 응원하며 이만 챕터를 마무리하겠습니다. 마지막 챕터에서는 웹 페이지 상용화를 위한 기법들을 안내해드리겠습니다.

코딩만 따라 해도 웹페이지가 만들어지는

HTML+CSS+ 자바스크립트

Chapter

17

[도전!] 웹 페이지 상용화와 수익 창출

학습목표

구글 애널리틱스는 다수의 홈페이지에서 사용하는 홈페이지 통계 분석 툴입니다. 단순하게는 방문자의 유입 통계를 확인할 수 있으며, 마케팅 도구로 활용되기도 합니다. 또한 홈페이지를 만들고 인터넷에 공개한다고 해서 포털 사이트에서 바로 검색이 되지는 않습니다. 포털 사이트에서 검색이 가능하도록 하는 방법과 만든 홈페이지를 통해 수익을 창출하는 방법을 알아보겠습니다.

SECTION

17-1 웹 페이지 상용화

구글 애널리틱스

공공에 배포가 되어 있고, 유저의 유입 통계를 분석할 수 있으며, 포털 사이트에서 검색이 가능한 사이트는 상용화 웹 페이지라고 봐도 무방할 것입니다. 웹 페이지를 배포하는 방법은 이미 공부했으므로 유저의 통계 유입 분석, 포털 사이트 검색 활성화를 공부해보겠습니다.

가장 먼저 구글 애널리틱스를 활용한 웹 페이지 통계분석을 배워 보겠습니다. 아래 url을 통해 구글 애널리틱스 홈페이지로 접속하기 바랍니다.

https://analytics.google.com/

구글 계정으로 로그인하면 애널리틱스 패널로 이동할 수 있습니다. 사이트 좌측 하단에 있는 톱니바퀴 아이콘을 클릭하여 설정 화면으로 이동합니다.

[관리자] 패널에서 [+ 계정 만들기] 버튼을 클릭합니다.

계정 이름을 입력하고 페이지 하단의 [다음]을 클릭합니다.

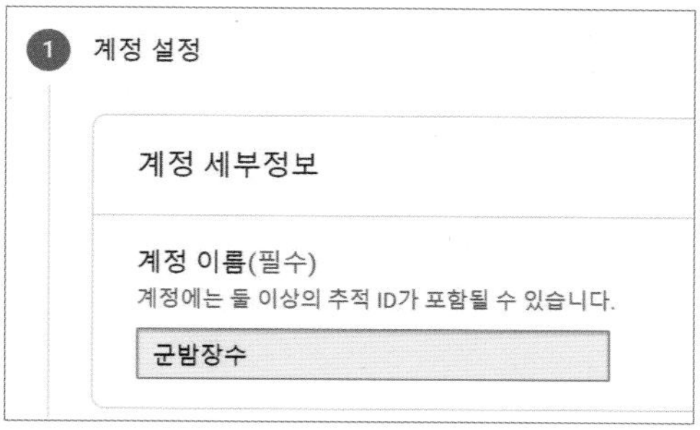

속성 이름과 보고 시간대, 통화를 설정하고 [다음] 버튼을 클릭합니다.

마지막으로 비즈니스 정보를 입력하고 [만들기]를 클릭합니다.

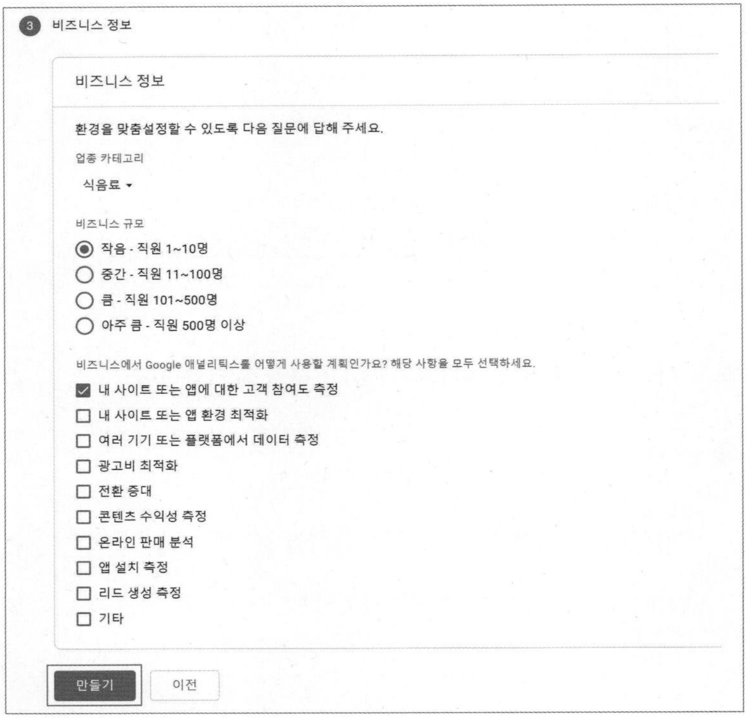

팝업창이 나타나면 국가를 대한민국으로 변경하고, 박스에 체크한 뒤 [동의함]을 클릭합니다.

잠시 뒤 플랫폼 설정 화면이 나오면 [웹]을 클릭합니다.

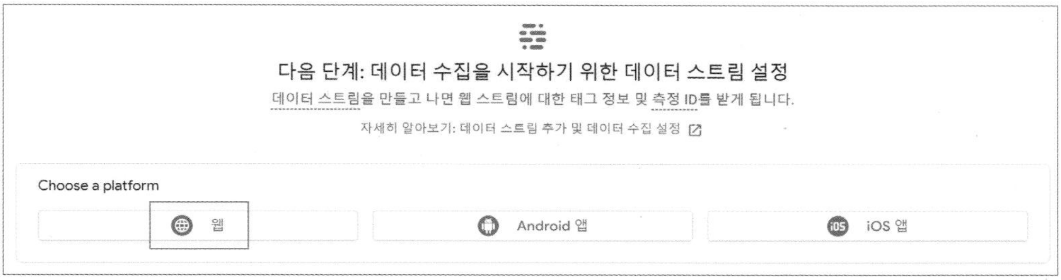

URL과 스트림 이름을 입력한 뒤 [스트림 만들기] 버튼을 클릭합니다.

만약 깃허브 페이지로 호스팅할 예정이라면 깃허브 페이지 url 규격에 맞춰서 url을 적어줍니다.

https://[깃허브 닉네임].github.io/[리포지토리 이름]

스트림이 만들어지면 세부 정보 창이 활성화됩니다. 측정 ID 우측의 복사 버튼을 눌러 측정 ID를 복사합니다.

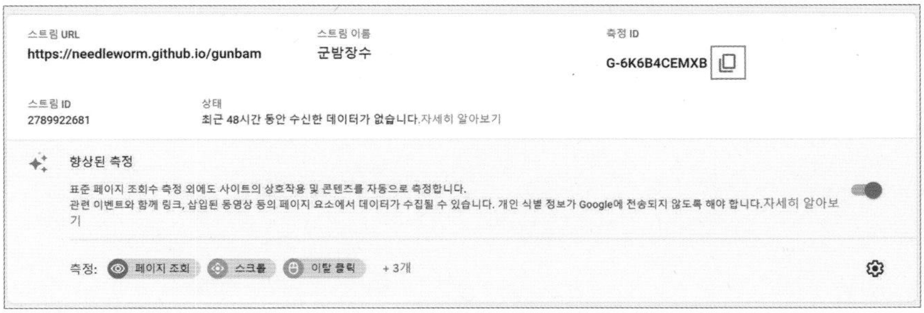

복사한 측정 ID를 _config.yml에 붙여넣습니다. 이것으로 구글 애널리틱스 적용이 끝났습니다. 다음 단계로 넘어가기 전에, 한 차례 코드를 배포하겠습니다.

```
analytics:
  google: G-6K6B4CEMXB
```

깃허브 페이지에 코드 배포

일반적으로 지킬을 활용해 코드를 배포하는 절차는 아래와 같습니다.

① 코드를 빌드한다.

```
> jekyll build
```

② 폴더 안에 _site라는 이름의 폴더가 새로 생겨난다.

③ 이 폴더의 내용물만 배포한다.

클라이언트에게 코드 빌드를 납품해야 하는 상황이거나 회사에서 웹 페이지 코드를 배포할 때는 _site 폴더만 사용합니다.

그런데 깃허브 페이지 서비스는 코드 구동 엔진으로 지킬을 사용하고 있습니다. 따라서 빌드하지 않은 소스코드를 그대로 업로드하면, 깃허브 페이지 쪽에서 알아서 코드를 빌드하여 배포해 줍니다. 이 방식이 가지는 장점이 굉장히 크기 때문에 깃허브 페이지에 코드를 배포할 때는 반드시 폴더 안을 둘러보고 _site 폴더가 있다면 삭제하기 바랍니다.

그리고 _config.yml을 실행해 웹 페이지 url과 bseurl을 수정합니다.

```
url    : "https://needleworm.github.io"
baseurl: "/gunbam"
```

url → https://[깃허브 닉네임].github.io

baseurl → /[리포지토리 이름]

수정이 완료되었다면 코드를 푸시합니다. 코드 푸시 완료 후 리포지토리로 접속하여 [Setting] 메뉴를 클릭합니다.

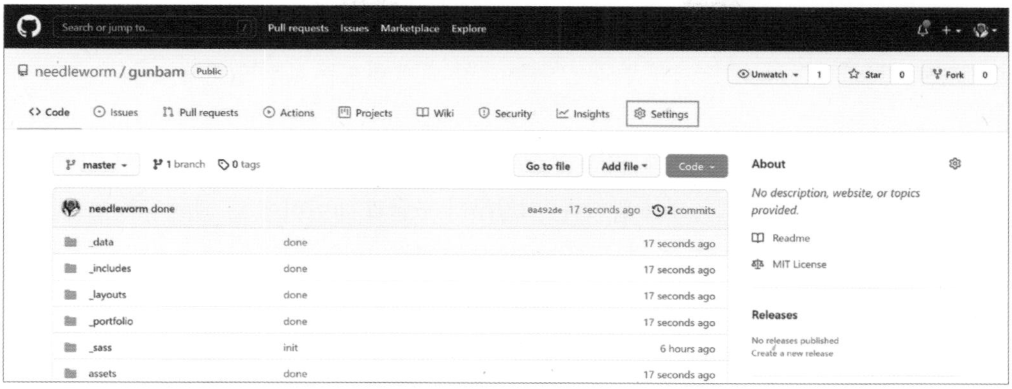

URL이 발급되었다면 잠시만 기다렸다가 접속해 봅시다.

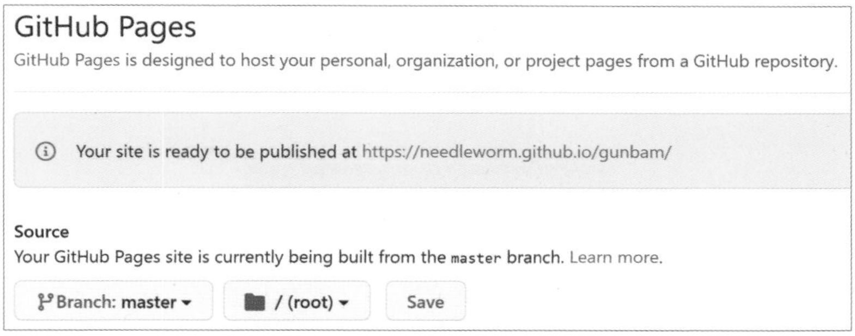

웹 페이지가 정상적으로 빌드되고 배포되었습니다. 모바일로도 한 번 접속해 보기 바랍니다.

SEO

검색엔진 최적화

SEO는 Search Engine Optimization의 약자로, 검색 엔진 최적화라는 용어로 번역됩니다. 쉽게 말하면 '내 웹 페이지가 검색 결과로 노출이 잘 되게 만드는 행위'입니다.

웹 페이지가 구글에서 검색되게 하려면 구글에 자료를 제출해야 하고, 네이버에서 검색되게 하려면 네이버에 자료를 제출해야 합니다. 지금부터 구글과 네이버에 웹 페이지 정보를 제공하여 검색 결과에 노출되도록 웹 페이지를 다듬어 보겠습니다.

구글 서치 콘솔

아래 url을 통하여 구글 서치 콘솔로 접속하기 바랍니다.

https://search.google.com/search-console

구글 계정으로 로그인한 후 좌측 상단의 메뉴를 클릭합니다. 그리고 목록에서 [+ 속성 추가]를 클릭합니다.

속성 유형 선택에서 우측의 URL 접두어 항목에 URL을 입력하고 [계속] 버튼을 클릭합니다.

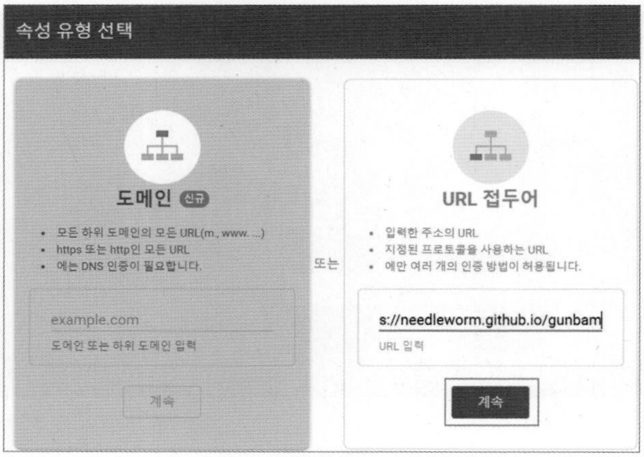

잠시 시간이 지난 뒤 [소유권이 자동으로 확인됨] 메뉴가 발생할 것입니다. 구글 애널리틱스가 웹 페이지에 등록되어 있으면 자동으로 소유권이 인증되기 때문입니다. 소유권이 자동으로 인증되지 않는다면 [설정] > [소유권 인증]을 방문하여 안내를 따라 소유권 인증을 진행하기 바랍니다. 이로써 구글 서치 콘솔에 사이트 등록이 완료되었습니다.

네이버 서치 어드바이저

아래 URL을 통해 네이버 서치 어드바이저로 접속하고 로그인합니다.

https://searchadvisor.naver.com/console/board

사이트 등록 창에 URL을 슬래시 앞까지만 입력하고 Enter↵를 누릅니다. 네이버 서치 어드바이저에서는 슬래시(/)로 구분된 웹 페이지를 입력할 수 없습니다.

사이트 소유확인 메뉴에서 하단의 [HTML 태그] 항목을 선택하고, 태그를 복사합니다.

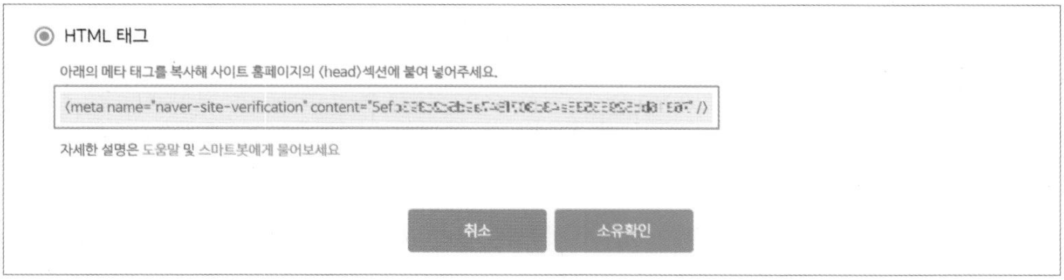

깃허브 리포지토리로 접속하여 _includes/head.html 코드를 실행하여 [수정] 버튼을 클릭합니다.

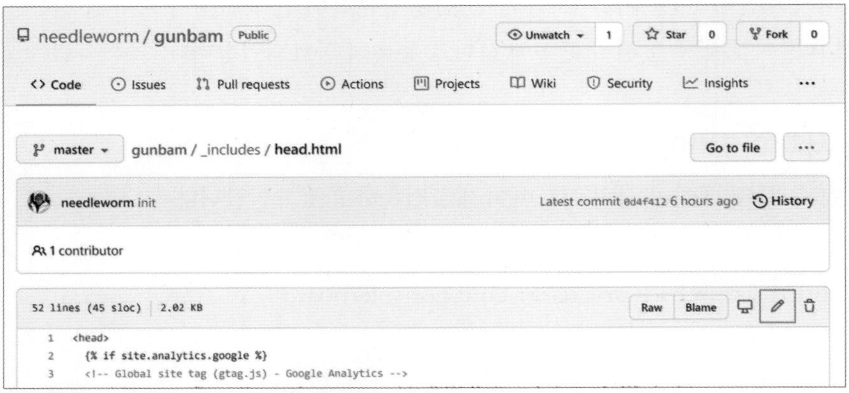

웹브라우저에서 바로 코드를 수정할 수 있습니다.

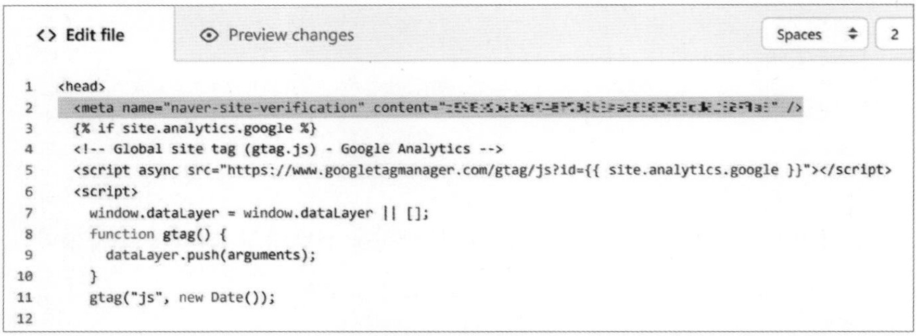

또한 깃허브가 코드 수정을 감지하면 지킬 엔진이 코드를 다시 빌드해 주기 때문에, 코드를 다운로드하고 VSCode를 실행하는 과정을 생략한 채 웹브라우저에서 바로 웹 페이지를 수정할 수 있습니다. 굉장히 편리하지요? 수정이 끝났다면 페이지 하단의 [commit changes] 버튼을 클릭하기 바랍니다. 1분가량의 시간을 기다린 뒤, 다시 서치 콘솔 페이지로 돌아와 [소유확인] 버튼을 클릭하여 절차를 마무리합니다.

SECTION

17-2 수익 창출

광고수익 창출 원리

웹 페이지에 광고를 부착하면 수익을 얻을 수 있습니다. 광고노출 횟수에 비례한 수익이 발생하는 경우도 있지만 대부분 광고 클릭에 따라 수익이 창출됩니다.

웹 페이지의 방문자 수가 많아야 함은 기본이고, 어그로에 끌려 웹 페이지를 방문하자마자 이탈하는 사람은 광고를 누를 가능성이 낮을 것이므로 사용자들이 한 번 들어오면 오랫동안 머물 수 있는 웹 페이지를 만드는 것이 수익 창출에 있어서 가장 중요한 부분입니다.

자바스크립트를 적극 활용하여 적금 예상 수익률, 대출 예상 이자, 예상 퇴직금, 예상 연금 수령액 등 계산도 복잡하고 사용자가 계산 결과를 화면에 띄워 두고 오래 쳐다볼 수밖에 없는 콘텐츠들로 웹 페이지를 만들면 좋겠죠? 광고주들과 계약하여 웹 페이지에 광고를 부착하는 방법을 알아보겠습니다.

카카오 애드핏

카카오 애드핏은 소형 사이트와도 계약해주고, 조회수 대비 수익률이 우수한 편입니다. 또한 클릭이 발생하지 않고 조회만 발생하더라도 일부 수익을 제공합니다. 아래 URL을 통해 카카오 애드핏에 접속합니다.

https://adfit.kakao.com

카카오계정으로 로그인한 뒤, 좌측 상단에서 사용자명을 클릭합니다. 이어 하단의 [+] 표시를 눌러 광고계정을 생성합니다.

계정 생성이 완료되었다면 상단 메뉴의 [광고관리]를 클릭합니다.

이어 [+새 매체] 버튼을 클릭합니다.

매체명과 url을 입력하고 [광고단위 등록] 버튼을 클릭합니다.

광고단위명을 입력한 뒤 원하는 광고 사이즈를 선택하고 [스크립트/SDK 발급] 버튼을 클릭합니다.

[스크립트 복사] 버튼을 눌러 스크립트를 복사합니다.

이제 위 코드를 복사하여 웹 페이지에 삽입하면 해당 위치에 광고가 노출됩니다. 〈div〉 태그로 한 번 감싸서 CSS를 적용시키면서 광고의 위치를 조절하는 것을 추천합니다.

구글 애드센스

애드센스는 구글에서 운영하는 광고 서비스로, 가장 규모가 큰 광고매체입니다. 그러다 보니 소형 사이트에는 광고 계약을 잘 해주지 않습니다. 일반적으로 하루 방문자 수가 3,000은 넘어야 애드센스 계약 체결 가능성이 있는 것으로 알려져 있습니다.

그런데도 구글 애드센스가 애드핏이나 쿠팡 파트너스에 비해 수익성이 월등히 뛰어나다고 알려져 있어 많은 사람이 애드센스 계약에 도전하고 있습니다. 블로거들 사이에서 '애드센스 고시'라는 용어까지 생겨날 정도로요.

아래 URL을 통하여 애드센스에 접속합니다.

https://www.google.com/intl/ko_kr/adsense/start/

구글 계정으로 로그인하고 [사이트]를 클릭합니다.

상단의 [사이트 추가] 버튼을 클릭합니다.

웹 사이트 URL을 입력하고 [저장하고 계속하기] 버튼을 클릭합니다. 슬래시 앞까지만 입력해야 합니다.

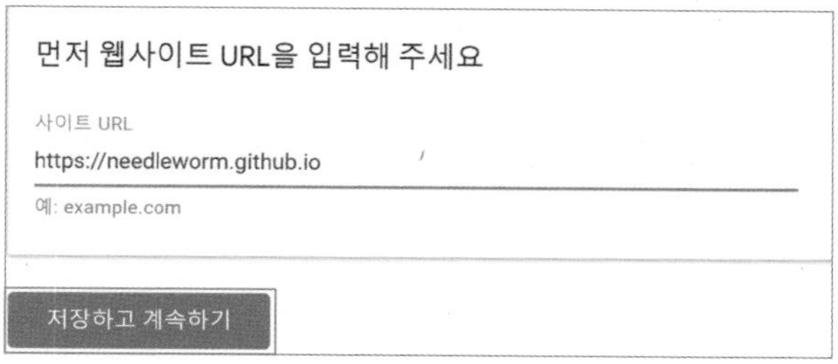

코드를 복사하여 〈head〉 〈/head〉 내부에 코드를 붙여넣고 검토 요청을 누릅니다. 구글의 검토 후 광고를 개제할만큼 조회수가 잘 나온다면 광고 승인과 함께 웹 페이지에 광고를 부착하는 방법에 대한 안내가 제공됩니다. 일반적으로 심사에 4주 정도의 시간이 소요됩니다.

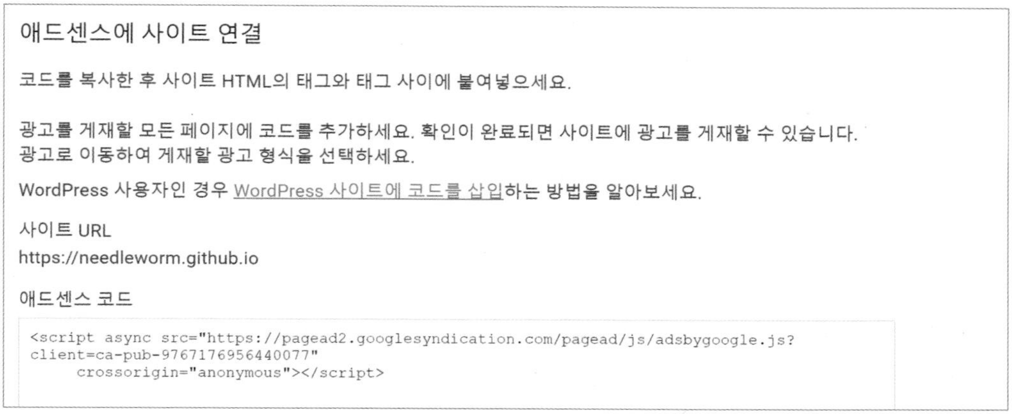

초반에는 애드핏으로 수익을 창출하다가, 일간 방문자 수가 늘어난다면 애드센스로 갈아타는 것을 추천합니다.

SECTION

17-3 앞으로의 공부 방향

입문자 타이틀을 빠르게 벗어나기 위하여

드디어 이 책의 마지막 챕터에 도착했습니다. 여기까지 오느라 정말로 고생이 많았습니다. 여러분은 자유자재로 HTML을 만들고, CSS 스타일을 부여하고, JS 코드를 적용하는 방법을 배웠습니다. 지식의 총량만 놓고 보자면, 여러분들이 가진 지식만으로도 웬만한 양산형 쇼핑몰보다 훨씬 뛰어난 웹 페이지를 제작할 수 있습니다.

하지만 무슨 일이든지 경험이 중요합니다. 이 책에서 저자의 경험에 기반한 노하우들을 최대한 전달해드리려 노력했지만, 그것들이 무의식중에 튀어나올 정도로 익숙해지는 것은 또 다른 영역이니까요. 이것은 저자가 도와드릴 수 없는 영역이고, 여러분의 노력에 오롯이 달려 있는 부분입니다.

많이 만들어 보고, 많이 따라해 보기 바랍니다.

IT분야 지식을 이론적으로 공부하는 과정은 이해와 암기의 영역입니다만, 지식을 기반으로 실제로 작동하는 제품을 개발하는 과정은 숙련도의 영역입니다. 러닝 커브가 일정 부분 예체능과 비슷한 부분이 있는 것 같아요. 재능이 있는 사람도, 없는 사람도 일단 많이 만들어 보는 과정은 필수입니다.

여기에서 만든다는 행위에도 여러 가지 갈래가 가능할 것 같네요. 인스타그램 클론 코딩 예제처럼 웹 페이지 하나를 붙잡고 그것과 똑같이 생긴 웹 페이지를 바닥부터 직접 코딩해 보는 것도 여러분에게 큰 도움이 될 것이고, 지킬 템플릿을 수정하여 단시간에 대량의 웹 페이지를 제작해 보는 것도 여러분에게 무척이나 도움이 될 것입니다.

또 한 가지 당부하고 싶은 부분은, 여러분께서 연습용으로 만든 웹 페이지들을 가능하면 모두 깃허브 리포지토리에도 올리고 깃허브 페이지로 호스팅도 했으면 좋겠습니다. 나 혼자서 보고 삭제할 코드를 만드는 것과 전 세계의 모든 사람이 와서 열람할 수 있는 웹 사이트를 제작하는 것은 다르니까요. 조금 더 많은 부분을 신경 쓰게 되고, 결과적으로 조금 더 깔끔하고 읽기 쉬운 코드를 작성하기 위해 노력하게 되는 것 같았습니다.

그리고 당장 남에게 자랑할 수 있는 웹 페이지 포트폴리오를 10건 이상 보유하고 있는 사람더러 누가 입문자라고 부르겠습니까? 그 정도면 경력자지. 안 그런가요? 코딩 분야에서 질보다 양이라는 말이 어색하기는 합니다만, 적어도 단기간에 남들로부터 인정받아야 하는 외주 용역이나 입사지원 과정에서는 포트폴리오의 부피가 정말로 중요합니다.

또한 지면상 책에서는 자바스크립트 코드에 주석을 거의 달지 못했습니다. 하지만 여러분은 가능하면 코드의 거의 모든 부분에 주석을 다는 습관을 들이면 좋을 것 같습니다. 동료들에게 빠르게 인정받는 가장 좋은 방법의 하나이고, 훗날 코드를 수정해야 할 미래의 여러분들을 위한 따뜻한 배려이니 말입니다.

프레임워크

자바스크립트의 사용법이 어느 정도 능숙해졌다면 프레임워크에 대해 공부하는 것을 추천합니다. 최근에는 Vue.js나 React.js가 인기입니다. 저자는 웹 개발을 한 달 정도 공부하고 바로 리액트React를 공부하기 시작했습니다.

프레임워크를 사용하게 되면 그때부터 입문자와 생산성의 격차가 크게 벌어집니다. 같은 시간을 작업하더라도 훨씬 아름답고, 훨씬 기능이 다양하고, 훨씬 성능이 뛰어난 웹 페이지를 개발할 수 있으니까요. 코딩에 들어가는 시간을 절약하고 그만큼의 시간을 생각에 투자할 수 있게 되어, 입문자 시절에 비해 아득한 격차를 만들 수 있습니다.

프로그래밍 언어

시중의 다른 책들과 달리 이 책에서는 자바스크립트 코드에 세미콜론(;)을 사용하지 않았습니다.

```
세미콜론을 사용한 예시
console.log(34);
```


개요 HTML CSS 자바스크립트 실전프로젝트

세미콜론을 사용하는 것은 C언어와 C++, Java 등 인기가 감소하는 프로그래밍 언어에서 통용되는 규격입니다. 반면 요즘 전 세계 개발자들이 모두 사용하는 파이썬Python은 세미콜론을 사용하지 않습니다.

여러분은 태어나서 처음으로 코딩을 배우는 것을 상정하고, 처음부터 세미콜론을 사용하지 않는 습관을 만들어 드리고자 과감하게 모든 코드에서 세미콜론을 삭제했습니다. 부디 여러분은 추후 파이썬을 공부할 때, 자바스크립트를 공부하며 만든 습관이 조금이나마 도움이 되기를 바랍니다.

좋든 싫든 개발자는 여러 종류의 프로그래밍 언어를 배우고, 사용하게 됩니다. 그 시점이 언제가 되었건 간에 여러분은 높은 확률로 다른 프로그래밍 언어를 공부하게 될 것입니다. 그때 자신 있게 파이썬을 선택하기를 바랍니다.

웹의 고급 개념

이 책에서는 웹 통신 자체의 이론은 굉장히 얕게 다루고 지나갔습니다. 여러분이 큰 프로젝트에서 활약하시게 될 무렵이면 웹의 이론적 지식이 필요하게 될지도 모릅니다. 기회가 닿을 때마다 코딩이나 개발뿐 아니라 기술의 이론에 대해서도 조금씩 숙지하면 격변하는 미래를 대비하는 데 큰 도움이 될 것으로 생각합니다.

노파심에 자꾸만 이야기가 길어졌습니다. 공부하다가 궁금한 점이 생긴다면 언제든지 이 책의 홈페이지(https://needleworm.github.io/frontend)로 찾아와 질문을 남기기 바랍니다.

여러분의 웹 개발자로서의 첫 도전을 진심으로 응원합니다. 감사합니다.

프로그래밍 입문

프롬프트 엔지니어링

챗GPT, 바드, 빙, 하이퍼클로바X 등 대화형 인공지능의 원리를 이해하여 훨씬 더 좋은 답변을 이끌어 내기 위한 기법의 도서

반병현 지음
25,000원

시간순삭 파이썬

베스트 셀러

프로그래밍을 처음 시작하거나 너무 어려워 기초부터 다시 배우고 싶은 학습자도 따라올 수 있도록 쉽고 친근하게 설명한 파이썬 프로그래밍 도서

천인국, 정영민, 최자영 지음
25,000원

컴퓨팅 사고를 위한
파이썬

코딩의 기초부터 응용까지 컴퓨터 코드를 작성하는 것은 물론이고, 알고리즘 학습을 통한 컴퓨팅 사고력까지 학습할 수 있는 파이썬 프로그래밍 도서

한선관, 김태령 지음
30,000원

프로그래밍의 정석 :
파이썬

프로그래밍을 처음 배우는 사람부터 파이썬 기초만 배웠거나 다른 프로그래밍 언어를 배운 사람까지 파이썬을 제대로 배울 수 있게 도와주는 파이썬 프로그래밍 도서. 특히 프로그램 논리를 이해하는데 가장 핵심이 되는 제어 구조를 설계하는 원리를 체계적으로 다루고 있음

도경구 지음
28,000원

두근두근
C언어 수업

프로그래밍에 대한 지식이 전혀 없는 분들도 쉽게 학습할 수 있도록 프로그래밍 기초부터 충실히 내용을 구성하여 학습하는 데는 프로그래밍에 대한 어떠한 사전 지식도 필요 없는 C언어 프로그래밍 도서

천인국 지음
26,000원

컴퓨팅 사고를 위한
스크래치 3.0

코딩 입문자를 위한 블록 코딩 언어인 스크래치를 기초부터 차근차근 학습할 수 있는 스크래치 코딩 도서

한선관, 류미영, 김태령, 서정원, 송해남 지음
26,000원